균형성과관리지표

BSC

Balanced Scorecard

균형성과관리지표

BSC

Balanced Scorecard

로버트 S. 캐플런 · 데이비드 P. 노튼 지음
송경근 · 성시중 옮김 | 피플퀘스트 감수

일러두기

아래에 명기하고 있는 개념어들은, 그동안 혼용해서 쓰여왔거나 올바른 한국어 표기를 놓고 다소 논란의 여지가 있었으나, 전문가들의 협의를 거쳐 다음과 같이 표기하였음을 밝힙니다.

Objective : 목표
Target : 세부 목표
Business Unit : 사업단위
Competency : 역량
Driver : 동인(動因)
Leading indicator : 선행지표
Lagging indicator : 후행지표
Measure : 측정지표
Measurement : 측정
Metric : 측정준거
Outcome : 결과물
Output : 산출물
Perspective : 관점
Reskilling : 재훈련
Revenue : 수익 또는 수입
Skill : 역량
Technic : 기법
Technology : 기술
Theme : 주제
Value Proposition : 가치명제

한국의 독자들에게

우선 《BSC》 한국어판을 발간하게 되어 매우 기쁘다. BSC는 전략이 지속적으로 발전하고 변화하는 성장기업과 조직에 가장 적합한 관리시스템으로서, 역동적인 한국 경제를 이끌어가는 조직들에게 매우 바람직한 시스템이 될 것이다.

하버드 비즈니스 리뷰에서 처음으로 BSC를 소개한 지 5년이 지났다. 그후 산업부문은 물론, 공공부문의 많은 조직들이 BSC를 적용해왔다. 초기에 BSC를 채택했던 많은 조직들은, 조직을 이끌고 관리하는 방식으로 BSC를 활용한 덕분에 극적인 성과 향상을 이룰 수 있었다. 이러한 성공 사례들의 가장 놀라운 특징은, 그들이 매우 빠른 시간 안에 성과를 냈다는 것이다. (예를 들어 수익률 면에서 산업내 최하위에 있던 한 대규모 정유회사는 2년만에 최상위 기업으로 도약할 수 있었다.)

우리는 이러한 사례들이 조직에 방향을 제시해주고, 성공을 향해 정렬하게 해주는 측정(measurement)의 힘을 보여준다고 믿는다. 만일 그러한 정렬이 이루어지기만 한다면, 대부분의 전략적 도전에 대한 해결책이 조직 안에 있음을 발견하게 될 것이다. 모든 조직원들이 정렬을 통해 핵심적인 우선순위에 지식과 기술을 을 집중하게 될 것이고, 여기저기로 흩어져 있던 조직의 빛줄기들은 레이저빔과 같이 한 곳에 응집될 것이다. BSC는 성공을 이룬 많은 조직들이 집중하고 정렬하기 위해 사용한 도구이다.

물론 BSC를 도입했다고 해서 모든 조직이 다 그러한 결과를 얻는다는 보장은 없다. 그러나 우리의 경험에 의하면, 모든 조직은 극적으로 성과를 향상시킬 수 있는 잠재력을 가지고 있다. 따라서 성공의 열쇠는 조직의 리더들이 자신들의 전략을 동원하고 관리하는 데 이 기법을 어떻게 활용하는가에 달려 있다.

이 책에서 설명하는 사례들은 이러한 도전에 맞서 성공한 회사들의 이야기이다. 우리 저자들은 한국의 독자들도 앞선 회사들의 경험으로부터 배우고, 나아가 그들과 같은 결과를 달성하기를 진심으로 바란다.

로버트 S. 캐플런

데이비드 P. 노튼

서문

이 책의 발단은 1990년 KPMG(세계적인 종합 회계·재무 자문 그룹)에 속해 있는 놀런 노튼*Nolan Norton* 연구소가 '미래의 조직을 위한 성과측정(Measuring Performance in the Organization of the Future)'을 주제로 1년간 다국적기업 연구를 후원했을 때로 거슬러 올라간다. 이 연구는 재무회계에 기초한 현재의 성과측정 방법이 진부한다는 판단 아래 시작되었다. 연구에 참여한 사람들은 요약된 재무성과 측정지표에 의존하는 것은 미래의 경제가치 창출에 장애가 된다고 확신했던 것이다.

이 프로젝트에서는 놀런 노튼 연구소의 최고경영자인 데이비드 노튼*David Norton*이 책임 연구를 맡았고, 로버트 캐플런*Robert*

Kaplan 교수가 자문을 맡았다. 그리고 새로운 성과측정 모델을 개발하기 위해 1990년 한 해 동안 12개 회사[1] (제조업, 서비스업, 중공업, 첨단기술 산업 등)의 대표자들이 격월로 모임을 가졌다.

프로젝트 초기에는 최근의 혁신적인 성과측정 시스템들에 대해 검토했다. 그 중에서 아날로그 디바이스*Analog Devices*사의 사례는 지속적인 개선활동이 어떻게 성과측정 방법을 향상시키는지 보여주었다.[2] 아날로그 디바이스사는 전통적인 재무 측정지표 뿐만 아니라 고객에게 납품하는 데까지 걸린 시간, 제조 과정의 질과 시간, 그리고 신제품 개발의 효과 등을 포함한 새로운 '기업 성과관리지표(Corporate Scorecard)'를 제시했다. 아날로그 디바이스사의 품질향상 및 생산성 부문의 부사장인 아트 슈나이더만*Art Schneiderman*은 회의에 참석해 이 새로운 성과관리지표의 사용경험을 말해주었다. 프로젝트 중반까지는 아날로그 디바이스 사의 사례를 바탕으로 다양한 의견들이 제시되었다. 그 중에는 주주의 가치, 생산성 및 품질 측정방법, 새로운 보상체계 등도 있었다. 그러나 참가자들은 곧 다차원적인 성과관리지표가 그들의 필요에 가장 잘 부합하리라 생각했고 이에 초점을 맞추었다.

그룹 토론을 거쳐 성과관리지표의 내용이 확장되었다. 필자들은 이를 '균형성과관리지표(Balanced Score Card : 이후로는 BSC로 표기한다)'라고 이름지었으며 그것은 재무, 고객, 내부 프로세스, 그리고 학습과 성장이라는 서로 다른 4가지 관점으로 구성되었다. BSC라는 이름은 장기적 목표와 단기적 목표간, 재무적 측정지표와 비재무적 측정지표 간, 후행지표와 선행지표(lagging and leading indicators) 간, 그리고 성과에 대한 외부적인 관점과 내부적인 관점 간의 균형을 반영하고 있다. 서너 명의 연구 참가자들은 자신이 몸담고 있는 회사의 몇몇 부서에서 개발 중인 '균형잡힌 성과관리지표–성과를 이끌어내는 측정지표들(The Balanced Scorecard-Measures That Drive Performance)'을 직접 실험해보기도 했다. 이러한 과정을 거쳐 1990년 12월에 제출된 연구보고서에서 BSC가 실행 가능하고 유익한 것이라고 결론을 내렸다.

이후 필자들은 그 연구 결과를 〈균형성과관리지표–성과를 이끌어내는 측정방법〉이라는 제목으로 1992년 하버드 비즈니스 리뷰 *Harvard Business Review* 지에 발표했다. 그러자 몇몇 회사의 임원들이 그들의 조직에 BSC를 구현할 수 있도록 도와달라고 연락해왔다. 이러한 성과가 확대되어 록워터 *Rockwater* 사의 사장인 노먼 챔버스 *Norman Chambers* 와 FMC 사의 부사장(후에 사장으로 승진)인 래리 브래디 *Larry Brady* 는 적극적으로 성과관리지표의 적용을 확대해 나갔다.

챔버스와 브래디는 성과관리지표를 단순한 측정 시스템 이상으로 활용할 수 있다고 생각했다. 이 두 사람은 새로운 측정 시스템을 활용하여 신규 전략들을 그들의 조직 내에 전달하는 동시에 그 신규 전략에 따라 조직을 재편성하길 원했다. 그러기 위해서는 새로운 측정 시스템이 원가절감과 가격경쟁에 초점을 맞춘 과거의 단기적인 관점에서 벗어나야 했다. 고객들의 요구사항에 맞춘 부가가치 있는 제품이나 서비스를 제공하는 방향으로 초점을 바꿔야 했다. 이에 필자들은 챔버스와 브래디, 그리고 그들 조직의 관리자들과 함께 조직의 전략에 따라 모든 측정지표들이 BSC 안에 통합될 수 있도록 작업했다. 이 작업이 얼핏 보기에는 뻔한 통찰(obvious insight)인 같지만 실제로는 대부분의 조직들이, 심지어는 새로운 성과측정 시스템을 구축했다는 조직들마저도, 측정지표들을 전략에 따라 통합하지 못하고 있었다. 대부분의 조직들이 원가를 낮추고 품질을 향상시키며 업무 속도를 높이는 등 기존의 프로세스를 개선하려고만 했지 진정으로 전략적인 프로세스(조직의 전략을 성공적으로 달성하기 위하여 특출하게 수행되어야만 할)가 무엇인가에 대해서는 알지 못했다. 이에 우리들은 하버드 비즈니스 리뷰 지(1993년 9~10월호)에 두 번째로 게재한 〈균형성과관리지표의 적용(Putting the Balanced Scorecard to Work)〉이란 글을 통해 전략적인 성공에 기반한 측정지표들을 선정하는 것의 중요성을 강조했다.

1993년 중반, 노튼은 새 조직인 르네상스 솔루션 사(Renaissance Solutions Inc.: RSI)의 최고경영자가 되었다. 이 회사의 주요 서비스 가운데 하나는 BSC를 활용하여 회사들이 자신들의 전략을 이해하고 달성하도록 돕는 전략 컨설팅이었다. 또한 르네상스 솔루션 사는 제미니 컨설팅 *Gemini Consulting* 간의 제휴로 성과관리지표와 주요 혁신 프로그램(transformation program)을 통합시키는 했다. 이러한 성과들이 추가되어 4가지 관점에 따른 20~25개의 측정지표들이 어떻게 하나의 전략을 조직 내에 전달할 수 있고, 그 전략이 달성되도록 지원할 수 있는가를 증명할 수 있었다. 성과관리지표의 전략과의 연결은 더욱 정교해졌다. 그리고 이 전략과의 연결로 인하여 성과관리지표의 측정지표들을 복잡한 'trade-offs(둘 이상의 대안을 놓고 상호분석한 뒤에 대안들이 가지고 있는 이점만을 선택하여 최종적인 결정안을 만드는 행위)'로 보는 것이 아니라, 연속적인 인과관계 내에서 상호연결되어 있는 측정지표들로 인식할 수 있게 되었다. 즉 이 관계들은 전략의 궤적(strategic trajectory : 직원 교육에 대한 투자, 정보기술에 대한 투자, 그리고 혁신적인 제품과 서비스에 대한 투자가 어떻게 미래의 재무적인 성과를 극적으로 향상시키는가)을 보여주었다.

이러한 경험들은 혁신을 지향하는 최고경영자들이 BSC를 단지 전략을 명확히 하고 전달하기 위해서만이 아니라 전략 수행을 관리하기 위해서도 활용하고 있음을 보여주었다. 사실상 BSC는 향상된 측정 시스템으로부터 핵심적인 관리 시스템(management system)으로 발전되어 왔다. 필자들은 록워터 사의 모회사인 브라운 & 루트 에너지 서비스*Brown & Root Energy Services* 사와 FMC 사 등 초기에 BSC를 적용했던 회사와, 앞으로 이 책에서 언급할 여러 회사들(메트로*Metro* 은행, 내셔널 인슈어런스*National Insurance*, 케년 상사*Kenyon Stores*, 파이오니어 페트롤리엄*Pioneer Petroleum* 사 등)을 통해 BSC가 어떻게 발전되었는가를 관찰했다. 이 회사들의 고위임원들은 그때 BSC를 중요한 관리 프로세스, 즉 개인과 팀의 목표설정, 보상, 자원할당, 예산과 계획, 그리고 전략에 대한 피드백과 학습 등을 위한 주된 구성틀(central organizing framework)로 활용하고 있었다. 우리는 이러한 발전된 결과들을 요약하여 하버드 비즈니스 리뷰(1996년 1~2월호)에 〈전략적 관리시스템으로의

BSC 활용(Using the Balanced Scorecard as a Strategic Management System)〉이라는 제목으로 세 번째 논문을 게재했다.

BSC가 전략적인 관리 시스템으로 발전함에 따라 필자들은 BSC를 일련의 논문들로만 전달할 수 없다는 사실을 깨달았다. 또한 BSC를 도구로 구축하고 활용하는 방법들에 대한 부가적인 정보를 요청하는 경우도 더욱 많아졌다. 풍성하고 자세한 BSC 구축 및 활용사례들의 제시와, 부가적인 정보에 대한 수요가 맞물려 우리는 이 책을 쓸 수밖에 없다.

이 책은 우리가 가능한 한 포괄적으로 완벽하게 썼음에도 불구하고 여전히 진척사항을 보여주는 보고서일 뿐이다. 우리들은 지난 3년 동안에 성과관리지표라는 개념이 더욱더 많은 조직에 뿌리를 내림에 따라 새롭게 등장한 성과 및 적용사례들을 보았다. 우리들의 바람은 이 책에 실린 관찰사례들을 통해 더욱더 많은 임원들이 BSC 프로그램을 착수하고 이행하는 데 도움이 되었으면 하는 것이다. 그리고 그러한 조직들 가운데 많은 조직들이 우리가 지난 5년 동안 관찰해왔던 회사들처럼 성과관리지표의 구조와 활용을 한 단계 더 확장시킬 혁신기업(innovating companies)이 될 거라고 확신한다. 따라서 독자들은 아마도 수년 이내에 《BSC : 그 다음 이야기》가 출간될 것을 즐거운 마음으로 기다려도 좋을 것이다.

주)

1) The companies included Advanced Micro Devices, American Standard, Apple Computer, Bell South, CIGNA, Conner Peripherals, Cray Research, Dupont, Electronic Data Systems, General Electric, Hewlett-Packard, and Shell Canada.
2) R. S. Kaplan, Analog Devices : The Half-Life Metric(Harvard Business School Case #9-190-061, 1990).

1
정보화 시대의 측정과 관리

만약 당신이 최신식 비행기의 조종실에 들어갔는데 그곳에 단 하나의 계기판(計器板)만 있다고 상상해보라. 기장과 다음과 같은 이야기를 나눈 후 비행기에 탑승한다면 당신은 어떤 생각이 들겠는가?

질문 : 당신이 하나의 계기판만 보면서 비행기를 조종하고 있는 모습을 보니 놀랍군요. 그런데 그 계기판으로는 무엇을 측정하나요?

답 : 비행기 속도죠. 저는 이번 비행에서 비행기 속도에만 신경을 쓰고 있습니다.

질문 : 그렇군요. 비행기 속도는 확실히 중요하죠. 하지만 고도는 어떻습니까? 고도계는 필요하지 않을까요?

답 : 저는 지난 몇 차례의 비행에서 고도에 신경을 썼고, 꽤 좋은 점수를 얻었죠. 이제 저는 비행기 속도가 적절한가에만 신경을 집중해야 합니다.

질문 : 그런데 연료 계측기마저도 없네요. 그것은 유용하지 않습니까?

답 : 맞습니다. 연료는 중요합니다. 그러나 저는 여러가지 사항들을 동시에 잘 처리할 수 없습니다. 그래서 이번 비행에서는 비행기 속도에만 주의를 기울이고 있습니다. 제가 일단 고도뿐만이 아니라 비행기 속도에 대해서도 능숙하게 되면 다음 비행부터는 연료소비에 주의를 기울일 생각입니다.

아마 이러한 대화를 나눈 후에는 그 비행기에 탑승하고 싶지 않을 것이다. 비록 조종사가 비행기 속도를 조절하는 데는 특출할지 모르지만, 당신은 비행기가 높은 산들과 충돌하지는 않을지, 혹은 연료가 부족하지 않을지에 대한 걱정을 떨쳐버릴 수가 없을 것이기 때문이다. 확실히 이러한 대화는 가상이다. 왜냐하면 어떤 기장도 하나의 계기판만 가지고 항공기를 조종하지 않을 것이기 때문이다. 게다가 노련한 기장들은 항공기를 조종하기 위하여 수많은 측정지표들의 정보를 동시에 처리할 수 있는 능력을 가지고 있다.

요즘처럼 복잡하고 경쟁이 치열한 환경 속에서 회사를 운영하는 것은 최신식 비행기를 조종하는 것만큼이나 복잡하다. 그런데 왜 우리들은 회사의 임원들에게도 비행기 조종사들 못지않게 일체의 계기판(a full battery of instrumentation)이 필요하다는 것을 모르는 것일까? 관리자들도 탁월한 미래의 성과를 모니터하기 위해서는 그들의 환경과 성과에 대한 다각적인의 계측기 고안 및 설치가 필요하다.

BSC(Balanced Score Card : 균형성과관리지표)는 관리자들에게 미래의 치열한 경쟁 속에서 성공하는 데 필요한 계측기 고안 및 설치 방안을 제공한다. 오늘날의 조직은 복잡한 환경에서 경쟁하고 있기 때문에 조직의 목표와 그 목표를 달성하는 방안들에 대한 정확한 이해가 절대적으로 필요하다. BSC는 조직의 사명과 전략을 전략적으로 관리할 수 있도록 포괄적인 측정지표의 형태로 만든다. 이 BSC엔 재무 목표달성에 중요한 것이 무엇인지와 그것을 가능하게 하는 성과동인(performance drivers)들이 포함되어 있다. BSC는 4가지 균형잡힌 관점, 즉 재무 관점, 고객 관점, 업무 프로세스 관점, 학습 · 성장 관점을 통해 조직의 성과를 측정한다. 회사들은 BSC를 활용하여 미래의 성장을 위해 필요한 역량과 무형자산을 획득해 나가는 과정을 모니터링하는 동시에 재무 결과물들을 추적할 수 있을 것이다.

정보화 시대의 경쟁

회사들은 지금 획기적인 변화 속에 놓여 있다. 그리고 산업화 시대의 경쟁은 정보화 시대의 경쟁으로 전환되고 있다. 1850년부터 1975년까지 산업화 시대 기간 중에는 규모와 범위의 경제로 얼마나 효과를 볼수 있느냐에 따라 성패의 명암이 갈렸다.[1] 기술(technology)도 물론 중요했지만, 결과적으로는 표준화된 제품들을 효율적으로 대량생산해내는 물리적 기반이 탄탄한 회사들이 성공했다.

산업화 시대에 제너럴 모터스 *General Motors* 와 듀퐁 *DuPont*, 마쓰시타 *Matsushita*, 그리고 제너럴 일렉트릭 *General Electric* 과 같은 회사들은 재무적·물리적 자본의 효율적인 배분을 촉진하고 모니터하기 위하여 재무 통제 시스템을 개발했다.[2] 즉 투하자본수익률(ROCE : Return On Capital Employed)과 같은 요약된 재무 측정지표를 이용함으로써 회사 내부자본 활용의 생산성을 모니터할 수 있었다. 또한 주주들을 위한 가치창출을 위하여 어떤 사업부(division)가 가장 효율적으로 재무적·물리적 자본을 활용하였는가를 모니터할 수 있었다.

그러나 20세기의 막바지에 정보화 시대가 출현하게 됨에 따라 산업화 시대의 경쟁에 대한 기본 가정들 가운데 상당수가 쓸모없어졌다. 이제 회사들은 단순하게 새로운 기술을 물리적인 자산에 배치하는 것만으로는, 그리고 재무 자산과 채무를 탁월하게 관리하는 것만으로는 지속적으로 경쟁우위를 유지할 수 없다.

정보화 시대의 충격은 제조회사보다 서비스 조직에 더욱더 큰 여파를 미쳤다. 대다수의 서비스 조직들, 특히 교통, 수도, 가스나 전기 같은 공익사업, 통신, 금융, 그리고 의료업종의 조직들은 지난 수십년 동안 평온하고 경쟁이 전혀 없는 환경에서 운영되었다. 그들에게는 새로운 사업영역에 진입하거나 그들의 산출물(output)에 가격을 책정하는 일에 대하여 자율권이 거의 없었다. 대신에 정부 규제위원들(government regulators)은 더 효율적이거나 혁신적일지도 모를 경쟁자들로부터 그러한 회사들을 보호했다. 또한 정부는 그들의 투자와 생산원가를 보장하는 수준에서 가격을 책정했다. 정보화 시대의 기술은 산업화 시대에 정부에 의해 보호받았던 서비스 조직들의 붕괴를 초래했다. 이로 인해 서비스 회사들은 전세계적으로 그들을 보호하던 규제가 사라지고 민영화가 시행되는 것을 목도하게 되었다.

정보화 시대의 환경에서는 어떠한 업종의 회사들 간에 경쟁에서 이기기 위한 새로운 역량이 필요하다. 그리고 어떤 회사이건 그들의 유형 혹은 무형자산을 동원하고 활용하는 능력이 물리적인 유형자산에 투자하고 그것을 관리하는 능력보다 훨씬 더 결정적인 성공요인이 되었다.[3] 무형자산은 조직으로 하여금 다음과 같은 일을 가능하게 한다.

- 기존 고객들의 충성을 지속적으로 유지하면서 신규 고객들과 새로운 시장영역에 효과적이고 효율적으로 서비스를 제공할 수 있도록 고객관계를 발전시킨다.

- 타깃으로 선정된 고객들이 원하는 혁신적인 제품이나 서비스를 시장에 출시한다.
- 낮은 가격과 짧은 리드타임 *lead Time*(기획에서 제품화까지의 소요 시간)으로 고객의 취향에 맞는 고품질의 제품과 서비스를 생산한다.
- 프로세스의 역량과 품질, 반응시간이 지속적으로 향상될 수 있도록 직원들의 열의와 역량(skill)을 동원한다.
- 정보기술, 데이터베이스, 그리고 시스템을 전략적으로 배치한다.

새로운 운영환경

정보화 시대의 조직들은 서로 관련 있는 새로운 운영상의 가정들(a new set of operating assumptions)에 따라 구축된다.

교차기능

산업화 시대의 조직들은 제조와 구매, 유통, 마케팅 , 그리고 기술 등에 있어서 기능적인 역량들의 전문화를 통하여 경쟁우위를 차지했다. 이러한 전문화는 큰 이익을 낳기도 했지만, 기능적 전문성의 극대화로 인해 부서들간의 업무 떠넘기기(hand-offs) 등 업무처리의 비효율을 초래했다. 정보화 시대의 조직은 전통적인 사업기능들이 교차되는 통합된 비즈니스 프로세스로 운영된다.[4] 뿐만 아니라 산업화 시대의 조직의 기능적 전문성 *functional expertise*으로부터 얻은 전문화 효과 *specialization benefits*, 통합된 비즈니스 프로세스들을 통해 얻을 수 있는 스피드, 효율, 품질 등을 겸비하고 있다.

고객과 공급자의 연결

산업화 시대의 회사들은 독립된 당사자들 간의 거래(at arm's-length transactions)를 통하여 고객 및 공급자들과 관계를 맺었다. 그와 달리 오늘날의 조직들은 정보기술에 의하여 공급 프로세스와 생산 프로세스, 납품 프로세스를 통합할 수 있게 되었다. 따라서 가치사슬(Value Chain : 기업활동에서 부가가치가 생성되는 과정)을 통해 고객들에게 제품과 서비스를 밀어내던 생산계획이 아니라 고객들의 주문이 작업을 유발하게 되었다. 고객주문으로부터 가치사슬의 전방향으로 거슬러 올라가 원자재 공급자에 이르는 하나의 통합 시스템(고객주문 프로세스, 생산계획 수립 프로세스, 구매 및 발주 프로세스, 원자재 공급 프로세스 등의 통합)의 효과로 인하여 가치사슬과 연관된 프로세스들의 모든 조직단위들은 원가, 품질, 대응시간 등에 있어서 엄청난 개선효과를 실감하게 되었다.

고객세분화

산업화 시대의 회사들은 낮은 원가로 표준화된 제품이나 서비스를 제공할 수만 있다면 승승장구할 수 있었다. 그 유명한 헨리 포드*Henry Ford*의 "소비자들은 그들이 원하는 색이 검정색이기만 하면 어떠한 색상의 차라도 살 수 있다."는 말을 떠올려보라. 하지만 사람들은 의식주와 이동에 대한 기본적인 욕구가 충족되고 나면, 그들의 개별적인 욕구를 채워줄 수 있는 것을 원하기 마련이다. 따라서 정보화 시대의 회사들은 다양한 제품을 소량 생산하며 세분화된 고객들의 취향에 맞춘 제품이나 서비스를 제공하는 법을 습득해야 한다.[5)]

세계적인 규모

국가간의 경계는 더 이상 효율적이고 대응력이 뛰어난 외국의 회사들로부터 국내 회사들을 보호하는 방파제가 되지 못한다. 정보화 시대의 회사들은 이제 세계에서 가장 뛰어난 회사들과 경쟁해야 한다. 요즘에는 신제품과 서비스 개발을 위한 투자규모가 방대하기 때문에 투자에 상응하는 수익을 올리기 위해서는 전세계의 고객들이 필요하다. 따라서 정보화 시대의 회사들은 세계적인 기업들 가운데서 경쟁우위를 차지하는 동시에 지역 고객들에게도 민감하게 대응하는 마케팅력을 겸비해야 한다.

혁신

제품의 라이프사이클은 지속적으로 단축되고 있다. 한 제품의 1세대가 경쟁우위를 차지했다고 해서 차세대 기술을 적용한 제품 역시 경쟁우위를 차지할 수 있는 것은 아니다.[6)] 급격한 기술혁신이 수반되는 산업에서 경쟁하고 있는 회사들은 고객들의 욕구를 예측하고, 급진적인 신제품과 서비스를 고안하며, 신제품 기술을 효율적인 운영 및 서비스 유통 프로세스에 신속하게 적용하는 것 등에 통달해야만 한다. 또한 상대적으로 제품 라이프사이클이 산업에서 경쟁하고 있는 회사들도 장기적인 성공을 위해선 프로세스 및 제품 기능을 지속적으로 개선해야 한다.

지식근로자

산업화 시대 회사들은 직원들을 두 집단으로 구분했다. 관리자와 엔지니어를 포함하는 엘리트집단은 그들의 분석적인 능력을 활용하여 제품과 프로세스를 설계하고, 고객을 선정하고 관리하며, 매일 운영을 감독했다. 두 번째 집단은 실질적으로 제품을 생산하고 서비스를 제공하는 사람들로 구성되었다. 그러한 직접노동자 집단은 산업화 시대 회사들의 중요한 생산력이었다. 그러나 그들은 오로지 그들의 육체적인 능력만을 활용했지 정신적인 능력을 활용하진 않았다. 즉 그들은 화이트칼라 엔지니어와 관리자의 감독아래 업무를 수행하고 프로세스를 따랐다.

20세기 말이 되자 자동화로 인해 생산성이 높아지고 조직 내에서 전통적인 작업기능을 수행하는 사람들의 비율은 점차 감소했다. 반면에, 치열해진 경쟁으로 인하여 분석적인 기능(엔지니어링, 마케팅, 관리, 그리고 행정)을 수행하는 사람들의 숫자는 점차적으로 증가했다. 심지어는 직접적인 생산과 서비스의 제공에 종사하고 있는 개인들마저도 품질향상과 원가절감, 사이클타임 등의 개선에 대한 제안에 따라 그들의 가치를 평가받는다. 새롭게 단장한 포드 엔진 제조공장의 공장장은 이렇게 역설했다. "기계들은 자동적으로 가동되도록 설계되었다. 직원들의 일은 생각하고 문제를 해결하며 품질을 확보하는 것이지, 부품들이 지나가는 것을 지켜보는 것이 아니다. 이 말 속에서 직원들은 변동비용(투입되는 노동시간에 따라 급료가 지불되는 노무비로서의 원가)이 아닌 문제해결자로 간주된다.[7]"

이제 모든 직원들은 자신들이 알고 있는 것과 자신들이 제공할 수 있는 정보에 의한 가치창출로 자신의 회사에 기여해야 한다. 정보화 시대의 회사들이 모든 직원들의 지식에 투자하고, 그들의 지식을 관리하며, 그들의 지식을 활용하는 것은 이제 성공에 필수적인 요소가 되었다.

조직들이 미래에 성공적으로 경쟁하기 위하여 변화를 시도할 때, 다음과 같은 다양한 개선방안들을 취하게 될 것이다.

- 전사적 품질관리(Total Quality Management)
- 적시생산(Just-In-Time : JIT) 및 유통 시스템
- 시간단축 경쟁(Time-based competition)
- 린 생산방식/린 회사(lean : '군살이나 기름기가 없는' 이라는 의미로, 가치를 창출하지 못하는 불필요한 인력, 설비, 공간 등이 없는 생산방식이나 회사)
- 고객에 초점을 맞춘 조직의 구축
- 활동기준 원가관리(Activity-based cost management)
- 직원 권한 위양
- 리엔지니어링(기업 체질 및 구조의 근본적인 변화)

이러한 각각의 개선 프로그램들은 성공 스토리, 일류 기업, 권위자, 그리고 컨설턴트들을 통해 증명되어 왔다. 각 프로그램은 고위 임원들의 시간과 에너지, 자원을 놓고 경쟁을 벌인다. 그리고 회사의 모든 지지자(주주와 고객, 공급자, 그리고 직원)까지는 아니더라도 다수의 지지자들을 위하여 획기적인 성과와 가치창출이라는 희망을 제공한다. 이러한 프로그램들의 목표는 점진적인 향상이나 생존이 아니다. 그 목표는 조직이 새로운 정보사회의 경쟁 속에서 승리할 수 있도록 만드는 단절된 성과(과거와는 전혀 다른 방식으로 이루어낸 획기적인 성과)이다.

그러나 이러한 개선 노력들 가운데 많은 프로그램들이 실망스런 결과를 내놓았다. 이 프로그램들은 종종 단편적으로 시행됨으로써 조직의 전략과 연결되지 못했고, 특수한 재무적 · 경제적 성과를 달성하지도 못했다. 획기적인 성과를 위해서는 주요한 부문의 변화가 요구되는데, 거기에는 조직이 사용하는 측정과 관리 시스템의 변화도 포함된다. 미래에는 더욱 경쟁적이고 기술적인 역량이 중요해 질것이다. 따라서 지나간 성과에 대한 재무 측정지표들을 점검하고 통제하는 것만으로는 성공적으로 조직을 운영할 수 없다.

전통적인 재무회계 모형

정보화 시대 회사의 모든 새로운 프로그램과 추진과제(initiative : 솔선수범적인 · 진취적인 · 주도적인 구상, 제안, 발의), 변화관리 프로세스들은 분기별 및 연도별 재무보고서의 영향 아래서 수행되고 있다. 재무보고 프로세스는 수백년 전 개인들간의 물물교환을 위해 고안된 회계모형에 아직도 그대로 머물러 있다. 정보화 시대 회사들이 내부 자산 및 역량을 구축하려고 시도하거나, 외부집단들과 연결 및 전략적인 제휴를 시도할 때조차도 이 오래된 재무회계 모형이 사용되고 있다.[8)]

이상적으로 말한다면, 이 재무회계 모형은 고품질의 제품과 서비스, 열의가 넘치고 역량이 뛰어난 직원들, 대응력이 뛰어나고 예측이 가능한 업무 프로세스, 만족을 느끼는 충성스런 고객과 같은 회사의 무형 및 지적자산에 대한 가치평가(valuation) 등을 통합할 수 있도록 확장되어야 한다. 특히 무형자산 및 회사 역량에 대한 가치판단은 중요하다. 왜냐하면 정보화 시대 회사의 성공을 위해서는 무형자산 및 회사 역량이 전통적인 물질적 자산이나 유형자산보다 더 중요하기 때문이다. 만약 무형자산이나 회사 역량이 재무회계 모형 내에서 평가될 수 있다면, 그 자산과 역량을 고양시킨 조직들은 그러한 사실을 직원이나 주주, 채권자, 그리고 여러 사회공동체 등에 알릴 수 있을 것이다. 또한 회사가 축적한 무형자산 및 역량이 고갈되었을 경우에는 곧바로 손익계산서 에 '부정적 효과(negative effects)'로 반영될 수 있어야 한다. 그러나 실제로 신제품 경로(new product pipeline) 프로세스 역량, 직원 역량과 열의 및 사고의 유연성, 고객충성도, 데이터베이스, 그리고 시스템과 같은 자산들에 신뢰할 만한 재무적 가치를 부여하는 데는 어려움이 따른다. 따라서 이러한 무형자산이 조직의 대차대조표 내에 포함되는 것은 거의 불가능하다. 하지만 현재와 미래의 경쟁환경에서 성공하는 데 필수적인 것은 바로 그러한 자산과 역량인 것이다.

BSC(균형성과관리지표)

정보화 시대로 접어들면서 장기적인 경쟁력을 구축해야 한다는 저항할 수 없는 시대의 요구와 전통적 원가 재무회계 모형에 기반한 확고한 목표활동 간에 서로 상충됨으로써 새로운 통합이 절실히 필요하게 되었다. 이 때문에 BSC는 과거의 재무 측정지표들을 포함하고 있다. 그러나 이 재무 측정지표들은 과거에 일어났던 사건들에 대해 말하는 것으로, 장기적인 역량과 고객관계에의 투자가 성공에 필수적이지 않았던 산업화 시대의 회사나 적절한 것이다. 그러므로 이것들은 정보화 시대의 회사들이 고객과 공급자, 직원, 프로세스, 그리고 혁신에 대한 투자를 통하여 미래가치를 창조하기 위한 여정을 안내하고 평가하는 데는 부적절하다.

BSC는 과거의 성과에 대한 재무 측정지표에 미래 성과를 창출하는 성과동인에 대한 측정지표를 추가하였다. 균형성과관리지표의 목표와 측정지표들은 조직의 비전과 전략으로부터 도출된다. 이 목적과 측정지표로 4가지 관점(재무 관점, 고객 관점, 업무 프로세스 관점, 학습 · 성장 관점)에서 조직의 성과를 조망해 볼 수 있다. 뿐만 아니라 목표와 측정지표는 BSC에 틀을 제공한다(〈그림 1-1〉 참조).

〈그림 1-1〉 BSC는 전략을 운영상의 용어로 전환하게 해주는 틀을 제공한다

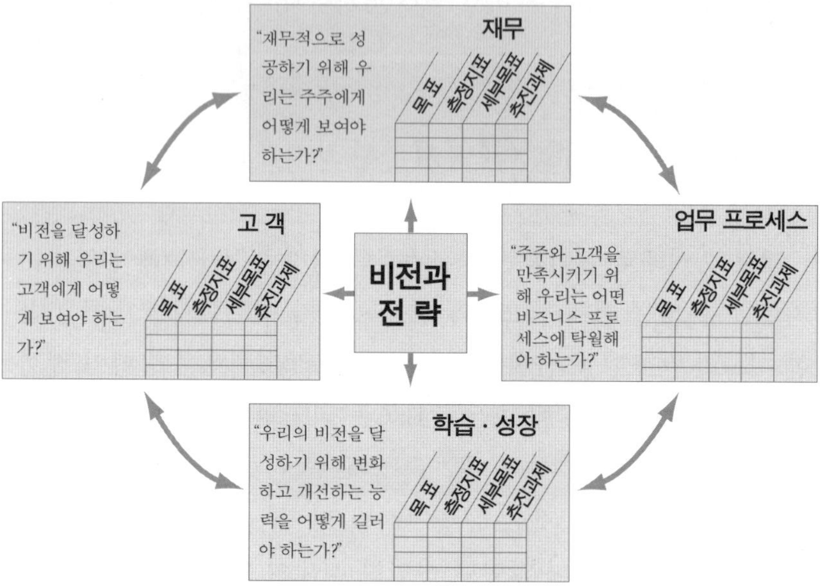

■ 자료원 : Robert S. Kaplan and David p. Norton, Using the Balanced Scorecard as a Strategic Management System(Harvard Business Review, January-February 1996), p.76. Reprinted with permission.

BSC는 요약된 재무 측정지표를 뛰어넘어서 사업단위들의(business unit) 목표를 확장시킨다. 회사의 임원들은 이제 그들의 사업단위들이 어떻게 현재와 미래의 고객들을 위해 가치를 창조할 것인지, 그리고 미래의 성과를 향상시키는 데 필요한 사람과 시스템, 절차에 대한 투자와 내부 역량 등을 어떠한 방법으로 고양시킬 것인지를 측정할 수 있다. BSC는 역량이 뛰어나고 열의가 넘치는 조직의 참여자들이 수행 할 핵심적인 가치창출 행위가 무엇인지를 포착한다. 그리고 재무 관점에서 단기적인 성과에 여전히 관심을

기울이는 한편, 또 다른 측면에서는 장기적으로 뛰어난 재무 성과를 거두고 경쟁우위를 차지할 수 있는 '가치동인(value driver)'이 무엇인지 명확하게 밝힌한다.

관리 시스템으로서의 BSC

많은 회사들이 이미 재무적·비재무 측정지표들을 포괄하는 성과측정 시스템을 가지고 있다. 그런데도 '균형잡힌' 측정지표들을 필요로 하는 데는 무슨 특별한 이유가 있을까? 사실 모든 조직은 재무적·비재무 측정지표들을 가지고 있다. 하지만 그 회사들은 단지 일선에서 고객을 대할 때 필요한 지엽적인 개선을 위해 그들의 비재무 측정지표들을 서만 활용하고 있다. 그리고 고위 관리자들은 재무 측정지표들이 중하위급에 직원들의 업무 결과들을 그러한 측정지표들이 적절하게 요약할 수 있다고 생각한다. 이러한 조직들은 그들의 재무적·비재무적 균형성과관리지표들을 단기적인 운영에 대한 단편적인 피드백이나 통제를 위해서만 사용하고 있는 실정이다.

BSC는 재무적·비재무 측정지표들이 반드시 조직의 모든 계층에 있는 직원들을 위한 정보 시스템의 일부분이 되어야 한다는 점을 강조한다. 일선에서 근무하고 있는 직원들은 그들이 내린 의사결정이나 행동들로 인하여 발생한 재무 결과를 반드시 이해해야 한다. 또 고위임원들은 장기적인 재무적 성공의 동인이 무엇인지 반드시 이해해야 한다. BSC의 재무적·비재무 측정지표들은 어떤 특별한 목적을 위한 측정지표들의 집합에 머물러선 안 된다. 그리고 이 측정지표들은 사업단위의 사명과 전략에서 시작해 아래로 움직이는 하향식 프로세스로부터 도출되어야 한다.

BSC는 사업단위의 사명과 전략들을 가시적인 목표와 측정지표들로 전환시켜야 한다. BSC는 주주와 고객을 위한 외부적인 측정지표들과 핵심적인 비즈니스 프로세스, 혁신, 그리고 학습과 성장이라는 내부적인 측정지표 간의 '균형'을 나타낸다. BSC는 또한 과거 노력의 산출인 '결과물 측정지표' 들과 미래의 성과를 움직일 측정지표들 간의 '균형' 도 나타내다. 그리고 BSC는 객관적으로 쉽게 비교 가능한 결과물 측정지표와 다소 주관적인 판단을 요구하는 성과동인들 사이의 균형도 나타내야 한다.

BSC는 전술이나 운영을 위한 측정 시스템 이상의 것이다. 혁신적인 회사들은 균형성과관리지표를 오랜 기간에 걸쳐 전략을 관리하기 위한 '전략 관리 시스템' 으로 활용하고 있다(〈그림 1-2〉 참조).

이 회사들은 다음과 같은 핵심적인 관리 프로세스를 완성하기 위해 균형성과관리지표의 측정지표를 사용한다.

1. 비전과 전략을 명확히 하고 실행할 수 있도록 전환한다.
2. 전략의 목적과 측정지표들을 연결하고 조직에 전달한다.
3. 계획하고 목표를 설정하며 전략과제들을 정렬시킨다.
4. 전략에 대한 피드백과 학습을 고양시킨다.

〈그림 1-2〉 실행 가능한 전략의 틀로서의 BSC

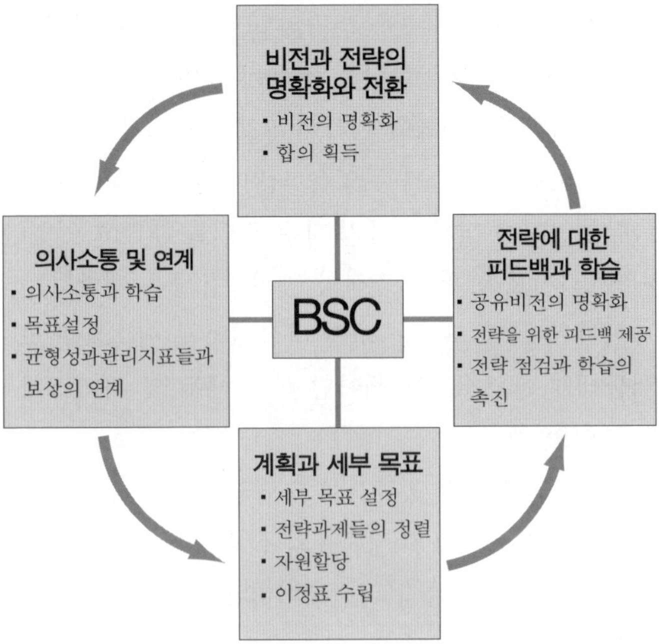

■ 자료원 : Robert S. Kaplan and David p. Norton, Using the Balanced Scorecard as a Strategic Management System(Harvard Business Review, January-February 1996), p.77. Reprinted with permission.

비전과 전략의 명확화와 전환

균형성과관리지표 프로세스는 고위 관리직 임원들이 함께 사업단위의 전략을 특수한 전략 목표들로 전환하면서 시작된다. 임원들은 재무 목표를 설정하기 위해 매출이나 시장성장, 수익성 등에 역점을 둘 것인가, 아니면 현금흐름 창출에 역점을 둘 것인가를 반드시 고려해야 한다. 그리고 특히 고객 관점에서 임원들은 타깃 고객과 세분화된 시장을 반드시 명확히 규정해야 한다.

예를 들면 어떤 금융기관은 25명의 고위임원들이 타깃 고객들에게 뛰어난 서비스를 제공한다는 전략에 동의한 것으로 생각했다. 그러나 균형성과관리지표를 위하여 고객 목표들을 수립해 본 결과 임원들은 뛰어난 서비스가 무엇을 의미하는지, 타깃 고객들이 어떠한 사람들인지에 대하여 각기 다른 정의를 내리고 있었다. 그후 균형성과관리지표를 위한 조직의 측정지표들을 개발하는 과정을 통해 고위임원 25명 모두는 가장 바람직하게 세분화된 고객들과, 그 고객들에게 반드시 제공해야만 하는 제품 및 서비스에 대하여 합의할 수 있었다.

재무적 목표들과 고객 목표들이 수립되었다면 이제 조직은 업무 프로세스를 위한 목표와 측정지표의 실체를 밝혀내야 한다. 이 실체 확인은 성과기록의 가장 혁신적이며 효과적인 것 중 하나이다. 전통적인 성과측정 시스템은 (비록 많은 비재무 지표들을 활용하는 성과측정 시스템일지라도) 기존 프로세스들의 원가와 품질, 그리고 사이클타임을 개선하는 데 초점을 맞추고 있다. 그러나 BSC는 고객과 주주를 위한 성과를 달성하는 데 가장 핵심적인 프로세스들을 강조한다. 조직은 종종 이러한 실체 확인을 통해 전략을 성공시키려면 반드시 탁월해야 하는 새로운 업무 프로세스를 밝혀낸다.

학습과 성장 목표를 통해 직원 재훈련, 정보기술과 시스템, 그리고 조직의 업무처리 절차 등을 한 차원 고양시키기 위하여 투자해야 하는 근본적 이유가 밝혀진다. 이러한 투자(사람과 시스템 및 업무처리 절차에 대한)는 업무 프로세스와 고객을 위하여, 결과적으로는 주주들을 위한 보다 중요한 혁신과 개선을 이끌어낸다.

BSC 구축 프로세스는 전략의 목표들을 명확하게 해줄 뿐 아니라 그 목표들을 달성하는 데 필요한 핵심적인 동인이 무엇인지 알려준다. 우리가 BSC 프로그램을 설계해준 회사들의 경우 임원들이 그 조직이 가진 전략 목표들의 중요성에 대하여 완전하게 합의하지 못했다. 임원들이 안정된 조직 내에서 조화를 이룸에도 불구하고 합의할 수 없는 이유는 일반적으로 직무상의 관례나 조직 문화와 관련있다. 임원들은 하나의 직무 안에서만 경력을 쌓으려는 경향이 있기 때문이다.

하나의 직무가 다른 직무보다 중요한 경우도 있다. 예를 들면 정유회사는 마케팅 부문을 희생하면서까지 정유공장들의 원가와 기술개발에 초점을 맞추는 반면에, 소비재를 만들어내는 회사들은 기술개발과 혁신을 유보하면서까지 마케팅과 판매에 초점을 맞추는 경향이 있다. 또 첨단기술회사의 경우 강력한 엔지니어링과 기술문화를 지니고 있는 반면에, 제조부문을 등한시하곤 한다.

직무에 대한 서로 다른 시각을 지닌 임원들, 특히 강력한 직무상의 사일로(silo : 사료나 곡물 등을 넣어 저장하는 원탑 모양의 건조물로서, 주위 환경과는 완전히 단절된 모습을 연상케 한다는 의미이다)들과 함께 일해 온 회사의 임원들이 팀으로서 일하고자 할 때는 문제가 발생하게 된다. 상대방의 영역에 대해 무지한 상태에서는 팀을 형성하기도 어렵거니와 합의를 도출하기도 어렵다. 왜냐하면 전반적인 사업 목표, 그리고 상이한 직무단위들의 기여와 통합에 관하여 공유하고 있는 이해의 폭이 너무나도 작기 때문이다. BSC의 개발은 그러한 합의 및 팀워크의 결여를 더욱 가시화함과 동시에 문제 해결에 기여하기도 한다. 균형성과관리지표는 고위임원들에 의해 팀 프로젝트로 개발되기 때문에 각자의 역할을 포함한 사업 전체가 공유할 수 있는 모델을 창조한다. 균형성과관리지표의 목표들은 팀에 기반을 두고 관리해야 할 중요한 프로세스들을 연결짓는 틀의 역할을 함으로써 이 고위임원들의 공동책임이 된다. 이것은 또한 예전에 담당했던 업무 경험이나 직무적인 전문성에 관계 없이 모든 고위임원들 사이에 합의와 팀워크를 이끌어낸다.

전략 목표와 측정지표들의 연결과 전달

BSC의 전략 목표들과 측정지표들은 회사의 사보나 게시판, 비디오, 또는 그룹웨어와 네트워크로 연결된 PC 등에 의하여 조직 전체에 전달된다. 이를 통해 조직의 전략이 성공하려면 반드시 달성되어야만 하는 필수적인 목표들을 모든 직원들에게 알리는 것이다. 어떤 조직은 사업단위 균형성과관리지표 중 상위의 전략 측정지표들을 운영을 위한 구체적인 측정지표들로 나누려고 한다. 예를 들면 사업단위 균형성과관리지표의 적시납품(OTD : On-Time Delivery) 목표는 특정 기계의 작업 준비시간 단축, 혹은 프로세스 간의 재빠른 주문 내역 이동을 위한 부차적인 목표들로 전환될 수 있다. 이러한 방식으로 부수적인 개선 노력들은 점차 전반적인 조직의 성공요인들을 향해 정렬하게 된다. 일단 모든 직원들이 상위의 목표들과 측정지표들을 이해하면, 그들은 사업단위의 포괄적인 전략을 지원할 세부적인 목표를 세울 수 있게 된다.

균형성과관리지표는 회사 차원의 임원들과 이사회에 사업단위의 전략을 전달하고, 그 전략에 헌신하도록 하는 기반을 제공한다. 이것은 또한 단기적인 재무 목표뿐만 아니라 미래의 획기적인 성과달성을 위한 전략 수립과 실행에 대한 사업단위들과 회사의 임원들, 그리고 이사회 간의 대화를 촉진시킨다.

전략 목표와 측정지표들이 연결되고 전달된다는 것을 조직 내의 모든 사람들이 사업단위의 장기적인 목표뿐만 아니라 그 목표를 달성하기 위한 전략에 대해서도 이해한다는 것을 의미한다. 이를 통해 개인은 사업단위 목표를 달성하는 데 기여할 부수적인 행동들을 결정하게할 수 있다. 그리고 조직의 모든 노력과 추진과제는 그것을 필요로 하는 변혁 프로세스를 위해 정렬하게 된다.

계획과 목표 설정, 전략과제의 정렬

BSC가 조직에 변화를 일으키기 위하여 사용될 때 가장 큰 영향력을 가진다. 고위임원들은 회사를 변화시킬 균형성과관리지표를 위해 3~5년여에 걸쳐 목표를 수립해야 한다. 그리고 이 사업단위 성과를 위한 이 목표들은 과거와 이어진 것이 아닌 단절된 것이어야 한다. 만약 사업단위가 상장회사라면, 이 사업단위의 목표는 주가를 두 배 혹은 그 이상으로 올리는 것이어야 한다. 그리고 조직의 재무 목표에는 향후 5년 이내에 투하자본수익률을 2배 이상 올리는 것이나 매출액을 150% 증대시키는 것이 포함되어야 한다. 한 전자회사는 현재보다 고객을 2배 정도 유치해야 달성가능한 재무 목표를 설정했다.

이 야심 찬 재무 목표를 성취하기 위해 관리자들은 그들의 고객과 업무 프로세스, 그리고 학습과 성장을 위하여 확장된 목표를 인지해야 한다. 이 확장된 목표들은 여러 가지 경로로부터 나올 수 있다. 고객 측정지표를 위한 목표들은 고객들의 기대를 충족시키거나 초월하는 것으로부터 도출되는 것이 이상적이다. 특출한 성과에 대한 기대를 확인하기 위해서는 현재 고객들의 기호뿐만 아니라 잠재 고객들의 기호도 면밀하게 조사해야 한다. 또한 벤치마킹을 통해 현존하는 가장 뛰어난 사례를 통합하고 사업단위가 내부적으로 제시한 목표들이 지속적으로 전략적인 측정지표를 개척하는지 증명할 수 있다.

일단 고객, 업무 프로세스, 학습과 성장을 위한 목표가 수립되면, 관리자들은 이 획기적인 목적을 달성하기 위하여 전략의 질과 대응시간, 리엔지니어링 추진과제들을 정렬시킬 수 있다. 따라서 BSC는 지속적인 개선과 리엔지니어링, 그리고 혁신적인 프로그램을 위한 정당성(front-end justification)과 조직구성원들의 합의를 제공해 준다. 이때 쉽게 이득을 얻을 수 있는 어떤 부차적인 프로세스에 근본적인 프로세스 재설계를 바로 적용해서는 안 된다. 조직의 전략을 성공시키기 위해서는 핵심적인 프로세스들을 개선하고 리엔지니어링하는 쪽으로 노력을 기울여야 한다. 그리고 목표가 대량 원가삭감(slash and burn rationale : 수목을 벌채, 소각하고 경지를 만드는 화전식의 원리)이었던 틀에 박힌 리엔지니어링 프로그램과는 달리, 새로운 리엔지니어링 프로그램은 원가절감만을 목표로 해서는 안 된다. 한편 전략과제를 위한 목표들은 주문이행 사이클의 획기적인 시간단축, 신제품의 시장 출시기간 단축, 그리고 직원 역량의 고양 등과 같은 균형성과관리지표의 측정지표로부터 도출된다. 물론 이러한 시간단축과 확장된 역량이 궁극적인 목표는 아니다. 그러나 이러한 역량들은 BSC의 구체적인 인과관계를 통하여 결국 뛰어난 재무 성과로 전환된다.

BSC는 또한 조직들이 전략계획과 연간 예산 할당 과정을 통합할 수 있도록 해준다. 하나의 사업단위가 전략 측정지표를 위하여 3~5년으로 확장된 세부 목표를 설정할 때, 관리자들은 계획의 첫 해가 되는 다음해에 각각의 측정지표의 진척 정도를 예상하여 이정표를 설정해놓아야 한다. 이 단기적인 이정표들은 사업단위의 장기적인 전략 경로와 함께 가까운 시일 내에 측정할 수 있는 구체적인 목표를 제공한다.

계획과 목표 설정·관리 프로세스를 통해 조직은 다음과 같은 일을 할 수 있다.

- 조직이 성취하려는 장기적인 결과를 정량화한다.
- 그러한 결과를 성취하기 위한 메커니즘을 판별하고 자원을 투입한다.
- 균형성과관리지표상의 재무적·비재무 측정지표를 위하여 단기간의 이정표를 수립한다.

전략에 대한 피드백과 학습의 고양

최종적인 관리 프로세스는 BSC를 전략을 위한 학습틀 안에 넣는 것이다. 이러한 프로세스는 전체적인 BSC 프로세스에서 가장 중요하고 혁신적인 측면이다. 이 프로세스는 임원들에게 조직학습을 위한 역량을 제공한다. 오늘날 조직에 몸담고 있는 관리자들은 자신들의 전략에 대한 피드백을 받거나 또 전략의 기본 전제들을 테스트해볼 기회가 없었다. BSC는 그들로 하여금 전략 실행을 모니터하고 조정할 수 있도록 도와주며, 필요할 경우에는 전략 그 자체 를 바꿀 수 있게 하기도 한다.

임원들은 재무 측정지표뿐만 아니라 다른 BSC 측정지표들을 위해 수립된 이정표들을 가지게 됨으로써 월별, 분기별 관리점검회의에서도 재무 결과를 조사할 수 있다. 그러나 그보다 더 중요한 것은 사업단위가 고객을 위한 목표, 업무 프로세스와 혁신을 위한 목표, 그리고 직원과 시스템, 업무처리 절차 등을 위한 목표를 달성할 수 있는가를 그들이 면밀히 조사할 수 있다는 것이다. 관리점검과 수정은 과거의 것을 검토하는 것으로부터 미래를 위한 학습 쪽으로 옮겨간다. 따라서 관리자들은 과거의 결과가 어떻게 달성되었는가를 논할 뿐만 아니라 미래에 대한 그들의 기대가 궤도에서 벗어나고 있진 않은가에 대해서도 논할 수 있다.

전략 학습 프로세스는 〈그림 1-2〉의 첫 번째 프로세스인 전체 조직이 달성하길 원하는 공통의 비전을 구체화함으로써 시작된다. 측정을 하나의 언어처럼 활용하면 복잡하면서도 때로는 애매모호한 개념들을 더 정확한 형식으로 전환할 수 있다. 따라서 고위임원들이 합의를 이룰 수 있게 된다. 〈그림 1-2〉의 두 번째 프로세스인 의사소통 및 연결 프로세스를 통해 모든 개인은 조직의 목표를 달성하는 방향으로 행동하도록 유도된다. 균형성과관리지표를 구축하는 데 있어 인과관계에 역점을 두는 것은 역동적인 시스템 사고(dynamic system thinkng)를 받아들이기 위해서이다. 역동적인 시스템 사고를 통해 조직의 여러 다양한 부문에 종사하고 있는 개인들은 각각의 부문이 어떻게 서로 꼭 맞게 되는지, 그들의 역할이 다른 사람에게 어떻게 영향을 미치고, 결국에는 전체 조직에 어떻게 영향을 주게되는지 이해할 수 있다. 〈그림 1-2〉의 세 번째 프로세스인 계획, 목표 설정, 그리고 전략과제 프로세스는 균형잡힌 일단의 결과들과 성과동인들을 통해 조직을 위한 구체적이고 정량적인 성과를 정의한다. 즉 바람직한 성과 목표들과 현재 상태를 비교하여 성과 차이를 알아봄으로써 그 차이를 좁혀줄 전략과제들을 설계한다. 따라서 BSC는 단순하게 측정지표를 변화시키는 데 그치는 것이 아니라 변화를 촉진하기도 한다.

〈그림 1-2〉에 나타난 처음 3가지의 핵심적인 관리 프로세스들은 전략을 이행하기 위해 절대적으로 필요하다. 그러나 그 자체만으로는 불충분하며 훨씬 더 단순한 조직들만이 그것들을 이용할 수 있다. 하향식 명령과 통제모형은 선장(최고경영자 : CEO)이 배(사업단위)의 방향과 속도를 결정한다는 것을 전제로 한다. 선원들(관리자들과 일선 근무자들)은 명령에 따르고, 선장에 의하여 결정된 계획을 이행한다. 또한 관리자들과 직원들이 고위임원들에 의해 수립된 계획에 부합한 행동을 할 수 있도록 관리와 운영통제 시스템이

구축된다. 비전과 전략을 수립하고, 모든 조직의 참여자들에게 이 비전과 전략을 알리고 서로 연결시키며, 장기적인 전략 목표들을 달성하기 위하여 조직의 제반 조치들과 추진과제들을 정렬하는 이 선형적인 프로세스는 단일고리 피드백 프로세스의 한 예이다. 단일고리학습(single-loop learning)에서 목적은 불변이다. 계획된 결과에서 벗어났을 경우, 사람들은 그 계획이 바람직한가에 대하여 감히 질문을 던질 수 없다. 뿐만 아니라 그 목표를 달성하기 위하여 사용한 방법들이 적절한가에 대해서도 마찬가지이다. 계획한 경로로에서 벗어난 것은 결함으로 취급되며, 이를 원래 상태로 복원하는 조치들이 취해진다.

그러나 정보화 시대 조직의 전략은 그처럼 선형적이거나 안정적일 수 없다. 오늘날의 조직들은 더욱더 복잡한 환경에서 운영되고 있으므로 고위 관리자들은 더욱 복잡하고 다양한 전략에 관하여 피드백을 받을 필요가 있다. 최선의 의도를 가지고, 그리고 이용할 수 있는 최선의 정보와 지식들을 가지고 시행한 전략이라도 현상황에서는 더 이상 적절하지 않을 수 있다. 고요한 바다위에서 목적지를 향해 홀로 요트를 운항하는 상황이 아니라 변화무쌍한 날씨와 험악한 파도 속에서, 그것도 치열하게 경쟁하는 와중에 요트를 운항하고 있는 상황이라고 말할 수 있다. 요트 레이스에서도 명령사슬은 여전히 존재한다. 그러나 선장은 지속적으로 환경을 모니터함으로써 경쟁자들의 행동, 팀과 요트의 역량, 풍향, 그리고 파고의 변화에 매우 민감해야 하며, 때로는 전술적 및 전략적으로 대응해야 한다. 또한 함께 승선하여 제반 상황들을 조사하고 있는 전술가들의 조언 등과 같은 수많은 정보들을 받아들여야만 환경 변화에 발맞출 수 있고, 경쟁자의 행동에 대비할 수 있는 계획들을 고안할 수 있을 것이다.

이렇게 끊임없이 바뀌는 환경에서는 최초의 전략계획이 수립되었을 때는 예견하지 못했던 기회들을 이용하거나 혹은 위협들을 극복함으로써 새로운 전략이 출현할 수도 있다. 때로는 새로운 기회를 포착하는 아이디어들이 조직 내의 하부 관리자들로부터 나오기도 한다.[9] 그렇지만 전통적인 관리 시스템은 끊임없이 변화하는 환경에서 전략의 수립과 실행을 장려하거나 촉진하지 못한다.

조직들은 이중고리학습(double-loop learning)을 위한 능력이 필요하다.[10] 이 이중고리학습은 관리자들이 자신의 가정들에 대하여 질문하고 그 가정을 기반으로 하는 이론들이 실제적으로 작용하는가에 대하여 곰곰이 생각해보는 데서 시작된다. 물론 관리자들에겐 그들이 계획한 전략이 제대로 실행되고 있는가에 대한 피드백(단일고리 피드백 프로세스)이 필요하다. 그러나 그보다 더 중요한 것은 계획된 전략이 앞으로도 실행 가능하고 성공적인 전략인가에 대한 피드백(이중고리 피드백 프로세스)이 필요하다는 점이다. 관리자들이 정보를 필요로 하는 것은, 그들이 전략을 수립했을 때 만들었던 근본적인 가정들이 타당한지에 대해 질문하기 위해서이다.

적절하게 구축된 BSC는 비즈니스 이론을 형성한다. 균형성과관리지표는 대응시간의 추정과 기록표상의 측정지표들 간의 연결의 정도 및 전략으로부터 도출된 일련의 인과관계를 기준으로 해야 한다. 예를 들면 어느 정도의 기간 안에 제품 품질과 적기납품의 개선을 이루어내야만 고객 점유율을 높이고 현재보다 더욱 수익률을 높일 수 있는가, 그리고 그 효과는 얼마나 커질 것인가 등이다. 이렇게 균형성과관리지표의 측정지표들 간의 연결을 정량화할 수 있을 때, 주기적인 점검과 성과 모니터링은 가설 검증의 형태를 취할 수 있게 된다.

만약 조직의 직원들과 관리자들이 성과동인들(직원들의 재훈련과 정보 시스템의 활용, 신제품과 서비스의 개발)을 만들어왔음에도 불구하고 예상했던 결과(예를 들면 더 높은 매출이나 한 고객에게 여러 제품 판매)를 달성하는 데 실패했다는 것은 전략에 따라 구체화된 이론이 타당하지 않을 수 있음을 의미한다. 그러한 반증들은 신중하게 다루어야 한다. 이때 관리자들은 시장상황과 그들이 타깃으로 삼은 고객에게 제시하는 가치와 경쟁자들의 행동, 그리고 내부 역량 점검을 위해 심도 있는 대화에 돌입해야 한다. 이런 과정을 통해 현행 전략에 대한 신뢰를 재확인하고 BSC의 전략 측정지표들 간의 정량적인 연관관계를 조정할 수 있다. 또한 심도 있는 전략 점검을 통하여, 시장상황들과 내부 역량에 비추어볼때 전적으로 새로운 전략이 요구된다는 사실(이중고리학습 결과물)이 밝혀질 수도 있다. 어떤 경우건 간에 균형성과관리지표는 핵심 임원들이 전략의 실행 가능성과 그 타당성에 대해 학습하도록 만든다. 우리의 경험에 의하면, 자료수집과 가설 검증, 숙고(reflection), 전략학습, 그리고 적용(adaptation)으로 구성된 이 프로세스는 비즈니스 전략에 있어서 성공의 열쇠나 마찬가지이다.

이 전략에 대한 피드백과 학습 프로세스는 〈그림 1-2〉에 구체적으로 표현된 고리를 완성한다. 전략 학습 프로세스는 결과적으로 다음 단계의 비전과 전략 프로세스에 도움이 된다. 이미 수행된 전략의 결과들을 통해 다음 분기의 성과동인들에 대해 최근 상황에 따라 다양한 관점에서 목표들을 점검하고 수정하며 대체하는 것이 가능하기 때문이다.

요 약

정보화 시대의 회사들은 그들의 지적 자산에 투자하고, 축적된 지적 자산을 잘 관리함으로써 성공할 수 있다. 기능적인 전문화는 반드시 고객을 기준으로 한 비즈니스 프로세스로 통합되어야 한다. 그리고 제품이나 서비스의 표준화와 대량생산 및 납품은 세분화된 고객들의 취향에 맞도록 개별화된 고품질의 혁신적인 제품이나 서비스로 유연하게 대체되어야 한다. 또한 제품과 서비스, 프로세스들의 혁신과 개선은 숙련된 직원들과 뛰어난 정보기술, 정렬된 조직 업무처리 절차에 의해서 이루어진다.

조직들이 이 새로운 역량을 획득하기 위해 투자하게 되면, 그들의 성공(혹은 실패)은 전통적인 재무회계 모형에 의해 단기간 내에 촉진되거나 측정될 수 없다. 산업화 시대 회사들을 위하여 개발된 재무모형은 과거의 사건들을 측정하는 것이지, 미래의 가치를 창출할 역량에 대한 투자를 측정하는 것은 아니기 때문이다.

BSC는 전략으로부터 도출된 측정지표들을 통합하는 새로운 틀이다. BSC는 과거의 성과에 대한 재무 측정지표들을 유지하는 한편 미래의 재무 성과를 위한 동인들을 받아들인다. 이 동인들과 회사를 둘러싼 고객, 업무 프로세스, 그리고 학습 · 성장 관점은 조직의 전략을 가시적인 목표들과 측정지표들로 명백하고 구체적으로 전환시키는 데서 비롯된다.

이뿐만 아니라 BSC는 새로운 측정 시스템 이상의 것이다. 혁신적인 회사들은 균형성과관리지표를 그들의 관리 프로세스를 위한 주요한 구성 틀로 활용한다. 회사들은 좁은 의미의 목적(예를 들어 전략의 명확화, 전략에 대한 합의, 전략에 초점 맞추기, 전략을 조직 내에 전달)을 가지고 BSC 개발을 시작했을지도 모른다. 그러나 BSC의 실질적인 힘은 BSC가 측정 시스템에서 관리 시스템으로 전환될 때 발휘된다. BSC를 적용하는 회사들이 늘어감에 따라, 그들은 BSC가 다음과 같은 목적으로 활용될 수 있다는 사실을 깨닫고 있다.

- 전략을 명확히 하고 합의를 이끌어낸다.
- 전체 조직 내에 전략을 전달한다.
- 부서와 개인의 목표를 전략에 정렬시킨다.
- 전략의 목표를 장기적인 세부 목표들과 연간 예산에 연결시킨다.
- 전략과제들을 파악하고 정렬시킨다.
- 주기적이고 체계적인 전략 점검을 수행한다.
- 전략에 대하여 학습하고 개선할 수 있도록 피드백을 받는다.

BSC는 대부분의 관리 시스템에 존재하는 빈 자리(void : 전략을 실행하고, 전략에 대한 피드백을 얻기 위하여 필요한 체계적인 프로세스의 결여)를 보완해준다. 조직은 균형성과관리지표를 중심으로 구축된 관리 프로세스를 통해 장기적인 전략 수행에 초점을 맞추고, 그에 따르는 여러 가지 노력들을 정렬할 수 있게 된다. BSC가 이러한 방식으로 활용되기만 한다면 정보화 시대 조직의 관리를 위한 초석이 될 수 있을 것이다.

주)

1) A. D. Chandler, Jr., Scale and Scope: The Dynamics of Industrial Capitalism(Cambridge, Mass.: Harvard University Press, 1990).

2) A. D. Chandler, Jr., The Visible Hand: The Managerial Revolution in American Business(Cambridge, Mass.: Harvard University Press, 1977) : T. H. Johnson and R. S. Kaplan, Relevance Lost : The Rise and Fall of Management Accounting(Boston : Harvard Business School Press, 1987).

3) H. Itami, Mobilizing Invisible Assets(Cambridge, Mass. : Harvard University Press, 1987).

4) J. Champy and M. Hammer, Reengineering the Corporation : A Manifesto for Business Revolution(New York : Harper Business, 1993).

5) 산업화 시대의 회사들은 다양한 소비자들에게 서로 다른 사양의 제품을 제공하기 위하여 전통적인 생산과 서비스 제공 프로세스를 사용했다. 이러한 접근방식이 높은 비용을 초래한다는 사실은 1980년대 중반, 활동에 기초한 원가(ABC) 시스템이 개발될 때까지는 가시화되지 않았다. 하지만 이제 회사들은 그들이 선정한 세분시장에 더욱 더 초점을 맞춰야 할 것인가, 아니면 적은 자원의 투입으로 다양한 결과물들을 공급할 수 있는 기술에 기초한 제품이나 서비스 제공 프로세스를 전개할 것인가에 대하여 선택 해야 한다는 것을 인식하고 있다.

6) J. L. Bowler and C. M. Christensen, Disruptive Technologies : Catching the Wave(Harvard Business Review, January-February 1995), p.43~53.

7) R. S. Kaplan and A. Sweeney, Romeo Engine Plant, 9-194-032(Boston: Harvard Business School Press, 1995).

8) R. K. Elliott, The Third Wave Breaks on the Shores of Accounting (Accounting Horizons, June 1992), p.61~85.

9) R. Simons, Levers of Control : How Managers Use Innovative Control Systems to Drive Strategic Renewal(Boston : Harvard Business School Press, 1995), p.20.

10) 관리 프로세스의 단일고리학습과 이중고리학습에 대한 광범위한 토론을 위해선 다음을 참조하라. Chris Argyris and Donald A. Schön, Organizational Learning II: Theory, Method, and Practice(Reading Mass. : Addison-Wesley, 1996) / Teaching Smart People How to Learn (Harvard Business Review, May-June 1991), p.99~109.

2
왜 비즈니스는 BSC를 필요로 하는가

측정은 중요하다. "만약 당신이 어떤 것을 측정할 수 없다면, 그것을 관리할 수도 없을 것이다." 조직의 측정 시스템은 조직 안팎의 사람들의 행동에 강한 영향을 미친다. 만약 회사들이 정보화 시대의 경쟁 속에서 생존하고 발전하고자 한다면, 그들은 자신들의 전략과 역량으로부터 도출된 측정 시스템과 관리 시스템을 반드시 사용해야 한다. 그러나 불행하게도 많은 조직들이 고객관계와 핵심 역량, 그리고 조직의 역량에 관한 전략의 중요성을 알면서도 오로지 재무적인 측정지표만을 가지고 성과를 향상시키고 측정하려 한다.

하지만 BSC는 사업과 경영 성과를 비판적인 시각에서 요약하고 재무적인 측정방식을 포함하면서도 현재 고객과 업무 프로세스,

직원, 시스템의 성과들을 장기적인 재무적 성공에 연결시킨다. 그러면서도 더욱 총체적이고 통합된 측정에 중점을 둔다.

재무적인 측정

사업을 위한 현재까지의 측정 시스템은 재무적인 것이 전부였다. 실제로 회계시스템은 '사업의 언어'로 불려왔다. 재무적 거래 기록의 역사는 상업 거래를 촉진하기 위하여 부기를 사용했던 이집트인들과 페니키아인들, 수메르인들의 시대인 수천 년 전으로 거슬러 올라간다. 그로부터 수세기 후인 탐험시대의 회계사들은 복식부기방식으로 세계적인 무역회사들의 움직임을 측정하고 관찰했다. 그 결과 19세기 산업혁명 기간 동안에 거대한 방직공장과 철도, 철강, 공작기계, 소매회사들이 쏟아져 나왔다.

이러한 조직들이 재무적인 성과측정에서 이룬 혁신은 그들의 성공과 성장에 결정적인 역할을 했다.[1)] 그리고 투자수익률(ROI: Return On Investment) 측정준거(metric) 및 운영과 현금예산과 같은 재무적인 혁신은 듀퐁 사나 제너럴 모터스 *General Motors* 사와 같은 20세기 초반의 회사들이 엄청난 성공을 거두게 된 요인이었다.[2)]

2차 대전 후 기업들이 다각화되면서 사업단위 성과 보고와 평가의 필요성이 제기되었다. 제너럴 일렉트릭 *General Electric*과 같이 다각화된 회사들이 이러한 요구를 집중적으로 실행에 옮겼다. 사업단위 평가 보고와 평가는 IT&T 사의 해럴드 제닌 *Harold Geneen*이 실행한 엄격한 재무 보고와 통제로 인해 널리 알려지게 되었다.

이로써 20세기에 사업단위 성과의 재무적인 측면이 고도로 발전되었음을 알 수 있다. 그러나 많은 비평가들이 기업들이 재무적인 측정을 너무 광범위하고, 심지어는 배타적으로 활용하는 것을 비판한 비평가들도 많다.[3] 이러한 비판의 핵심은, 단기적으로 재무 성과를 달성하고 유지하는 데 집중하다 보면 단기적인 문제해결에 과도하게 투자하게 된다는 것이다. 즉, 장기적인 가치창출과 미래의 성장을 위한 무형 및 지적 자산에 대한 투자는 축소될 것이라는 것이다.

구체적인 예를 든다면, FMC 사는 1970년대와 1980년대에 미국의 어떤 대형 회사보다도 뛰어난 재무적인 성과를 거두었다. 하지만 FMC 사는 이에 만족하지 않고 1992년, 주주가치를 극대화하기 위한 미래 방침이 무엇인지를 결정하기 위하여 전략 점검을 실시하였다. 이 점검을 통해 FMC 사는 단기적인 운영 성과도 중요하지만 미래의 성장을 위한 전략을 세워야 한다고 결론 내렸다. 당시 FMC의 사장이었던 래리 브래디 *Larry Brady*는 다음과 같이 말했다.

"고도로 다각화된 우리 회사에 투하자본수익률(ROCE)은 각별히 중요하다. 매회계년도 말에 우리 회사는 예상했던 만큼의 재무적인 성과를 이루어낸 부서의 관리자들에게 포상한다. 우리들은 지난 20년 동안에 엄격하게 회사를 운영해왔고 아직까지는 성공적이다. 그러나 미래에 어떻게 성장할 수 있고, 어디에서 새로운 돌파구를 찾을 수 있는지는 갈수록 불분명해지고 있다. 당시 FMC는 투자수익률이 높은 회사였지만 미래의 성장을 위한 잠재력은 더 작아지고 있었다. 또한 우리 회사가 사용하는 재무 보고서로는 어떤 진보를 이루어야만 장기적인 추진과제들을 실현시킬 수 있는지 전혀 파악할 수가 없었다."[4)]

관리자들은 단기적인 재무성과를 이루어내야 한다는 압박 때문에 불가피하게 미래의 성장을 위한 투자를 가장 중요한 문제로 다루지 못한다. 더욱더 심각한 것은 회사들이 단기적인 재무성과에 대한 압박으로 인하여 고객 및 시장개척뿐만 아니라 신제품 개발과 프로세스 개선, 인적자원 개발, 정보기술, 데이터베이스, 그리고 시스템에 대한 지출을 줄이게 된다는 점이다. 단기적인 시각의 재무회계 모형에서는 이러한 지출의 삭감이 미래의 경제 가치를 창조하기 위한 회사의 역량을 저해하는 것일 때조차도 수입의 증가로 보고된다. 물론 회사는 높은 가격에 비해 형편없는 서비스를 고객들에게 제공함으로써 단기적인 재무성과를 극대화할 수도 있다. 하지만 회사는 고객충성과 고객만족의 결여로 경쟁자들의 도전에 무방비한 상태로 남게 된다.

또 다른 예를 살펴보자. 제록스*Xerox*는 1970년대 중반까지 일반용지 복사기 부문을 실질적으로 독점하고 있었다. 제록스는 복사기를 판매하는 대신 임대하여 복사한 용지 당 이용 요금을 책정해 수익을 올리고 있었다. 복사기뿐 아니라 용지와 토너와 같은 부수적인 용품들의 판매 수익 또한 작지 않았기 때문에 제록스는 엄청난 수익을 올릴 수 있었다. 반면 고객들에게는 별다른 대안들이 없었다. 높은 복사비용은 그렇다 치더라도 비싼 가격에 임대한 복사기의 잦은 고장과 오작동에 불평하지 않을 수 없었다.[5)] 제록스의 임원들은 그러한 고객들의 불만을 복사기가 고장 나지 않도록 재설계하는 기회로 보기는커녕 회사의 수익을 더 늘릴 수 있는 기회로 간주했다. 제록스는 복사기의 판매를 실시했고 고장 난 복사기를 수리할 수 있는 현장 서비스 부서를 설립했다. 그러한 서비스에 대한 수요는 이미 존재하는 것이었기 때문에, 그 부서는 얼마 되지 않아 제록스 사에 엄청난 이익을 가져다주었다. 게다가 고객들이 서비스 직원들을 기다리는 동안 아무것도 복사할 수 없는 상황을 피하기 위해 예비로 복사기를 구입했기 때문에 제록스의 판매와 수익은 더욱 증대되었다. 이 같은 전략은 제록사 사의 모든 재무적인 지표에(판매와 수익, 투자수익률) 대단히 성공적이라고 기록되었다.

그러나 고객들은 여전히 불만이 가득했다. 그들은 제록스 사가 현장 서비스부서를 잘 운영해주길 바랐던 것이 아니었다. 그들이 원한 것은 고장 나지 않는 비용효율이 높은 복사기였던 것이다. 마침내 일본과 미국의 경쟁자들이 더 기능이 좋고 고장 나지 않으며 가격도 저렴한 복사기들을 시장에 내놓음 따라 제록스사는 불만 많고 제품에 애착 없는 고객들로 에워싸이게 되었다. 결국 1955년부터 1975년까지 미국에서 가장 성공적인 회사들 중 하나였던 제록스는 거의 망할 지경에 이르렀다. 그러나 1980년대에 품질과 고객 서비스에 대한 열정을 가진 새로운 최고경영자가 투입되면서 제록스는 주목할 만한 변화를 이루어냈다.

재무적인 측정지표들은 경쟁적인 환경에서 살아남아야 하는 조직을 이끌고 평가하는 데는 부적절하다. 이것은 최근의 회계기간 동안 관리자들이 창조하거나 파괴한 가치의 대부분을 포착하지 못하는 후행지표들이다. 또한 이것은 과거의 행동에 대해서는 어느 정도 말해주지만, 미래에 재무 가치들을 창조하기 위해 취해야 할 조처들에 대해서는 적절한 지침을 제공하지 못한다.

BSC의 광범위한 틀

BSC는 임원진에게 회사의 비전과 전략을 유기적으로 연결된 균형성과관리지표들로 전환할 수 있는 포괄적인 틀을 제공한다. 많은 회사들이 직원들에게 회사의 근본적인 가치와 신념을 전달하기 위해 사명선언문(mission statement)을 채택하고 있다. 예를 들면

'항공 부문에서 가장 성공적인 회사가 되자'

'타깃 시장에서 가장 광범위한 기반을 둔 금융기관이 되자'

사명선언문은 영감을 불러일으켜야 한다. 이것은 조직에 에너지와 열정을 불어넣어야 한다.[6] 그러나 영감을 불러일으키는 사명선언문이나 슬로건만으로는 충분치 않다. 피터 센게*Peter Senge*는 "많은 리더들이 개인적인 비전을 가지고 있다. 다만 그것이 조직에 활력을 불어넣어줄 공통의 비전으로 전환되지 못했을 뿐이다. 지금까지 부족했던 것은 개인적인 비전들을 공통의 비전으로 전환할 수 있는 훈련이다."라고 말했다.[7]

구체적인 예로, 해저건설회사인 록워터 사의 최고경영자인 노먼 챔버스는 구체적인 사명선언문을 작성하기 위하여 고위임원진 및 프로젝트 관리자들과 함께 두 달에 걸친 노력을 기울였다. 그렇게 작성한 사명선언문을 배포하고 난 후 챔버스는 북해 중간지점에 구멍을 뚫는 굴착선(drilling platform)에서 일하고 있는 프로젝트 관리자로부터 전화를 받았다. "노먼 씨, 제가 사명선언문을 믿고 있다는 사실을 당신이 알아주었으면 합니다. 저는 그 사명선언문에 따라 행동하길 원합니다. 저는 지금 고객과 함께 있습니다. 제가 어떤 일을 해야 할까요? 이번 프로젝트를 진행하는 동안 사명선언문에 따라 일을 잘하기 위해선 매일 어떻게 행동해야 할까요?" 이 전화로 챔버스는 사명선언문과 직원들의 일상적인 업무 사이에 간극이 있다는 사실을 깨달았다.

BSC는 사명과 전략을 4가지 관점(재무, 고객, 업무 프로세스, 학습 · 성장)으로 구성된 목표와 측정지표로 전환한다. 그리고 이렇게 구성된 균형성과관리지표는 사명과 전략을 알려주는 하나의 틀과 언어의 역할을 한다. 또한 균형성과관리지표는 측정을 통해 직원들에게 현재와 미래의 성공동인들을 알려줄 수 있다. 임원진은 조직이 바라는 결과와 그 결과의 동인을 명문화함으로써 조직에 몸담고 있는 사람들의 에너지와 능력, 지식이 장기적인 목표를 달성하는 방향으로 이끌리기를 희망한다.

많은 사람들이 측정을 과거의 성과를 평가하고 행위를 통제하기 위한 도구로만 생각한다. 하지만 1장에서 논했듯이, BSC의 측정지표들은 다른 방식(사업 전략을 명문화하고, 그것을 직원들에게 전달하며, 개인 및 부서들이 공동의 목표를 성취하는 방향으로 추진과제들을 정렬하기 위한)으로 활용되어야 한다. 이러한 방식으로 움직이는 균형성과관리지표는 개인과 사업 단위들이 이미 수립된 계획이나 전통적인 통제 시스템 목표들에 순응하도록 만들지 않는다. BSC는 통제 시스템이 아니라 서로 의사소통하고 정보를 공유하는 학습 시스템으로 활용되어야 한다.

BSC의 4가지 관점은 단기와 장기 목표, 바라는 결과와 그 결과의 동인들, 그리고 엄격한 객관적 측정지표들과 주관적인 측정지표들이 균형을 이루게 해준다. 측정지표들의 복합성으로 인하여 BSC가 다소 복잡하게 느껴질 수도 있다. 하지만 잘 구축된 성과기록표의 모든 측정지표들은 통합된 전략 달성을 위한 목표를 공유하고 있음을 알게 될 것이다.

재무 관점

재무적인 측정지표들은 이미 취해진 조치에 대한 즉각적인 재무적 결과를 요약하는 데 유용하다. 이 때문에 BSC 역시 재무 관점을 유지하고 있다. 재무적인 측정지표들은 회사의 전략과 그것의 실행이 순이익 개선에 어떻게 기여했는지를 나타낸다. 재무적 목표들은 전형적으로 수익성(예를 들면 운영수익이나 투하자본수익률 혹은 최근에는 경제적 부가가치(EVA : economic value added)에 의하여 측정되는)에 연결된다. 급속한 매출증대와 현금흐름 창출이 전형적인 재무적 목표가 될 수 있다. 재무 관점의 사업전략 및 그 목표와 측정지표들 간의 연결에 관해서는 3장에서 더 자세히 논할 것이다.

고객 관점

고객 관점의 BSC를 통해 관리자는 자신이 몸담은 사업단위의 타깃 고객 및 세분화된 시장을 정의내릴 수 있다. 또한 관리자는 이 타깃 시장에 대한 사업단위의 성과를 측정하기 위한 지표들이 무엇인지 도 알 수 있다. 이 관점은 전형적으로 잘 수립되고 이행된 전략에서 도출된 성공적인 결과의 핵심적이고 일반적인 측정지표들을 포함한다. 이러한 핵심 결과 측정지표에는 고객만족과 고객유지, 신규고객 확보, 고객수익성, 그리고 타깃 시장에서의 시장점유율과 고객점유율 등이 포함된다.

그러나 고객 관점은 타깃으로 선정된 세분시장의 고객들에게 전달하는 '가치명제'라는 독특한 측정지표도 포함해야 한다. 핵심 고객들을 위해 세분화한 동인으로부터 나온 결과는 고객들의 충성도를 결정하는 요소가 무엇인지 보여준다. 예를 들면 고객들은 짧은 리드타임과 적기납품에 가치를 둘 수 있다. 또는 혁신적인 제품이나 서비스의 지속성에 가치를 둘 수도 있다. 가치명제를 통해 공급자들은 앞으로 생겨날 고객들의 욕구를 예상하고, 그 욕구들을 충족시킬 수 있는 새로운 제품을 개발하거나 접근방법을 개선할 수 있다. 고객 관점은 미래에 수익성이 높은 고객 및 시장에 기반을 둔 전략이 무엇인지 사업단위 관리자들이 명확히 이해하도록 만든다. 4장에서는 이 고객 관점을 위한 목표와 측정지표들의 개발에 대하여 집중적으로 논의할 것이다.

업무 프로세스 관점

임원들은 업무 프로세스 관점을 통해 가장 탁월해야 할 업무 프로세스가 무엇인지를 알 수 있다. 이러한 프로세스들를 통해 사업 단위는 다음과 같은 일을 할 수 있다.

- 회사의 타깃 시장에서 고객들을 끌어들이고 유지할 수 있는 가치명제를 이끌어낸다.
- 재무적 수익에 대한 주주들의 기대를 만족시킨다.

업무 프로세스 측정지표들은 고객만족과 조직의 재무적 목표를 달성하는 데 가장 큰 영향을 미치는 프로세스에 초점을 맞춘다.

업무 프로세스 관점은 성과측정에 대한 전통적인 접근방식과 BSC 접근방식 사이의 두 가지 근본적인 차이를 보여준다. 전통적인 접근방식은 현재의 프로세스를 관찰하고 개선하려한다. 또한 품질과 시간에 기초한 계량기준들을 통합함으로써 재무적인 성과 측정을 뛰어넘을 수 있음에도 불구하고 여전히 현행 프로세스의 개선에 초점을 맞춘다. 그러나 BSC 접근방식을 통해 고객과 재무적 목표를 달성하기 위한 전적으로 새로운 프로세스가 무엇인지 파악할 수 있다. 예를 들어 회사는 고객의 니즈를 파악할 수 있는 프로세스가 필요하다거나 타깃 고객들이 가치를 두는 새로운 서비스를 제공할 수 있는 프로세스가 필요하다고 깨달을 수 있다. 업무 프로세스 관점의 목표들은 현재 전혀 수행되고 있지 않지만 조직의 전략을 성공시키는 데 가장 핵심적인 프로세스에 초점을 맞춘다.

BSC 접근방식의 두 번째 차별성은 업무 프로세스 관점 안에 혁신 프로세스를 포함시키는 것이다(〈그림 2-1〉참조). 전통적인 성과측정 시스템은 현재의 고객들에게 현재의 제품이나 서비스를 제공하는 프로세스에 초점을 맞춘다. 현재의 운영방식을 통제하고 개선하는 이 접근방식은 가치창출에 일시적으로만 영향을 미칠 뿐이다. 이 방식은 현재의 고객들에게 제품 혹은 서비스를 주문받고 그것을 납품하는 과정까지만 영향을 미친다. 이러한 방식으로 운영되는 조직은 소비자 가격보다 낮은 제조 원가로 제품을 생산하

〈그림 2-1〉 업무 프로세스의 가치사슬 관점

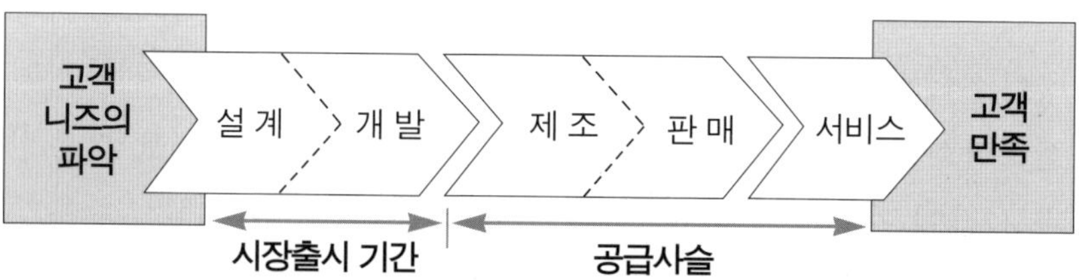

비즈니스 프로세스	
혁신 프로세스	운영 프로세스
▪ 제품설계 ▪ 제품개발	▪ 제조 ▪ 마케팅 ▪ 판매후 서비스

고 서비스함으로써 고객을 만족시키고 가치를 창출한다.

그러나 장기적인 재무적 성공의 동인들은 현재와 미래의 고객들에게 새롭게 생겨날 니즈를 충족시킬 전적으로 새로운 제품이나 서비스를 창조하는 조직을 필요로 할지도 모른다. 혁신 프로세스, 즉 가치창출을 위한 긴 파동(long wave)은 많은 회사들에게 미래의 재무적 성공을 위한 더 강력한 동인이 될 것이다. 현재의 프로세스를 효율적이고 일관성 있게 책임지고 관리하는 것보다, 제품 개발 프로세스를 성공적으로 관리하거나 새로운 범주의 고객에게 다가갈 역량을 개발하는 것이 미래의 경제적인 성과에 더 필수적이다.

그렇다고 관리자들이 두 프로세스 중에서 꼭 하나만을 선택해야 하는 것은 아니다. BSC엔 '짧은 파동의 운영 사이클'과 '긴 파동의 혁신 사이클' 모두를 위한 목표와 측정지표들이 포함되어야 한다. 5장에서는 회사들이 업무 프로세스 관점을 위한 목표와 측정지표들을 공식화하는 방법들에 대한 사례들을 소개할 것이다.

학습 · 성장 관점

BSC의 네 번째 관점인 학습 · 성장은 조직이 장기적으로 성장하기 위해 반드시 구축해야 하는 기반구조가 무엇인지를 알려준다. 고객과 업무 프로세스 관점은 현재와 미래의 성공을 위해 가장 중요한 요소들을 파악한다. 현재의 기술과 역량만으로는 고객과 업무 프로세스 관점의 장기적 세부 목표를 만족시키기 어렵다. 또한 치열한 경쟁 속에서 살아남기 위해서는 고객과 주주들에게 가치를 제공할 수 있는 역량들을 지속적으로 개발해야야 한다.

조직의 학습 · 성장은 3가지 주요 원천(사람, 시스템, 그리고 조직의 각종 절차)에서 나온다. BSC에서 재무와 고객, 업무 프로세스 관점의 목표들은 사람과 시스템, 절차들이 현재 지닌 역량과 획기적인 성과를 달성하는 데 필요한 역량 사이에 커다란 격차가 존재하고 있음을 보여준다. 그 격차를 줄이기 위하여 사업체는 직원들을 재훈련시키고, 정보기술과 시스템을 강화하며, 조직의 절차와 일상적인 업무들을 전략에 정렬시키는 데 반드시 투자해야 한다. 이러한 목적들은 BSC의 학습 · 성장 관점을 통해 분명해진다. 고객 관점과 마찬가지로 직원을 기준으로 한 측정지표들은 일반적인 결과 측정지표들(직원 만족과 근속기간, 훈련과 역량)을 포함한다. 여기에 이 일반적인 결과의 동인들이 덧붙여지는데, 예를 들어 새로운 경쟁 환경 속에서 요구되는 특별한 역량들의 구체적인 지수(Index)가 그것이다.

정보 시스템 역량은 일선의 직원들에게 핵심 고객에 대한 정보와 업무 프로세스에 대한 정보들이 즉시 활용 가능한 상태로 제공되고 있는가의 여부로 측정할 수 있다. 또한 조직의 각종 절차로 직원들의 동기가 조직 전체의 성공요인에 정렬되어 있는가를 알아볼 수 있다. 또한 핵심 고객 기반과 업무 프로세스의 개선 정도를 검토해볼 수 있다. 6장에서는 이러한 주제들을 보다 자세하게 살펴볼 것이다.

정리하자면, BSC는 조직의 비전과 전략을 4가지 균형잡힌 관점들로 구성된 목표와 측정지표들로 전환시킨다. 그리고 균형성과관리지표에는 미래의 바람직한 결과를 이끌어내는 프로세스뿐만 아니라 바람직한 결과의 측정지표들이 포함된다.

다양한 측정지표들과 개별 전략의 연계

이미 많은 회사들이 이사회와 의사소통하거나 고위 관리자들의 업무를 점검할 때 재무적인 측정지표들과 비재무적인 측정지표들을 조합해서 활용하고 있다. 특히 최근에는 고객과 프로세스의 질에 새롭게 초점을 맞추고 있다. 이에 따라 많은 조직들이 고객만족과 불만, 제품과 프로세스의 결함, 그리고 납품일정을 어긴 사례들을 추적하고 알리는 데 역점을 두게 되었다. 프랑스에서는 20여 년 전부터 조직 성공을 위한 핵심지표들의 계기판을 개발하여 활용하고 있다. 이 계기판은 핵심 성공요인들(물리적인 변수로서 측정 가능한)을 구별할 수 있도록 함으로써 직원들이 조직을 '비행'시킬 수 있도록 돕기 위해 고안된 것이다.[8] 하지만 이 재무적·비재무적인 지표들의 계기판이 과연 BSC를 대신할 수 있을까?

우리의 경험에 의하면, 가장 우수한 BSC는 핵심적인 측정지표들이나 핵심 성공요인들의 집합 이상의 것이다. 훌륭하게 구축된 BSC의 다양한 측정지표들은 일관성 있으면서도 유기적으로 연결된 목표와 측정지표들로 구성되어야 한다. BSC를 비행 계기판에 비유한다면 그것은 단순한 다이얼들로 이루어진 계기판이 아닌 비행 시뮬레이터와 같다. BSC는 비행 시뮬레이터와 같이 비행계획,

즉 전략의 경로를 보여주는 선행지표와 후행지표, 그리고 피드백 고리들로 연결된 핵심적인 변수들 사이의 인과관계로 나타나는 복잡한 집합으로 통합되어야 한다. 그리고 이 연결에는 인과관계, 결과 측정지표와 성과동인 간의 조합이 통합되어야 한다.

인과관계

전략은 원인과 결과에 대한 하나의 가정이다(〈표 2-1〉참조). 측정 시스템은 다양한 관점에서 목표들(그리고 측정지표들) 간의 관계(가설)를 명확히 함으로써 잘 운영되고 인정받을 수 있다. 그리고 인과관계는 BSC의 4가지 관점에 모두 적용되어야 한다. 예를 들면 투하자본수익률은 재무 관점에서 균형성과관리지표의 측정지표가 될 수 있다. 이 측정지표의 동인은 기존 고객에 대한 반복적이고 확장된 판매일 수 있으며, 또 그러한 고객들 사이에 형성된 높은 충성도의 결과일 수 있다. 따라서 고객충성도는 투하자본수익률에 강한 영향을 미칠 것으로 기대되기 때문에(고객 관점에서) 균형성과관리지표에 포함된다. 그렇다면 조직은 어떻게 고객의 충성을 이끌어낼 수 있을까? 고객의 선호를 분석한 결과 주문에 맞추어 적시에 납품하는 것이 고객들에게 가장 가치 있는 것이라는 것을 알게되었다고 하자. 그렇다면 주문에 맞춘 적시납품은 고객충성도를 높이고, 높아진 고객충성도는 높은 재무 성과로 연결 될 것이다. 따라서 고객충성도와 적시납품은 균형성과관리지표에 고객 관점의 측정지표로 구체화된다.

〈표 2-1〉 인과관계 사슬

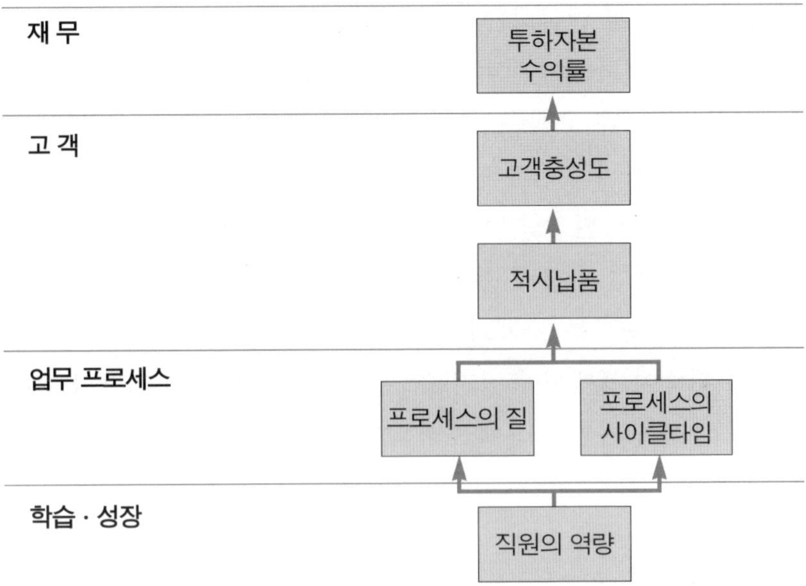

이 과정에서 '회사가 적시납품을 달성하기 위해서는 어떤 업무 프로세스에 탁월해야 하는가'라는 질문이 나오게 된다. 적시납품을 달성하기 위하여 회사는 운영 프로세스와 업무 프로세스의 사이클 타임(제품 또는 서비스 생산에 걸리는 시간)을 단축해야 한다. 따라서 이러한 요소는 업무 프로세스 관점의 균형성과관리지표의 측정지표가 될 수 있다. 그렇다면 조직은 어떤 방법으로 업무 프로세스를 개선하고 사이클 타임을 단축할 수 있을까? 이것은 일선에서 업무를 수행하는 직원들을 훈련시키고 그들의 역량을 향상시킴으로써 가능하다. 따라서 이 요소는 학습 · 성장 관점의 측정지표에 포함될 수 있다. 이로써 우리는 BSC의 4가지 관점이 어떻게 인과관계의 사슬로 연결되는지 파악할 수 있게되었다.

이와 같은 맥락에서 서비스와 수익관계를 파악한 최근 연구에서는 직원만족도와 고객충성도, 시장점유율, 그리고 궁극적으로는 재무적 성과 사이의 인과관계를 강조했다.[9)]

적절하게 구축된 BSC는 사업단위 전략의 경로를 보여줄 수 있어야 한다. 그리고 결과 측정지표들과 결과의 성과동인들 사이의 인과관계의 순서를 구체화하고 명확하게 밝혀내야 한다. 또한 BSC를 위하여 채택된 측정지표들은 조직에 사업단위 전략의 의미를 알려주는 인과관계 속에 포함되어야 한다.

성과동인

훌륭한 BSC는 결과 측정지표들과 그 결과를 이루어내는 성과동인들 간의 조합으로 이루어져 있다. 성과동인이 없다면 그 결과가 어떠한 방법으로 달성되는가를 알수 없다. 그뿐만 아니라 전략이 성공적으로 수행되고 있는가에 대한 초기 지표들도 제공받지 못한다. 예를 들어 사이클 타임이나 PPM(백만 개 중의 결함률)과 같은 결과 측정지표들은 성과동인에 대한 측정 없이도 단기간에 사업단위의 운영을 개선할 수 있을지도 모른다. 하지만 그러한 운영 개선이 현재와 미래의 고객을 위해 확장된 사업으로 전환될 수 있는지, 궁극적으로는 재무성과를 고양시킬 수 있는지 여부는 알 수 없다. 따라서 훌륭한 BSC는 사업전략의 결과(후행지표)와 성과동인

(선행지표)이 적절하게 조합된 것이어야 한다.

7장에서는 BSC가 단순히 재무적·비재무적인 측정의 집합이 아니라는 주제에 대해 더 깊이 논의할 것이다.

재무적인 측정지표들은 폐기처분되어야 하는가?

BSC에서 재무적 목표의 구성요소들은 조직이 장기적인 성과를 거두는 데 실제로 관련이 있을까? 이미 살펴본 바와 같이 어떤 사람들은 관리자들이 투하자본수익률과 주당 수익률, 주가시세와 같은 측정지표의 재무성과를 달성하려 할 때 시도하는 단기적 방침에 문제를 제기하며 비판하기도 한다. 그들은 사업단위의 성과만을 측정하는 재무적인 측정지표들을 폐기처분해야 한다고 주장한다. 그들의 주장에 따르면, 지금처럼 기술과 고객을 지향하는 세계적 경쟁 속에서는 재무적인 측정지표들이 성공을 위한 지침을 제시하기에 부족하다는 것이다. 그들은 관리자들이 고객만족과 품질, 사이클 타임, 그리고 직원들의 역량과 열의를 향상시키는 데 초점을 맞춰야 한다고 주장한다. 회사가 운영능력을 근본적으로 향상시키면 재무적 수치들도 저절로 향상될 것이라는 것이다.

그러나 품질과 고객만족의 향상이 항상 재무적인 결과로 전환되는 것은 아니다. 한 전자회사를 예로 든다면, 이 회사는 1987년부터 1990년 사이에 품질과 적시납품 서비스를 크게 향상시켰다. 외부로 나가는 제품의 결함률은 1/10로 떨어지고 산출률(yields)은 두 배로 늘어났으며, 납기일을 어긴 횟수도 30%에서 4%로 줄었다. 그러나 품질과 생산성, 고객 서비스의 획기적인 개선이 재무적인 이익을 가져다주지는 못했다. 이 회사의 재무성과 곡선은 3년간 아무 변화가 없었고 결국 주주들은 실망하며 주가가 70% 수준으로 떨어지는 상황을 지켜봐야만 했다.

어떻게 이러한 이례적인 결과가 발생할 수 있는 것일까? 많은 회사들이 품질과 생산성 향상 프로그램들을 통해 조직의 효율성을 엄청나게 향상시켰다. 앞에서 말한 전자회사처럼 이 회사들은 품질을 개선하고 대응시간을 단축했으며 불량품으로 인한 시간 낭비를 근본적으로 없앨 수 있었다. 또한 촉박한 주문일정을 맞추기 위하여 일정을 다시 짜거나 직원들을 독촉할 필요도 없게 되었다. 일단 회사들이 낭비와 결함 제거, 재작업과 일정의 재수립 중단, 설계변경 요구와 독촉 중단, 공급자와 고객 간의 한 차원 더 높은 통합 등을 이루면 예전보다 훨씬 더 적은 자원을 투입하고도 예전과 같은 양의 제품을 생산할 수 있는 것이 일반적이다. 그러나 과도기에는 대부분의 자원이 이미 투입되기로 약정된 상태이므로 '고정' 비용이 높은 것으로 기록되기도 한다. 따라서 자원을 적게 사용함으로써 미사용 자원이 발생하긴 하지만 실제로 지출은 거의 줄지 않는다.

그렇다면 완벽한 적시납품과 무결함 주문이행을 통해 고객만족도가 높아진다면 어떨까? 매출이 더 이상 오르지 않거나 떨어진다면, 그것은 고객들이 더 이상 자신들과의 거래량을 늘릴 수 없는 상황이기 때문일지도 모른다. 앞에서 말한 회사는 이미 많은 고객들에게 최고의 제품을 제공하는 회사다. 그러나 고객들은 단일 공급자에게 전적으로 의존하기보다는 한두 개의 예비 공급자를 마련해 놓기를 원할지도 모른다. 만약 고객들이 거래량을 늘릴 수 없거나 늘리기를 원치 않는 경우 또는 공급자가 직원들을 해고하고자 하지 않을 경우(직원들이 바로 품질 생산성, 고객 서비스 개선의 원천이기 때문), 운영의 개선은 쉽게 높은 수익으로 전환되지 않는다. 품질개선과 사이클 타임 축소를 위한 운영 개선 프로그램이 자동으로 재무 결과 개선으로 연결되지는 않는 것이다.

주기적인 재무제표들과 재무적 측정지표들은 품질개선과 대응시간 축소 및 생산성 향상, 그리고 신제품 그 자체가 아니라 이러한 향상이 불어오는 결과가 중요하다는 사실을 임원들에게 일깨우는 역할을 지속해야 한다. 이러한 향상은 그것들이 매출증대나 운영비용 감소, 혹은 높은 자산 활용률 등으로 전환될 때만 회사에 이득이 된다. 장기적인 전략이라고 해서 모두 수익성이 있는 것은 아니기 때문이다. 1980년대의 IBM과 DEC, GM 사가 장기적인 비전을 갖고 있지 않았던 것은 아니었다. 이 세 회사는 제조기술과 품질, 연구개발 등에 엄청난 투자를 단행했다. 그러나 그들의 비전과 성공을 위한 사업모델은 당시의 시장 상황에는 맞지 않는 것이었다. 그들은 자신들의 투자 전략이 재무적 측정지표상에 실패로 나타났음에도 불구하고 초기에는 그 전략들의 기본가정을 재점검해야 한다는 것을 인정하지 않았다. 하지만 운영상의 성과를 재무상의 성과로 전환시키는 데 실패했음을 알았을 때, 임원들은 처음으로 되돌아가서 회사의 전략과 실행계획을 재고해야 했다.

운영상의 성과를 크게 향상시킨 회사들은 어떻게 기존 고객들의 구매율을 높일 것인지, 성능 좋은 신제품을 어떻게 마케팅할 것인지, 그리고 새로운 고객과 세분화된 시장에 회사의 제품이나 서비스를 어떻게 마케팅할 것인지를 반드시 구체화해야 한다. 운영 개선전에는 접근이 불가능했던 이 새롭게 세분화된 시장은 저렴한 가격과 우수한 성능과 품질, 향상된 고객 서비스 덕분에 가치 있는 시장이 되었기 때문이다.

측정과 관리의 포괄적인 시스템은 반드시 운영과 고객 서비스, 신제품과 서비스의 개선이 더 높은 매출액과 운영 마진, 더 빠른 자산 회전율, 절감된 운영비용 등과 같은 향상된 재무적 성과로 어떻게 연결되는가를 구체적으로 나타낼 수 있어야 한다. BSC는 재무적인 결과물의 중요성을 지속적으로 견지해야 한다. 그리고 균형성과관리지표의 모든 측정지표들은 궁극적으로 재무적인 목표들과 연계되어야 한다. 따라서 BSC가 재무적 측정지표들을 단기적인 성과를 위해 운영하지 않고 궁극적인 결과물을 위한 측정지표로 운영한다면 이익을 얻을 수 있다.

4가지 관점 : 그것만으로 충분한가?

BSC의 4가지 관점은 다양한 분야의 회사와 산업을 통해 그 건실함이 증명됐다. 그러나 이 4가지 관점을 고정된 것으로 보지 말고 하나의 기본모형으로 간주해야 한다. 이 4가지 관점만으로 필요충분조건이 충족된다는 수학적인 이론은 없다. 우리들은 이 4가지 관점보다 더 적은 수의 관점을 활용하고 있는 회사를 아직까지 보지 못했지만, 산업 환경과 사업단위의 전략에 따라 하나 혹은 그 이상의 추가적인 관점이 필요할지도 모른다. 예를 들면 어떤 사람들은 BSC가 주주들과 고객들에 대한 이해는 명시하고 있지만, 직원과 공급자, 지역공동체 등 다른 중요한 이해 관계자들에 대한 이해는 명시하지 못하고 있음에 우려를 표하고 있다. 직원 관점은 모든 균형성과관리지표의 학습 · 성장 관점 안에 확실하게 통합되어 있다. 이와 마찬가지로 만약 공급자와의 관계를 강화하는 것이 고객을 유치하고 재무적인 성과를 이끌어내기 위한 전략의 한 부분이라면, 공급자와의 관계를 위한 결과물과 성과동인들은 조직의 업무 프로세스 관점 안에 통합되어야 한다. 그러나 우리는 모든 이해 관계자들이 사업단위의 균형성과관리지표에 자동적으로 기록되어야 한다고는 생각하지 않는다. 균형성과관리지표의 결과물과 성과동인 측정지표들은 조직의 경쟁우위와 획기적인 역량을 창출하는 요소들을 측정할 수 있어야 한다.

환경에 대한 관심을 반영할 수 있는 전적으로 새로운 관점을 창출하기를 원하는 한 화학회사를 예로 들어보자. 우리는 그들에게

이의를 제기했다.

“환경을 깨끗하게 유지하는 일은 중요합니다. 회사들은 반드시 법과 규제를 준수해야 합니다. 하지만 법과 규제의 준수가 경쟁우위를 차지하는 데 도움이 되는 것 같지는 않습니다.”

최고경영자와 고위임원들이 즉시 대꾸했다.

> “우리는 동의하지 않습니다. 우리들이 운영하고 있는 프랜차이즈는 지역사회의 엄청난 압력을 받고 있습니다. 우리들의 전략은 현행법과 규제들을 준수해 모든 지역공동체에 법을 잘 지키는 기업으로 보이는 것입니다. 또한 복지와 보수가 좋으며 안전하고 생산적인 일자리를 창출하는 뛰어난 회사로 비춰지기를 원합니다. 만약 규제가 강화된다면 우리의 경쟁자들 중 몇몇은 프랜차이즈를 잃게 되겠지만, 우리는 운영을 계속할 수 있는 권리를 획득할 수 있을 것입니다.”

그들은 환경을 위한 그리고 공동체를 위한 탁월한 성과가 회사 전략의 중요한 부분이자 전략 균형성과관리지표의 통합된 일부분이어야 한다고 주장했다.

이처럼 모든 이해관계자들의 이익이 사업단위 전략의 성공을 위하여 절대적으로 필요하다면 BSC에 통합될 수 있다. 그러나 모든 이해관계자들의 목표를 관리자들의 ‘통제 아래’에만 두면 되는 하나의 분리된 측정지표로 균형성과관리지표에 부록처럼 달려서는 안 된다. 다른 측정과 통제 시스템이 BSC보다 훨씬 더 효과적으로 이해관계자들의 목표를 진단하고 요구사항들을 수렴할 수도 있기 때문이다.[10] BSC에 나타나는 모든 측정지표들은 '사업단위 전략의 줄거리'를 알리고 정의내릴 수 있는 일상적인 사건들의 연결로 완전하게 통합되어야 한다.

BSC를 위한 조직단위

어떤 회사들은 하나의 산업 내에서만 운영되기도 한다. 사실 BSC는 초기에 어드밴스드 마이크로 디바이스*Advanced Micro Devices* 사나 아날로그 디바이스*Analog Devices* 사와 같이 반도체 산업의 특수한 틈새시장을 타깃으로 하는 회사와, 애플 컴퓨터와 같이 컴퓨터 산업의 특수하게 세분화된 시장을 타깃으로 하는 회사에 적용되기도 했다. 이 회사들은 '기업 성과관리표(Corporate Scorecard : 이 용어는 아날로그 디바이스 사에서 사용되었다)' 로서 BSC를 개발했다.

그러나 대부분의 회사들이 상당히 다양화되어 있기 때문에 처음에 회사 차원의 성과관리표를 구축하는 일은 어려운 과제가 될 수 있다. BSC는 전략적 사업단위(SBU : Strategic Bunsiness Unit)에 가장 잘 적용될 수 있다. BSC를 위한 이상적인 SBU는 혁신과 운영, 마케팅, 유통, 판매 및 서비스를 망라하는 가치사슬 전반에 걸친 활동을 수행한다. 이러한 SBU는 자신만의 제품과 고객, 마케팅, 유통 채널, 생산설비들을 가지고 있다. 그리고 무엇보다도 중요한 것은 SBU는 잘 정의된 전략을 가지고 있다는 점이다.

BSC가 일단 하나의 SBU를 위하여 개발된다면, 그것은 SBU 내의 부서들과 기능단위(Functional unit)들을 위한 BSC의 기초가 된다. 부서와 기능단위들은 우선 사업단위의 사명과 전략, 성과관리표의 틀 안에서 사명선언문과 전략선언문을 만들어야 한다. 이 과정이 이루어진 후에 각각 기능단위의 관리자들은 SBU의 사명과 전략에 합치되고 그것들을 전달할 수 있는 자신들만의 성과관리표를 개발할 수 있다. 이러한 방법으로 SBU 성과관리표는 모든 책임 센터들이 SBU의 목표를 위해 일관성 있게 일할 수 있도록 SBU 안의 하부 책임 센터로 까지 확산될 수 있다. '개별의 부서나 기능단위까지도 BSC가 필요한가' 라는 질문의 대답은, 이들 조직단위가 그들의 사명과 전략을 달성케 하는 고객(내부와 외부), 업무 프로세스 등을 가지고 있느냐(혹은 반드시 가져야 하는가)에 따라 달라진다. 만약 한 기능단위가 고객과 업무 프로세스를 가지는 것이 정당하다면, 그 단위는 BSC에 적합한 후보가 될 수 있다.

그러나 만약 조직단위가 SBU를 넘어서 너무 광범위하게 정의된다면, 일관성 있고 통합된 전략을 정의하기가 어려울 수 있다. 뿐만 아니라 성과관리표 목표와 측정지표들은 결국에는 몇 개의 다른 전략들의 평균이나 혼합에 그칠 수도 있다. 예를 들어 필자들은 독창적으로 성과관리표를 만들기 원했던 한 산업가스회사를 도와주려고 한 적이 있다. 우리는 그 회사가 전혀 다른 전략들과 고객들을 가진 세 개의 독립적인 사업 단위들로 구성되어 있음을 알 수 있었다. 우리는 이 사례를 통해 독특한 유통 채널을 가진 독립된 각각의 SBU별로 BSC를 구축하는 것이 훨씬 단순하다는 것을 증명할 수 있었다.

그러나 때로는 어느 정도 독립적인 몇 개의 SBU들을 가진 회사들이 처음부터 회사 차원에서 BSC를 개발하기도 한다. 그러한 회사 차원의 BSC는 각각의 SBU에서 개발된 BSC를 통해서 실현되어야 하는 주제와 공통의 비전에 대한 일반적인 틀, 회사의 기본모형을 구축한다. 또한 회사 차원의 BSC는 독립적인 단위로서 운영되는 SBU들이 창출하는 가치를 배가시킬 수 있는 방법도 수립한다. 이와 같은 회사 차원의 가치창출 역할은 굴드*Goold*와 그의 동료에 의하여 '모회사의 우위(parenting advantage)'라고 이름지어졌다.[11] SBU들의 BSC를 더욱 광범위한 회사 차원의 틀로 통합하는 일에 대해서는 8장에서 더욱 자세하게 논의할 것이다.

BSC는 전략적 포지셔닝 혹은 핵심 역량·능력에 의하여 구동되는가?

이 책에서 제공하는 접근방법은 다음과 같다. 하나의 조직단위가 전략을 필요로 하는 세분화된 시장과 고객을 선정한다. 그러고 나서 그 조직단위는 타깃으로 선정된 세분시장의 고객들에게 가치명제를 제공하는 데 있어서 반드시 탁월해야만 하는 핵심적인 업무 프로세스를 구체화한다. 이것은 내부 및 고객, 재무적 목표달성을 위하여 요구되는 개인과 조직의 역량을 선택하는 것으로 이어진다. 이 접근방법은 마이클 포터 *Michael Porter*의 회사 전략에 관한 책들에 구체화되어 있는 산업 및 경쟁자 분석과 일치한다.[12] 다음 장들에서 설명하겠지만 우리는 수십 개의 조직에서 그러한 접근방법이 잘 운영되었음을 보았다.

어떤 회사들은 독특한 능력과 자원, 핵심 역량 등을 활용하여 경쟁한다.[13] 예를 들면 혼다 *Honda*는 모터사이클이나 자동차, 잔디깎는 기계 등을 위해 탁월한 엔진을 설계하고 만드는 그들의 역량을 충분히 활용함으로써 경쟁력을 갖게 되었다. 캐논 *Canon*은 일찍이 카메라를 위하여 개발된 광학과 소형화 기술 분야에서 그들이 가진 세계 수준의 역량을 복사기와 팩시밀리, 컴퓨터프린터와 같은 다른 제품에 충분히 활용하고 있다. 핵심 역량이나 독특한 능력에 기반을 둔 전략을 전개해 나가는 회사들은 전략적 계획 프로세스를 업무 프로세스 관점에서 그들의 핵심 역량이나 능력들로 구체화한다. 나아가서는 고객 관점에서 이들의 역량과 능력들을 가장 필요로 하는 가치 있는 고객과 세분화된 시장을 선정할 수도 있다.

BSC는 원래 전략 수행을 위한 메커니즘이지 전략 수립을 위한 메커니즘이 아니다.[14] 그렇지만 BSC가 고객 관점으로부터 출발하거나 혹은 탁월한 업무 프로세스 역량으로부터 출발한다면, 사업단위 전략을 수립하는 접근방법으로도 이용될 수 있다. SBU의 임원들이 전략 수립을 위하여 어떠한 접근방법을 택하든 간에 BSC는 그러한 전략을 구체적인 목표와 측정지표, 목표들로 전환시키기 위한, 그리고 그 후에 이어지는 기간 동안 그 전략의 수행 여부를 모니터링하기 위한 대단히 값진 메커니즘을 제공할 것이다.

부록 : 사업성과의 재무적인 측정의 한계

몇몇 보고서는 회사 성과의 재무적인 측정지표들을 지나치게 강조하는 데 대하여 우려를 나타내고 있다. 경쟁을 연구한 하버드 비즈니스 스쿨위원회의 프로젝트에서는 미국 회사들이 행한 투자와 일본이나 독일 회사들이 행한 투자 시스템이 서로 다름을 밝혀냈다.

- 미국의 시스템은 현재 주가에 영향을 주는 단기적인 수익을 증진하는 데 역점을 두기 때문에 장기적인 회사 투자는 적다.
- 미국의 시스템은 수익이 가장 쉽게 측정되는 투자 형태를 선호하기 때문에 단기적인 수익을 측정하기가 어려운 제품이나 프로세스 혁신, 직원 역량, 고객만족 등과 같은 무형자산에 적게 투자한다.
- 미국의 시스템은 쉽게 가치로 인정되는 자산(인수합병을 통하는 것과 같이)에는 많이 투자하나, 수익이 가치로 인정되는 것이 어려운 내부 개발 프로젝트에는 적게 투자한다.
- 미국의 시스템에서 대단히 강력한 자산 기반 구조(천연자원들, 유명한 브랜드명을 가지고 있는 소비자 상품회사들, 영화사 및 방송사들)를 가지고 있는 회사들은 단기적인 수익이 만족할 만하다 싶으면 그들의 저평가된 자산을 충분히 활용하지 않고 회사를 비효율적으로 운영한다. 그러한 회사들의 자산으로부터 가치를 실현하기 위해선 경영권 장악을 위한 적대적인 주식의 공개매입(hostile tender offers)이나 차입금에 의한 회사매수인 레버리

지 바이아웃*leverage buyout*, 그리고 액면가보다 싸게 살 위험이 많은 정크 본드*junk bond* 발행 등을 포함하는 비용이 많이 드는 재무적 혁신이 요구된다.[15)]

과거 성과의 재무 보고서만을 보는 데 불만을 표시하는 외부 투자자들에게서 재무적인 측정의 한계를 발견할 수 있다. 그들은 자신들이 자본(혹은 투자하려고 벼르고 있는)을 투자한 회사의 미래 성과를 예측할 수 있도록 도와주는 정보를 원한다. 예를 들면 U. S. 스틸과 카네기 연금재단(U. S. Steel and Carnegie Pension Fund)의 부사장인 피터 링컨*Peter Lincoln*은 "고객만족도를 개선하거나 신제품을 개발할 때 처음부터 비재무적인 측정을 병행하는 것은 투자자와 분석가들에게 대단히 유용하다. 회사는 조직의 전체적인 운영 모습을 보여줄 수 있는 구체적인 정보를 제공해야 한다" 고 말했다.[16)]

뿐만 아니라 미국의 선도적인 전문 공인회계사협회도 재무적인 균형성과관리지표들을 지나치게 강조하는 것을 우려했다. 미국 공인회계사학회 안의 재무보고 분야 특별위원회는, 사업성과를 측정할 때 재무적인 보고에 절대적으로 의존하는 것에 대하여 "사용자들은 미래에 초점을 맞추고 있는 반면에 오늘날의 사업보고는 과거에 초점을 맞추고 있다. 비록 과거에 대한 정보가 미래의 성과에 유용한 지표들일지라도 사용자들은 미래를 내다볼 수 있는 더 많은 정보를 필요로 한다"라고 말했다. 이 위원회는 회사들이 미래의 가치 창출을 위한 방법을 보고하는 것이 중요하다는 점을 인정한다. 그리고 "많은 회사들은 자신들의 경영 관점을 이해하고, 경영이 회사를 어디로 이끌고 갈 것인가를 예측할 수 있는 안목을 길러야 한다"라고 말한다. 이로써 관리자의 전략적인 비전에 사업성과보고를 연계시킬 것을 권고하고 있다. 또한 이 위원회는 "회사의 핵심 행동들과 사건들의 효과를 정량화하기 위해 활용하고 있는 재무적·비재무적인 측정을 공개해야 한다" 라고 말함으로써 비재무적인 측정이 반드시 핵심적인 역할을 담당해야 한다는 견해를 밝히기 시작했다.[17] 마지막으로 이 위원회는 회사들이 더욱 '균형잡힌' 미래를 내다볼 수 있는 접근방법을 채택할 것을 권고하면서 결론을 맺었다.

사업보고가 사용자들의 변화하는 요구를 충족시키려면 반드시 다음과 같이 수행되어야 한다.

- 계획과 기회, 위험, 불확실함 등에 관한 더 많은 정보를 제공해야 한다.
- 핵심 비즈니스 프로세스들이 어떻게 수행되고 있는가를 나타내주는 비재무적인 측정지표들과 장기적 가치를 창출하는 요소들에 더 초점을 맞추어야 한다.
- 사업을 경영하기 위하여 외부적으로 보고하는 정보들과 내부적으로 고위 관리자들에게 보고하는 정보들이 보다 더 연관되어야 한다.[18]

우리는 9장에서 외부 보고를 위해 BSC를 어떻게 활용할 것인지에 대하여 논의할 것이다.

주)

1) A. D. Chandler, The Visible Hand : The Managerial Revolution in American Business (Cambridge, Mass.: Harvard University Press, 1977) / H. T. Johnson and R. S. Kaplan, 〈Nineteenth-Century Cost Management Systems〉, Chap. 2 in Relevance Lost : The Rise and Fall of Management Accounting(Boston : Harvard Business School Press, 1987).

2) Johnson and Kaplan, 〈Controlling the Vertically Integrated Firm : The DuPont Powder Company to 1914〉, Chap. 4, and 〈Controlling the Multidivisional Organization : General Motors in the 1920s〉, Chap. 5 in Relevance Lost.

3) 일부 비평은 이 장의 부록에 포함되어 있다.

4) Implementing the Balanced Scorecard at FMC Corporation: An Interview with Larry D. Brady (Harvard Business Review, September-October 1993), p.143~147.

5) 이러한 해설은 다음의 문헌에서 인용되었다. Joseph M. Juran, Made in U. S. A.: A Renaissance in Quality (Harvard Business Review, July-August 1993), p.45.

6) R. Simons, Levers of Control: How Managers Use Innovative Control Systems to Drive Strategic Renewal (Boston : Harvard Business School Press, 1995), p.134.

7) P. Senge, The Fifth Discipline: The Art and Practice of the Learning Organization (New York : Currency Doubleday, 1990).

8) M. Levas, Managerial Accounting in France: Overview of Past Tradition and Current Practice(European Accounting Review 3, no. 3, 1994), p.471~487.

9) J. Heskett, T. Jones, G. Loveman, E. Sasser, and L. Schlesinger, Putting the Service Profit Chain to Work(Harvard Business Review, March-April 1994), p.164~174.

10) Simons, Levers of Control.

11) M. Goold, A. Campbell, and M. Alexander, Corporate-Level Strategy: Creating Value in the Multibusiness Company(New York : John Wiley & Sons, 1994).

12) M. E. Porter, Competitive Strategy: Techniques for Analyzing Industries and Competitors(New York: Free Press, 1980) and Competitive Advantage : Creating and Sustaining Superior Performance(New York : Free Press, 1985).

13) C. K. Prahalad and G. Hamel, The Core Competence of the Corporation (Harvard Business Review, May-June 1990), p.79~91 / R. Hayes, Strategic Planning-Forward in Reverse(Harvard Business Review, November-December 1985), p.111~119 / D. J. Collis and C. A. Montgomery, Competing on Resources : Strategy in the 1990s(Harvard Business Review, July-August 1995), p.118~128.

14) 그러나 많은 조직들이 BSC 개발을 시도할 때, 조직의 사업단위 전략에 대한 합의가 결여되어 있다는 사실을 발견하게 된다. 이러한 경우에는 BSC 목표와 측정지표 개발이 고위임원들에게는 더욱더 정확한 전략수립 프로세스 개발을 위한 촉매가 된다.

15) Michael E. Porter, Capital Disadvantage: America's Failing Capital Investment System(Harvard Business Review, September-October 1992), p.73.

16) The AICPA Special Committee on Financial Reporting, Improving Business Reporting-A Customer Focus: Meeting the Information Needs of Investors and Creditors(New York : American Institute of Certified Public Accountants, 1994), p.9.

17) 주 16과 같은 책, p.10.

18) 주 16, 17과 같은 책, p.30.

PART 1

사업전략 측정

제1부
사업전략 측정

새로운 전략관리시스템의 도구로 BSC를 활용하는 회사들은 두 가지 과제를 가진다. 첫 번째는 균형성과관리지표를 구축하는 일이고, 두 번째는 그 균형성과관리지표를 활용하는 일이다.

우리는 이 책을 이 두 가지 과제로 나누어서 구성했다. 3장에서 8장으로 구성된 제1부에서는 BSC의 구축에 대하여 기술했고, 9장에서 12장으로 구성된 제2부에서는 하나의 통합된 전략 관리 시스템으로 BSC를 활용하는 방법에 대하여 설명하고 있다.

물론 이 두 가지 과제가 서로 분리된 것은 아니다. 핵심적인 관리 프로세스에 균형성과관리지표를 사용하면 관리자들은 어떤 측정지표가 유용한지, 어떤 측정지표가 수정되어야 하는지, 전략의 성공을 위해서는 어떤 새로운 측정지표가 균형성과관리지표에 포함되어야 하는지 등과 같은 균형성과관리지표 자체에 대한 통찰력을 얻게 될 것이다.

3장에서 6장까지는 재무와 고객, 업무 프로세스, 학습·성장이라는 균형성과관리지표의 4가지 관점에서 회사의 목표와 측정지표를 설계하기 위한 기본요소를 설명할 것이다. 그리고 각 장에서는 다음과 같이 균형성과관리지표에 기본적으로 포함되는 측정지표도 파악할 것이다.

여기서 우리는 조직의 전략에서 도출된 측정지표의 통합을 특히

관 점	기본적인 측정지표
재 무	투자수익률과 경제적 부가가치
고 객	만족도, 유지율, 시장점유율
업무 프로세스	품질, 대응시간, 원가, 신제품의 도입
학습·성장	직원 만족과 정보 시스템의 이용도

강조하고자 한다. 우리는 구체적인 사례를 통해 전략을 알리고 그 이행을 돕는 4가지 관점의 목표와 측정지표들이 어떻게 도출되는지 설명할 것이다.

7장에서는 4가지 관점의 목표와 측정지표들을 광범위하고 서로 연관된 전략적 주제에 연결하는 것이 얼마나 중요한가를 예를 들어 설명할 것이다. 이 4가지 관점의 측정지표들간의 연결은 균형성과관리지표가 임시방편으로 사용하는 수십 개의 측정지표들의

단순한 집합이 아님을 보여준다. 오히려 훌륭한 균형성과관리지표의 측정지표들은 사업 성장률이나 위험 감소, 생산성 향상 등과 같은 몇 개의 광범위한 전략적 주제를 전달하기 위해 연결되어야 한다. 따라서 7장에서는 무엇이 훌륭한 BSC를 구축하는가를 보여주기 위해 3장에서 6장에 걸쳐 개발한 전략 측정지표들을 동원할 것이다.

3장에서 7장까지는 단일 조직단위(예를 들면 SBU)를 위한 BSC를 설명하고, 8장에서는 여러 사업단위를 가지고 있는 회사들이 BSC를 개발할 수 있도록 개념을 확장할 것이다. 그리고 회사 차원의 전략이 어떻게 전체(회사)를 부분(운영사업부 혹은 SBU)의 합보다 크게 만들어주는지 논의할 것이다. 또한 우리는 회사 차원의 BSC가 회사와 연관이 있으면서도 따로 떨어져 있는 운영단위들과 기능부서들에 어떻게 적용되는지 그 과정을 추적해나갈 것이다. 또한 8장에서는 정부와 비영리단체들을 위해 BSC가 어떻게 개발되어 왔는지를 보여줄 것이다.

BSC와 회사들

이 책에는 많은 회사들의 혁신적인 측정 사례들이 소개되어 있다. 그러나 BSC의 포괄적인 활용에 대해서는 지난 3년간 필자들이 면밀히 연구했던 5개 회사들, 즉 록워터 사와 메트로 은행, 파이오니어 페트롤리엄 사, 내셔널 인슈어런스 사, 케넌 상사를 사례로 들 것이다.

록워터 사는 수억 달러 규모의 해저건설회사로, 주 고객은 석유회사와 가스회사, 근해건설회사이며, 스코틀랜드 애버딘에 본사를 두고 있는 브라운 & 루트 에너지 서비스 사의 운영사업부이다. 또 브라운 & 루트 에너지 서비스 사는 텍사스 주 댈러스에 본사를 둔 40억 달러 규모의 세계적 건설회사인 핼리버튼*Halliburton* 사의 자회사이다. 핼리버튼 사는 1989년 영국과 네덜란드의 건설회사가 합병하여 설립되었다.

록워터 사의 초대 사장인 노먼 챔버스는 이 두 회사의 문화와 경영철학을 결합시키고, 새로운 회사가 낮은 가격이 아니라 품질과 안전, 고객에 대한 가치 제공을 통해 경쟁할 수 있도록 하기 위해 1992년부터 BSC를 사용하기 시작했다. 1994년 브라운 & 루트 에너지 서비스 사의 사장으로 승진한 노먼 챔버스는 이 회사에서 BSC를 전략 관리 시스템으로 사용하였으며, 지금은 그룹 차원에서 BSC를 사용할 뿐만 아니라 그룹 내의 각 운영회사에 균형성과지표를 적용하고 있다.

메트로 은행은 8천여 명의 직원들을 보유하고, 그 지역 핵심 예금구좌의 30%를 점유하며, 약 10억 달러 정도의 총수입을 올리고 있는 한 일류 은행의 소비자은행업(retail banking : 회사들을 상대로 예금대출을 하는 은행이 아니라 주로 개인들에게 예금대출 영업을 하는 은행) 사업부이다. 모회사는 미국의 주요 대도시 지역에 위치한 경쟁력 있는 대규모 은행 2개가 합병하여 설립되었다. 메트로 은행의 궁극적인 전략은 거래지향 서비스에서 벗어나, 타깃으로 삼은 세분화된 고객에게 맞는 금융상품과 서비스를 제공하는 조직으로 변화하는 것이었다. 그래서 이 회사의 최고경영자는 새로운 전략을 전달하고 강화하기 위해 1993년부터 BSC를 구축하기 시작했다.

한편 파이오니어 페트롤리엄 사는 세계적인 석유회사의 미국 마케팅과 정유 부문을 담당하는 사업부이다. 이 회사의 최고경영자는 1993년에 성과관리지표 구축 작업에 착수하여, 부서의 광범위한 재무 분석과 통제에 관한 접근방법을 새로운 전략 성과관리 프로세스로 대체하였다. 이에 따라 우선 타깃으로 삼은 세분화된 고객을 파악하기 위해 사업부 차원의 성과관리지표가 만들어졌고, 이어서 사업부 내의 모든 사업과 서비스 단위를 위한 성과관리지표가 개발되었다.

내셔널 인슈어런스 사는 미국의 한 지명도 있는 종합보험회사의 재산 및 재해 사업부이다. 1993년 성과관리지표 프로젝트를 시작했을 때 내셔널 인슈런스 사의 직원은 6천5백 명이었고 수입은 40억 달러였다. 당시 이 회사는 수억 달러의 손실을 냄으로써 운영면에서 매우 참담한 결과를 보이고 있었기 때문에, 모회사는 내셔널 사를 폐쇄하고 재산과 재해 사업분야에서 철수할 것을 검토하고 있었다. 모회사는 이 사업부를 구하기 위한 마지막 노력으로 외부에서 새로운 관리팀을 영입했다. 이 관리팀은 회사의 전략을 모든 고객과 세분화된 시장에 일괄적으로 보험 서비스를 제공하는 일반화(generalist) 전략에서 전문화(specialist) 전략으로 바꾸기로 결정했다. 이에 따라 새로운 전략을 명확하게 밝히고, 필요한 이행 프로그램을 개발·조정하기 위해 성과관리지표 프로그램을 운영하기 시작했다. 이 프로그램은 새로운 전략 관리 시스템의 개발로 확대되었고, 이로써 내셔널 사는 수익성 있는 보험사로 전환하는 데 성공하였다.

케넌 상사는 4천개 이상의 대리점을 두고, 매년 약 80억 달러의 판매고를 올리며, 10개의 독립된 소매체인을 운영하는 미국의 유명한 의류소매업체이다. 원래 케넌 상사의 각 체인점들은 중앙의 조정과 통합 없이 독립적으로 운영되었다. 1994년에 케넌 상사의 최고경영자는 회사 차원에서 주요 자원과 방침을 공유한다는 새로운 전략의 일환으로 BSC 구축에 착수했다. 내부 성장에 역점을 두고 2000년까지 2백억 달러의 매출을 달성하겠다는 야심찬 매출성장 목표도 세웠다.

우리는 이 다섯 회사뿐만 아니라 초기에 BSC를 적용했던 아날로그 디바이스 사와 FMC 사의 사례도 소개할 것이다.

3
재무 관점

BSC는 각각의 사업단위가 회사 차원의 전략에 재무적 목표를 연결시킬 수 있도록 장려해야 한다. 이 재무적 목표는 모든 균형성과관리지표의 관점들에 포함되어 있는 목표와 측정지표를 위해 작용한다. 선택된 모든 측정지표들은 인과관계로 연결되어야 하고, 궁극적으로는 재무적 성과의 향상이라는 측면에서 정점을 이루어야 한다. 그러므로 장기적인 재무적 목표가 장기적으로 지속될 바람직한 재무적 성과가 되려면, 균형성과관리지표는 재무와 고객, 업무 프로세스, 그리고 궁극적으로는 직원과 시스템의 변화와 같은 일련의 조처들을 재무적인 목표들과 연결함으로써 전략의 줄거리를 말해 줄수 있어야 한다. 회사들은 매출증대와 자산 활용률 제고, 그리고 위험 감소와 같은 재무적인 문제들을 통해 균형성과관리지표의

4가지 관점을 간의 연결이 왜 필요한지 알게 될 것이다.

그러나 많은 회사들이 모든 사업부와 사업단위에 동일한 재무적 목표를 적용하고 있다. 가령 회사 전체의 목표로 수립된 16%의 투하자본수익률을 각 사업단위가 똑같이 달성해야 한다고 요구할 수 있다. 이와 반대로 만일 회사가 경제적 부가가치 측정준거을 사용하고 있다면, 모든 사업단위는 분기별 경제적 부가가치를 최대화하도록 요구받을 수도 있다.[1] 이와 같은 일률적인 접근방법은 모든 사업단위의 관리자를 동일한 측정준거으로 평가하게 되므로 편리하고 일관성 있으며 어떤 의미에서는 '공정' 하다고 볼 수 있다. 하지만 이러한 접근방법은 사업단위들이 서로 다른 만큼 전략도 달라야 한다는 사실을 간과하고 있는 것이다. 일반적으로도 하나의 목표가 모든 사업단위에 적용되는 것은 바람직하지 않다. 그러므로 사업단위의 임원들은 BSC의 재무 관점을 개발하기 시작할 때 전략에 부합하는 재무적 측정준거을 결정해야 한다. 재무적 목표와 측정지표는 두 가지 역할을 해야 한다. 첫째, 전략을 통해 이룰 수 있는 재무적 성과를 규정해야 한다. 둘째, 균형성과관리지표의 4가지 관점의 목표와 측정지표를 위한 궁극적인 목표가 되어야 한다.

재무적 목표와 사업단위 전략의 연결

재무적 목표는 사업이 발전해 나가는 매 단계마다 상당히 다를 수 있다. 사업전략 이론(Business strategy theory)은 공격적인 시장점유율의 향상에서부터 합병과 퇴출, 파산에 이르기까지 모든 단계에서 사업단위가 추구할 수 있는 여러 가지 서로 다른 전략을 제시한다.[2] 여기서는 단순화를 위해 그 중 세 가지 단계만을 제시한다.[3]

- 성장(Growth)
- 유지(Sustain)
- 수확(Harvest)

성장은 사업 발전의 초기단계이다. 회사는 이 단계에서 잠재력이 있는 제품과 서비스를 갖고 있으며, 이 잠재력을 자본화하기 위해서 상당한 자원을 투자해야 하는 경우도 있다. 따라서 회사는 신제품과 서비스 개발을 비롯하여 생산설비의 건설 및 확장, 운영 역량 구축, 글로벌 관계를 지원할 시스템과 하부구조 및 유통망에 대한 투자, 고객과의 관계 양성 및 계발 등을 수행해야 한다. 때문에 사업이 성장단계에 있는 경우 현금흐름은 적자를 기록하고 투하자본수익률이 낮을 수도 있다. 이러한 회사에서는 현재의 제품과 서비스, 그리고 고객을 통해 벌어들일 수 있는 것보다 더 많은 현금이 미래를 위해 투자된다. 따라서 성장 단계의 사업을 위한 전반적인 재무적 목표는 수익증대율, 타깃이 된 시장과 고객집단, 각 지역에서의 매출성장률 등이 될 것이다.

성장 단계를 지나면 한 회사에 속한 대다수의 사업단위들은 유지단계에 있게 된다. 유지 단계에서도 투자와 재투자가 여전히 존재하겠지만, 이미 투자된 자본에 대한 수익률을 올리라는 요구를 받을 것이다. 유지단계에서는 현재의 시장점유율을 유지하거나, 매년 일정한 정도로 점유율을 높일 것을 기대한다. 또한 성장단계에서 이루어졌던 장기적 안목의 투자자본 회수와 성장을 위한 투자보다는, 병목현상을 줄이고 역량을 키우며 지속적인 향상을 강화하는 방향으로 투자계획이 이루어질 것이다.

유지단계에 있는 대부분의 사업단위는 수익성과 관련된 재무적 목표를 세울 것이다. 이러한 목표는 운영수입과 총이익 등의 회계수입과 관련된 측정지표를 통해 표현될 수 있다. 이 측정지표들은 사업단위에 투자된 자본을 주어진(혹은 외부에서 제공된) 것으로 보고, 투자된 자본에서 올릴 수 있는 수익을 극대화하라고 관리자에게 요구한다. 또한 사업단위가 자율적일 경우, 수익의 흐름 관리뿐만 아니라 사업단위에 투자된 자본 수준 관리까지도 요구받는다. 이러한 사업단위에 사용되는 측정지표는 회계 수익과 이 사업단위에 투자된 자본 수준의 관련성을 나타낸다. 이때 사업단위의 성과를 평가하는 측정지표로는 투자수익률과 투하자본수익률, 경제적 부가가치 등이 이용된다.

이제 몇몇 사업단위는 발전 단계 중 수확 국면에 도달할 것이다. 이 때 회사는 이전의 두 단계에서 투자한 것을 회수하고자 할 것이다. 수확단계에서는 광범위하게 투자하지 않는다. 이 단계에서는 투자로 새로운 역량을 확장하거나 구축할 필요없이 설비와 역량을 유지하는 것으로 충분하다고 본다. 또한 수확단계에서는 어떤 투자계획이든 자본회수 기간은 가능한 한 확실하고 짧아야 한다. 따라서 이 단계의 최종 목표는 회사로의 현금흐름을 극대화하는 일이다. 수확단계 사업의 전반적인 재무적 목표는 필요운전자본의 감소와 감가상각 차감 전의 운영자금의 흐름에 초점이 맞추어질 것이다.

지금까지 설명한 대로, 각 단계별 사업의 재무적 목표들은 서로 매우 다르다. 성장단계의 재무적 목표는 새로운 시장에서 새로운 고객에게 새로운 제품과 서비스를 제공하는 매출 성장을 강조하며, 제품 및 프로세스의 개발과 시스템, 직원들의 역량, 그리고 새로운 마케팅과 판매 및 유통경로의 수립에 적정한 투자 수준을 유지하는 것이다.

반면 유지단계의 재무적 목표는 투하자본수익률과 운영수익, 매출 총이익과 같은 전통적인 재무적 측정을 강조할 것이다. 이 단계에서의 사업 투자계획은 현재 현금흐름의 가치와 자본 예산 분석에 의해 결정된다. 어떤 회사는 경제적 부가가치나 주주가치와 같은 좀더 새로운 재무적 측정을 사용할 수도 있다. 하지만 이러한 측정준거들은 모두 사업에 투자된 자본에 대한 수익률을 높이는 전통적인 재무적 목표를 나타낸다.

마지막으로 수확단계 사업의 재무적 목표는 현금흐름을 강조한다. 이 단계에서는 어떤 투자든지 즉각적이고 확실하게 현금회수가 가능해야 한다. 비중 있는 투자는 사업단위 별로 과거에 이미 이루어졌기 때문에 투하자본수익률이라든가 경제적 부가가치, 운영수입과 같은 회계측정은 상대적으로 관련성이 낮아진다. 그러므로 투자수익률의 극대화는 이 단계의 목표로 적절하지 않으며, 오히려 과거에 행해진 모든 투자로부터 회사가 회수할 수 있는 현금을 극대화하는 것이 목표가 될 것이다. 실제로 수확 국면에 접어든 사업단위의 경제적 수명은 얼마 남지 않았기 때문에 연구개발이나 역량을 확대하기 위한 지출은 거의 없다.

그러므로 BSC의 구축은 사업단위의 구체적인 재무적 범주 및 목표에 대한 각 사업단위의 최고경영자와 회사의 재무담당 임원들 간의 활발한 대화에서 출발해야 한다. 이러한 대화로 회사의 포트폴리오를 위한 사업단위의 역할이 무엇인지를 파악할 수 있다. 물론 이 같은 대화가 제대로 이루어지기 위해서는 회사의 최고경영자(CEO)와 최고재무관리자(CFO)가 각 사업단위에 대한 명확한 재무적 전략을 갖고 있어야 한다. 재무적 범주의 경계가 확정적인 것이 아니기 때문이다.

수십 년에 걸친 회사의 일반적 진화과정은 대개 성장·유지·수확·소멸의 단계를 밟는다.[4] 그러나 때로는 수확단계에서도 예기치 못했던 성장 목표를 발견하는 경우가 있다. 예컨대 갑작스럽게 개발된 기술이나 시장 혹은 규제의 변화는 기존의 제품과 서비스를 성장 잠재력이 높은 제품이나 서비스로 변화시킬 수 있으며, 이러한 변화는 사업단위의 재무와 투자 목표를 완전히 바꾸어놓을 것이다. 그러므로 사업단위의 재무적 전략은 정기적으로 재확인되거나 변경되어야 하고, 모든 사업단위의 재무적 목표도 최소한 1년에 한 번 정도는 점검해야 한다.

위험관리

효과적인 재무관리는 수익성은 물론 위험관리의 문제도 포함하고 있어야 한다. 성장성과 수익성, 현금흐름과 관련된 목표는 투자수익률의 향상을 강조한다. 그러나 기대이익과 위험관리 사이에서 균형을 잡아야 한다. 그렇기 때문에 많은 회사들이 위험관리를 전략에 포함하고 이를 재무 관점의 목표로 삼는다. 예를 들어 회사는 제한된 고객집단이나 한두 가지의 사업 라인, 또는 특정지역으로부터 벗어나 수입원을 다변화하기 위해 노력한다. 일반적으로 어떠한 기대수익 전략을 채택하든 간에 위험관리는 사업단위가 반드시 이행해야 할 부가적인 목표이다.

재무 관점을 위한 전략적 주제

성장·유지·수확단계에서 사업전략을 구동하는 3가지 재무적 주제(Financial Theme)는 다음과 같다.

1. 매출성장과 믹스
2. 원가절감·생산성 향상
3. 자산활용·투자전략

첫째, 매출성장과 믹스(revenue growth & mix)는 제품 및 서비스의 매출을 확대하고, 새로운 고객과 시장에 접근하며, 좀더 부가가치가 높은 제품과 서비스에 집중하여 가격을 재조정하는 것을 말한다. 둘째, 원가절감과 생산성 향상은 제품 및 서비스의 직접원가를 낮추고 간접원가를 감소시키며, 다른 사업단위와 자원을 공유하려는 노력을 말한다. 셋째, 자산활용의 측면에서 관리자는 이미 주어진 거래량과 거래 품목들을 지원하는 데 필요한 영업자본 수준을 낮추려고 한다. 또한 현재의 생산 능력에 비해서 충분히 활용되지 못하고 있는 자원을 새로운 사업에 투입하고, 희소한 자원을 더 효율적으로 사용할 뿐만 아니라, 시장 회수율이 낮은 자산을 처분함으로써 고정자산의 활용률을 더 높이려고 한다. 이러한 모든 행동들은 사업단위들이 재무적·유형적 자산으로 수익률을 높일수 있도록 만든다.

이와 같은 3가지 사업전략과 3가지 재무적 주제로 이루어진 총체적인 재무적 목표의 동인들을 보려면 〈그림 3-1〉을 참조하라.

〈그림 3-1〉 재무 관점의 전략적 주제 측정

		전략적 주제		
		매출성장과 믹스	**원가절감·생산성 향상**	**자산활용율·투자전략**
사업단위전략	성 장	· 세분시장별 매출성장율 · 새로운 제품·서비스·고객으로부터의 수입이 차지하는 비율	· 직원당 수익	· 투자비율(매출액 대비) · R&D 비율(매출액 대비)
	유 지	· 타깃 고객과 시장점유율 · 교차판매 · 새로운 응용을 통한 수익비율 · 고객과 제품라인별 수익성	· 경쟁자 대비 원가 · 원가절감율 (매출액 대비) · 간접비 비율(%)	· 운전자본 비율 (현금 순환 사이클) · 주요 자산별 투하자본 수익률 · 자산활용율
	수 확	· 고객과 제품 라인별 수익성 · 수익성없는 고객의 비율	· 단위원가 (산출단위 및 거래당)	· 현금회수 · 산출량

매출성장과 믹스

성장단계와 수확단계의 사업단위 양쪽 모두에게 공통적으로 적용되는 수입성장 측정지표는 매출성장률과 타깃 분야의 점유율, 시장 점유율, 그리고 고객별 시장점유율일 것이다.

신제품

사업이 성장단계에 있을 때는 대개 기존 제품 라인의 확장이나 완전히 새로운 제품과 서비스의 판매를 강조한다. 이 목표를 위한 일반적인 측정지표는 특정한 기간, 예를 들면 2~3년 내에 도입된 새로운 제품과 서비스의 수입이 차지하는 비율이다. 이 측정지표는 휴렛팩커드 *Hewlett-Packard*나 3M 사와 같은 혁신적 회사들에 의해 광범위하게 활용된 바 있다.

물론 이러한 목표를 달성하는 데는 바람직한 방법과 바람직하지 못한 방법이 있다. 바람직한 방법은 새로운 제품의 출시나 판매 확대가 기존 제품의 판매를 대체하지 않고 새로운 고객과 시장을 획득하여 매출을 극적으로 향상시키는 것이다. 그러나 이러한 측정지표에 지나치게 신경 쓴 나머지(BSC상으로는 위험이 감소하겠지만), 사업단위는 현재의 제품을 대체하긴 하지만 고객에게 뚜렷한 이익을 주지 못하는 방향으로 제품의 개선을 지속하게 될 수 있을 것이다. 또 흔한 일은 아니지만, 사업단위는 기존 제품의 판매를 중지함으로써 최근 제품의 매출이 총매출에서 차지하는 비율을 높일 수도 있을 것이다. 그런가 하면 어떤 회사들은 신제품이나 새로운 서비스가 현 제품보다 개선되었는가의 여부를 파악하기 위해 신제품과 새로운 서비스의 가격이나 총이익에 초점을 맞춘다. 이때 회사들은 이 신제품과 새로운 서비스가 기존의 제품들보다 더 많은 이익을 가져다 줄 것으로 기대한다.

새로운 제품으로의 응용

완전히 새로운 제품을 개발하는 데는 많은 돈과 시간이 필요하다. 특히 제품개발 사이클이 비교적 길고, 정부의 엄격한 승인절차를 거쳐야 하는 제약 및 농화학산업에서는 더욱 그렇다. 아마도 사업이 유지단계에 있다면 기존 제품을 응용하는 방법이 더 쉬울지도 모른다. 예를 들어 이미 시중에 나와 있는 약으로 치료할 수 있는 새로운 질병을 찾거나 기존의 농약이 효력을 발휘할 수 있는 새로운 곡물을 찾아 수익을 확대시키는 일이 그것이다. 기존 제품을 새롭게 응용할 때 회사는 그 효과를 입증해야 한다. 하지만 화학물질을 새롭게 발명하여 그 안전성을 증명하거나, 제조공정을 개발할 때 시행착오를 거칠 필요가 없다는 이점이 있다. 그러므로 기존 제품의 응용을 목표로 삼는다면 새로운 응용을 통한 판매율은 BSC 측정지표로서 유용할 것이다.

새로운 고객과 시장

새로운 고객과 시장에 기존 제품과 서비스를 제공하는 일 또한 수입을 높이는 데 바람직한 방법이다. 새로운 고객과 세분화된 시장, 새로운 분야에서의 수입이 차지하는 비율을 나타내는 측정지표는 '무엇이 수입 신장의 원천이 될 수 있는가'에 대한 조사의 중요성을 강조한다. 대부분의 산업에서 전체 시장의 규모와 경쟁자들의 상대적 점유율에 대한 정보를 구할 수 있다. 타깃 세분시장에 대한 사업단위 점유율 증가는 흔히 사용되는 측정지표이다. 이 측정지표는 시장점유율 증가가 경쟁우위에서 비롯된 것인지, 아니면 단지 전체 시장의 크기가 커진 것에서 비롯된 것인지를 사업단위가 평가할 수 있게끔 한다. 매출은 증가하는데 점유율이 떨어지는 것은 사업단위의 전략이나 제품 및 서비스에 문제가 있음을 암시하는 것일 수도 있다.

새로운 협력관계

어떤 회사는 서로 다른 SBU들 간의 협력을 통해 새로운 제품개발과 판매에 있어 시너지를 창출하려고 노력한다. 회사의 전략이 사업단위 간의 기술이전을 확대시키는 것이든, 아니면 회사 내의 여러 사업단위 각각의 고객에 대한 매출을 증가시키는 것이든 간에, 그 목표는 여러 사업단위들 간의 협력관계를 통해 생성된 수입으로 전환될 수 있다.

예를 들어 록워터 사는 브라운 & 루트 에너지 서비스 사 내에 있는 6개의 엔지니어링 사업부 중 하나이다. 각각의 사업부는 기초·응용 엔지니어링 설계에서 시작하여 송유관의 제작과 설치(록워터 사), 그 유지와 서비스에 엔지니어링 서비스를 나눠서 담당하며 대규모 석유회사와 가스회사에 이를 제공해왔다. 하지만 이들은 줄곧 회사의 독립적인 사업부로 운영되어 왔다. 록워터 사의 사장이었던 노먼 챔버스가 브라운 & 루트 에너지 서비스 사의 사장으로 승진했을 때, 그는 사업단위 간의 협력을 통한 성장을 각 사업단위가 재무적 목표로 받아들일 것을 요구했다. 즉, 그의 장기적 목표는 프로젝트 설계에서부터 탄화수소 송유관 설비의 운영과 유지에 이르기까지 고객에게 일괄처리*Turnkey* 방식(시공업자가 건설공사에 대한 자원조달, 설계와 시공, 운전 등의 모든 서비스를 발주자들을 위해 제공하는 방식)의 서비스를 제공하는 것이었다.

이러한 예들은 주로 가격에 의해 주도되는 차별화되지 않은 판매계획에서 벗어나, 개별 고객의 니즈를 만족시키는 제품과 서비스를 제공하려는 회사들에서 볼 수 있다. 좀더 차별화된 전략을 추구한다고 말하는 회사의 재무적 측정이 단지 총매출과 수익, 투하자본수익률에 머문다면, 단기적 재무 목표는 달성할 수 있을지 몰라도 전략을 성공적으로 완수할 수는 없을 것이다. 따라서 총매출 중 가격 경쟁력이 있는 제품의 판매와, 부가가치가 있는 특가품의 판매, 서비스로 인해 할증이 붙거나 장기적인 관계를 통한 판매의 비율이 각각 어느 정도 되는지를 총체적으로 파악할 수 있어야 한다.

새로운 제품과 서비스 믹스

새로운 관계에 대한 생각을 좀더 확장하면 제품과 서비스 믹스를 통해 수입을 증가시키는 방법을 선택할 수 있다. 예를 들어 어떤 세분화된 시장에서 원가우위를 선정하고 있다고 판단되는 회사는 아주 낮은 가격으로 제품을 제공하여 경쟁자들의 시장점유율을 빼앗아올 수 있다. 한 회사가 원가절감 전략을 따르기로 했다면,

타깃으로 삼은 세분화된 시장에서의 매출성장률을 측정해야 한다. 이와 반대로 어떤 회사는 다른 회사와 차별화하여 할증가격이 형성된 품목으로 제품과 서비스 믹스를 이동시키려 할 수도 있다. 이러한 회사는 매출성장과 함께 할증가격이 적용된 세분화된 시장에서의 총판매비율을 측정해야 한다. 메트로 은행의 경우 수수료를 받는 상품의 수를 늘리는 전략을 채택했으며, 이 전략의 성공 여부를 측정하는 측정지표로 제품과 서비스별 수입성장률을 사용했다.

새로운 가격 전략

수확단계(특히 성숙된)의 사업에서 이루어지는 수입성장은 수입이 원가를 상쇄하지 못하는 제품과 서비스의 가격을 인상함으로써 실현될 것이다. 최근에는 이러한 상황을 진단하기가 훨씬 쉬워졌다. 왜냐하면 회사들이 개별 제품과 서비스, 심지어는 개별 고객에게까지 원가·이익·자산을 추적할 수 있는 활동기준 원가 시스템(activity-based cost: ABC)을 이용하고 있기 때문이다.

한 회사는 현재 수익성이 없는 제품과 고객에 대한 원가를 상쇄할 수 있는 방법을 발견했다. 그것은 전문화된 틈새(niche) 제품의 가격을 올리거나 할인하지 않는 것이다. 또한 특별히 요구가 많은 고객에 대해서도 시장점유율을 잃지 않는 범위 내에서 가격을 올리거나, 할인을 없앨 수 있다. 제품·서비스·고객에 따른 수익성과 수익성이 없는 제품 및 고객의 비율은 가격을 다시 책정할 기회를 제공한다. 또한 과거 가격책정 전략의 성공과 실패 여부를 알려주는 신호가 된다. 서로 유사한 제품과 서비스에 대해서는 톤당 순이익이나 단위당 가격과 같은 단순한 지표를 통해 회사와 해당 산업의 가격 전략 추세를 알 수 있다.

원가절감·생산성 향상

기업은 매출성장과 믹스를 위한 목표 수립과 함께 원가절감 및 생산성 향상을 원한다.

수입 생산성의 증가

성장단계에 있는 사업단위가 원가절감에 초점을 맞추는 일은 거의 없다. 프로세스의 자동화와 표준화를 통한 원가절감 노력은 새로운 제품과 서비스로 새로운 시장에 진출할 때 요구되는 유연성을 저해할 수 있기 때문이다. 따라서 성장단계에 있는 회사의 생산성 목표는 보다 부가가치가 높은 제품과 서비스로 이동하는 수입 성장(예컨대 직원 1인당 수입)에 초점을 맞춰야 한다. 또한 조직의 물리적·인적자원 능력을 강화하기 위한 수입성장에 초점을 맞춰야 한다.

단위원가의 절감

사업이 유지단계에 있을 때 경쟁력 있는 원가 수준의 확보와 운영수익의 향상, 그리고 간접비의 통제는 수익성과 투자수익률을 올리는 데 기여한다. 아마도 가장 간단하고 뚜렷한 원가절감 목표는 작업 수행 원가나 산출물 생산의 단위당 원가를 감소시키는 일일 것이다. 비교적 유사한 종류의 산출물을 생산하는 회사의 경우에는 단위당 원가절감이라는 목표만으로도 충분할 수 있다. 예컨대 화학약품회사는 갤런당 혹은 파운드당 원가에 대한 목표를 세울 수 있고, 소매은행은 거래(예금 및 인출)당 원가와 고객의 예금계좌 유지당 원가감소를 목표로 할 수 있다. 또 보험사는 보험료 처리당 원가와 지급청구당 원가를 계산할 수 있다.

이처럼 회사는 조직 내 서로 다른 부서의 자원과 활동을 사용함으로써 작업 수행과 산출물의 생산 원가를 절감할 수 있다. 따라서 이런 회사가 거래 처리와 산출물 생산 단위 원가를 정확하게 측정하기 위해서는 활동을 기준으로하고 프로세스를 고려한 원가설정 시스템이 필요하다.

유통채널 믹스의 개선

어떤 조직은 다양한 경로를 통해 고객과 거래한다. 예를 들어 소매은행의 고객은 지점 내 행원이나 현금자동입출금기(ATM), 또는 전화와 컴퓨터를 통해 거래할 수 있다. 경로 별 거래처리 원가는 모두 다르다. 제조업자의 입장에서 보면, 공급자 측의 구매담당자가 입찰을 모집하고 평가하여 가장 좋은 입찰대상을 선정한 다음 유통조건을 협상하는 방법은 구식이다. 대신 제조업자가 특정 공급자와 장기적 관계를 형성하거나, 제조 프로세스와 공급자 간의 전자문서처리(electronic data interchange : EDI)을 통해 생산 프로세스에 차질이 없도록 할 수 있다. 그렇게 되면 공급자는 필요한 물품을 적시에 제공하게 할 수 있게 된다.

EDI 거래 원가는 전통적인 수작업방식보다 훨씬 더 저렴하다. 그러므로 비용이 높은 수작업 처리 경로에서 낮은 비용의 전자적 경로로 고객과 공급자를 이동시키는 것은 원가절감의 훌륭한 방법이다. 원가절감 전략을 시행한다면 사업단위는 경로별 거래 비율을 측정하고, 높은 원가에서 낮은 원가 경로로 '유통채널 믹스'를 이동시키는 것을 최종 목표로 삼을 수 있다. 비록 보수적이고 비현실적인 가정일지도 모르지만, 근본적인 프로세스의 효율성 향상을 기대하는 것이 아니라면 더 효율적인 경로로 거래 경로를 바꾸는 것만으로도 생산성을 크게 향상시키거나 비용을 줄일 수 있다.

운영비의 감소

많은 조직들이 판매비와 일반관리비를 낮추기 위해 노력하고 있다.[5] 이러한 노력의 성공 여부는 이들 비용의 절대금액이나 총원가, 또는 수입 대비 운영비의 비율을 통해 측정할 수 있다. 만약 관리자들이 조직의 지원비가 경쟁자의 지출이나 고객으로부터 얻은 이익에 비해 많이 든다고 느낀다면, 매출액 대비 관리비나 유통비·마케팅비·판매비 등을 감소시키는 목표를 설정할 수 있다. 그러나 지출과 비용 감소를 위한 목표가 균형성과관리지표의 다른 측정지표, 즉 고객대응성 및 품질, 성과 등과 균형을 맞추어야 한다. 이로써 원가절감이 주요 고객과 업무 프로세스 목표의 달성을 가로막지 않도록 해야 한다.

그러나 이러한 비용들은 현재는 감수해야 하지만 시간이 지남에 따라 점차 제거되어야 할 부분이기 때문에 회사로서는 아주 부담스러운 측정이 될 수 있다. 따라서 조직은 간접적이고 지원적인 자원(support resouress)으로부터 생산된 산출물이 어느 정도인지를 측정해야 하며, 이러한 자원의 소비와 공급을 무조건 감소시키려고만 해서는 안 된다. 즉 조직은 이 자원들을 통해 수행된 작업의 효율성(자원 한 단위당 얼마나 많은 산출물과 이익이 생산되었는가)과 효과성(더 많은 고객과 더 많은 매출, 더 많은 거래, 더 많은 신제품, 더 나은 프로세스)을 증가시키기 위해 노력해야 한다.

조직은 생산성을 측정하기 위해 지원적 자원에 의해 수행된 작업을 분석하고, 지원적 자원에 의한 산출물을 정량화하며, 이 산출물에 투입된 자원의 비율과 이 산출물에 대한 정성적 · 정량적 측정지표를 도출해내야 한다. 활동을 기준으로 한 원가분석은 간접적 · 지원적 · 관리적 자원의 소비와, 이러한 자원의 산출물에 의해 수행된 활동과 비즈니스 프로세스를 연계시켜준다. 이런 관점에서 보면, 오늘날 많은 조직들이 사용하고 있는 직접원가와 간접원가의 인위적인 구별은 사라질 수 있다.

자산회전율과 투자전략

투하자본수익률이나 투자수익률, 경제적 부가가치와 같은 목표는 재무적 전략의 성공, 즉 수입 증가, 원가절감, 그리고 자산활용의 증가에 대한 전반적인 결과물 측정지표를 제공한다. 그러므로 회사들은 자산회전율을 높이는 데 필요한 구체적 동인을 파악해야 할 것이다.

현금순환 사이클

운전자본, 특히 매출채권이나 재고자산, 매입채무금 등은 많은 제조·소매·도매·유통업체들에 중요한 자본요소이다. 운전자본 관리의 효율성을 측정하는 지표 중 하나는 현금순환 사이클(Cash-to-Cash Cycle)이다. 이것은 '공급재고기간+매출채권 회수기간−매입채무 지불기간'으로 측정된다(〈그림 3-2〉 참조). 이러한 측정의 배경은 단순하다. 회사는 자재나 제품을 구매한다(제조업체는 완성품을 생산하기 위해 노무비와 전환비용을 지불한다). 구매가 이루어진 때부터 판매까지는 공급재고기간을 나타낸다. 여기서 자재와 노동력, 그리고 전환자원의 구매로부터 현금이 지급되어야 하는 기간(매입채무 지불기간)을 뺄 수 있다. 매출채권 회수기간은 제품 판매가 이루어진 때부터 고객에게서 현금을 받을 때까지의 기간이다. 쉽게 말해서, 현금순환 사이클은 제조업체가 공급자에게 지급한 현금을 고객으로부터 받을 때까지 걸리는 시간을 의미한다.

〈그림 3-2〉 현금순환 사이클

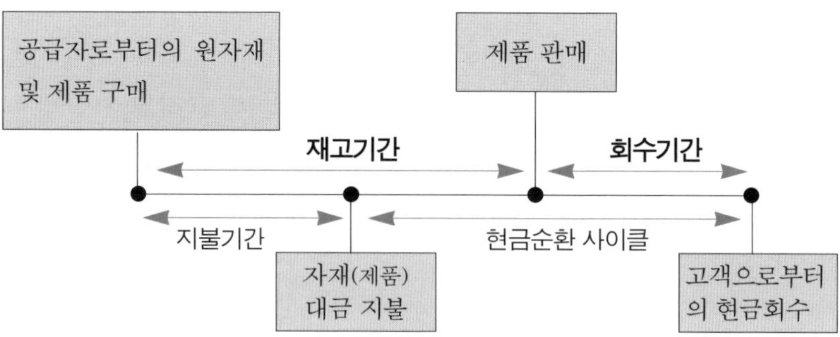

어떤 회사는 고객에게서 현금을 받은 후 공급자에게 지불하는 마이너스 현금순환 사이클을 갖기도 한다. 실제로 그들은 재고를 최종 매출과 밀접하게 연결시키고, 고객으로부터 현금을 재빠르게 회수한다. 그리고 공급자와는 유리한 조건으로 협상하여 일상의 운영 사이클에 자본을 소비하지 않고 오히려 자본을 추가로 공급할 수 있다. 일반적으로 회사가 제로 혹은 마이너스의 현금순환 사이클을 갖게 되는 경우는 아주 드물지만, 현금 사이클을 현재 수준보다 단축하려는 목표는 운전자본의 효율성을 향상시키기 위한 훌륭한 목표가 될 수 있다.

건설회사와 같이 운영 사이클이 비교적 긴 회사의 경우에는 운전자본을 관리하는 일이 매우 중요하다. 이러한 회사는 현재까지 완성된 작업에 지출한 현금과 공사 진행도에 따른 지출금액을 대비시켜 볼 필요가 있다. 해저건설회사인 록워터 사는 매출채권 회수에 특히 문제가 있어, 고객에게서 최종 프로젝트에 대한 대금을 받기까지 100일 이상을 기다리는 경우가 허다했다. 그 때문에 록워터 사의 주요 재무적 목표 중 하나는 대금결재 사이클을 대폭 감소시키는 것이었다. 만일 이 목표가 달성된다면, 또 다른 재무적 목표인 투하자본수익률도 극적으로 개선될 수 있을 것이다.[6]

자산회전율의 개선

자본투자 절차의 개선이 자산활용의 또 다른 측정지표가 될 수 있다. 이것은 자본투자 프로젝트의 생산성을 향상시키고, 자본투자 프로세스를 촉진하여 투자에 대한 현금회수가 더 빨라지도록 하기 위한 것이다. 실제로 이것은 물리적·지적 자본의 투자에 대한 현금순환 사이클을 감소시키는 효과가 있다.

조직의 많은 자원들은 설계·생산·판매·가공 등의 작업을 완성시키는 데 필요한 인프라의 원천이 된다. 이러한 자원에는 상당한 자본투자, 즉 정보 시스템과 전문화된 장비, 유통시설, 건물 및 실제 시설 등과 같은 물리적 자본이 포함된다. 뿐만 아니라 숙련된 기술자와 데이터베이스, 시장과 고객에 정통한 인력 등의 지적·인적 자본도 이러한 자원에 속한다. 회사는 여러 사업단위들과 함께 인프라를 공유함으로써 인프라에 대한 투자의 효과성을 증대시킬 수 있다. 또한 지식과 고객을 공유함으로써 원가절감을 달성할 수 있다. 따라서 전문화된 물리적·지적 자본에 대한 투자를 통해 규모의 경제나 범위의 경제를 실현하고자 하는 회사는 다른 사업단위와 공유하는 시스템 자원의 비율을 증가시키려는 목표를 설정할 수 있다.

한편 희소하고 값비싼 자원을 활용하고자 할 때는 특별한 부분에 초점이 맞춰질 수 있다. 다시 록워터 사를 예로 들면, 이 회사의 가장 큰 자산투자 중 하나는 해저건설 활동을 지원하는 독특한 운송수단이었다. 록워터 사는 이 값비싼 자원이 활용되지 않는 비생산적인 시간을 없애기 위해 운송수단의 활용시간을 늘린다는 목표를 설정했다. 이와 같은 원칙에 따라 한 대규모의 석유회사는 정제소 활용률 측정지표를 재무적 목표의 하나로 선택하기도 했다. 뿐만 아니라 연구개발, 직원 및 시스템과 같은 지적 자산에 대한 투자수익률은 조직 전체의 투자수익률을 증가시킬 것이다.

위험관리 목표와 측정지표

필자들은 대부분의 조직들이 성장과 원가절감, 생산성, 자산활용을 통한 수입 증가는 물론이고 수입의 변동과 위험에도 관심을 가지고 있다는 사실에 주목했다. 이러한 것들이 전략적으로 중요하다면, 조직은 위험관리 목표를 재무 관점에 통합시켜야 할 것이다. 메트로 은행은 잠재적인 수입성장을 위해서뿐만 아니라, 현재의 예금과 거래 중심의 상품에 대한 의존도를 줄이기 위해 수수료 중심의 서비스를 통한 수입 비율을 증가시킨다는 재무적 목표를 선택했다. 수수료 중심의 수입이 차지하는 비율이 증가하면 수입의 연도별 변동성이 감소할 거라고 생각했던 것이다. 이처럼 수입의 원천을 확대하고자 하는 목표는 성장과 위험관리 목표 모두에 기여할 것이다.

위험은 보험 사업의 본질적인 부분이다. 거대한 재산 및 재해전문 보험회사인 내셔널 인슈어런스 사는 최대의 손실에 대비하여 손실노출과 준비금 적합성(loss exposure and reserve adequacy)을 측정지표에 포함시켰다. 한 자본집약적인 회사는 경제 사이클의 최저점에서 현금흐름을 운영한다는 목표를 설정해 위험 요소를 처리했다. 그리고 이 목표를 통해 물리적 자본유지와 프로세스 및 제품개선에 대한 지출을 계속 충당할 수 있었다.

어떤 회사는 실제 운영 결과가 그들의 예측을 빗나갔다는 사실을 발견했다. 특히 실질적인 결과가 기대치에 미치지 못할 때, 잘못된 예측은 의외의 부채를 유발할 뿐 아니라 사업에 상당한 위험을 초래하게 된다. 이러한 회사들은 실제 결과와 예측된 결과와의 차이를 좁힌다는 목표를 선정할 수 있을 것이다. 이것이 재무 관점의 유일한 측정지표라면, 관리자들은 분명 그들이 쉽게 달성할 수 있는 결과만 예측하려 할 것이다. 그러나 다른 재무 목표들이 수입 성장과 자산수익률에 대한 확장된 목표를 달성할 수 있도록 장려하기 때문에, 예측 신뢰성은 성장 및 수익성과 균형을 이룰 수 있다. 어떤 회사는 계속 증가하는 주문잔고(backlog)가 수입과 예측을 보다 더 믿을 수 있게 만든다고 믿고 매출과 주문에 대한 잔고 증대를 위험축소를 위한 목표로 선정했다.

요 약

재무적 목표는 사업단위에 투자된 자본을 통해 더 높은 수익을 얻으려는 조직의 장기적 목표를 나타낸다. BSC는 이러한 목표와 그 맥락을 같이하여 실제로 재무적 목표를 명백하게 밝히고, 성장·유지·수확단계의 사업단위들이 자신의 위치에 맞는 재무적 목표를 설정할 수 있도록 해준다. 이제까지 보아온 모든 균형성과관리지표는 수익성과 자산수익률, 그리고 수입 증가와 관련된 전통적인 재무적 목표를 사용하고 있다. 이는 BSC와 사업단위 목표 간의 연결을 강화시킨다.

그러나 재무 관점에서만 보더라도 균형성과관리지표는 사업단위의 고위임원들이 회사의 장기적 성공을 평가할 수 있도록 측정지표를 구체화 하는 데 도움이 된다. 뿐만 아니라 장기적 결과물 목표를 창출하고 구동시키는 데 가장 중요하다고 생각되는 변수도 구체화할 수 있도록 해준다. 재무 관점의 동인들은 산업과 경쟁환경, 그리고 사업단위의 전략에 개별적으로 맞춰질 것이다. 이에 덧붙여 필자들은 수입성장과 생산성 향상, 원가절감, 자산활용 및 위험관리와 관련된 주제로부터 재무적 목표를 선택할 수 있는 분류체계를 제안했다.

결국 균형성과관리지표의 다른 3가지 관점의 모든 목표와 측정지표는 재무 관점의 목표 달성(하나 이상의)과 연결되어야 한다. 이러한 관점들을 재무적 목표에 연결함으로써 투자자들에게 이익이 되는 장기적 세부 목표가 무엇인지 알 수 있다. 또한 모든 전략과 프로그램 및 추진과제는 사업단위의 재무적 목표 달성에 도움을 주어야 한다. 그리고 균형성과관리지표에 포함된 모든 측정지표는 인과관계로 연결되어야 하며, 그 귀착점은 사업단위의 전략적 주제를 나타내는 재무적 목표가 되어야 한다.

이렇게 사용되는 균형성과관리지표는 고립되어 있고 서로 모순된 목표와 측정지표들의 집합이 아니다. 균형성과관리지표는 전략이 무엇인가를 말해 줄 수 있어야 한다. 또한 장기적인 재무적 목표에서 시작하여 재무적 프로세스와 고객, 업무 프로세스, 궁극적으로는 직원 및 시스템과 연결되어야 한다. 대부분의 조직에서 수입증가, 원가 및 생산성 향상, 자산활용의 개선, 위험감소 등의 재무관련 목표들은 균형성과관리지표의 4가지 관점과 연결될 수 있다.

주)

1) G. Bennett Stewart, The Quest for Value(New York: Harper Business, 1991) / G. B. Stewart, EVATM: Fact and Fantasy(Journal of Applied Corporate Finance, Summer 1994), p.71~84.

2) C. W. Hofer and D. E. Schendel, Strategy Formulation : Analytical Concepts(St. Paul : West Publishing, 1978) / I. C. MacMillan, Seizing Competitive Initiative(Journal of Business Strategy, Spring 1982), p.43~57 / P. Haspslagh, Portfolio Planning: Uses and Limits(Harvard Business Review, January-February 1982), p.58~73.

3) 이러한 구분은 Ernest H. Drew, Scaling the Productivity of Investment(Chief Executive, July-August 1993)에서 영향을 받았다.

4) 회사의 전략에 더 이상 적합하지 않을 뿐만 아니라 적절한 현금이나 재무적 수익도 창출하지 못하는 사업도 있다. 이런 사업은 매각이나 정기적인 휴업을 통해 '매각전략(Exit strategy)'을 이행할 수 있을 정도로만 유지되어야 한다. 퇴출단계에서의 재무적 측정은 기존가치를 유지하는 데 초점을 맞추어야 한다. 이 단계의 사업에 대한 측정은 그 사업의 가치를 극대화하여 매각하기 위해선 무엇이 필요한지에 대한 회사의 CEO와 CFO의 확실한 이해에서 도출되어야 한다. 그리고 부채의 증가, 쓰레기와 고철, 공해의 생성이나 고객의 불만족 등과 같이 해당 사업의 시장성을 위협할 수 있는 요소가 모두 면밀히 검토되어야 한다.

5) S. L. Mintz, Spotlight on SG&A(CFO Magazine, December 1994), p.63~65.

6) 이러한 문제해결 방법은 프로젝트 관리자가 고객을 대하는 방법의 개선과 병행되어야 한다. 따라서 이에 관해서는 5장에서 록워터 사가 어떻게 장기 지급 사이클의 문제를 해결했는지 설명함으로써 논의할 것이다. 록워터 사의 사례는 균형성과관리지표의 4가지 관점의 목표들을 연결하는 것의 중요성을 보여준다.

4
고객 관점

BSC의 고객 관점에서는 회사가 선택한 고객과 세분화된 시장을 파악한다. 세분화된 시장은 회사의 재무적 목표를 위한 수입의 원천이 된다. 고객 관점은 회사가 만족도·충성도·확보율·유지율·수익성 등의 핵심적인 고객 결과물 측정지표를 타깃 고객과 세분화된 시장에 맞춰 정렬할 수 있게 도와준다. 또한 타깃 고객과 세분화된 시장에 전달할 가치명제를 명확하게 파악하고 측정할 수 있도록 도와준다. 여기서 가치명제는 핵심적인 고객 결과물 측정지표를 위한 동인이나 선행지표를 나타낸다.

과거의 회사들은 품질을 향상시키고 기술을 혁신할 수 있는 내부 역량을 키우는 데 집중했다. 그러나 고객의 니즈를 이해하지 못하는 회사는 결국 고객이 원하는 제품과 서비스를 제공하는 경쟁

회사에 고객을 빼앗길 수밖에 없다. 때문에 현재의 회사들은 외부, 즉 고객에게 초점을 맞추고 있다. 회사의 사명선언문이나 비전선언문은 흔히 '고객에게 가치를 전달하는 데 있어서 최고가 되자' 혹은 '고객을 위한 최고의 공급자가 되자'는 목표를 표명하고 있다. 모든 회사가 고객을 위한 최고의 공급자가 될 수는 없겠지만, 고객만족에 대한 영감을 불러일으키는 선언문 자체에 이의를 제기할 사람은 없을 것이다. 장기적으로 모든 사업단위가 뛰어난 재무적 성과를 달성하고자 한다면, 그것은 고객이 원하는 제품과 서비스를 만들고 제공하는 데 주력함으로써 가능할 것이다.

사업단위 관리자가 고객을 만족시키는 것도 중요하지만, 우선 관리자들은 사명선언문과 전략선언문을 특정 시장과 고객을 중심으로 하는 고객 관점의 목표로 전환시켜야 한다. 모든 고객에게 인정받고자 하면 어떤 고객도 제대로 만족시킬 수 없다. 회사는 현재의 고객집단은 물론 잠재적 고객집단이 존재하는 세분화된 시장을 파악하고, 그중에서 가능성 있는 시장을 선택해야 한다.

타깃으로 선정한 세분화된 시장에 '어떤 가치명제를 전달해야 할까'를 파악하는 일은 고객 관점의 목표와 측정지표를 개발하는 데 핵심이 된다. 따라서 조직 전체가 공유할 수 있도록 고객 관점의 목표를 설정해야 한다. 그리고 고객 관점의 목표는 타깃 고객과 세분화된 시장에서 추구해야 할 바를 구체적으로 담고 있어야 한다.

시장 세분화

일반적으로 기존 고객과 잠재 고객은 일치하지 않는다. 이들은 서로 다른 선호도를 가지고 있으며 제품이나 서비스의 속성을 다르게 평가한다. 따라서 전략을 수립하는 과정에서 시장조사를 면밀히 해 세분화된 시장, 가격, 품질, 기능, 이미지, 평판, 관계, 서비스 등의 차원에 따른 고객의 선호도를 밝혀내야 한다. 그 후에야 타깃 고객과 세분화된 시장을 위한 회사의 전략이 정해질 수 있을 것이다. 한편 BSC는 공략해야 할 세분화 된 시장의 타깃 고객을 파악해야 한다.

어떤 관리자들은 타깃 시장을 세분화하는 것에 이의를 제기하기도 한다. 그들은 모든 고객의 니즈를 만족시키기를 원하는 것이다. 그러나 이러한 접근방법으로는 어떤 고객의 니즈도 만족시키지 못할 위험이 높다. 전략의 본질은 무엇을 해야 할지를 선택하는 것뿐만 아니라, 무엇을 하지 말아야 할지를 선택하는 것이기도 하다.[1)]

BSC를 설계하기에 앞서 록워터 사의 관리자들은 다수의 현재 고객 및 잠재 고객들과 인터뷰를 했다. 어떤 고객은 기존의 방식대로 사업을 계속하기를 원했다. 이들은 입찰에 필요한 모든 명세서를 내부적으로 개발하고 상세한 입찰요건을 제시한 다음, 자격을 갖춘 공급자들 중 가장 낮은 가격을 제시한 공급자를 선택했다. 한 고객은 인터뷰 도중에 이렇게 말했다. "우리에게는 공급자들과 전적으로 마음이 맞는 거래를 할 자원이나 시간이 없습니다. 최근 몇 년간 경쟁이 더욱 치열해져 판매가격은 낮아지고 판매이익도 상당히 감소했습니다. 그래서 우리는 아무리 사소한 원가절감도 그냥 지나칠 수 없습니다. 이 때문에 가장 낮은 가격을 제시한 공급자를 선택할 수밖에 없는 것입니다."

이제까지 록워터 사는 고객에게 가장 낮은 가격을 제시하는 입찰자가 되려고 노력해왔다. 그러나 인터뷰 과정에서 셰브론 *Chevron* 사와 BP사, 애머라다 헤스 *Amerada Hess* 사와 같은 몇몇 주요 고객들은 해저건설 서비스의 공급자에게서 낮은 입찰가 이상의 것을 원한다는 사실이 밝혀졌다.

> 우리는 가능한 한 모든 부문에서 원가를 절감해야 합니다. 이러한 목표를 달성하기 위해서는 공급자들의 도움이 절대적으로 필요합니다. 그들에게 우리 회사의 엔지니어링 업무의 일부를 맡기는 것이 더 저렴하고 효과적이라면 그렇게 해야 할 것입니다. 그렇게 하면 내부의 엔지니어링 인력을 줄일 수 있습니다. 그리고 우리 회사의 비교우위는 매장된 석유와 가스를 채취하고 정제해 시장에 내놓는 데 있습니다. 우리 회사는 해저건설에 대한 어떤 능력도 갖고 있지 않습니다. 따라서 우리는 공급자들이 새로운 사업방법을 제안하고 기술 향상을 위해 노력하기를 바랍니다. 엔지니어링 서비스 분야의 가장 훌륭한 공급자라면 신기술과 새로운 프로젝트 관리 기법, 새로운 자금조달 기법 등을 통하여 우리의 필요를 예측하고 충족할 수 있는 창조적인 방법을 제안할 수 있을 것입니다.

이 회사들은 기술이 급변하고 경쟁이 더 치열해지는 상황에서,

원가를 낮추기 위한 혁신적인 방법을 공급자로부터 찾아야 한다는 점을 인식하고 있었다. 공급자를 선택하는 데 있어 여전히 입찰가는 중요한 요소이지만, 혁신적이고 원가 효율을 높일 수 있는 방법을 제공하는 능력 역시 공급자 선택에 큰 영향을 미칠 것이다. 이런 피드백을 통해 록워터 사는 낮은 입찰가를 원하는 고객과의 거래를 유지하면서, 가치를 추구하는 고객의 비율을 높여나가는 전략을 선택했다. 이에 따라 시장점유율에 관한 핵심적인 고객 측정지표와 고객유지율, 고객확보율, 고객만족도 등과 같은 측정지표는 가치추구 고객에게 초점을 맞췄다. 록워터 사는 전략을 수행하고 그 성공 여부를 평가하기 위하여 가치를 추구하는 고객과의 관계에서 생성된 수입의 증가율을 측정지표로 선정했다.

메트로 은행도 지금까지 모든 고객에게 효율적이고 품질 좋은 저가격 서비스를 제공하는 데 주력해왔다. 그러나 메트로 은행은 회사의 운영수입과 판매이익이 감소하고, 관련기술과 경쟁 환경이 변화하자 전략을 다시 점검했다. 이를 통해 메트로 은행은 일상적인 거래 서비스를 최저가격에 제공하는 사업에만 주력해서는 안 된다는 결론을 내렸다. 결국 메트로 은행은 실수가 없고 광범위한 금융상품과 서비스를 제공하는 식견 있는 재무적 조언자를 선호하는 고객에게 초점을 맞추기로 했다. 이들은 자신들의 선호가 충족되면 최저 가격이 아니더라도 거래할 의사가 있는 고객들이었다.

파이오니어 페트롤리엄 사도 세분화된 시장 전략을 채택한 대표적인 회사이다. 미국에서 가솔린 및 자동차 윤활유의 정제와 소매 마케팅을 담당하는 이 회사는 시장조사 프로그램을 통해 고객 전략을 개발하기 시작했다. 그 조사 결과 고객을 다음과 같이 5개의 범주로 세분화할 수 있었다.

1. **비즈니스 여행자**(Road Warriors) : **구매자의** 16%
   고소득의 중년남성으로 1년에 2만5천~5만 마일을 운전한다. 신용카드로 고급 휘발유를 구입하고 편의점에서 샌드위치와 음료수를 사 먹으며, 때때로 세차장에서 세차를 한다.
2. **순수한 블루칼라**(True Blues) : **구매자의** 16%
   소득 면에서 보면 중상위층 남녀로 특별한 브랜드와 때로는 특정 주유소를 선호하는 경향이 있다. 고급 휘발유를 구입할 때 현금으로 지불하는 경우도 있다.
3. 3F **세대**(Generation F3) : **구매자의** 27%
   연료(Fuel)와 음식(Food), 속도(Fast) : 지위 향상을 지향하는 남녀(25세 이하가 50%임)로 끊임없이 차를 몰고 질주하며 주로 편의점에서 스낵을 구입한다.
4. **가정적인 사람**(Homebodies) : **구매자의** 21%
   가정주부들로서 주로 낮에 아이들을 태우고 다니며, 시내도로와 고속도로에 상관없이 눈에 띄는 주유소는 아무 곳이나 이용한다.
5. **가격 조사자**(Price Shoppers) : **구매자의** 20%
   일반적으로 특정 브랜드나 주유소를 선호하지는 않으며, 고급 휘발유는 거의 구입하지 않고 예산도 충분치 않다.

파이오니어 사는 그동안 대부분의 석유회사들이 가격 조사자 시장에서 경쟁해왔다고 결론 내렸다. 그러나 이 회사는 이 부류의 고객들이 전체 휘발유 구매자의 20%에 불과하며, 수익률에 있어서도 하위 20%를 차지할 뿐이라는 점을 인식했다. 그래서 전체의 59%를 차지하고 수익성이 높은 세 개의 세분화된 시장(비즈니스 여행자, 순수한 블루칼라, 3F 세대)에 초점을 맞추고, 이들을 위한 구체적인 가치명제를 개발했다.

일단 세분화된 시장을 파악하고 타깃 고객이 선정되면 그 시장에 대한 목표와 측정지표를 결정할 수 있다. 일반적으로 회사는 고객 관점에서 두 가지 유형의 측정지표를 선정한다. 첫 번째 유형은 모든 회사가 실제로 사용하고 싶어 하는 일반적인 측정지표로 고객만족도와 시장점유율, 고객유지율 등이 있다. 이 측정지표들은 BSC에 항상 포함되기 때문에 핵심적 측정집단이라 불린다. 두 번째 유형은 고객 결과물의 성과동인(차별화 요인)을 나타낸다. 회사가 높은 수준의 만족도와 유지율, 확보율, 그리고 궁극적으로는 높은 시장점유율을 달성하기 위해 고객에게 무엇을 전달해야 할 것인가? 이때 성과동인 측정지표를 통해 회사가 타깃 고객과 세분화된 시장에 전달하려고 하는 가치명제를 포착할 수 있다.

고객 관점의 핵심적 측정지표들

고객 결과물에 대한 핵심적 측정집단은 모든 종류의 조직에 공통적으로 적용되며, 다음과 같은 측정지표들을 포함한다.

- 시장점유율(Market share)
- 고객유지율(Customer retention)
- 고객확보율(Customer acquisition)
- 고객만족율(Customer satisfaction)
- 고객수익성(Customer profitability)

이와 같은 핵심적 측정지표들은 〈그림 4-1〉와 같이 일반적인 인과관계 사슬로 연결된다.

각각의 측정지표들은 사업단위가 최대의 성장과 수익을 이끌어낼 수 있는 타깃 고객집단에 개별적으로 초점을 맞춤으로써 극대화될 수 있다.

시장과 고객점유율

일단 타깃 고객집단과 세분화된 시장이 정해지면 시장점유율을 측정하는 것은 간단하다. 각각의 산업집단이나 무역협회 및 정부가 전체 시장규모에 대한 통계를 제공해주기 때문이다.

록워터 사의 시장점유율 측정지표는 장기적으로 동반자관계를 유지하고 있는 1그룹 고객과의 사업비율이었다. 이 측정지표는 사업단위의 전략을 이끌어내고 검토하기 위해 BSC를 어떻게 사용해야 하는지를 잘 보여주고 있다. 단기적으로 보면, 록워터 사는 재무적 측정지표만을 사용하여 가격경쟁력을 갖춘 제품에 대한 사업을 확대함으로써 판매 신장과 수익성 및 투자수익률 면에서 목표를 달성할 수 있을 것이다. 그러나 이렇게 될 경우 1그룹 고객의 시장점유율

〈그림 4-1〉 고객 관점-핵심적 측정지표

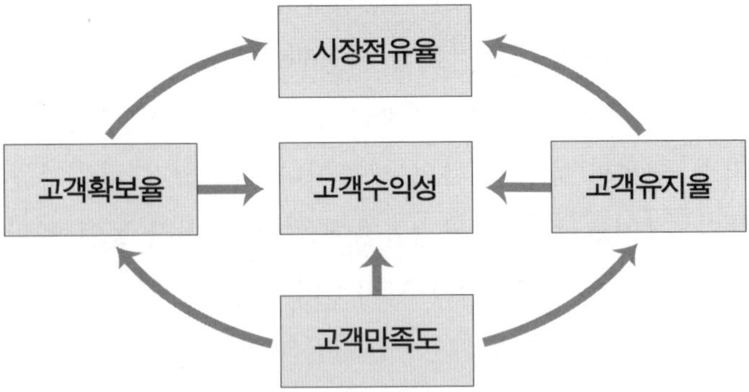

시장점유율	주어진 시장의 고객의 수, 지출 금액, 판매량 대비 사업단위의 비율을 나타낸다.
고객확보율	절대적 또는 상대적 측면에서, 사업단위가 새로운 고객이나 사업을 유인하거나 획득한 비율을 측정한다.
고객유지율	절대적 또는 상대적 측면에서, 사업단위가 기존 고객과의 관계를 존속하거나 유지한 비율을 추적한다.
고객만족도	가치명제의 구체적 성과기준에 따라 고객의 만족 수준을 평가한다.
고객수익성	고객을 지원하기 위해 필요한 기본적인 지출을 제외한 후, 고객 또는 세분시장의 순수익을 측정한다.

측정지표는 록워터 사가 전략을 효과적으로 이행하지 않았다는 신호를 보낼 것이다. 이는 회사가 부가가치를 중시하는 고객에 대한 사업점유율을 증가시키지 않은 것을 나타낸다. 이러한 타깃 고객 시장점유율 측정지표는 전략 이행에 대한 즉각적인 재점검의 필요성

을 나타내기 때문에 재무적 신호와 균형을 이룰 수 있다.

특정한 고객이나 세분화된 시장을 타깃으로 삼았을 때, 회사는 두 번째 시장점유율 측정지표를 사용할 수 있다. 그것은 '고객의 지갑' 점유율이라고 불리기도 하는 것으로 고객이 구입한 제품이나 서비스 중에서 해당 회사의 제품이나 서비스가 차지하는 비율을 말한다. 그리고 전체 시장점유율은 주어진 기간 동안 해당 분야의 회사들이 제공한 제품이나 서비스의 총량에 영향을 받는다. 예를 들어 전체적으로 고객들이 공급자들과의 거래를 줄인다면 타깃 시장에 대한 점유율도 감소할 수 있다. 회사는 고객별(록워터 사처럼 구성원이 적은 경우), 세분화된 시장별(메트로 은행과 파이오니어 석유회사처럼 대규모 시장을 상대하는 경우)로 총 거래에서 자사가 얼마나 많은 비율을 차지하는지 측정할 수 있다. 예를 들어 메트로 은행과 같은 금융기관의 '지갑 점유율'은 타깃 고객의 모든 금융 거래와 예금계좌 중에서 메트로 은행이 차지하는 비율이 될 수 있다. 또한 음료회사는 타깃 고객이 구매한 모든 음료수 중에서 음료수가 차지하는 비율(위胃의 점유율)을 측정할 수 있다. 의류소매업체도 마찬가지 방법으로 '옷장 점유율'을 측정할 수 있다. 이러한 측정지표들은 회사가 자신들의 사업 분야 안에서 타깃 고객의 제품이나 서비스 구매 비율을 극대화하고자 할 때 강조된다.

고객유지율

타깃 고객과 세분화된 시장에서 시장점유를 유지하고 높이는 바람직한 방법은 기존 고객을 유지하는 데서 출발한다. 서비스 이익사슬에 대한 연구에서는 이미 고객유지의 중요성이 입증된 바 있다.[2] 예를 들어 제조회사나 유통 및 도매회사, 은행, 신용카드회사, 신문 · 잡지 · 출판사, 컴퓨터 온라인 서비스회사, 장거리전화회사 등은 기간별 고객유지율을 쉽게 측정할 수 있다. 그러나 많은 회사들이 단순히 고객을 유지하는 데 그치지 않고 현재 고객에 대한 사업성장률을 통해 고객충성도를 측정하려 할 것이다.

고객확보율

일반적으로 사업을 성장시키려는 회사는 타깃으로 선정한 세분화된 시장에서 고객 기반을 넓히는 것을 목표로 설정할 것이다. 고객확보 측정지표는 절대적·상대적 측면에서 사업단위가 새로운 고객과 사업을 유인하거나 획득하는 비율을 추적한다. 고객확보율은 새로운 고객 수나 세분화된 시장에서 새로운 고객에게서 얻은 매출의 총액으로 측정될 수 있다. 신용카드사업이나 잡지, 이동전화 서비스, 케이블 TV, 은행이나 다양한 금융 서비스 기관들은 광범위하고, 때로는 비용이 많이 드는 마케팅을 통해 새로운 고객을 유인한다. 이러한 회사들은 유인 노력에 대한 고객의 반응건수와 전환비율(신규 고객의 숫자를 전체 문의건수로 나눈 비율)을 조사할 수 있을 뿐만 아니라, 신규 고객을 확보하는 데 드는 비용 및 유인에 필요한 비용과 신규고객에게서 얻는 수익의 비율을 측정할 수 있다.

고객만족도

고객유지와 고객확보는 모두 고객의 니즈를 만족시키는 데서 도출된다. 고객만족의 측정은 회사가 얼마나 잘 운영되고 있는가에 대한 피드백을 제공한다. 그러므로 고객만족의 중요성은 아무리 강조해도 지나치지 않을 것이다. 그러나 최근 연구에 따르면, 고객만족에 있어 적절한 점수를 받았다고 해서 고객 충성도를 높이거나 유지율과 수익성을 높일 수 있는 것은 아니다. 즉 고객이 자신의 구매 경험에 만족할 때만 회사는 고객의 반복구매를 기대할 수 있는 것이다.[3)]

어떤 회사들은 운 좋게도 모든 제조업체들에 대해 자발적으로 등급을 매기는 고객을 보유하고 있기도 하다. 예를 들어 휴렛팩커드 사는 다양한 분야의 공급자들에 대해 등급과 순위를 제공한다. 포드 사는 최고의 평가를 받는 제조업자를 인정하고 그에 따라 보상한다. 또한 몇몇 다국적 회계법인들은 자신들과 거래하는 모든 은행에 보고서를 제출하는데, 이 보고서에는 각 은행이 자본과 금융 서비스, 재무적 조언 등을 얼마나 잘 수행했는지에 대한 상세한 피드백이 담겨 있다. 한편 록워터 사의 1그룹에 속하는 일부 고객은 특정 프로젝트에 앞서 프로젝트의 성공에 필수적인 성과가 무엇인지 정기적으로 피드백을 제공한다.

하지만 모든 타깃 고객들이 자발적으로 성과에 대한 피드백을 제공하리라고 기대하는 것은 무리다. 이 때문에 브리티시 항공(British Airways)과 휴렛팩커드, 제록스, 프록터 앤 갬블 *Procter & Gamble*, 모토로라 *Motorola*, 펩시 *Peosi*, 보잉 *Boeing*, 3M 등을 포함한 많은 회사들이 체계적인 고객만족도 조사를 수행하고 있다. 고객 설문지를 만드는 일이 간단해 보이지만, 고객에게서 유용한 응답을 얻어내기 위해서는 상당한 전문성이 필요하다. 일반적으로 사용되는 설문조사 기법으로는 우편조사와 전화면담, 개인면담의 세 가지가 있다. 이 기법들은 비용 면에서 차이를 보이며 응답율과 유용성도 각각 다르다.

고객만족도 조사는 시장조사를 전문으로 하는 회사들의 핵심적인 활동 영역이다. 고객만족도 조사의 시장규모는 거의 2억 달러에 이르며 연평균 25%의 성장률을 기록하고 있다. 이 같은 서비스를 이용하면 고객심리와 시장조사, 통계학, 면담기법 등에서 전문성을 담보할 수 있다. 이와 함께 더 포괄적인 고객만족도 측정지표를 얻기 위해서는 상당한 인력과 계산능력이 필요하다.

고객수익성

시장점유와 고객유지, 고객확보, 고객만족이라는 핵심적 고객 측정지표에서 높은 점수를 얻었다 하더라도 회사가 전적으로 수익성 있는 고객을 보유하고 있다고 보기는 어렵다. 고객을 만족시키면서 경쟁자를 화나게 하는 한 가지 방법이 있다면 그것은 제품과 서비스를 낮은 가격에 제공하는 것이다. 이때 고객만족도나 높은 시장점유율은 더 높은 재무적 수익을 달성하기 위한 하나의 수단에 불과하므로, 회사는 아마도 고객과의 거래수준뿐만 아니라 타깃 시장에서 발생한 사업의 수익성을 측정하고자 할 것이다. ABC(활동을 기준으로 한 원가) 시스템은 회사로 하여금 개별적·집단적 고객수익성을 측정할 수 있도록 도와준다.[4] 회사는 고객을 만족시키고 행복하게 만드는 것 이상을 추구해야 한다. 다시 말해 회사는 수익성 있는 고객에게 초점을 맞춰야 한다. 이를 위해 고객수익성과 같은 재무적 측정지표는 고객에게 초점을 맞춘 조직이 고객에게 지나치게 집착하지 않도록 도와준다.

일반적으로 고객의 요구와 조직의 이익이 항상 일치하는 것은 아니다. 특히 맞춤 서비스를 제공하는 사업단위는 거래량을 줄여야 할 수도 있으며, 고객의 요구를 충족시키기 위해 투입한 자원들에 대해 보상받기 위해서는 가격을 인상해야 할지도 모른다. 더욱이 조직에 고객이나 수요의 질이 무엇보다도 중요하고 또 가격을 다시 책정하는 것이 불가능하다면, 사업단위는 ABC 시스템으로부터 수익과는 거리가 먼 요소들을 재검토하라는 암묵적 지시를 받을 수 있다. 그리고 이러한 지시에 직면한 회사들은 고객의 요구를 충족시키면서 수익성을 유지하려면 어떤 프로세스를 재설계 해야 하는지 검토하게 될 것이다.

고객수익성 측정지표는 수익을 보장하지 못하는 고객이 누군지 가려낼 수도 있다. 수익성이 없는 타깃 고객은 신규 고객인 경우가 많다. 따라서 고객확보는 고객에게 투여한 비용을 나중에 이 고객에게 제품과 서비스를 판매하여 얻을 수 있는 이익으로 충당할 수 있다는 전제하에서 수행되어야 한다. 이때 평생수익성(lifetime profitability)은 현재의 수익성이 없는 고객을 유지하거나 단념하는 기준이 될 수 있다. 신규 고객에게 성장 잠재력만 있다면 당장은 수익성이 다소 떨어지더라도 충분한 투자가치가 있을 것이다. 그

〈그림 4-2〉 타깃으로 선정한 세분화된 시장과 고객수익성

고 객	수익성 있음	수익성 없음
타깃으로 선정된 세분시장	유 지	이 동
타깃이 아닌 세분화된 시장	모니터	제 거

러나 다년간 회사와 거래해왔던 수익성 없는 고객에 대해서는 그들을 자산으로 변화시킬 수 있는 조치(신용성과 학습 기회와 같은 이론적 근거들을 통해)가 단행되어야 할 것이다.

〈그림 4-2〉는 타깃으로 선정한 세분시장과 고객수익성에 대한 의사결정을 보여준다. 이 그림에 제시된 두 가지 유형의 고객을 다루는 일은 어렵지 않다. 일반적으로 회사들은 타깃 시장의 수익성 있는 고객은 유지하려고 하지만, 타깃이 아닌 시장의 수익성 없는 고객에게는 관심을 두지 않는다. 하지만 회사들은 다른 두 가지 유형의 고객에 대해서도 관심을 가지고 관리해야 한다.

타깃 시장의 수익성 없는 고객(오른쪽 위 칸)은 수익성 있는 고객이 될 수도 있다. 앞에서 언급한 바와 같이, 새로 확보한 고객의 경우에는 앞으로 그들이 수익을 올리는지 여부를 지켜보는 수밖에 다른 대안이 없다. 한편 수익성은 없지만 오랫동안 거래를 유지해왔던 고객의 경우에는 이들이 사용하는 서비스나 제품의 가격을 다시 설정하거나, 이들에게 제공되는 제품과 서비스의 생산 및 유통 방법을 개선해야 할지도 모른다.

타깃이 아닌 시장의 수익성 있는 고객(왼쪽 아래 칸)은 확실히 가능

성이 있는 고객이다. 그러나 이들에게 접근할 때는 서비스나 제품 특성에 대한 새로운 요구에 주의를 기울여야 한다. 하지만 새로운 요구를 수용함으로써 이들이 수익성 없는 고객이 될 우려는 없는지도 검토해야 한다. 이처럼 고객 세분화된 시장 측정지표와 수익성 측정지표를 활용함으로써 관리자들은 자신들의 세분화 전략이 실제로 어느 정도 효과를 거두었는지에 대한 유용한 피드백을 얻을 수 있다.

핵심을 넘어서 : 고객의 가치명제 측정

고객의 가치명제란 타깃으로 선정한 고객 세분시장에서 충성도와 만족도를 창출하기 위해 회사가 제공해야 하는 제품 및 서비스의 속성을 나타낸다. 가치명제는 앞에서 살펴본 고객만족도와 고객확보율, 고객유지율, 시장점유율 및 고객점유율이라는 핵심적 측정지표의 동인을 이해하는 데 중요한 개념이다.

세분화된 시장의 성격에 따라 가치명제는 달라지지만, BSC를 구축한 모든 산업에서 공통적으로 추구하는 가치명제의 구성요소들은 다음의 3가지 범주로 나눌 수 있다(〈그림 4-3〉 참조).

1. 제품·서비스 속성
2. 고객관계
3. 이미지와 평판

〈그림 4-3〉 고객의 가치명제

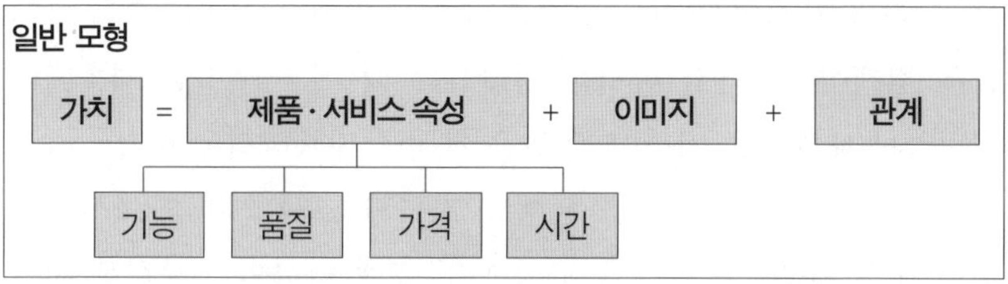

가치명제

제품·서비스 속성			이미지	관 계		
제공의 범위	무결함	완벽한 서비스	지식	편리함	개인적 조언자	응답성

전략 측정지표

- 서비스 실패 지표
- 요구 이행 시간

핵심적 고객 측정지표

- '매우 만족한' 고객조사
- 시장점유율
- 새로운 고객확보율
- 고객유지율

제품·서비스 속성

제품과 서비스 속성에는 제품과 서비스의 기능과 가격 및 품질이 포함된다. 신뢰할 수 있고 낮은 원가를 제공하는 생산자를 원하는 고객, 독특한 제품과 특별한 서비스를 제공하는 차별화된 공급자를 원하는 고객을 선택하는 데 있어 록워터 사는 고객 세분시장을 2가지로 구분했다.

록워터 사의 2그룹 고객들은 불필요한 서비스나 주문생산 방식을 원하지 않았다. 그들은 적시에 납품되고, 결함이 없으며, 가능한 한 가장 가격이 저렴한 평범한 제품을 원했다. 반면 1그룹 고객들은 경쟁적 · 전략적 비전을 성취하는 데 매우 우수한 제품이나 서비스에 대해서는 기꺼이 더 높은 가격을 지불하려고 했다.

이와 마찬가지로 메트로 은행도 자사의 고객 기반을 조사해서 여러 개의 세분화된 시장을 파악했다. 그중 하나의 세분화된 시장은 당좌예금계좌와 같은 표준 은행상품을 최저가격에 공급하는 은행을 원했다. 또 다른 세분화된 시장은 금융상품과 서비스를 동시에 제공하는 원스톱 처리(one-stop source)를 원했다. 이들은 금융거래를 할 때 합리성을 추구하기는 하지만 최저가격만을 고집하지는 않는 경향을 보였다. 그러나 이 두 세분화된 시장은 모두 은행과의 거래에서 질 높은 서비스(무결함)를 원한다는 공통점을 가지고 있었다.

고객관계

'고객관계'에는 고객의 구매에 대한 느낌, 제품 및 서비스 납품, 그리고 대응시간과 납품시간 등이 포함된다. 예를 들어 메트로 은행은 고객을 대하는 태도에 대한 높은 기대치를 충족시킨다는 고객관계 목표를 설정한 후, 고객과의 훌륭한 관계를 위한 3가지 핵심 요소를 정했다.

1. 해박한 직원 : 고객의 니즈를 파악하고, 그들을 만족시킬 수 있는 지식을 가진 직원을 통해 차별화한다.

2. 편리한 접근성 : 고객이 24시간 내내 은행 서비스와 정보에 접근할 수 있도록 한다.
3. 대응 : 고객에게 편리한 서비스를 제공한다. 시의적절한 대응을 통해 고객의 긴급성을 충족시키거나 능가해야 한다.

노드스트롬 *Nordstrom* 사와 같은 소매체인점은 직원들이 가치 있는 타깃 고객에게 뛰어난 서비스를 제공할 준비가 되어 있어야 한다고 강조한다. 한편 PC기반 재무관리 소프트웨어 분야를 주도하는 비교적 규모가 작은 소프트웨어 회사인 인튜이트 *Intuit* 사는 사용하기 편리한 제품을 고객에게 제공했기 때문에 성공할 수 있었다. 고객관계를 위해서는 자사의 정보 시스템을 EDI를 통하여 고객에게 연결하는 것과 같은 장기적인 노력이 필요하다. 판매와 구매 관계를 넘나드는 이러한 노력을 통해서 회사의 활동 범위를 더 넓힐 수 있다. 이를 통해 제품의 공동 설계나 생산계획의 연결, 전자주문, 송장 발부, 대금 지불 등이 가능해진다. 이러한 관계를 통해 회사는 우선 공급자로서의 자격을 부여받을 수 있고, 이 회사의 제품은 수령·검사·출하·보관 과정을 거치지 않고 공장의 작업장으로 직접 납품될 수 있다.

어떤 회사는 자사의 구매 업무를 자격조건을 갖춘 공급자에게 맡기기도 하며, 공급자 대표에게 사무실과 현장 보관설비를 제공하여 원자재가 정확한 수량으로 제시간에 작업장에 도착하도록 하는 책임을 맡기기도 한다. 이러한 관계는 최저가격에 의존하여 공급자를 선정하는 것과는 전혀 차원이 다르다.

이미지와 평판

'이미지와 평판'은 회사로 고객을 끌어들이는 무형의 요소를 반영한다. 어떤 회사는 광고나 제품과 서비스의 질을 통해 제품과 서비스가 실제로 가지고 있는 가치 이상의 고객충성도를 창출할 수 있다. 스포츠화와 의류, 테마 공원("나는 디즈니월드에 갈 것이다"), 담배('말보로 맨'), 청량음료('펩시 세대') 등 특정 브랜드에 대한 고객선호도는 타깃으로 선정된 세분시장에서 이미지와 평판이 얼마나 강력하게 영향을 미치는지 보여준다.

메트로 은행은 모든 종류의 금융 상품과 서비스를 제공할 수 있고 지식이 풍부하며 친근한 금융 조언자로서의 평판을 구축하려고 했다. 그리고 파이오니어 페트롤리엄 사의 경우, 기본적으로는 제품 차별화에 주력하는 한편 '엔진을 깨끗이 하고 찌꺼기가 남지 않는' 이라는 캐치프레이즈와 같이 구체적으로 드러나지 않는 제품속성을 전달하기 위해 광고를 활용했다. 또한 몇몇 투자은행은 고품질의 맞춤형 금융 서비스를 제공한다는 이미지를 전달하고자 노력했다. '글로벌'회계 법인들도 소규모의 지역 경쟁자들과는 차별화되는 품질과 완벽함을 제공한다는 평판을 얻기 위해 노력하고 있다.

이미지와 평판은 고객으로 하여금 은연중에 특정회사의 제품을 선호하도록 만든다. 록워터 사의 경우, 잠수복과 스쿠버 장비, 용접기를 들고 북해로 뛰어들던 1970년대 초반의 엔지니어링 건설회사의 이미지에서 벗어나기를 원했다. 이를 위해 록워터 사는 BSC를 구축하고 고객 중심의 목표를 수립했다. 또한 고객에게 전달할 가치명제에 대한 명확한 피드백을 통해 회사의 전문성을 전달하고자 했다. 그리고 록워터 사가 정교한 기술력을 바탕으로 신뢰를 쌓고 있으며, 장기적인 공급자관계와 고객관계를 유지할 수 있는 소중한 동반자라는 사실을 1그룹 고객들에게 알리려고 노력했다.

한편 대규모 의류소매업체인 케넌 상사는 타깃 고객의 프로파일을 개발했다.

- 나이 : 20~40세의 여성(타깃 : 29세)
- 교육 정도 : 대졸 수준
- 직업 : 전문관리직
- 성향 : 혁신적이며 유행을 추구함
- 성격 : 자신감이 넘치며 유머 감각이 뛰어남

이후 케넌 상사는 다양한 광고와 매장 내의 판촉자료를 통해 타깃 고객의 이미지를 외부에 전달했다.

케넌 상사는 긍정적인 이미지를 외부에 전달함으로써 기존 고객과 잠재 고객들로 하여금 케넌 상사의 옷이 자신들의 이미지와 어울린다고 생각하도록 유도했다. 케넌 상사는 고객에게 합리적인 가격으로 품질 좋은 유행의류를 판매하는 것을 넘어서, 고객들 스스로가 자신의 이미지를 창출하도록 만들었다. 일반적으로 '이미지와 평판' 속성을 개발하려는 회사는 이상적인 고객을 선정하고, 구매에 연결될 수 있는 이미지를 보여줌으로써 고객의 구매행동에 영향을 미치려 한다.

다음에서는 고객 가치명제 개발의 3가지 구성요소들을 케넌 상사와 록워터 사, 파이오니어 페트롤리엄 사의 사례를 통해 설명하겠다.

케넌 상사 : 대규모 시장에 대한 직접판매

케넌 상사는 다음과 같이 고객 전략을 정의함으로써 고객 목표 개발에 착수했다.

- 케넌 상사는 의류부문의 고객 점유를 증대시켜야 한다.
- 의류부문의 고객 점유율 증가는 고객충성을 통해 이루어질 것이다. 우리는 고객들이 필요에 따라 일년 내내 케넌 상사를 찾기를 원한다.
- 고객충성도를 창출하기 위해서
  1. 우리의 상품(merchandise)은 고객과 고객의 니즈를 반영하고 희망적인 이미지를 나타내야 한다.
  2. 우리의 브랜드는 고객이 동경하는 생활방식으로부터 도출된 목표를 만족시켜야 한다.
  3. 상점에서의 쇼핑 경험은 고객충성도를 높일 수 있어야 한다.
  4. 우리는 고객과 그들의 구매행동을 정확하게 파악해야 한다.

케넌 상사는 핵심적인 고객 결과 측정을 위해 고객충성도와 고객 피드백 점수를 사용했다. 이러한 측정지표의 성과동인은 전략 선언문에서 도출됐다. 그리고 이 동인들은 가치명제의 3가지 구성 요소를 위한 목표와 측정지표를 나타낸다.

제품속성

케넌 상사는 소비자의 가치명제를 위한 주요 제품속성으로 가격과 유행, 품질의 세 가지 목표를 설정했다.

- 가격 목표

  고객들이 가치가 높다고 인식하고 적정한 가격이라고 생각되는 품질 좋은 유행상품을 제공한다.

  가격 목표를 위한 측정지표는 소매업자가 원하는 단위당 평균 소매가격과 매장당 거래 건수이다.

- 유행 및 디자인 목표

  케넌 브랜드는 고객의 동경과 실용적 욕구를 동시에 충족시킬 수 있는 유행상품을 제공한다.

이러한 목표들을 구체적인 운영측정지표로 전환하기는 쉽지 않다. 그러나 케넌 상사는 이를 위한 첫 번째 측정지표로 자사의 이미지를 가장 잘 보여주는 제품으로 구성된 '전략적 상품'에 대한 연평균 매출성장률을 선택했다. 그리고 두 번째 측정지표로 선택된 MMU(maintained mark up)는 판매가격에서 구매가격과 고객들에게 할인해 준 금액을 뺀 실질적 이익을 나타낸다. 이 MMU 측정지표의 개선은 좋은 디자인의 유행제품 덕분에 상당한 이윤을 남긴 매장 능력의 결과(후행)지표가 될 것이다.

- 품질 목표
  모든 종류의 제품들이 사이즈와 스타일 면에서 최상의 품질과 일관성을 유지하도록 한다.

이 목표는 제품의 품질과 가격 적정성에 대한 소비자 만족도 측정지표인 상품반품률에 의해 측정된다.

관계 : 구매 경험

구매 경험은 매우 중요한 차원으로 간주된다. 구매 경험의 주요 속성은 '제품 구비'와 '매장 내 쇼핑 경험'이다. '제품 구비'는 고객이 첫 번째로 선택한 품목을 매장이 구비하고 있는지로 측정한다. 고객들에게 '어떻게 생각하십니까?'라는 제목의 질문지를 주고 자신이 원하는 사이즈와 색깔의 제품을 구입할 수 있었는지 묻는 것이다.

'매장 내 쇼핑 경험'은 '완벽한 쇼핑'을 정의하는 다음의 6가지 요소에 의해 평가된다.

1. 유행을 선도하는 매우 근사해 보이는 매장
2. 세련된 옷차림을 하고 환한 미소를 띤 매력적인 점원의 환영
3. 할인에 대한 명확한 정보 전달
4. 제품에 대한 해박한 지식을 가진 점원
5. 점원의 고객이름 인지
6. 진심이 담긴 감사와 다시 찾아 달라는 초대의 인사말

매장에 들어오는 고객들에게 이와 같은 6가지 요소를 전달하는 것이 목표가 된다. 또한 각 매장이 운영 면에서 이러한 목표를 얼마나 잘 달성하는가는 '위장고객(Mystery shopper)' 에 의해 측정될 수 있다.

브랜드와 이미지

앞에서 설명한 것처럼 케넌 상사는 '이상적인 고객'에 대해 매우 구체적인 정의를 내렸다. 이렇게 정의된 이상적인 고객의 이미지를 통해 모든 직원들이 고객의 기대를 알 수 있었다. 케넌 상사의 브랜드 이미지 목표는 다음과 같다.

우리는 타깃 고객을 정확히 이해하고 그들의 니즈를 충족시키기 위해 우리 스스로를 차별화하며 케넌 상사를 전국적으로 유명한 브랜드로 만들 것이다.

브랜드 이미지 개발의 성공 여부는 주요 상품의 시장점유율과 브랜드에 부가된 프리미엄 가격에 의해 측정되었다. 또한 매력적인 브랜드 이미지를 성공적으로 전달했는가의 여부는 속성과 품질면에서는 비슷하지만 브랜드 이미지가 없는 다른 회사의 제품과 비교하여 측정했다. 즉 케넌 상사의 제품에 얼마나 더 많은 프리미엄 가격이 붙었는지를 비교하는 것이다.

케넌 상사가 타깃 고객의 가치명제를 위해 개발한 목표와 측정지표를 어떻게 전달할 것인가에 대한 메커니즘은 다음 장에서 설명할 업무 프로세스 관점에서 살펴볼 수 있다.(〈그림 4-4〉 참조).

〈그림 4-4〉 고객의 가치명제-케넌 상사

가치명제

제품속성			이미지	관 계	
가격 이익	패션과 디자인	품 질	브랜드 이미지	구입 가능성	쇼핑 경험

전략 측정지표

• 단위당 평균 소매가격	• 가격인상폭	• 반품률	• 시장점유율 (주요품목)	• 품절률 (주요품목)	• 위장고객
• 매장당 거래	• 타깃 품목 성장률		• 브랜드에 대한 할증가격		

핵심적 고객 측정지표

• 고객충성도 (연간구매 성장률)

• 고객만족도(조사)

록워터 사 : 개별 고객에 대한 직접판매

록워터 사는 고객 관점에서 두 가지 핵심적 결과물 측정지표를 사용했다. 하나는 고객이 평가하는 경쟁자 대비 순위이고, 다른 하나는 핵심(1그룹) 세분화된 시장에서의 시장점유율이다. 록워터 사는 여전히 2그룹 고객을 목표로 한 사업에 노력을 기울이고 있었는데, 이는 생산력의 활용률과 재무적 결과의 예측 가능성을 높여줄 일정한 수준의 주문을 유지하기 위해서였다. 이를 위해 록워터 사는 2그룹 고객의 가격 민감성에 대응할 수 있는 경쟁 입찰을 위한 가격 색인(price index)을 개발했다.

〈그림 4-5〉 고객의 가치명제(1그룹)-록워터 사

가치명제

제품속성				이미지	관 계
기능성	품 질	가 격	적시성	전문적 관리	관 계
• 안전 • 엔지니어링 서비스	• 제출된 업무처리 절차의 최소 변경 • 품질과 성과에 대한 인식 • 제공된 장비의 표준 • 직원의 자질 • 생산의 질	• 작업시간 • 지불가액 대한 가치 • 원가절감을 위한혁신성	• 스케줄 준수 • 업무처리 절차 제출의 적시성		• 계약자의 정직과 개방성 • 유연성 • 계약의 대응성 • 팀 화합/사기

한편 1그룹 고객을 위한 가치명제를 측정하기 위해 제품과 서비스 매출에 관련된 속성, 그리고 프로젝트 팀과 고객과의 관계를 반영하는 '개별화된' 고객만족 측정지표를 개발했다. 프로젝트 계약과 관련해서는 16개의 속성들을 개발했는데(〈그림 4-5〉 참조),

〈그림 4-6〉 고객만족도 측정지표-록워터 사

기 준	고 객						평균 만족도
	A	B	C	D	E	F	
1. 안전	9	8	8	10		8	8.6
2. 스케줄 준수	9	6	7				7.3
3. 작업시간 / 고장률	9	5	4				6.0
4. 업무처리 절차 제출의 적시성	9	4	5				6.0
5. 제출된 업무처리 절차의 최소변경	9	5	6				6.7
6. 계약자의 정직과 개방성	4	7	7	10	9		8.3
7. 유연성	9	4	7		9		7.3
8. 계약의 대응성	8	5	7				6.7
9. 엔지니어링 서비스	8	7	7				7.3
10. 품질과 성과에 대한 인식	10	6	8		8	7	7.8
11. 지불액에 대한 가치	7	6	6	10	9	7	7.2
12. 제공된 장비의 표준	9	7	7			8	7.8
13. 직원의 자질	10	7	7	10		8	8.5
14. 원가절감을 위한 혁신성					7		7.0
15. 생산의 질				10			10.0
16. 팀 화합/사기			7				7.0
만족도 지수	8.8	5.9	6.6	10.0	8.4	7.6	7.9

각 프로젝트의 고객들은 이 16가지 속성 중에서 프로젝트의 성공에 가장 중요하다고 생각되는 항목들을 선택할 수 있었다. 이때 특정 분야의 상대적 우선순위와 중요성을 반영하기 위해 어떤 속성에는 가중치를 부여했다. 그 후 록워터 사의 프로젝트 팀은 〈그림 4-6〉에 나타난 바와 같이 매월 고객만족도에 대한 피드백을 받아 각각의 속성에 1점부터 10점까지 점수를 매겼다. 또한 이 점수에 가중치를 고려하여 고객만족도 점수를 계산했다. 이러한 방법을 통해 록워터 사는 고객들이 각각의 프로젝트에서 강조하고자 하는 속성에 초점을 맞출 수 있었다.

록워터 사는 1그룹 고객과의 모든 프로젝트에서도 16가지 속성들에 대한 점수를 합산해 월간 고객만족도 점수를 매겼다. 각 속성의 평균점수는 모든 프로젝트 팀이 훌륭하게 수행해낸 영역과 고객의 기대에 미치지 못했던 영역이 무엇인지를 보여준다.

파이오니어 페트롤리엄 사: 대규모 시장에 대한 간접판매

파이오니어 페트롤리엄 사의 예는 고객 관점 중 가장 흥미로운 한 측면을 보여준다. 파이오니어 사는 사례는 소매업체와 유통업체, 도매업체를 상대로 거래하는 회사들의 모델이 될 수 있을 것이다. 이러한 업체들은 서로 다른 두 가지 유형의 고객을 만족시켜야 한다. 첫 번째 유형은 직접고객으로, 제품이나 서비스를 구매하여 자신들의 고객에게 다시 판매하는 업체이다. 이때 직접고객의 고객이 최종소비자로서 파이오니어 사의 두 번째 고객 유형이 된다. 이처럼 대규모시장을 상대로 한 조직은 고객 관점을 2개의 세분화된 시장으로 나눠서 적용하는 것이 유용하다. 예를 들어 P&G와 코카콜라, 필스버리*Pillsbury*와 같은 생산자는 소매업체와 도매업체 및 유통업체를 이해하고 그들과 연계하여 판매 전략을 세울 필요가 있다. 뿐만 아니라 제품의 최종구매자인 소비자의 취향과 선호를 이해하는 데도 소홀함이 없어야 한다.

다시 파이오니어 사의 예로 돌아가보자. 이 회사의 거래업체들(1차 고객)은 회사의 직원이 아니라 독립적인 사업가들이었다. 거래업체들은 자신들만의 재무적 목표, 그중에서도 수익성 목표를 갖고 있었고 공급자(파이오니어 사)로부터 사업관리에 대한 기술을 제공받고 싶어 했다. 더 구체적으로 말하면 그들은 파이오니어 사가 세차장에서부터 주유설비와 소모품, 편의점 등을 포함한 폭넓은 서비스를 제공해주길 원했다. 뿐만 아니라 경쟁주유소와 차별화할 수 있는 강한 브랜드 이미지도 제공해 주기를 원했다.

이를 바탕으로 파이오니어 사는 거래업체의 만족과 유지, 새로운 거래업체의 확보와 관련된 고객 관점의 핵심적 결과물 목표를 설정했다. 뿐만 아니라 핵심적인 결과물의 성과동인이 될 타깃 거래업체를 위한 가치명제를 파악해 나가기 시작했다. 제품과 서비스 차원에서는 새로운 제품과 서비스(기능성), 거래업체의 수익성(가격·품질·기능성)에 대한 목표가 포함되었다. 그리고 고객관계 차원에서는 파이오니어 사가 거래업체의 직원들에 대한 기술개발

관리에 어떻게 기여할 수 있는지를 강조했으며, 이미지와 평판은 판촉에 의해 측정되었다(〈그림 4-7〉 참조).

〈그림 4-7〉 고객의 가치명제-파이오니어 페트롤리엄 사

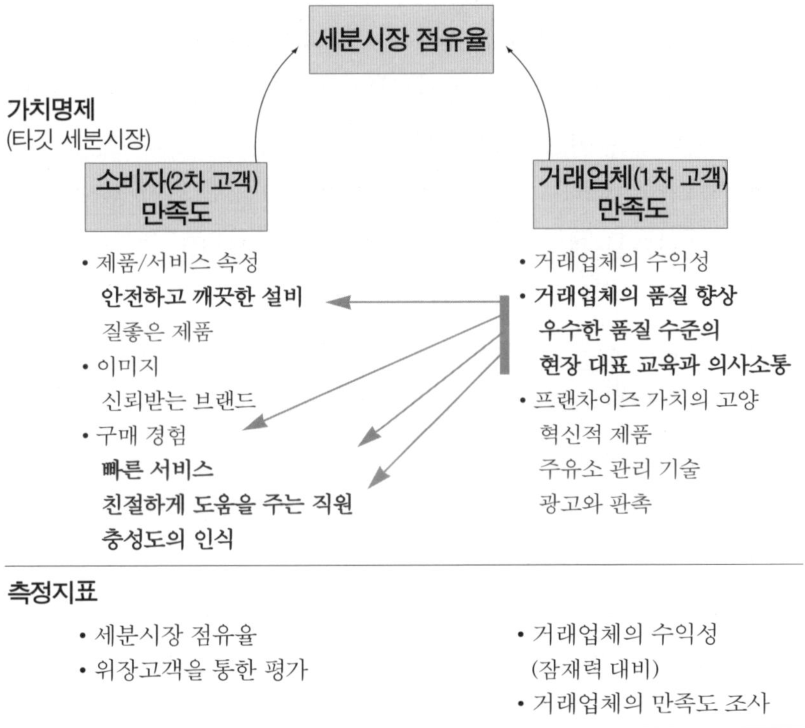

파이오니어 사는 소비자 관점에서 시장조사를 실시하여 가장 큰 타깃으로 선정된 세분시장의 소비자가 유명 브랜드의 휘발유를 선호한다는 사실을 알아냈다. 이 소비자들은 안전하고 깨끗하며 친절

하고 봉사정신이 투철한 직원들에게 가치를 두었던 것이다. 두 번째로 큰 세분시장의 고객들은 서비스의 신속성을 높이 평가하였다.

이에 따라 파이오니어 사는 '위장고객' 프로그램을 통해 핵심적인 결과물 측정지표인 소비자 만족도를 측정했다. 독립적인 제3자 집단인 위장고객은 주유소에서 제품을 구입하면서 청결 · 친절 · 속도라는 항목으로 전략의 목표와 관련된 경험을 평가했다. 소비자 만족도 결과 측정지표의 성과동인에는 청결과 안전, 친절한 직원, 신속한 서비스 등이 포함되었다.

파이오니어 사 제품(휘발유)의 일회용품적인 특성 때문에 고객들은 소매업체를 선택할 때 구체적인 제품 속성에는 큰 가치를 부여하지 않았다. 타깃 고객(가격 민감성에 따른 세분화는 타깃 집단에서 제외했다)의 선호는 구매 시점의 고객관계에 따라 좌우됐다. 그러나 파이오니어 사는 제품의 품질과 브랜드 이미지에 대한 소비자 인식 조사 결과를 가치명제를 위한 3가지 범주의 측정지표에 각각 포함시켰다. 〈그림 4-7〉은 타깃 소비자에 대한 파이오니어 사의 가치명제를 보여준다.

파이오니어 사는 성과관리지표를 통해 거래업체와 소비자를 위한 목표를 개발하지는 않았다. 성과관리지표가 고위 관리자들로 하여금 이러한 목표에 초점을 맞추고 명확히 하는 데 도움을 주긴 했지만, 이 목표들은 정규 시장조사를 통해 이미 결정되어 있던 것이었다. 대신 성과관리지표는 타깃 거래업체와 세분화된 시장에 관련된 가치명제를 조직 전체에 명확히 전달하는 메커니즘을 제공했다. 고객 관점의 성과관리지표 목표와 측정지표는 5천명이 넘는 직원들이 의사소통할 수 있는 프로그램의 토대가 되었다. BSC를 통해 고객과 소비자를 위한 더 나은 업무수행이 무엇인지 보여줌으로써 조직의 모든 사람들이 전략의 큰 줄거리를 이해할 수 있었다. 즉 자신의 일이 어떻게 전체 사업단위 목표에 기여하고, 재무적인 성과를 개선시킬 수 있는지 이해하게 된 것이다.

시간·품질·가격

케넌 상사와 록워터 사, 파이오니어 페트롤리엄 사의 사례는 타깃 고객을 위한 가치명제 목표가 어떻게 수립되는가를 보여준다. 가치명제들을 개발하는 일은 개별적으로 수행되어야 하며 BSC의 고객 관점을 포착해야 한다. 우리는 또한 모든 가치명제에는 대응시간과 품질, 고객 중심 프로세스의 가격과 관련된 측정지표가 포함된다는 사실을 알아냈다. 4장의 부록에서는 고객관계의 대응시간과 품질, 그리고 가격 차원을 포착할 수 있는 대표적 측정지표를 간단히 소개할 것이다.

요 약

관리자들은 타깃으로 선정된 세분시장을 정확히 이해해야 하고, 이 타깃 시장에 대한 시장점유율과 고객유지율, 고객확보율, 고객만족도 및 고객수익성과 같은 핵심적인 결과물 측정지표를 선정해야 한다. 이 결과물 측정지표들은 회사의 마케팅·운영·물류·제품 및 서비스의 개발 프로세스가 추구해야 할 목표를 나타낸다. 그러나 이 결과물 측정지표들은 전통적인 재무적 측정지표에서 종종 발견되는 몇 가지 결함을 가지고 있는데, 후행측정지표라는 점이 그중 하나이다. 즉 직원들이 고객만족도나 고객유지율을 알게 되었을 때에는 이미 상황을 돌이키기에는 너무 늦은 것일 수도 있다. 또한 이러한 측정지표들은 기대하는 결과를 달성하기 위해 직원들이 일상적인 업무를 통해 무엇을 해야 하는지 알려주지 않는다.

그러므로 관리자는 타깃으로 선정된 세분시장의 고객이 어디에 가치를 두는지 파악해야 하며, 고객들에게 전달할 가치명제를 선정해야 한다. 그러고 나서 관리자들은 가치명제를 위한 3가지 속성 범주로부터 목표와 측정지표들을 선택할 수 있다. 이 목표와 측정지표들을 통해 타깃으로 선정된 세분시장에서 사업을 유지하고 확장시킬 수 있을 것이다. 다음은 3가지 속성 범주이다.

1. 제품·서비스 속성 : 기능, 품질, 가격
2. 고객관계 : 구매 경험과 인간관계의 질
3. 이미지와 평판

관리자들은 이 3가지 점주를 위한 구체적 목표와 측정지표를 선정함으로써 타깃으로 선정한 세분화된 시장에 탁월한 가치명제를 전달하는 일에 초점을 맞출 수 있다.

부록 : 고객만족도의 성과동인

부록에서는 회사가 BSC의 고객 관점에서 시간과 품질, 가격 측정준거을 개발하기 위해 사용할 수 있는 대표적인 측정지표를 설명하고자 한다.

시간

오늘날 시간(time)은 중요한 경쟁요소 중 하나가 되었다. 고객의 요구에 신속하고 믿을 수 있게 대응하는 능력은 종종 고객과의 관계를 시작하고 유지하는 데 결정적인 영향을 미친다. 예를 들어 헤르츠*Hertz* 사는 넘버원카드 서비스를 도입하여 사업차 여행하는 바쁜 비즈니스맨들이 렌터카까지 바로 이동할 수 있는 서비스를 제공했다. 이 렌터카는 필요한 서류업무가 모두 끝난 상태로 고객을 기다리고 있으며 트렁크는 짐을 실을 수 있도록 열려 있다. 또한 여름에는 냉방장치, 겨울에는 난방장치가 가동되어 있는 상태로 대기한다. 여행객들은 운전면허증만 준비하면 된다. 은행의 경우 저당이나 대출 신청을 신속하게 승인함으로써 리드타임을 몇 주일에서 몇 분으로 감소시킨다. 또한 일본의 한 자동차제조업체는 구매자가 정부 당국으로부터 주차 스티커를 발급받는 데 걸리는 시간(1주일)보다도 더 빠르게 주문받은 차량을 고객의 집까지 배달한다. 이와 같이 타깃 고객의 기대를 충족시키기 위해 지속적으로 리드타임을 감소시키는 것이 얼마나 중요한지 알 수 있다.

어떤 고객은 짧은 리드타임보다 신뢰도에 더 가치를 부여하기도 한다. 예를 들어 아직도 많은 운송업체들이 철도보다는 트럭을 선호하는데, 그 이유는 트럭이 장거리운송이 비용 면에서 더 저렴하거나 더 빠르기 때문이 아니다. 그보다는 철도를 이용하면 제시간에 납품하지 못하는 경우가 많기 때문에, 운송비가 더 비싸고 시간이 좀더 걸리더라도 약속한 시간에 도착할 수 있는 운송수단을 선호하는 것이다.

이 같은 신뢰도는 'JIT(Just-In-Time)' 원칙 아래 재고 없이 운영되는 제조업체에 특히 중요하다. 예를 들어 혼다 사와 도요타 사는 운송 트럭이 납품하기로 약속한 시간에서 전후 한 시간 정도의 오차로 조립공장에 도착하기를 원한다. 이들 회사의 공장 앞에는 제품의 납품 준비가 완료될 때까지 기다리며 주변을 배회하는 운송 트럭이 목격되곤 한다. 원자재와 구매부품의 재고 없이 운영되는 공장의 경우, 납품이 지연되면 전체 생산설비의 가동이 중단될 것이다. 예정된 시간에 납품이나 설치가 이루어지지 않아 휴가를 즐기지 못한 고객들이 느끼게 될 좌절감을 상상해보라. 중요한 타깃으로 선정된 세분시장에서 '믿을 수 있는 납품'이 필수적이라면, 적시납품 측정지표는 고객만족과 고객유지를 위한 유용한 성과동인이 될 것이다. 적시납품 측정지표는 고객의 기대에 기초해야 한다. 가령 혼다 사나 도요타 사가 원하는 시간 오차가 ±1시간인데, 당신이 생각하는 오차가 ±1일이라면 혼다나 도요타 사와는 거래하기 힘들 것이다.

값비싼 검사 장비를 구입하거나 임차하는 병원 및 의료기관들은 이러한 장비에 대해 믿을 수 있는 작동과 충분한 가동시간을 기대한다. 한 제조업체는 이러한 고객을 위해 두 가지 고객 중심 측정지표를 개발했는데, 하나는 장비의 가동시간 비율이고 다른 하나는 수리 요청에 대한 평균 대응시간이다. 이를 위해 이 회사는 장비에 이상이 발생했을 경우 자동적으로 수리 요청이 접수될 수 있도록 하는 장치를 그 장비에 부착했다.

리드타임이 기존 제품과 서비스에만 중요한 것은 아니다. 어떤 고객은 새로운 제품과 서비스를 지속적으로 제공할 수 있는 공급자를 선호한다. 이러한 고객이 존재하는 세분화된 시장에서 새로운 제품과 서비스를 도입할 때의 짧은 리드타임은 고객만족을 위한 가치 있는 성과동인이 될 수 있다. 한편 이 경우 리드타임에 대한 목표는 새로운 고객의 요구를 파악한 때부터 새로운 제품과 서비스가 고객에게 납품될 때까지의 시간으로 측정될 수 있다. 우리는 내부 프로세스 관점에서 혁신 프로세스를 논할 때 시장출시시점(time-to-market)에 관한 측정지표를 살펴볼 것이다(5장 참조).

품질

품질(quality)은 1980년대에 핵심적인 경쟁 요소였으며, 지금도 매우 중요한 요소로 남아 있다. 그러나 1990년대 중반이 되자 품질은 경쟁력을 판가름하는 것이 아닌 필수적인 요소가 되었다. 결함이 없는 제품이나 서비스를 적시에 납품할 수 없는 회사들은 이제 살아남을 수 없게 된 것이다. 지난 15년간 많은 회사들이 품질 향상을 위해 모든 노력을 집중했기 때문에 품질을 통해서 경쟁우위를 획득하는 데는 한계가 따를 수밖에 없었다. 하지만 고객에게 '품질'이라는 요소가 더 이상 구매 시 최우선 고려사항이 아닌 지금도 품질로 경쟁회사와 차별화 할 수 있는 특정 산업이나 세분화된 시장이 존재한다. 이러한 경우 고객이 인지하는 품질측정지표는 BSC의 고객 관점에 포함되어야 할 것이다.

제품에 대한 품질측정지표는 고객에 의해 측정된 결함발생률, 예를 들면 PPM 결함률에 의해 측정될 수 있다. 모토로라사의 유명한 6시그마 프로그램은 제품의 결함을 10PPM 이하로 줄이려는 노력의 일환이었다. 또한 제3자의 평가는 종종 품질에 대한 결정적인 피드백을 제공한다. 예를 들어 제이디 파워*J. D. Power*는 자동차회사와 항공사에서 나타나는 결함과 인지된 품질에 대한 정보 및 순위를 제공하며, 교통부는 항공수하물의 도착 지연과 분실횟수에 대한 정보를 제공한다.

이밖에 쉽게 이용할 수 있는 품질측정지표로는 고객의 반품과 환불청구, 현장 서비스 요청 등이 있다. 서비스업체는 제조업체에서는 볼 수 없는 특별한 문제점을 안고 있다. 제조업체의 고객들은 제품이나 장비에 이상이 생기거나 제품에 만족하지 못했을 때 보통 제품을 반환하거나 수리를 요청한다. 그러나 서비스의 경우 품질에 결함이 발생해도 반품할 수가 없을 뿐 아니라, 고객들은 대체로 적극적으로 불만을 표시하지 않은 채 그저 그 회사의 서비스를 더 이상 이용하지 않을 뿐이다. 결국 시장점유율은 하락할 것이고, 그때 가서 이러한 상황을 되돌린다는 것은 불가능하다. 그렇다면 서비스에 만족하지 못해서 다시는 그 조직의 서비스를 이용하지 않겠다고 결심한 고객을 어떻게 구별할 수 있을까?

이에 대해 몇몇 서비스업체들은 서비스에 대한 보증서를 제공한다.[5] 보증서를 제공하면 서비스 비용을 즉각 보상해야 하고, 때로는 구매가격 이상의 금액을 배상해야 할 경우도 발생한다. 하지만 이로써 회사는 다음과 같은 몇 가지 이득을 얻을 수 있다. 첫째, 보증서를 통해 영원히 잃을 수도 있는 고객과의 관계를 유지할 수 있다. 둘째, 어떠한 서비스에 결함이 있었는지를 파악하여 보완 프로그램을 시작할 수 있다. 셋째, 서비스 보증이 실현되면 고객에게 최상의 서비스를 제공하도록 직원들을 유도하고 고무시킬 수 있다. 그러므로 서비스 보증 프로그램을 운영하는 회사는 고객 관점의 측정지표를 만들 때 서비스 보상 요구 건수와 원가를 고려해야 할 것이다. 또한 품질 측정지표에는 시간 차원에 따른 성과도 포함될 수 있다. 앞에서 논의한 적시납품 측정지표는 실제로 약속된 납품일자를 지키는 회사의 품질측정지표이기도 하다.

가격

시간과 대응성, 그리고 품질을 최대한 보장한다면 가격(price)에 대해서는 고객이 더 이상 관심을 갖지 않을 거라고 생각할지도 모른다. 그러나 사업단위가 저원가 전략을 따르든 아니면 차별화 전략을 따르든 간에, 고객은 '항상' 제품이나 서비스의 가격에 민감하게 반응한다. 따라서 가격이 구매 의사결정에 중요한 영향을 미치는 세분화된 시장에서, 사업단위는 할인 및 공제 이후의 순판매가격과 경쟁회사의 순판매가격을 예의 주시해야 한다. 그리고 경쟁 입찰 과정을 거친 후 제품이나 서비스가 판매되는 경우라면, 특히 타깃으로 선정된 세분시장에서 경쟁회사 대비 사업단위의 입찰

가격은 가격 경쟁력에 대한 측정지표를 제공할 것이다.

그러나 가격에 민감한 고객일지라도 무조건 낮은 가격(low-price)이 아니라 제품과 서비스를 낮은 비용(low-cost)로 제공하는 공급자를 선호할 수도 있다. '낮은 가격'과 '낮은 비용'사이에 무슨 차이가 있냐고 물을 수도 있지만 이 둘 사이에는 실제로 중요한 차이가 있다.

공급자에게서 주요부품을 공급받는 제조업체를 예로 들어보자.

첫째, 낮은 가격의 공급자가 실제로는 고비용의 공급자로 판명되는 경우가 있다. 다시 말해서 대량 주문으로만 거래하는 낮은 가격의 공급자에게 부품을 받아 보관하게 되면, 부품 보관비용이 추가로 드는 경우가 이에 해당된다.

둘째, 낮은 가격의 공급자라 하더라도 바람직한 공급자가 아닐 수 있다. 이런 경우는 수령한 부품의 품질이 구매자의 주문명세서와 일치하지 않을 경우이다. 이때 구매회사는 부품을 검사하여 결함이 발견된 품목을 반환해야 하며, 교체된 부품에 대해서도 재검사를 실시해야 한다.

셋째, 낮은 가격의 공급자에게 적시납품 능력이 없을 수도 있다. 약속된 시간 내에 신속하게 납품하지 못한다면, 구매회사는 원하는 시간에 납품되지 않을 경우를 대비해 필요 이상으로 일찍 부품을 주문해야 할 뿐만 아니라 재고의 예비분도 보유해야 한다. 또 납품이 지연되면 공장의 작업 스케줄을 다시 세워야 할 필요가 생기거나 납품을 재촉해야 하는 등 더 많은 비용이 소요될 수 있다.

넷째, 낮은 비용의 공급자는 고객에게 EDI를 제공하지 못할 수 있다. 따라서 부품을 주문하고 대금을 지불하는 과정에서 추가 비용이 필요할지도 모른다.

반면에 낮은 비용의 공급자는 비교적 높은 가격을 제시할지라도 결함이 없는 제품을 적재적소에 납품할 것을 보장할 수 있으며, EDI를 통해 주문하고 지불할 수 있는 체제를 갖추고 있을 수도 있다. 따라서 낮은 비용의 공급자들과 거래하는 회사들은 부품의 주문과 수령·조사·보관·출하·발송 스케줄의 재수립, 재가공, 대금 지불 등에 대한 추가 비용을 부담하지 않아도 된다. 앞에서도 언급했듯이, 어떤 회사는 공급자에게 그들의 구매 업무를 일임함으로써 부품이 적시에 작업장으로 들어올 때까지 부품 소유권을 인계받지 않는다. 그러므로 공급자는 고객에게 '낮은 비용'의 공급자가 될 수 있도록 생산과 비즈니스 프로세스를 재편성해야 한다. 즉 단지 낮은 가격과 할인을 통해서가 아니라 고객의 비용을 생각하며 경쟁해야 한다. 이 경우 공급자는 고객의 총비용을 최소화하는 목표를 측정지표로 사용해야 한다.

어떤 회사에는 고객의 최저 비용 공급자가 되는 것 이상의 기회가 주어지기도 한다. 만약 고객이 유통업체나 도매업체, 소매업체의 경우처럼 구매한 품목을 자신의 고객과 소비자에게 되파는 조직이라면, 고객에게 가장 수익성 있는 공급자가 되기 위해 노력할 수 있다. 즉 공급자는 ABC 시스템을 통해 고객과 함께 협력함으로써 고객의 수익성을 계산할 수 있는 활동 기준의 원가모형을 구축할 수 있는 것이다. 예를 들어 냉동제과업체인 메이플허스트 *Maplehurst* 사는 고객(슈퍼마켓 내의 제과점)과 협력하여 서로 다른 종류의 제품에 대한 수익성을 계산한다. 구체적인 제품으로는 다른 회사로부터 구매한 식빵과 케이크, 머핀이 있고, 매장 내에서 준비하는 제품과 매장 내에서 데우는 메이플허스트 사의 냉동제품 등이 포함된다. 그 결과 메이플허스트 사는 냉동제품(그 다음으로는 매장 내에서 데운 제품)이 가장 수익성이 좋다는 것을 제과점주들에게 입증할 수 있었고, 그에 따라 이 회사의 사업은 확장되었다.

코카콜라 사나 펩시콜라 사처럼 세계적인 브랜드의 음료회사와, 프레지던츠 초이스*President's Choice*나 세이프웨이 셀렉트*Safeway Select*와 같은 소매 브랜드의 음료회사들은 현재 소매식료품점이 어떤 제품을 비축하고 판매하는 것이 더 유리한지를 계산하면서 치열하게 경쟁하고 있다. 이러한 계산은 대부분의 유통업체와 도소매업체가 제품 라인이나 공급자의 수익성을 산정하는 데 사용하는 전통적인 매출총이익(순매출가격-순구매가격)보다 더 복잡하다. 예를 들어 세계적인 브랜드의 음료회사는 자사의 제품을 매장에 직접 납품하고, 납품한 직원이 제품을 판매대에 진열한다. 그러나 작은 브랜드 음료회사는 제품을 창고까지만 납품하기 때문에 소매상점이 수령에서부터 출하·보관·납품·판촉에 드는 모든 비용을 부담해야 한다. 또한 전국적인 브랜드는 매장 안에서 가장 눈에 잘 띄는 공간을 차지하는 경향이 있는 반면, 작은 브랜드의 제품은 그리 좋은 않은 공간에 진열된다. 이 처럼 여러 공급자의 수익성을 비교할 때는 모든 비용 요소를 정확히 계산해야 한다.

고객수익성을 산출함으로써 탁월한 공급자를 선택할 수 있다면 그 이익은 막대하다. 자신들이 그 회사의 고객을 위한 가장 수익성 있는 공급자임을 입증하는 것보다 더 강력한 메시지가 있을까? 소매업자에게 제품을 공급하는 회사는 고객의 수익성을 측정하고, 수익성 있는 공급자가 되고자 노력함으로써 고객만족과 고객충성 및 고객유지를 이끌어낼 수 있다. 물론 공급자는 자사의 수익성과 이들 측정지표 사이에 균형을 맞추어야 한다. 만일 고객의 수익성을 증가시키는 일이 자사의 수익성을 감소시킨다면, 고객을 만족시키고 충성도를 유지할 수는 있겠지만 주주와 은행을 만족시키지는 못할 것이다.

주)

1) R. Simons, Levers of Control : How Managers Use Innovative Control Systems to Drive Strategic Renewal(Boston, Harvard Business School Press, 1995), p.47~55, 156의 경계 시스템에 대한 논의 참조.

2) J. Heskett, T. Jones, G. Loveman, E. Sasser, and L. Schlesinger, Putting the Service Profit Chain to Work (Harvard Business Review, March-April 1994), p.164~174.

3) T. O. Jones and W. E. Sasser, Why Satisfied Customers Defect (Harvard Business Review, November-December 1995), p.88~99.

4) R. Cooper and R. S. Kaplan, Profit Priorities from Activity-Based Costing (Harvard Business Review, May-June 1991), p.130~135.

5) C. Hart, The Power of Unconditional Service Guarantees(Harvard Business Review, July-August 1988), p.54~62 / J. Heskett, E. Sasser, and C. Hart, Service Breakthroughs : Changing the Rules of the Game (New York: Free Press, 1990).

5
업무 프로세스 관점

관리자들은 업무 프로세스 관점을 통해 고객과 주주를 위한 목표를 달성하는 데 가장 핵심적인 프로세스들을 구체화한다. 회사들은 흔히 재무 관점과 고객 관점을 위한 목표와 측정지표들을 명확하게 한 이후에 업무 프로세스 관점을 위한 목표와 측정지표들을 개발한다. 회사는 이러한 과정을 통해 고객과 주주를 위해 구축된 목표를 전달하는 프로세스에 대한 업무 프로세스 측정범주에 초점을 맞출 수 있게 된다.[1)]

지금까지 대부분의 조직에서 사용된 성과측정 시스템은 기존의 운영 프로세스를 개선하는 데 초점을 맞추었다. 그러나 관리자들은 업무 프로세스, 즉 가치사슬을 전체적으로 체계화해야 한다. 이 가치사슬은 현재와 미래의 고객 니즈를 파악하고 그 니즈에 대한 새로운 해결책을 발견하는 혁신 프로세스에서 출발하여, 기존 고객에게 기존의 제품과 서비스를 제공하는 운영 프로세스로, 나아가 회사가 고객에게 제공하는 제품 및 서비스의 가치를 높이는 판매 후 서비스로 이어진다.

업무 프로세스 관점의 목표와 측정지표가 도출되는 과정은 BSC와 전통적인 성과측정 시스템 사이의 가장 두드러진 차이점 중 하나이다. 전통적인 성과측정 시스템은 이미 존재하는 책임센터나 부서의 통제 및 개선에 초점을 맞춘다. 물론 재무적 측정과 월별 변동보고서에 전적으로 의존한 부서 운영의 한계는 이미 잘 알려져 있다.[2] 하지만 다행스럽게도 오늘날 대부분의 조직은 운영 평가와 통제를 위해서 재무적 결과의 측정지표만 사용하지는 않는다. 품질과 수익률, 작업산출량, 사이클 타임 등의 측정지표를 통해 재무적 측정을 보완하고 있다.[3]

이처럼 전반적인 성과측정 시스템이 상당히 개선되기는 했지만 여전히 통합된 비즈니스 프로세스보다는 개별부서의 성과 향상에 초점을 맞추고 있다는 점에서 미흡한 부분이 있다. 이로 인해 최근에는 여러 부서에서 개별적으로 이루어지는 주문 이행과 조달, 생산기획과 통제와 같은 비즈니스 프로세스 성과를 종합적으로 측정하도록 장려하고 있다. 한편 이러한 프로세스는 원가와 품질, 작업처리량, 시간과 같은 측정지표에 의해 규정되고 측정될 것이다.[4]

오늘날 기업에서 사용하려고 하는 교차기능적(cross-functional)이고 통합적인 비즈니스 프로세스를 위한 다양한 측정은 기존 성과측정 시스템의 대대적인 개선을 의미한다. 실제로 이것은 1990년 우리들이 10여개 회사와 1년간의 성과측정 프로젝트를 시작했을 때 세웠던 목표이기도 하다. 아날로그 디바이스 사를 포함한 여러 회사들의 사례를 토대로 했던 이 프로젝트를 통해 BSC 이론은 기업을 위한 새로운 측정 시스템이 될 수 있었다.[5)]

그러나 혁신적인 회사들의 계속적인 노력에도 불구하고 필자들은 개선된 성과측정 시스템에 한계가 있음을 깨닫게 되었다. 즉 단순히 기존의 비즈니스 프로세스를 재무적·비재무적 균형성과관리지표로 측정한다고 해서 회사가 탁월한 경제적 성과를 이룰 수 있는 것은 아니라는 결론에 도달했던 것이다. 기존의 프로세스나 개선된 프로세스에 대한 훌륭한 성과관리지표로 지엽적인 개선은 이룰 수 있을지 모르지만 고객과 주주의 야심찬 목표를 달성하기는 어렵기 때문이다.

모든 회사들이 품질개선을 비롯하여 사이클 타임의 감소, 수익률의 증가, 작업처리량의 극대화, 비즈니스 프로세스의 비용절감과 같은 경제적 측면에서 성과를 거두기 위해 노력하고 있다. 따라서 기존 프로세스의 사이클 타임과 작업처리량, 품질 및 비용 개선에 역점을 두더라도 이것이 회사의 고유 역량으로 이어지지 않을 수도 있다. 또한 품질·시간·생산성·비용 등 모든 비즈니스 프로세스에서 경쟁자를 능가할 수 없다면, 이러한 개선을 통해 회사가 생존할 수는 있을지 모르지만 지속적인 경쟁우위를 차지하지는 못할 것이다.[6)]

BSC에서 업무 프로세스 관점의 목표와 측정지표는 주주와 타깃 고객의 기대를 충족시키기 위한 목표로부터 도출된다. 그리고 이같은 하향식 프로세스를 통해 조직이 탁월하게 변화할 수 있는 완전히 새로운 비즈니스 프로세스가 무엇인지 밝혀질 것이다.

록워터 사는 '재무적 목표와 고객 목표 모두를 달성하기 위해 완전히 새로운 비즈니스 프로세스가 필요한 이유가 무엇인가'에 대한 생생한 두 가지 사례를 보여주고 있다. 3장의 내용을 돌이켜보면, 록워터 사는 건설 프로젝트가 끝나가는 무렵에 지체되는 마무리 사이클(closeout cycle)로 인해 곤란을 겪는 경우가 많았다. 최종지급일을 100일 이상 연기한 고객들 때문에 외상매출금이 많아지고 투하자본수익률은 낮아졌던 것이다. 이에 따라 록워터 사의 임원들은 투하자본수익률을 향상시키기 위해 완료 사이클 단축을 재무적 목표의 하나로 설정했다. 그리고 BSC를 구축하는 과정에서 이 목표를 업무 프로세스(프로젝트 종료와 함께 신속히 수금할 수 있도록 하는)와 연계했다. 즉 록워터 사는 기존의 외상매출금 프로세스를 주의 깊게 살핌으로써 수금기간이 110일이나 걸렸던 원인을 찾으려고 시도했다. 그러나 그 원인은 발견되지 않았다. 결국 외상매출금 프로세스의 질을 개선하거나 재설계하는 일은 마무리 완료 사이클을 감소시키는 데 그리 도움이 되지 않았다. 실제로 고객들은 송장이 발부된 사실을 몰랐거나, 외상매출금 담당 직원이 독촉하지 않았기 때문에 대금지불을 연기했던 게 아니었다. 그보다는 고객들의 관점에서 볼 때 프로젝트가 아직 성공적으로 완성되지 않았다고 판단했기 때문에 제때에 지급하지 않았던 것이다.

주택건설이나 수리의 도급을 맡았던 경험이 있는 사람이라면 프로젝트가 언제 성공적으로 완성되는가에 대해 건축업자와 고객이 서로 다른 기준을 갖고있음을 알고 있을 것이다. 즉 록워터 사의 엔지니어가 계획된 대로 수송관의 용접을 끝내고 다음 프로젝트로 이동했다 하더라도, 고객은 결과에 완전히 만족하지 않았을 수도 있다. 이처럼 고객이 프로젝트의 완성 여부에 대해 건축업자와 의견 차이가 있을 때, 그 차이를 줄이는 방법 중 하나는 추가 작업이 이루어질 때까지 최종지불을 보류하는 것이다.

록워터 사의 지연되는 마무리완료 사이클은 외상매출금 부서의 추가적인 훈련과 교육, 기술을 개선함으로써 해결될 수 있는 문제가 아니었다. 해답은 록워터 사의 현장 프로젝트 관리자와 고객 간의 의사소통을 향상시키는 것에 있었다. 록워터 사가 고객과의 의사소통을 향상시키면 이미 수행된 작업과 프로젝트의 진전에 대한 고객의 견해를 좀더 일찍 파악할 수 있다. 또한 이러한 의사소통을 통해 고객이 모든 단계에 만족한다는 의사를 보인다면 최종지급은 신속하게 이루어질 것이다.

결과적으로 록워터 사는 완전히 새로운 업무 프로세스를 파악하게 되었다. 이 프로세스를 통해 프로젝트 관리자는 프로젝트의 진전과 완성 예정일에 대해 고객과 지속적으로 대화할 수 수 있었다. 특히 프로젝트가 완성된 이후에는 고객에게 신속한 대금지불을 요청할 수 있었다. 이 프로세스는 프로젝트 엔지니어들이 기술적인 완성도뿐만 아니라 사업적인 완성도에도 초점을 맞추어야 한다는 점을 강조한다. 그리고 재고정리 사이클을 줄이기 위한 새로운 업무 프로세스는 투하자본수익률을 증가시키기 위해 재무적 목표를 살펴보았기 때문에 도출될 수 있었다.

새로운 업무 프로세스의 두 번째 사례는, 1그룹 고객이 선호하는 공급자가 되기 위한 록워터 사의 고객 목표에서부터 도출된다.

록워터 사의 임원들은 1그룹 고객들을 상대로 사업을 하려면 그 고객들이 가치 있게 여기는 서비스를 제공해야 한다는 사실을 알고 있었다. 문제는 그러한 서비스가 무엇인지를 알아내는 것이었다. 록워터 사는 이 문제의 해결을 위해 대규모 고객조사를 시행하는 대신 관리자들이 일상적인 업무를 통해 고객의 변화하는 니즈를 지속적으로 파악하기를 원했다. 고객들의 니즈로는 위험한 해저환경에서 안전하게 작업하기 위한 혁신적 기술이나 안전관리에 대한 관심, 새로운 프로젝트의 자금조달, 강화된 프로젝트 관리 기법 등이 있을 것이다.

록워터 사는 미래의 고객 니즈를 예상하고 그에 대응한다는 업무 프로세스 관점의 목표를 세웠다. 록워터 사에 있어 이것은 완전히 새로운 프로세스였다. 그때까지 록워터 사는 고객이 입찰견적서를 요구할 때까지 기다렸다가 작업계획과 입찰가격을 준비하곤 했다. 그러나 미래에는 고객이 요구할 입찰견적서 내용을 예측하고 사전에 능동적으로 행동해야 했다.

결과적으로 재무 및 고객 목표에 업무 프로세스 목표를 연결시키는 과정에서 록워터 사의 임원들은 그들이 중점을 두어야 할 완전히 새로운 두 가지의 업무 프로세스를 알게 되었다.

1. 완료 사이클을 단축하기 위하여 현재의 프로젝트 관계를 관리한다.
2. 고객이 미래에 요구할 사항들을 예측하고 그것에 영향을 준다.

이러한 프로세스를 위한 목표와 측정지표는 전략을 구체적인 운영 목표로 전환시키는 하향식 절차를 통해 수립될 수 있었다. 이에 따라 관리자들은 업무 프로세스 관점에서 고객과 주주에게 극적인 성과 향상을 제공할 새로운 절차를 파악했다.

업무 프로세스와 가치사슬

모든 사업에는 고객이 원하는 가치를 창조하고 재무적 결과를 창출하는 고유의 프로세스가 있다. 그러나 우리는 일반 가치사슬 모형을 통해 회사가 업무 프로세스를 고객에게 맞출 수 있다는 것을 발견했다.(〈그림 5-1〉 참조). 일반 가치사슬 모형에는 다음과 같은 3가지 주요 비즈니스 프로세스가 포함된다.

1. 혁신(Innovation)
2. 운영(Operation)
3. 판매 후 서비스(Postsale Service)

다음 그림에서 알 수 있듯이, 사업단위는 일반 가치사슬의 첫 번

〈그림 5-1〉 업무 프로세스 관점-일반 가치사슬 모형

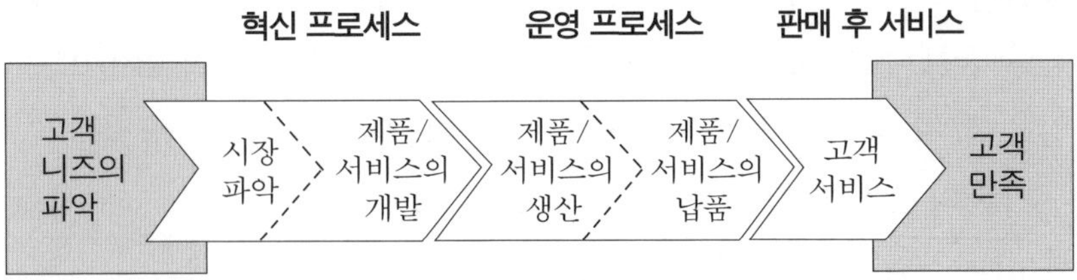

째 단계인 혁신 프로세스에서 고객의 새로운 니즈나 잠재적 욕구를 조사하고, 그것들을 충족시킬 수 있는 제품과 서비스를 개발한다. 두 번째 단계인 운영 프로세스에서는 현재 생산되는 제품과 서비스가 고객에게 납품된다. 운영 프로세스는 지금까지 조직의 성과측정 시스템의 핵심으로서 역할을 했으며, 생산과 서비스, 납품 프로세스의 탁월한 운영과 원가절감은 여전히 조직의 중요한 목표이다. 그러나 〈그림 5-1〉의 일반 가치사슬은 이 탁월한 운영이 단지 하나의 구성요소에 지나지 않음을 보여준다. 재무적 목표와 고객 목표 달성의 중요성을 생각해본다면 탁월한 운영이 내부 가치사슬의 가장 핵심적인 요소는 아니기 때문이다.

내부 가치사슬의 세 번째 단계는 최초로 제품과 서비스를 제공한 후에 수행하는 고객 서비스이다. 일부 회사들은 '우수한 사후관리 서비스'를 전략에 명시하고 있다. 예를 들어 복잡한 장비나 시스템을 판매하는 회사는 고객이 장비나 시스템을 더 효과적으로 사용하도록 돕는 교육 프로그램을 마련하고 이를 통해 제품에 결함이 있을 경우 신속하게 서비스를 해줄 수 있을 것이다. 한편 산업

용 화학약품을 유통하는 한 업체는 화학약품에 관한 상세한 정보를 담은 자료를 구축하고, 사용한 화학약품을 폐기해주는 서비스를 제공했다. 이로 인해 고객들은 책임이 따르고 비용이 많이 드는 일을 하지 않아도 되었고, 환경보호청과 직업안전을 담당하는 정부기관의 조사를 받지 않을 수 있었다. 이러한 활동들을 통해 제품과 서비스의 가치가 대폭 상승하는 것이다.

혁신 프로세스

사업단위의 가치사슬을 다루는 몇몇 이론은 R&D를 가치창출 프로세스의 핵심 요소가 아닌 지원 요소로 다룬다. 사실 필자들도 BSC를 집필하는 초기에는 혁신 프로세스를 업무 프로세스 관점에서 분리시켰다. 그러나 여러 회사들과 작업하는 과정에서 혁신이 결정적인 업무 프로세스라는 사실을 깨닫게 되었다. 즉 혁신 프로세스를 효율적이고 시의적절하게 유지하는 것은, 회사들이 내부 가치사슬에 초점을 맞추기 위해 일상적인 운영에서 탁월함을 발휘하는 것보다 훨씬 더 중요한 일이다.

혁신 사이클이 운영 사이클보다 중요하다는 사실은 제약회사나 농화학회사, 소프트웨어회사, 첨단전자회사와 같이 설계 및 개발 사이클이 긴 회사에서 뚜렷이 나타난다. 이러한 회사에서는 제품이 일단 제조단계에 들어서기만 하면 운영상의 총이익이 상당히 높아졌다. 그러나 대부분의 비용은 R&D단계에서 발생하기 때문에 실질적인 비용절감의 기회는 거의 없었다. 이에 따라 혁신 프로세스가 업무 프로세스 관점에 없어서는 안 될 부분으로 인식되었고, 그 중요성으로 인해 우리들은 BSC의 기본 틀을 수정해야 했다.

혁신 프로세스를 가치창출의 긴 여정으로 생각하는 회사들은 이 프로세스를 통해 새로운 시장과 새로운 고객을 파악하고 관리한다. 또한 현재 고객의 가장 최근의 니즈와 잠재적인 욕구를 파악하고 관리한다. 그러고 나서 회사는 가치창출과 성장을 위한 긴 여정 안에서 새로운 시장과 고객을 위한, 현재 고객의 최근 니즈를 충족시키기 위한 제품을 개발한다. 이와 반대로 운영 프로세스는 가치창출의 짧은 파동을 나타내며, 이 프로세스를 통해 회사는 이미 존재하는 제품이나 서비스를 이미 존재하는 고객들에게 제공한다.

혁신 프로세스는 두 개의 구성요소로 이루어진다(〈그림 5-2〉 참조). 초기에 관리자는 시장조사에 착수하여 시장의 규모, 고객선호의 본질, 타깃 제품이나 서비스의 가격 문제를 파악한다. 조직이 구체적인 고객의 니즈를 충족시키기 위한 업무 프로세스를 올바르게 수행하기 위해서는 시장의 규모와 고객의 선호에 대한 정확하고 유효한 정보가 필수적이다. 또한 혁신 프로세스에는 조직이 공급할 수 있는 제품과 서비스에 대한 완전히 새로운 기회와 시장을 상상해보는 것도 포함된다. 하멜*Hamel*과 프라핼러드*Prahalad*는 이 프로세스를 '백지의 공간(White Space) : 기존 제품을 기반으로 하는 사업들의 중간지점이나 그 주변에 존재하는 기회'로 묘사한다. 그들은 회사가 고객을 만족시키거나 기쁘게 하려 하기보다는, 다음의 두 가지 결정적인 질문에 대한 해답을 찾아내 고객을 놀라게 해야 한다고 주장한다.

〈그림 5-2〉 업무 프로세스 관점 – 혁신 프로세스

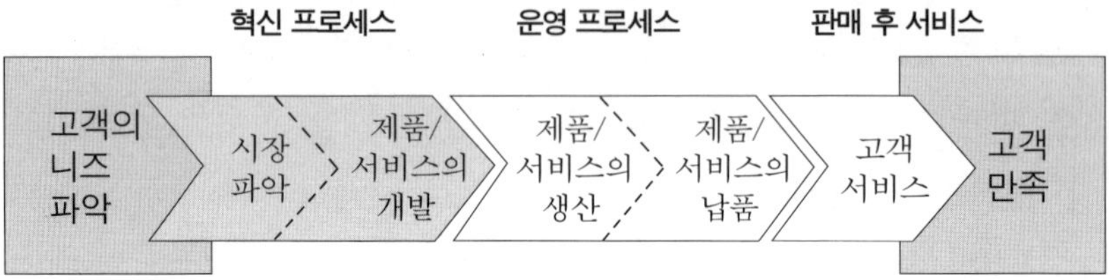

1. 미래 제품의 편익 중 어떤 것이 고객의 가치가 될 것인가?
2. 혁신을 통해 그러한 편익을 전달할 때 어떻게 경쟁자들을 앞설 수 있는가?[7)]

록워터 사의 직원들은 변화하는 고객의 니즈를 파악하기 위해 고객들과 대화하는 데 더 많은 시간을 보내고, 고객의 새로운 니즈를 충족시킬 수 있는 혁신적인 해결책을 찾아내려고 했다. 고객과 시장조사에 포함되는 요소에 대한 측정지표는 새로 개발된 제품과 서비스의 수, 타깃 고객을 위한 특별한 제품과 서비스 개발의 성공 여부가 될 수 있다. 혹은 단순히 현재와 미래의 고객 선호에 대한 시장조사를 준비할 수도 있다.

시장과 고객에 대한 정보는 혁신 프로세스의 두 번째 단계인 실제 제품 및 서비스의 설계와 개발 프로세스에 투입물(input)을 제공한다.[8)] 이 단계에서 R&D 부서는 다음과 같은 작업에 착수해야 한다.

• 고객에게 가치를 제공할 수 있는, 근본적으로 새로운 제품과 서

비스를 위한 기초 연구를 수행한다.

- 다음 세대의 제품을 위해 기존 기술을 응용하는 연구를 한다.
- 새로운 제품과 서비스를 시장에 내놓기 위한 개발 노력에 집중한다.

지금까지 대부분의 회사들은 제품의 설계와 개발 프로세스에 대한 성과관리지표를 개발하는 데 거의 주의를 기울이지 않았다. 이러한 부주의에는 여러 가지 원인이 있다.

수십 년 전 성과측정 시스템이 설계되었던 당시에는 R&D보다 제조와 운영 프로세스에 초점이 맞춰졌다. 당시에는 R&D 프로세스보다 생산 프로세스에 훨씬 더 많은 비용이 지출되었기 때문에 이는 합리적인 것이었으며, 성공의 비결은 제품을 효율적으로 대량 생산하는 데 있었다. 그러나 오늘날의 조직들은 혁신적인 제품과 지속적인 서비스를 통해 경쟁우위를 얻는다. R&D 프로세스는 사업의 가치사슬 속에서 더욱 중요한 요소가 되었다. 따라서 그 성공 여부는 구체적인 목표와 측정지표에 의해 촉진되고 평가되어야 한다.

R&D 프로세스의 중요성으로 인해 조직들은 R&D 프로세스에 더 많은 비용을 지출하게 되었다. 실제로 어떤 사업 분야의 경우에는 생산 및 운영 프로세스보다 연구·설계·개발 프로세스에 더 많은 비용을 지출한다. 예를 들어 한 자동차 부품 공급자는 총 비용 중 직접노무비가 9%인데 반해 설계 및 개발활동 비용은 10%나 된다는 사실을 발견했다. 그러나 직접노무비가 표준원가와 통계분석의 광범위한 시스템을 통해 치밀하게 통제되는데 반해, 설계와 개

발 비용을 통제하거나 결과물을 측정하는 재무적 시스템은 거의 없었다. 이처럼 많은 회사들의 성과측정 시스템은 R&D 프로세스의 효율성보다는 운영의 효율성에 초점을 맞추고 있었던 것이다.

물론 R&D 프로세스에 지출된 투입(임금, 설비, 자재)과 성취된 결과물(혁신적인 제품과 서비스)간의 인과관계는 제조 프로세스의 인과관계보다 긴밀성이 떨어지고 불확실하다. 제조 프로세스에서는 노동·자재·장비 등의 자원이 완성된 상품에 얼마만큼 투입되었는지 비교적 쉽게 알 수 있기 때문이다.

전자산업의 일반적 제품개발 프로세스를 살펴보면 제품개발은 2년이 걸리고, 매출은 5년 정도 지속된다. 그러므로 처음 3년(최초의 매출이 계상되는 해)동안에는 제품개발 프로세스의 성공 지표를 분명하게 알지 못할 수도 있다. 이와는 달리 몇 분 혹은 며칠 단위로 측정되는 사이클 타임을 갖는 제조 프로세스에서는 평가와 통제를 위한 기준과 다양한 생산성 측정지표를 비교적 쉽게 사용할 수 있다.

그러나 R&D의 투입물이 결과물로 전환되는 것을 측정하기 어렵다는 이유로 조직의 중요한 프로세스에 대한 목표와 측정지표를 규정하지 못한다면 문제가 된다. '원하는 것을 측정할 수 없다면, 측정할 수 있는 것을 원하라'라는 함정에 빠져서는 안 된다.

기초연구와 응용연구에 대한 측정지표

선도적인 반도체 제조업체인 어드밴스드 마이크로 디바이스 *Advanced Micro Devices*사는 기술의 변화가 빠르게 이루어지고 있는 분야에서 경쟁하고 있다. 그렇기 때문에 이 회사의 많은 측정지표들은 혁신 프로세스에 초점을 맞추고 있다. AMD 사가 사용한 5가지 측정지표는 다음과 같다.

1. 신제품의 판매비율
2. 독점제품의 판매비율[9)]
3. 경쟁회사가 출시한 신제품 수 대비 자사가 출시한 신제품 수, 계획 대비 실제 출시 신제품 수
4. 생산 능력(하나의 실리콘웨이퍼에 집적될 수 있는 칩의 밀도)
5. 다음 세대의 제품을 개발하는 데 필요한 시간

이러한 측정지표들은 회사가 효과적인 혁신 프로세스를 중시한다는 점을 직원들에게 분명히 전달했다.

반도체 산업에 주력하고 있는 아날로그 디바이스 사 역시 R&D의 수익률 측정지표를 사용하는데, R&D 수익률은 총 개발원가 중 순이익(5년 동안의 법인세 차감 전)의 비율로 계산된다. 이 측정지표는 제품별로 계산될 뿐만 아니라 출시된 모든 신제품을 포함하고 있다. 설계와 개발 엔지니어들이 성과관리지표로 개발원가 중 운영수익의 비율을 사용한다면, R&D 활동의 목표에 기술적인 정교함과 혁신이 포함될 뿐만 아니라 개발비용 상환을 위한 시장 잠

재력까지 포함되어야 한다는 점을 깨닫게 될 것이다.

제품개발을 위한 측정지표

제품개발과정은 기본적으로 불확실하지만 측정 과정에 활용할 수 있는 일관된 패턴이 있다. 의약품 개발의 경우에는 일련의 정해진 절차를 통해 진행된다. 우선 수많은 화합물질들을 분리한 후에 그 중 유력한 화합물질들을 골라 더 세밀한 실험에 들어간다. 그 다음 동물을 상대로 실험하고 다시 인체 실험을 거친 후, 까다로운 정부 검증과 허가 과정을 통과한다. 각 단계는 산출률(각 단계에 들어온 화합물 수와 다음 단계를 성공적으로 통과한 화합물 수의 비율)과 사이클 타임(화합물이 한 단계에 얼마나 오래 머무르는가), 원가(각 단계에서 화합물 처리에 드는 비용은 얼마인가)와 같은 측정지표에 의해 평가될 수 있다. 그러므로 관리자는 개발 프로세스의 각 단계에서 산출률을 증가시키고, 사이클 타임과 원가를 감소시킨다는 목표를 세울 수 있다.

한 전자회사는 신제품 개발이 오래 걸리고 비용이 근본적인 원인을 심층적으로 분석했다. 그 분석에 따르면, 신제품의 시장출시가 오래걸리는 첫 번째 이유는 최초 설계의 오류로 제품이 제기능을 하지 못하면 몇 번씩 재설계하고 재검사를 거쳐야 한다는 것이다. 이에 따라 회사는 제품의 시장출시 기간을 제품개발 프로세스의 중요한 결과물 측정지표로 사용했다. 뿐만 아니라 성과동인 측정지표로 첫번째 설계로 고객의 니즈를 충족시키는 제품의 비율을 추가했다. 또 다른 성과동인은 출시되기 직전에 설계가 수정되는 횟수였다. 이 회사는 설계에 오류가 발생할 때마다 비용이 18만5천 달러가 든다고 추정했다. 즉 출시되는 제품마다 평균 2회의 오류가 발생하고 1년에 110개의 신제품이 출시되므로 설계 오류로 인해 지출되는 총비용은 약 4천만 달러에 달했다. 이는 회사 총수익의 5% 이상을 차지하는 것이다. 비용을 더욱 정확하게 계산하려면 신제품의 시장출시 지연으로 발생하는 판매 손실액을 포함시켜야 할 것이다.

휴렛팩커드의 한 엔지니어는 제품개발 사이클의 효과성을 측정하기 위해 손익분기기간(Break-Even Time : BET)이라는 측정지표를 개발했다.[10] BET는 제품개발의 착수에서부터 제품이 출시되어 개발 프로세스에 투입된 최초의 비용을 상환할 수 있는 수익이 창출될 때까지의 기간으로 측정된다(〈그림 5-3〉 참조). BET는 효과적이고 효율적인 제품개발 프로세스의 3가지 요소를 모두 포함한 측정지표인 것이다.

1. 회사가 R&D 프로세스의 손익을 맞추기 위해서는 제품개발 프로세스에 투하된 투자액이 회수되어야 한다. 이 때문에 BET에는 제품개발 프로세스의 결과물뿐만 아니라 프로세스의 비용도 포함되는데, 이는 제품개발 프로세스를 더 효율적으로 만들 동인을 제공한다.
2. BET는 수익성을 강조한다. 즉 효과적인 판매경로를 통해 저렴한 가격으로 제품을 제공하고, 회사가 제품개발에 투자한 비용을 회수할 수 있는 제품을 제공하기 위해, 그리고 마케팅 관리자와 제

조 직원, 설계 엔지니어가 실질적인 고객의 니즈를 충족시키는 제품을 개발하기 위해 공동으로 노력하는 환경을 조성한다.

3. BET는 기간으로 표현된다. 즉 경쟁자보다 더 빨리 신제품 개발에 착수하여 많은 매출을 올리고, 제품개발 투자된 비용을 더 빨리 회수할 수 있게 해준다.

이와 같은 BET 측정지표는 결과물 측정지표라기보다 바람직한 행동을 알리기 위한 측정지표의 큰 역할을 한다. 뛰어난 BET는 급진적인 돌파가 아닌 점진적인 프로젝트로 성취될 수 있다. 그러나 다양한 프로젝트의 BET 측정지표를 평균하여 전사적인 BET 측정

〈그림 5-3〉 손익분기기간 측정준거

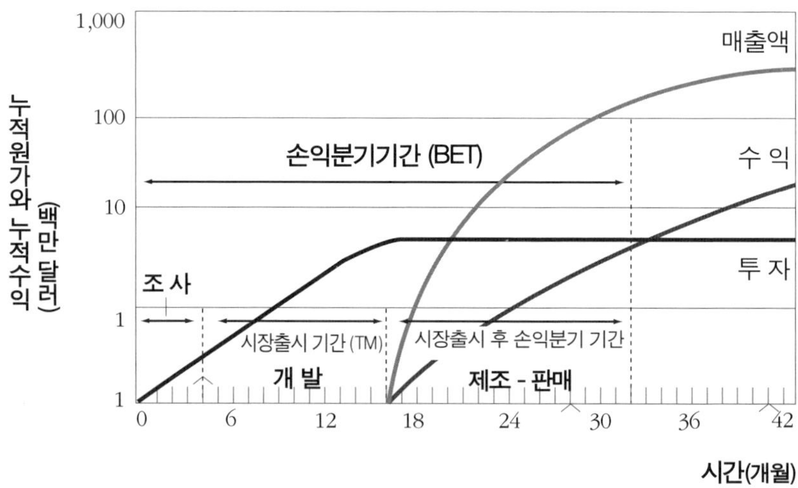

■자료원 : Charles H. House and Raymond L. Price, The Return Map : Tracking Product Teams Harvard Business Review, January-February 1991, p.95. Reprinted with permission

준거를 만드는 것은 쉬운 일이 아니다. 하나의 프로젝트가 상당히 긴 BET를 갖는다면 전사적인 지수가 왜곡될 수 있기 때문이다. 뿐만 아니라 손익분기기간의 실제 가치는 제품개발 프로세스가 완료된 후 오랜 시간이 지나서야 밝혀진다. 이에 대해 휴렛팩커드의 엔지니어링 담당 부사장인 마브 패터슨*Marv Patterson*은 이렇게 결론지었다. “BET는 제품개발 프로세스의 바람직한 행동을 묘사하기 위한 매우 훌륭한 측정준거이다. 또한 이 측정준거는 휴렛팩커드 사가 개별 프로젝트에 직원을 배치하기 전에 프로젝트의 실행 가능성을 평가할 때 널리 사용하고 있다.”

BET 측정준거에 대한 휴렛팩커드 사의 사례를 통해 알 수 있듯이, 제품개발 프로세스의 사이클 타임과 지출 감소, 결과물 증가에 대한 노력은 생산된 제품의 혁신 정도를 측정함으로써 균형이 유지되어야 한다. 그렇지 않으면 제품 설계자와 개발자는 혁신적인 제품을 강조하기보다는 더 쉽게 작업할 수 있는 점진적인 제품 개선에 주력할 것이다. 이때 신제품의 총이익이라는 측정지표는 기존 제품 및 단순 기술의 제품과 혁신적인 제품을 구분하는 데 도움을 줄 것이다.

또 다른 측정지표는 신제품 매출의 시간 추이로부터 도출될 수 있다. 기존의 제품 라인의 연장에 지나지 않는 점진적인 개선 제품은 제품 수명이 짧을 것이다. 가령 제품의 평균 라이프사이클이 5년이라면, 점진적인 제품의 라이프사이클은 1~2년 정도밖에 되지 않는다. 그러나 혁신적인 제품이나 서비스는 더욱 긴 라이프사이클을 갖게 될 것이고, 처음 몇 년간의 매출도 증가할 것이다.

운영 프로세스

가치창출의 짧은 파동을 나타내는 운영 프로세스는 고객의 주문을 받는 것에서 시작하여 제품이나 서비스를 고객에게 전달하는 것으로 끝난다(〈그림 5-4〉 참조). 이 프로세스는 기존 제품과 서비스를 기존 고객에게 효율적이고 일관되게, 그리고 적시에 납품하는 것을 강조한다.

운영은 일정한 패턴으로 반복되는 특성이 있으므로 고객의 주문 수령과 처리, 하청 · 생산 · 유통 프로세스를 통제하고 개선할 수 있는 과학적 관리기법이 유용하게 활용될 수 있다. 지금까지 운영 프로세스는 표준원가, 예산 및 변동과 같은 재무적 측정지표에 의해 감시되고 통제되어 왔다. 그러나 시간이 지날수록 노동 효율성이나 기계 효율성, 구매가격의 변동성과 같은 제한된 재무적 측정지표에 지나치게 집중하게 됨으로써 역기능이 발생하게 되었다. 그 예로 주문이 없는 재고품 보관에 인력과 설비를 낭비하는 일, 대량주문에 따른 비용문제, 품질 문제, 부정확한 납품시간, 주문과 수

〈그림 5-4〉 업무 프로세스 관점 – 운영 프로세스

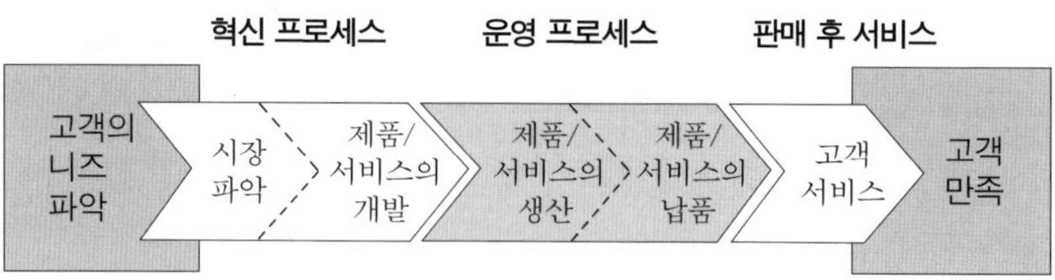

령, 송장 발부, 수금 과정에서 공급자와 고객이 전자적으로 연계되지 않음으로써 발생하는 비용, 더 저렴한 구매 가격만을 추구하는 일 등을 들 수 있다. 오늘날과 같이 짧은 사이클 타임과 고품질을 요구하는 고객 중심의 환경에서 전통적인 원가회계 측정지표를 사용할 때 발생하는 문제점은 이미 충분히 입증되었다.[11)]

최근 몇 년간, 선도적인 일본 제조업체들이 앞 다투어 시행하고 있는 전사적 품질관리(Total Quality Management : TQM)와 속도 경쟁의 영향으로 인해 많은 회사들이 전통적인 원가와 재무적 측정지표를 품질과 사이클 타임 측정지표로 보완하게 되었다.[12)]

지난 15년간 운영 프로세스의 개선과 사이클 타임 및 원가 측정지표 발전을 거듭해왔다. 이 측정지표의 몇몇 요소들은 업무 프로세스 관점의 핵심적인 성과관리지표에 포함될 것이다. 운영 프로세스의 시간·품질·원가에 대한 성과측정은 이번 장의 부록에서 자세하게 다룰 것이다.

관리자들은 이러한 측정지표들뿐만 아니라 프로세스와 제품 및 서비스를 제공하는 데 필요한 부가적인 측정지표들을 원할지도 모른다. 이 부가적인 측정지표에는 유연성 측정지표와 고객의 가치를 창조하는 제품 및 서비스의 구체적인 속성에 대한 측정지표 등이 있다. 예를 들어 회사는 타깃으로 선정한 세분화된 시장에서 높은 이익을 얻게 해주는 독특한 성과(정확성, 규모, 속도, 명확성, 에너지 절약 등에 의해 측정되는)를 올리는 제품과 서비스를 제공할 수도 있다. 제품과 서비스를 차별화하는 것이 무엇인지 파악할 수 있는 회사는 BSC를 통해 그러한 측정지표에 관심을 기울이고 초점을 맞추고자 할 것이다. 그러므로 대응시간, 품질, 원가 이외의 제품과 서비스의 중요한 성과 속성은 BSC의 업무 프로세스 관점에서 운영 프로세스의 구성요소로 포함될 것이다.

판매 후 서비스

내부 가치사슬의 마지막 단계인 판매 후 서비스에는 품질보증과 수리, 불량품 및 반품 처리, 신용카드 관리 등의 대금청구 프로세스가 포함된다(〈그림 5-5〉 참조).

오티스 엘리베이터 *Otis Elevator* 사나 CAT와 MRI 등의 전자영상 장비를 제조하는 제너럴 일렉트릭 메디컬 시스템 *General Electric Medical Systems* 사와 같이 정밀한 장비나 시스템을 판매하는 회사들은 장비의 고장이 고객에게 막대한 손실을 준다는 사실을 잘 알고 있다. 때문에 이 회사들은 고장으로 인한 문제를 최소화하기 위해 고객에게 신속하고 정확한 서비스를 제공함으로써 장비의 가치를 높인다. 그 예로 고장 신호를 미리 감지하여 서비스 직원에게

〈그림 5-5〉 업무 프로세스 관점-판매 후 서비스 프로세스

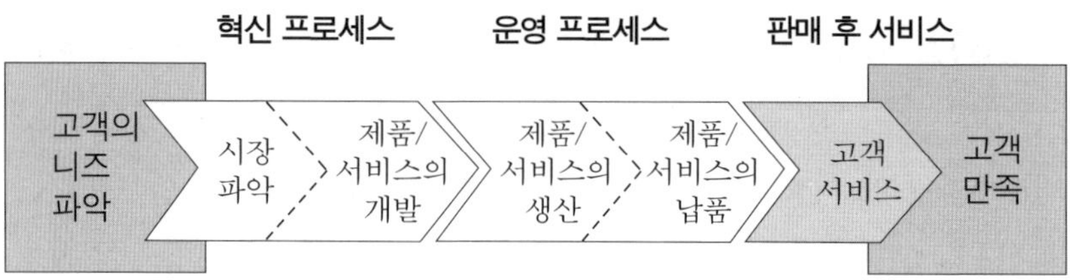

즉시 알리는 전자장치를 설치한 일을 들 수 있다. 이때 서비스 직원은 재빠르게 현장으로 달려가 장비를 수리함으로써 장비의 성능이 저하된 사실조차 알지 못했던 고객을 놀라게 한다.

또한 아큐라*Acura*나 새턴*Saturn*과 같은 자동차 판매 대리점들은 보증과 정기적인 유지보수 및 수리와 같은 향상된 고객 서비스를 제공하여 좋은 평판을 얻은 바 있다. 이들 회사가 고객에게 전달한 가치명제의 주요 요소는 즉각적이고 친절하며 믿을 수 있는 보증과 서비스 실행이었다. 그런가 하면 어떤 백화점은 고객이 상품을 쉽게 교환하거나 반환할 수 있도록 하기도 한다.

판매 후 서비스에 대한 타깃 고객의 기대를 충족시키고자 하는 회사는 운영 프로세스와 마찬가지로 시간 · 품질 · 원가 측정지표의 일부를 적용하여 성과를 측정할 수 있다(부록 참조). 예를 들어 사이클 타임을 통해 고장에 대한 반응 속도를 측정할 수 있으며, 원가 측정준거를 통해 판매 후 서비스 프로세스의 효율성(사용된 원가 자원)을 평가할 수 있다. 그리고 1차 합격 산출률(first-pass yields)로는 문제해결에 대한 고객의 요청이 단 한 번의 서비스로 처리되는 비율을 측정할 수 있다.

판매 후 서비스의 또 다른 측정지표로는 송장작성과 수금 프로세스를 들 수 있다. 프로젝트 완성에서부터 고객의 최종 대금지불까지의 기간을 감소하려 했던 록워터 사의 목표는 판매 후 서비스 프로세스에 초점을 맞춘 좋은 예이다. 신용카드나 회사가 발행한 카드를 통해 광범위한 판매를 하는 회사는 원가, 품질 및 사이클 타임 측정을 광고와 수금, 그리고 분쟁해결 프로세스에 응용할 필요가 있다.

뿐만 아니라 위험하거나 환경 문제를 일으킬 수 있는 화학약품과 원료를 다루는 회사는 생산 과정에서 나오는 폐기물과 부산물을 안전하게 처리하는 문제와 관련된 핵심적 성과관리지표를 도입할 수 있다. 회사를 지속적으로 운영하기 위해서는 지역사회와의 관계가 무엇보다도 중요한 전략 목표가 될 수 있음을 인식한 회사들은 환경과 관련된 성과를 판매 후 서비스의 목표로 삼는다. 생산 과정에서 나오는 폐기물 쓰레기를 측정해야 하는 이유는 생산원가를 낮추기 위해서가 아니다. 환경에 치명적인 영향을 미칠 수 있기 때문이다.

구체적인 업무 프로세스 관점

케넌 상사

이미 소개한 바 있는 케넌 상사는 수십억 달러 매출의 의류소매업체이다. 이 회사의 고위임원들은 향후 5년간 150%의 매출성장을 달성한다는 야심찬 목표를 세웠다. 그들은 이 목표를 달성하기 위해 다음 사항에 초점을 맞추었다.

- 고급 브랜드 이미지
- 유행과 디자인을 주도하고, 가격이 저렴한 고품질 상품
- 신속하고 효율적인 서비스와 우수한 접근가능성

케넌 상사는 제품속성과 고객관계, 이미지와 브랜드에 대한 구체적인 고객 목표와 측정지표를 만들었다. 그리고 이 고객 목표를 전달하기 위해 다음과 같이 5가지 주요 업무 프로세스를 정했다.

1. 브랜드 관리
2. 유행 선도
3. 공급업체 관리
4. 상품에의 접근가능성
5. 인상적인 구매 경험

'브랜드 관리'와 '유행의 선도'는 고객의 니즈를 파악하고 만족시키며, 니즈에 영향을 주는 유행상품을 개발한다는 케넌 상사의 혁신 프로세스의 일부분으로 간주될 수 있다. 그리고 나머지 세 가지 프로세스는 상품을 시의 적절하게 준비하고, 고객에게 '완벽한 쇼핑 경험'을 제공하는 운영 프로세스와 관련되어 있다.

브랜드 관리

케넌 상사는 브랜드 관리 프로세스를 위해 다음과 같은 4가지 하위목표를 설정했다.

1. 브랜드 개념의 정의 : 타깃 고객에 대한 의류점유율을 높임으로써 전국적인 브랜드로 발전한다.
2. 카테고리 우위 : 케넌 상사의 제품 믹스 중 우세한 카테고리인 캐주얼 바지와 청바지 의 성장을 지속시킨다.
3. 포지셔닝 전략 : 성공한 자체 상표 브랜드에서 고객에 의해 명확히 규정되는 원숙한 브랜드로 케넌의 이미지를 확장한다.
4. 매장 개념의 정의 : 상품의 구색을 갖추고 마케팅 프로그램을 개발한다.

이 4가지 하위목표는 타깃 고객들이 위의 개념을 인지하고 케넌 브랜드에 충성할 수 있도록 하는데 초점이 맞추어졌다. 이 하위목표에 대한 3가지 측정지표는 다음과 같다.

1. 선택된 카테고리(예를 들면 캐주얼 바지와 청바지)에서의 시장점유율
2. 브랜드 인지도(시장조사를 통해)
3. 1년 동안의 신규 고객 수

이러한 측정지표들은 브랜드 관리 전략을 수행하는 데 있어서 케넌 상사의 성공 여부를 파악하기 위한 것이었다.

유행 선도

유행의 선도란 타깃으로 선정한 고객세분화된 시장에 자사 브랜드의 속성을 벗어나지 않으면서 고객의 구매 습관에 영향을 주는 유행상품을 제공하는 것을 의미한다.

유행 선도는 주요 의류 카테고리에서 고객의 기대를 만족시키는 유행 의류를 선정하는 데 효과적으로 이용될 수 있는 정보에 초점을 맞추었다. 그리고 주요 품목을 경쟁자보다 먼저 시장에 내놓기 위해서는 유행의 트렌드를 재빨리 파악하고 정보를 신속하게 제공하는 것이 무엇보다 중요하다. 이를 위한 주요 측정지표로 케넌 상사가 최초로 혹은 두 번째로 시장에 내놓은 주요품목의 수가 선정되었다. 이 측정지표에 포함되는 품목은 매년 트렌드에 따라 바뀔 것이다.

공급업체 관리

소매업체로서 케넌 상사는 자사의 실적과 주요 공급업체의 성과에 달려 있다는 것을 잘 알고 있었다. 케넌 상사가 야심찬 목표를 달성하기 위해서는 공급업체가 신속하고 대응력이 뛰어나며 낮은 원가로 상품을 제조할 수 있는 능력을 갖추고 있어야 했다. 따라서 알맞은 수량의 고품질 상품을 신속하게 생산하고 납품할 수 있는 공급업체의 개발과 관리가 중요하다. 이에 따라 케넌 상사의 매장 직원은 입고되는 모든 상품을 검사하고, 품질 결함으로 인해 고객에게 판매할 수 없었던 상품의 비율을 기록했다. 또 품질 이상으로 인한 반품 비율을 측정함으로써 품질 이상의 원인을 공급업체로까지 추적해 올라갈 수 있었다.

공급업체 관리의 두 번째 측정지표는 새로운 공급업체 성과관리 지표에서 도출되었다. 이 지표를 통해 품질과 가격, 리드타임, 유행을 결정짓는 투입 요소에 따라 공급업체를 평가했다.

상품의 접근가능성

상품의 접근가능성은 '상품의 완벽한 구비'라는 목표와 관련된다. 이 목표에 따르면 고객만족·매출·매출총이익 등은 색상과 사이즈에 따라 적정한 수의 상품을 구비하고, 고객의 수요를 예측해 적절한 카테고리의 제품들을 매장에 공급함으로써 성취될 수 있다. 색상과 사이즈에 따른 적정한 수의 상품 구비 여부는 주요 품목에 대한 품절 비율에 의해 측정되었다. 그리고 두 번째로 고객 수요를 예측한 제품 공급 여부는 총할인금액과 매장 간 상품 이동 비율이라는 두 가지 측정지표에 의해 측정되었다.

인상적인 구매 경험

이 목표에 대한 측정지표 중 하나는 4장에서 설명한 바 있는 '완벽한 구매 경험'을 6가지 차원으로 나눈 것이다. 이 측정지표는 고객 및 업무 프로세스 관점 모두에 포함되었다. 케넌 상사 고객들로부터 피드백 받은 구매 경험 만족도는 이 하위목표에 포함되었다.

〈그림 5-6〉은 업무 프로세스 관점의 목표와 측정지표가 고객 관점의 목표와 어떻게 연결되는지를 보여준다.

〈그림 5-6〉 내부 성과관리지표와 연결-케넌 상사

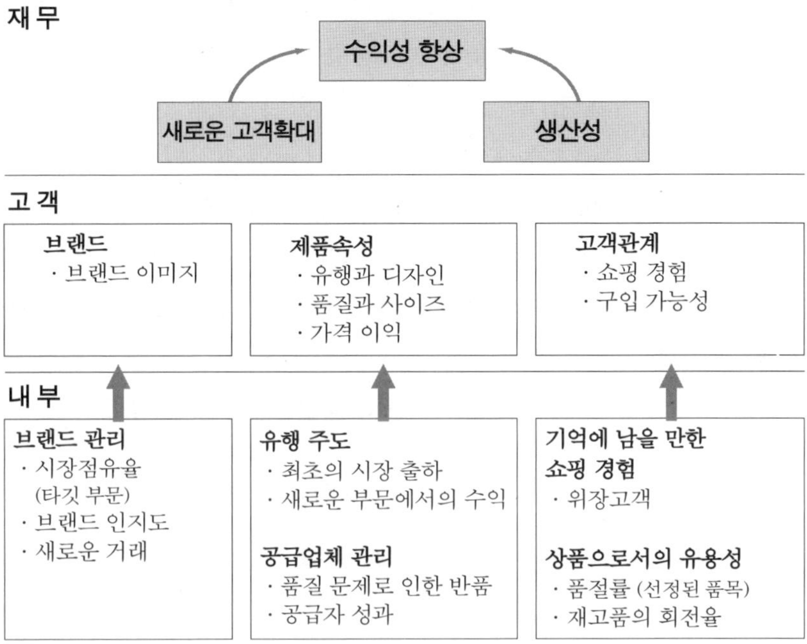

메트로 은행

메트로 은행의 업무 프로세스 관점은 케넌 상사의 가치사슬을 위한 목표와 동일한 순서를 따른다(〈그림 5-7〉 참조). 메트로 은행이 혁신 프로세스를 통해 수익성 있는 세분화된 시장을 파악하고, 그곳에 진입할 수 있는가의 여부는 타깃으로 선정된 세분시장의 수익성에 의해 측정되었다. 이 측정지표는 매달 300만 개나 되는 개별 계좌의 손익계산서를 만들어낼 수 있는 광범위한 ABC 시스템을 통해 구현되었다. 또한 타깃 고객에게 제공할 신제품을 창출할 수 있는 능력은 수익성에 의해 측정되었고, 바람직한 유통경로를 통해 상품을 전달하는 능력은 다양한 경로(ATM, 행원, 컴퓨터 이용)를 통해 처리된 거래의 비율로 측정되었다. 한편 업무 프로세스 관점의 핵심적 목표로는 타깃으로 선정된 세분시장의 고객에게 더 많은 상품을 판매하고, 타깃 고객과 은행의 관계를 더욱 긴밀하게 함으로써 직원들의 생산성을 향상시킨다는 것이 선정되었다. 그 목표는 〈그림 5-7〉의 교차판매라는 전략적 주제를 위한 세 가지

〈그림 5-7〉 내부 성과관리지표와 연결-메트로 은행

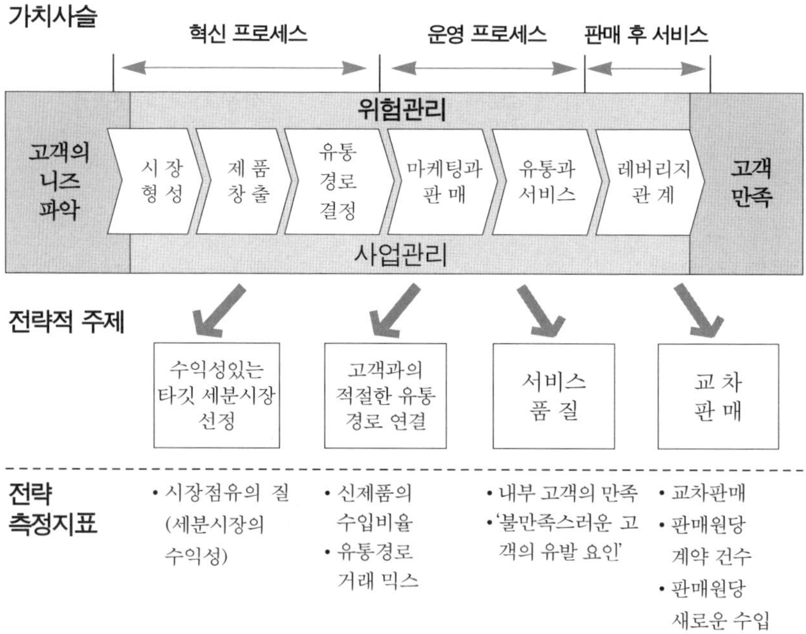

전략 측정지표에 반영되었다.

고객에게 제품과 서비스를 전달하는 능력은 다음과 같은 2가지 종합 지표에 의해 측정되었다.

1. 고객의 불평과 불만족
2. 내부 고객의 만족

'고객의 불평과 불만족' 측정지표는 서비스를 제공하는 과정에서 고객 불만족을 유발할 수 있는 100가지 결함으로 구성된 지표다(부록 참조). 이 100가지 결함은 모든 지점과 영업소의 직원들에게 전달되어 직원들이 지양할 바를 알렸다. 그리고 메트로 은행은 매월 타깃으로 선정된 세분시장에서 무작위로 선택된 고객 조사를 통해 내부 고객만족도를 평가했다.

종합해보면 메트로 은행은 수익성 있는 타깃으로 선정된 세분시장을 파악해 그 시장에 적합한 새로운 제품과 서비스를 개발하고, 기존 제품과 신제품을 동시에 판매하며, 결함 없는 서비스를 효율적이고 시의적절하게 제공할 수 있는 능력을 업무 프로세스 관점의 측정지표로 삼았다.

파이오니어 페트롤리엄 사

업무 프로세스 관점의 세 번째 예는 파이오니어 페트롤리엄 사이다. 4장에서 설명했던 것처럼, 이 회사는 두 가지 유형의 고객을 만족시켜야 했다. 이들의 직접고객은 휘발유 판매업체이고, 최종 소비자는 소매점에서 파이오니어 사의 제품을 구매하는 고객이다. 따라서 파이오니어 사는 휘발유 소매업체와 자동차 운전자의 기대를 모두 만족시키는 업무 프로세스 관점의 목표와 측정지표를 규정해야 했다.

〈그림 5-8〉 내부 성과관리지표와 연결-파이오니어 페트롤리엄 사

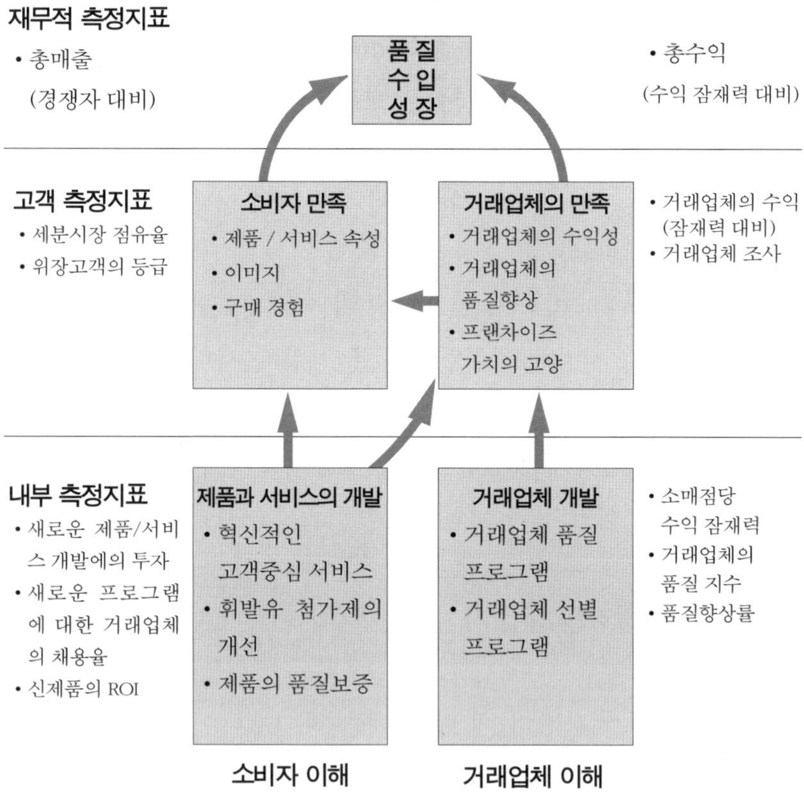

파이오니어 사는 휘발유 소매업체를 위해 거래업체의 만족이라는 목표를 세웠다(〈그림 5-8〉의 오른쪽 참조). 다음은 거래업체의 만족을 위한 구체적인 목표이다.

- 새로운 제품과 서비스의 개발
- 거래업체 발굴

파이오니어 사의 '새로운 제품과 서비스 개발' 목표는 실질적으로 거래업체와 고객만족을 주도하였다. 이 회사는 차별화된 제품과 서비스를 제공하여 거래업체에 더 효과적인 공급자가 될 수 있었다. 그로 인해 낮은 가격으로 경쟁할 필요가 없어졌다. 이 회사의 새로운 제품과 서비스는 다른 타깃으로 선정된 세분시장의 고객들에게도 바람직하게 여겨졌다. 또한 고객들은 모든 종류의 제품과 서비스를 제공하는 주유소를 기대하고 있었다. 이 목표에 대한 측정지표는 편의점 운영과 서비스를 통해 얻는 거래업체의 수입, 즉 휘발유 이외의 수입으로 측정되었다. 뿐만 아니라 최고의 주유소 운영자에 대한 벤치마킹이 수행되었으며, 휘발유 거래 외의 거래에서 나오는 총수익과 평방피트당 총수익도 계산되었다.

이밖에 '거래업체 발굴'을 위한 목표에는 두 가지 측정지표가 사용되었다. 또한 파이오니어 사는 마케팅 담당자들을 위해 툴키트*tool kit*를 개발했다. 이 툴키트는 임원들들이 프랜차이즈의 요구에 더 효과적으로 집중할 수 있도록 도왔고, 마케팅 담당자들에게는 다음의 7가지 항목에 따라 거래업체들의 수행성과를 평가할 수 있는 틀을 제공했다.

1. 재무 관리
2. 서비스 구역
3. 인력 관리
4. 세차장 운영
5. 편의점
6. 휘발유 구매
7. 향상된 구매 경험

이 7가지 항목의 등급은 거래업체들에게 개선의 기회에 대한 피드백을 제공했다. 파이오니어 사는 자사의 프랜차이즈를 운영하는 거래업체가 품질과 성과를 성공적으로 향상시켰는지를 확인하기 위해 이 모든 등급을 합산했다. 또 수익성 있는 거래업체의 충성도가 유지되고 있는지 알아보기 위해 주요 거래업체의 유지율을 측정지표로 사용했다.

또한 파이오니어 사는 최종소비자를 위한 새로운 제품 및 서비스의 개발 목표에 브랜드 이미지 증진이라는 목표를 추가하였다. 이 목표는 지리적으로 세분화 한 타깃 시장(제4장에서 설명된 비즈니스 여행자, 순수한 블루칼라, 3F 세대) 내의 점유율에 의해 측정되었다. 즉 프랜차이즈를 운영하는 거래업체가 타깃 고객에게 훌륭한 구매 경험을 제공했는지를 평가하기 위해 매월(경쟁 주유소에 대해서는 1년에 4번) 독립적인 제3자로 구성된 위장고객을 통해 서비스 등급을 매졌다. 이들 위장고객은 휘발유와 간식을 구입하면서 거래업체에 대한 품질 점수를 매겼고, 이를 과거의 성과 및 경쟁 주유소의 성과와 비교하였다. 품질 점수는 특히 다음의 5가지 영역에 중점을 두었다.

1. 설비 인테리어
2. 서비스 감소
3. 판매 구역
4. 직원
5. 휴게실

파이오니어 사는 위장고객이 제공하는 이 등급을 통해, 자사의 타깃으로 선정된 세분시장에 속하는 소비자를 위한 가치명제가 포함된 정보를 거래업체에 제공하고 그들을 자극했다.

요 약

관리자들은 업무 프로세스 관점을 통해 주주를 위한 목표와 타깃으로 선정한 세분시장의 목표를 달성하기 위해 반드시 탁월해야만 하는 주요 프로세스가 무엇인지 파악한다. 전통적인 성과측정 시스템은 기존 비즈니스 프로세스의 원가·품질·시간 측정지표를 통제하거나 향상시키는 데만 초점을 맞췄다. 반면 BSC의 접근방법은 업무 프로세스 성과에 대한 요구가 개별적인 외부 고객들의 기대로부터 도출될 수 있도록 유도한다.

BSC의 가장 최근 성과 중 하나는 혁신 프로세스를 업무 프로세스 관점의 필수적인 구성요소로 포함시킨 것이다. 혁신 프로세스는 미래의 타깃으로 선정된 세분시장을 파악하는 일이 무엇보다도 시급한 것임을 강조한다. 그 다음으로는 타깃으로 선정된 세분시장을 만족시킬 수 있는 제품과 서비스의 설계 및 개발의 중요성을 강조한다. 이러한 접근방법은 조직이 새로운 제품과 서비스 및 시장을 개척하는 데 필요한 연구·설계·개발 프로세스에 초점을 맞출 수 있도록 해준다.

운영 프로세스도 여전히 중요하므로 조직은 현재의 타깃 고객에게 뛰어난 제품과 서비스를 제공할 수 있는 원가·품질·시간·성과 등의 특성을 파악해야 한다(부록 참조). 또한 판매 후 서비스 프로세스는 제품이나 서비스가 납품된 후에 이루어지는 주요 서비스를 회사가 적절한 시기에 제공할 수 있어야 한다는 것을 강조한다.

부록 : 운영 프로세스 – 시간·품질·원가 측정지표

프로세스 시간 측정

타깃 고객에게 전달되는 가치명제에는 짧은 대응시간이 결정적인 성과 속성으로 포함되곤 한다(4장 참조). 대부분의 고객들은 짧은 리드타임을 중시하는데 이것은 주문한 순간부터 제품이나 서비스가 도착할 때까지 경과된 시간으로 측정된다. 또한 고객들은 적시납품 여부를 나타내는 믿을 수 있는 리드타임도 중시한다.

제조업체가 고객에게 믿을 수 있는 리드타임을 제공하는 방법은 두 가지다. 하나는 신속정확하고 결함이 없으며, 짧은 사이클타임을 갖는 생산 프로세스를 구축하는 일이다. 다른 하나는 모든 제품을 대량 생산하고 비축하여 어떤 고객의 요구라도 충족시킬 수 있도록 하는 것이다. 첫 번째 방법을 택한 회사는 낮은 원가를 제공하는 적시의 공급자가 된다. 반면에 두 번째 방법은 생산비나 재고유지비 측면에서 고비용을 초래할뿐만 아니라, 제조 프로세스 자체가 '정상적으로' 재고를 비축하는 데 여념이 없기 때문에 비축되지 않은 품목을 주문받았을 때 신속하게 대응하지 못한다. 이 때문에 많은 제조업체들이 두 번째 방법(적정재고를 위한 대량생산)에서 첫 번째 방법(적시에 소량 주문 생산)으로 옮겨가고 있다. 이에 따라 업무 프로세스 사이클이나 작업완료 시간의 감소가 업무 프로세스 관점의 중요한 목표가 되고 있다. 이 사이클과 작업완료 시간은 다양한 방법으로 측정될 수 있다. 예를 들어 다음을 사이클의 시작시점으로 간주할 수 있다.

- 고객의 주문이 접수되었을 때
- 고객의 주문 또는 생산(production batch)이 계획되었을 때
- 주문이나 생산을 위한 원자재가 주문되었을 때
- 원자재가 입고되었을 때
- 주문 또는 생산계획에 따른 생산이 시작되었을 때

마찬가지로 다음을 사이클 종료 시점으로 삼을 수 있다.

- 주문이나 생산계획의 생산이 완결되었을 때
- 주문이나 생산계획에 의한 제품이 선적 가능할 때
- 주문된 제품이 선적되었을 때
- 고객이 주문품을 수령하였을 때

시작과 종결 시점을 어느 때로 정할 것인가는 사이클 타임의 단축을 촉진하는 운영 프로세스의 범위에 의해 결정된다. 주문이행 사이클은 보통 고객이 주문하는 시점에서 제품을 수령할 때까지를 의미한다. 그러나 공장 내의 물리적 자재 이동을 원활하게 하는 데 이용할 수 있는 좁은 의미의 사이클은 일정량이 생산에 투입되기 시작한 때부터 완전히 처리될 때까지를 뜻한다. 어떤 정의가 사용되든 간에 조직은 지속적으로 사이클 타임을 측정하고, 총시간을 감축하기 위한 목표를 설정해야 한다.

적시 생산 프로세스로 이동하려는 조직이 흔히 사용하는 측정지표는 제조 사이클 효과성(Manufacturing Cycle Effectiveness : MCE)이다.

$$\text{MCE} = \frac{\textbf{처리시간 (Processing Time)}}{\textbf{작업완료 시간 (Throughput Time)}}$$

결과는 항상 1 이하의 값을 가진다. 왜냐하면 작업완료 시간이 다음과 같이 계산되기 때문이다.

작업완료 시간 = 처리시간 + 검사시간 + 이동시간 + 대기시간과 저장시간

많은 조직에서 제품을 만들거나 조립하는 데 소요되는 실제 생산시간인 처리시간은 작업완료 시간의 5% 이하이다. 즉 작업이 모두 완료되는 시간을 6주(근무일수는 30일)로 잡으면, 실제 처리시간은 겨우 1~2일밖에 안 되는 것이다. 나머지 시간은 부품이나 제품을 검사하고, 공장 부근으로 이동하거나 단순히 대기하는 데 소요된다. 즉 다음 작업이 계획되고 기계가 가동되며 부품이 제 위치에 놓일때까지 작업 전후의 상당한 시간이 모두 대기상태로 낭비되고 있는 것이다. 이상적인 JIT 체제에서는 부품의 작업완료 시간이 처리시간과 동일해야 한다. 결함률 0%처럼 MCE 비율을 1로 만드는 것은 어렵겠지만 노력할 만한 가치는 충분히 있다.

MCE 비율이 나타내는 것은 처리시간 외의 모든 시간, 다시 말해서 검사, 결함 있는 품목의 재가공, 하나의 프로세스에서 다음 프로세스로의 품목 이동, 다음 단계에서 처리될 때까지의 리드타임 등은 그저 낭비되는 시간일 뿐 가치부가에 기여하지 못한다는 것이다. 즉 제품의 물리적 형태가 고객의 니즈를 충족시키는 방향으로 강화되지 않기 때문에 이는 시간낭비가 된다. 또한 제품이 납품을 위해 대기하는 시간도 고객에게 가치를 제공하지 못한다. MCE 비율이 1로 접근할 때, 제품의 이동 · 검사 · 수리 · 보관에 낭비되는 시간은 감소하고 고객의 주문에 신속하게 대응하는 조직의 능력은 강화된다.

서비스 산업의 프로세스 시간 측정

적시생산 프로세스와 제조 사이클 효과성 비율은 제조업체를 위해 개발되기는 했지만, 서비스업체를 위해서도 충분히 응용할 수 있다. 납품 프로세스의 낭비시간 제거는 제조업체보다 서비스업체에 훨씬 더 중요하다. 소비자는 더 이상 서비스를 받기 위해 줄서서 기다리려고 하지 않기 때문이다.

은행을 예로 들어보자. 많은 사람들이 주택을 구입하고자 할 때 거쳐야 하는 저당승인 절차에 대해 잘 알고 있다. 우선 은행의 한 지점에 가서 주택에 대해 설명한 뒤 자신의 업무경력과 월급, 자산과 부채에 관한 정보를 신청서에 기입한다. 신청서가 작성되면 직원은 자신의 은행을 찾아준 것에 감사를 표하고, 저당신청의 승인 여부는 3~4주 이내에 알 수 있을 것이라고 말한다.

이러한 요구를 처리하는 데 보통 26일 정도 걸린다는 것을 잘 알고 있는 은행의 부사장은 직원들에게 26일 동안 실제로 신청서를 처리하는 데 얼마나 시간이 소요되는지 추적하라고 지시했다. 그 결과 실제 처리시간은 약 15분으로 밝혀졌으며, MCE 비율은 0.0004[0.25시간/(26일×24시간)]였다.

이에 따라 부사장은 신청서의 접수에서부터 승인 여부의 결정에 이르기까지의 시간을 15분으로 정하고 승인 프로세스를 재설계하기로 했다. MCE가 1.0에 도달하면 직원들이 부가가치가 있는 처리작업에만 몰두하게 됨으로써 가치를 부여하지 못하는 모든시간 낭비는 제거될 것이라고 기대했던 것이다.

그러나 저당승인 프로세스에 관여하고 있는 모든 직원들은 이 목표를 처음 접했을 때 절대로 불가능할 것이라고 주장했다. 그 몇 가지 이유 중 하나는 신용조회를 요청하고 확인하는 데 최소한 1~2주가 소요되기 때문이라는 것이었다. 이 문제에 대한 해결방안을 모색하던 중 대부분의 고객에 대한 신용조회가 온라인으로 이루어질 수 있음이 밝혀졌다. 분석 작업과 승인처리의 상당부분도 이처럼 자동화 프로세스를 통해 처리될 수 있는 것이다. 결국 발전된 정보기술의 도움을 받아 저당승인 프로세스가 다시 설계되었고, 15분 내에 승인 여부의 결정이 가능해졌다. 이 원스톱 시스템 덕분에 고객들은 이제 저당승인 신청서를 작성한 후 카페테리아에 가서 커피 한 잔을 마시고 돌아오면 그 결과를 알 수 있게 되었다.[13] 15분이 소요되는 이 저당승인 프로세스는 광범위한 고객 세분시장에 대단히 바람직한 것으로 판명되었다.

다른 서비스 산업분야의 연구에서도 이와 비슷한 결론이 도출되었다. 즉 일반적으로 고객 서비스의 사이클 타임에서 실제 작업에 소요되는 시간은 매우 적다는 것이다. 이에 따라 자동차 대여회사와 일부 호텔 체인점들은 체크인과 체크아웃 등의 모든 절차를 자동화했고, 고객은 서비스 제공 프로세스가 완결될 때까지 줄서서 기다리지 않아도 되었다. 그러므로 타깃 고객의 니즈를 충족시키는 제품과 서비스를 납품하려는 회사는 MCE 비율을 1에 접근시키는 목표를 설정함으로써 고객의 주문에 대한 리드타임을 최소한으로 단축시킬 수 있을 것이다.

프로세스 품질 측정

오늘날 거의 모든 조직은 품질 개선노력과 품질 향상 프로그램을 시행하고 있다. 측정은 이러한 프로그램의 핵심이 되는 부분으로 조직들은 이미 다음과 같이 다양한 프로세스 품질 측정에 익숙하다.

- 프로세스 PPM 결함률
- 수익률(프로세스에 투입되는 자재의 무결함 비율 대비 생산된 제품의 무결함 비율)
- 낭비
- 폐기물
- 재작업
- 직전 단계로의 회귀

- 통계에 의해 통제를 받는 프로세스의 비율

서비스업체들은 특히 원가와 고객대응, 고객만족에 나쁜 영향을 줄 수 있는 업무 프로세스의 결함을 파악해야 한다. 그 다음에 품질 문제에 대한 개별적인 측정지표를 개발할 수 있다. 메트로 은행은 서비스 품질 측정지표의 하나로 '고객의 불평과 불만족'이라 불리는 지표를 개발하여 고객 불만의 원인이 되는 업무 프로세스의 결함을 밝혀냈다. 그 측정지표에는 다음과 같은 항목들이 포함된다.

- 긴 대기시간
- 부정확한 정보
- 서비스의 지연과 거절
- 완결되지 않은 요구나 거래
- 고객의 재정적 손실
- 적절히 대우받지 못한 고객
- 의사소통의 비효율

앞에서 기술했던 MCE 비율과 마찬가지로, 특별한 주의를 요하는 품질측정지표는 1차 합격통과율이다. 다음의 두 가지 사례가 이 측정지표의 중요성을 잘 설명해줄 것이다.

내셔널 모터스 *National Motors*

몇 년 전, 필자들 중 한 사람이 내셔널 모터스(가명)라는 자동차회사를 방문했다. 공장장은 방문객에게 공장을 안내하면서 전사적 품질관리와 적시생산 시스템으로의 전환을 강조했다. 공장을 둘러보던 방문객들은 제품이 마지막 검사에서 155점이라는 완벽한 점수를 받음으로써 전사적 품질 개선과제가 성공했음을 알리는 슬로건을 볼 수 있었다. 몹시 감명을 받은 방문객들에게 공장장은 다음 코스로 자재가 수령되는 곳을 보여주었다. 그곳은 이전에는 원자재와 구매한 부품을 옮기기 위한 레일이 설치되었던 곳으로 지금은 하루에도 몇 번씩 트럭이 오고가는 하역장으로 대체되어 있었다. 방문객들은 공장을 가로질러 가면서 여러 개의 높은 선반들을 발견했는데, 그곳에 마치 많은 양의 재고가 보관되어 있는 것처럼 보였다. 방문객 중 한 사람이 순진하게도 "재고를 보관할 필요가 있습니까?" 라고 물었다. 자재와 부품이 적시에 납품되어 즉시 프로세스에 투입되고, 한 프로세스에서 다음 프로세스로 지체 없이 이동한다면, 그가 본 많은 재고는 과연 어디에서 온 것일까? 공장장은 기다렸다는 듯이 약간은 생색을 내는 표정으로 그것은 재고가 아니라고 대답했다. 그곳은 재가공 지역이었던 것이다. 그 공장은 각 프로세스가 끝날 때마다 품목들을 검사하고, 품질검사에서 불합격된 품목을 재가공함으로써 품질 면에서 높은 점수를 획득했다. 이 공장은 품질 개선을 위해 프로세스를 다시 설계하기보다는 품질검사 방법을 보강하는 비용이 많이 드는 방식을 채택하고 있었던 것이다.

내셔널 일렉트릭 *National Electric*

1980년경, 내셔널 일렉트릭 사의 군용 전자부품 사업부는 회로판 생산과 조립에 있어 심각한 품질 문제를 안고 있었다. 이 문제에 대한 해결책으로 회사는 같은 분야의 일본 회사에 엔지니어 팀을 보내 두 회사의 생산 프로세스를 비교하도록 했다. 방문 초기에 내셔널 일렉트릭 사의 엔지니어 팀은 "100개가 한 묶음인 회로판 중 얼마나 많은 수가 전체 생산 프로세스를 무사히 통과하는가?" 라는 질문을 받았다. 내셔널 사의 팀장은 당당하게 대답했다. "전체 생산 프로세스를 모두 통과합니다. 이들은 값비싼 회로판입니다. 우리는 단 하나의 회로판도 그냥 버리지 않습니다." 대답을 들은 일본인은 자신의 질문이 잘못 전달된 것에 대해 사과하고 다시 질문했다. "재작업이 없이 전체 생산 프로세스를 통과하는 비율이 얼마나 됩니까?" 내셔널 일렉트릭의 엔지니어들은 몇 분간 의논했지만, 그 질문에 답할 만한 근거자료가 없음을 시인할 수밖에 없었다. 그들은 노동과 기계의 변화를 최소화하는 데 급급한 나머지 부가적인 생산측정지표, 특히 비재무적 측정지표를 고려할 여유가 없었던 것이다. 그래서 이번에는 반대로 일본 회사의 소유주에게 그 비율이 어떻게 되는지를 되물었다. 그는 12개월 전에는 겨우 90%에 지나지 않았지만 현재 1차 합격 산출률은 96%이며, 1차 합격 산출률 100%라는 목표를 세우고 이를 달성하기 위해 열심히 노력하고 있다고 대답했다.

내셔널 일렉트릭 사의 엔지니어들은 미국의 공장으로 돌아와서 공장장과 감시관에게 같은 질문을 던졌으나, 역시 아무도 대답하지 못했다. 이에 특별조사가 수행되었고 16%라는 1차 합격 산출률이 나왔다. 모든 사람들은 1차 합격통과율에 비약적인 개선이 이루어지지 않는 한 이 분야에서 밀려나고 말 것이라는 데 동의했다. 그 후 이 회사는 전사적 품질관리를 시행했고 6개월 동안 1차 합격 산출률이 60%로 증가했다. 이로 인해 노동인력은 25%가 감소되었다. 400명이었던 직원이 300명으로 감축되었는데 실제로 100명이라는 인원은 결함 있는 제품을 생산하고 검사하여 결국 완성품으로 통과될 수 있을 때까지 수리하기 위해서 고용되었던 것이다. 그러나 일단 공장이 결함 있는 상품을 생산하고 수리하는 일은 하지 않겠다고 선언하자 이 직원들은 더 이상 필요 없어졌다.

이러한 사례들은 품질측정지표로서 1차 합격통과율을 사용하는 것이 얼마나 의미 있는 일인가를 보여준다. 즉 품질 프로그램의 성공은 수많은 검사와 재가공 프로세스를 거쳐 출고되는 품목의 품질에 의해 측정되어서는 안 되며, 그보다는 생산 프로세스의 각 단계에서 고객이 제시한 명세와 일치하지 않는 품목의 비율을 감소시킴으로써 측정되어야 한다.

프로세스 원가 측정

때로는 프로세스 시간과 프로세스 품질을 측정하는 데 몰두한 나머지 프로세스의 원가 차원을 미처 고려하지 못하는 경우도 있다. 전통적인 원가회계 시스템은 개인의 업무와 운영, 부서의 비용과 효율성을 측정할 수는 있으나 프로세스 차원의 원가를 측정하지는 못한다는 단점이 있다. 일반적으로 주문의 이행, 구매 또는 생산기획이나 통제와 같은 프로세스는 여러 책임 센터의 자원과 활동을 통해 이루어진다. 때문에 관리자들은 활동기준 원가 시스템(ABC)이 출현한 뒤에야 비즈니스 프로세스의 원가를 측정할 수 있었다.[14)]

예를 들어 1980년대 후반 한 유명한 건강식품 제조업체에서 최초로 적용된 ABC 연구는 제조원가에 초점을 맞추었다. 이 연구를 통해 제조원가의 내용을 알게 되었고, 신제품의 다품종 소량생산이 복잡성을 초래한다는 것이 밝혀졌다. 회사의 R&D 활동을 통해 새로운 식품이 개발되면 초기 실험을 위해 소량이 제조되어야만 했는데, 이에 따라 이미 가동 중인 대량생산작업은 R&D 제품을 생산하기 위해 중지되었다가 이 생산이 끝난 후 다시 가동되었다. 일단 신제품이 시험적으로 시장에 출시되고 고객에게 피드백을 받은 후 제품의 재설계가 이루어지면, 이번에는 이전보다 더 소량의 제품이 생산되어야 했다. 과거에는 신제품 개발 및 테스트를 위한 소량생산 작업과 대량생산 작업의 중지로 인한 비용이 제조비용으로 처리되었으며, 전통적인 원가할당 절차에 따라 기존 제품에 그 비용이 할당되어 왔다.

ABC 연구에는 생산량과 배치*batch* 혹은 로트*lot*(생산이 실시되는 단위의 수량)와 관련된 모든 생산원가(대량생산 작업이 R&D 테스트에 의해 중지될 때 발생하는 설비의 준비비용 포함), 시험 마케팅을 위한 생산, 제품의 재구상은 새로 정의된 활동, 즉 신제품 출시 활동에 관한 것들이 포함되었다. 분석에 따르면 회사들은 이전보다 훨씬 더 많은 비용을 제품 출시에 소모하고 있었다. 과거에 회사들이 R&D의 총지출을 관리하지 않은 것은 아니었다. 하지만 산출량(제조되고 발매된 신제품의 수) 대비 지출비용을 추적하지는 않았다. 뿐만 아니라 소량 R&D제품 생산 때문에 발생하는 높은 제조원가와 같이 R&D 부서 밖에서 발생하는 원가를 고려한 적도 없었다. 일단 신제품 출시와 관련한 총원가를 이해하게 되면 관리자들은 신제품 개발 과정을 재구축하거나 훨씬 더 효율적이고 효과적인 프로세스를 얻기 위한 업무처리 절차의 제안들을 훨씬 잘 수용할 수 있게 된다. 더불어 단순한 제품 라인확장을 통해 얻는 수익과 비용을 더 잘 이해할 수 있을 것이다.

일반적으로 ABC 분석은 조직이 품질과 사이클 타임을 측정하는 것은 물론 업무 프로세스 관점에서 프로세스의 원가를 측정할 수 있게 해준다. 회사가 중요한 업무 프로세스의 지속적인 개선(TQM)이나 불연속적인 개선(리엔지니어링 혹은 비즈니스 프로세스 재설계)을 도입할 때, 원가와 품질, 시간에 대한 측정들은 이러한 개선 프로그램의 목표가 제대로 달성되고 있는지에 대한 자료를 제공할 것이다.

주)

1) 이에 대한 대안으로 자원을 기준으로 한 관점(RBV : Resource Based View)에서 전략을 도출한 회사(예를 들어 D. Collis and C. Montgomery, Competing on Resources: Strategy in the 1990s, Harvard Business Review,

July-August 1995, p.118~128)는 고객 관점이나 재무 관점을 다루기 전에 업무 프로세스 관점에 대한 목표와 측정지표를 수립하기를 원할 것이다. 사업 전략에 대한 RBV의 접근방법은 결정적인 핵심 역량을 기반으로 지속 가능한 경쟁우위를 달성하려고 노력한다. 이 접근방법에서 결정적인 능력은 핵심적 업무 프로세스 관점의 구체적 목표와 측정지표로 전환될 수 있다. 이들 업무 프로세스 측정지표를 통해 회사는 자사의 핵심 역량으로 공략 가능한 시장과 세분화된 시장에 대한 목표 및 측정지표를 파악함으로써 고객 관점과 연결될 수 있다.

2) R.S. Kaplan, Yesterday' s Accounting Undermines Production(Harvard Business Review, July-August 1984), p.95~101 / H. T. Johnson and R. S. Kaplan, Relevance Lost: The Rise and Fall of Management Accounting (Boston : Harvard Business School Press, 1987) / R. Howell, J. Brown, S. Soucy and A. Seed, Management Accounting in the New Manufacturing Environment(Montvale N. J. : National Associations of Accountants and CAM-Ⅰ, 1987) / R. S. Kaplan, 〈Limitations of Cost Accounting in Advanced Manufacturing Environments〉, in Measures for Manufacturing Excellence Accounting, ed.(Boston : Harvard Business School Press, 1990), p.15~38.

3) A. Nanni, J. Miller and T. Vollmann, What Shall We Account For?(Management Accounting, January 1988), p.42~48 / John Lessner, Performance Measurement in a Just-in-Time Environment : Can Traditional Performance Measurements Still Be Used?(Journal of Cost Management, Fall 1989), p.22~28 / Kelvin Cross and Richard Lynch, Accounting for Competitive Performance(Journal of Cost Management, Spring 1989), pp.20~28 / A. Nanni, R. Dixon and T. Vollmann, Strategic Control and Performance Measurement(Journal of Cost Management, Summer 1990), p.33~42.

4) 여러 부서와 조직 전체에 걸친 측정이 사소한 것이 아닌 만큼 비즈니스 프로세스에 관한 품질과 산출률, 작업완료, 사이클 타임 측정이 그렇게 어려울 필요는 없다. 물론 원가 측정은 직접적이고 물리적인 측정이 가

능하지 않기 때문에 더욱 어렵다. 활동을 기준으로 한 원가는 비즈니스 프로세스의 원가 측정을 촉진하는 데 중요한 역할을 한다.

5) R. S. Kaplan, Analog Devices: The Half-Life System, 9-190-061 (Boston : Harvard Business School Press, 1990) / R. S. Kaplan and D. P. Norton, The Balanced Scorecard : Measures That Drive Performance(Harvard Business Review, January-February 1992), p.71~79.

6) Robin Cooper는 When Lean Enterprises Collide : Competing Through Confrontation(Boston: Harvard Business School Press, 1995)에서 실제로 많은 일본 회사들이 타깃으로 선정된 세분시장에서만 경쟁하거나 회사의 일부 역량만을 통해 경쟁하기보다는 신제품의 원가, 품질, 기능성, 시장출시 기간 등의 모든 측면에서 경쟁자들보다 우위를 차지하려 한다고 주장한다.

7) Gary Hamel and C. K. Prahalad, Competing for the Future: Breakthrough Strategies for Seizing Control of Your Industry and Creating the Markets of Tomorrow(Boston : Harvard Business School Press, 1994), p.84, 100, 101.

8) 조직은 제품이나 서비스를 설계하기에 앞서 시장조사를 통해 실제적인 설계기간 동안의 목표 비용과 가치 엔지니어링에 접근할 수 있다. 이를 통해 고객들이 원하는 품질과 기능, 가격조합들을 회사의 기대 이익을 위한 하나의 원가로 통합할 수 있다. 설계기간 동안 제품 원가의 80% 이상이 결정되는 산업에서는 품질과 기능, 원가에 대한 철저한 고려가 특히 더 중요하다. Cooper, When Lean Enterprises Collide / Robin Cooper and W. Bruce Chew, Control Tomorrow' s Costs Through Today' s Designs(Harvard Business Review, January-February 1996), p.88~97

9) 제약회사와 농화학회사의 독점 판매는 특허권에 의해 보호되는 제품의 판매 비율과 경쟁자도 제조할 수 있는 일반 제품의 판매 비율을 비교함으로써 알 수 있다.

10) Charles H. House and Raymond L. Price, The Return Map: Tracking Product Teams(Harvard Business Review, January-February

1991), p.92~100 / Marvin L. Patterson, 〈Designing Metrics〉, chap. 3 in Accelerating Innovation: Improving the Process of Product Development(New York : Van Nostrand Reinhold, 1993).

11) Lessner, Performance Measurement in a Just-in-Time Environment, R. Kaplan, 〈Limitations of Cost Accounting in Advanced Manufacturing Environments〉, chap. 1 in Measures for Manufacturing Excellence / Eliyahu Goldratt and Jeff Cox, The Goal: A Process of Ongoing Improvement(Crotonon Hudson N. Y.: North River Press, 1986).

12) 대표적인 참고 문헌은 다음과 같다. C. Berliner and J. Brimson, 〈CMS Performance Measurements〉, Chap. 6 in Cost Management for Today's Advanced Manufacturing: The CAM-I Conceptual Design, ed.(Boston : Harvard Business School Press, 1988) / C. J. McNair, W. Mosconi, and T. Norris, Meeting the Technology Challenge: Cost Accounting in a JIT Environment(Montvale, N. J.: Institute of Management Accountants, 1988) / R. S. Kaplan, Management Accounting for Advanced Technological Environments(Science, 25 August 1989) p.819~823 / R. Lynch and K. Cross, Measure Up! Yardsticks for Continuous Improvement (Cambridge, Mass.: Basil Blackwell, 1991).

13) 신청서의 어떤 항목들은 15분 안에 확인될 수 없다. 이러한 경우 승인 결정은 고용경력과 월급, 구입한 주택의 시장가치 등과 같이 신청서에 기재된 유효한 정보를 통해 이루어진다. 이 정보는 며칠 동안에 걸쳐 확인될 것이다. 그러나 분석 작업과 신용조회는 15분 안에 끝날 수 있다.

14) G. Cokins, A. Stratton, and J. Helbling, An ABC Manager's Primer (Montvale, N. J.: Institute of Management Accountants, 1993) / R. Cooper, R. Kaplan, L. Maisel, E. Morrissey, and R. Oehm, Implementing Activity-Based Cost Management(Montvale, N. J.: Institute of Management Accountants, 1993).

6
학습 · 성장 관점

BSC의 네 번째이자 마지막 관점인 학습 · 성장 관점에서는 조직의 학습과 성장을 이끄는 목표와 측정지표를 개발한다. 재무·고객·업무프로세스 관점에서 수립된 목표는 조직이 뛰어난 성과를 달성하기 위해서는 어떤 부문에서 탁월해야 하는지를 규정했다. 이번 장에서 논의할 학습 · 성장 관점의 목표는 다른 세 가지 관점에서 설정한 야심찬 목표를 달성할 수 있게 하는 하부구조를 제공할 것이다. 이 학습 · 성장 관점의 목표는 다른 세 가지 관점의 뛰어난 결과물을 위한 동인이다.

조직의 관리자들이 단기적 재무성과로만 평가된다면 그들은 직원 · 시스템 · 조직의 프로세스 능력을 강화에 지속적으로 투자하기 어려울 것이다. 재무회계 모형에서는 이러한 투자가 기간비용으로 다루어지기 때문에 투자비용을 삭감하면 쉽게 단기적인 증분수익을 산출할 수 있다. 또한 관리자들은 직원·시스템·조직의 능력을 강화하는 데 실패함으로써 발생하는 장기적 결과는 단기적 운영결과에 나타나지 않을 것이며, 다른 사람이 책임을 맡게 되었을 때에 비로소 그 결과가 나타날 것이라고 추측하기도 한다.

BSC는 전통적인 단기투자가 아니라 새로운 설비와 신제품 연구개발과 같은 미래에 대한 투자의 중요성을 강조한다. 설비와 R&D에 대한 투자는 분명히 중요하다. 하지만 그것만으로는 충분치 않다. 조직이 장기적이고 야심찬 재무적 성장 목표를 달성하려 한다면 하부구조인 인력과 시스템 및 업무처리 절차에 투자해야 한다.

여러 서비스 및 제조업체들과 BSC를 구축한 필자들의 경험에 비추어볼 때 학습 · 성장 관점에는 다음과 같은 3가지 중요한 영역이 존재한다.

1. 직원 역량
2. 정보시스템 역량
3. 동기부여 · 권한위양 · 정렬

직원 역량

지난 15년간 경영 분야에서는 몇 가지 극적인 사고의 변화가 일어났다. 그중 하나는 직원들의 역할 변화이다. 실제로 직원들이 조직에 어떻게 기여하는가에 대한 새로운 경영철학만큼 산업화 사회에서 정보화 사회로의 혁명적인 사고의 변화를 잘 대변하는 것은 없을 것이다. 1세기 전 대량생산 회사의 출현과 과학적 관리법의 영향으로 회사들은 대단히 구체적이고 범위가 한정된 작업을 위해 직원을 고용하게 되었다. 조직 내에서 엘리트로 간주되는 산업 엔지니어와 관리자는 근로자들의 관행과 반복적인 작업을 상세히 기술하고, 근로자가 설계된 대로 작업을 수행하도록 통제하기 위한 기준과 감시체계를 수립했다. 다시 말해 근로자는 생각하는 작업이 아니라 단순하고 물리적인 작업을 위해 고용되었던 것이다.

그러나 오늘날에는 거의 모든 일상적 업무들이 자동화되었다. 근로자에 의한 기계적인 조립작업 등은 컴퓨터가 통제하는 제조작업으로 대체되었다. 또한 서비스업체들은 첨단 정보 시스템과 통신기술을 활용해 고객들이 직접 거래 프로세스에 접근할 수 있도록 하고 있다.

게다가 똑같은 효율과 생산성 수준을 유지하면서 같은 일을 반복하는 것으로는 더이상 조직의 성공을 기대할 수 없다. 현재 상태를 유지하려고 하는 조직들도 지속적으로 개선되어야 한다. 나아가 현재의 재무 · 고객 성과 이상으로 성장하고자 한다면 소수 엘리트들이 수립한 표준운영절차에 대한 집착을 버려야 한다. 대신 고객 프로세스와 성과를 향상시키기 위한 아이디어는 내부 프로세스와 고객에 가장 근접해 있는 일선 직원에게서 도출되어야 한다. 이에 따라 '과거의 내부 프로세스와 고객에 대한 대응'이라는 기준은 지속적인 개선을 위한 참고자료가 되어야 할 뿐, 이것이 현재와 미래의 성과에 대한 기준이 되어서는 안 된다. 이러한 변화를 위해서는 직원들의 마음가짐과 창조적 능력이 조직의 목표 달성에 집중될 수 있도록 직원들에 대한 대대적인 재훈련(reskilling)이 이루어져야 한다.

메트로 은행의 사례를 살펴보자. 과거에 이 은행은 고객의 요구와 예금계좌의 효율적인 거래 처리를 강조했다. 4장을 상기해보면, 메트로 은행의 고위임원들은 주요 재무적 측정지표를 위해 폭넓은 금융상품과 서비스를 시장에 내놓고 효과적으로 판매한다는 목표를 설정했다.

예를 들어 한 고객이 메트로 은행의 지점으로 걸어들어왔고 치자. 그는 행원에게 직장을 옮긴 관계로 새로운 고용주가 지불하는 월급을 자신의 당좌예금계좌로 이체시키고 싶은데 어떻게 하면 되는지 물었다. 요청을 받은 행원은 고객에게 인사부서에서 직접 당좌계좌로 이체시키기 위한 서류를 작성해야 한다고 알려주었다. 이렇게 해서 고객의 요구는 충족되었다.

그러나 이때 메트로 은행은 중대한 기회를 포착하지 못했다. 즉 고객의 요청이 있었을 때 다음과 같은 개인적·재무적 정보를 얻을 수 있는 기회를 놓쳤던 것이다.

- 주택·아파트의 소유 또는 임대 여부
- 자동차 보유대수와 사용년수
- 신용카드 개수와 종류
- 연간 수입
- 자산과 부채
- 보험
- 자녀수와 나이

이러한 정보를 확보했다면 행원은 훨씬 더 광범위한 금융상품과 서비스(예를 들면 신용카드, 개인 종합대출, 투자, 상호기금, 보험증권, 주택저당, 승용차 구입을 위한 대출, 학자금 마련을 위한 저축, 학자금 대출 등)를 제안할 수 있었을 것이다.

이를 위해서 행원들은 모든 종류의 은행상품과 서비스에 대한 교육을 받아야 하고, 각 고객의 요구에 맞는 상품 및 서비스를 제시할 수 있는 기술을 습득해야 한다. 메트로 은행의 임원들은 일선 직원들을 고객의 요청을 단순하게 처리하는 행원에서 능동적이고 믿을 수 있는 금융상담가로 변신시키기 위해서는 수년 간의 교육 프로그램이 필요하다는 결론을 내렸다.

핵심적인 직원 측정지표들

우리는 대부분의 회사들이 세 가지 핵심적 결과물 측정지표로부터 이끌어낸 직원 목표를 사용한다는 사실을 알아냈다(〈그림 6-1〉 참조). 이 핵심적 결과물 측정지표는 조직의 상황에 맞는 결과로 보완될 수 있다. 3가지 핵심적 직원 측정지표는 다음과 같다.

1. 직원만족도(Employee satisfaction)
2. 직원잔존율(Employee retention)
3. 직원생산성(Employee productivity)

이 3가지 핵심 측정지표에서 직원만족도 목표는 흔히 다른 두 가지 측정지표인 직원잔존율과 직원생산성의 동인으로 간주된다.

〈그림 6-1〉 학습 · 성장 측정의 기본틀

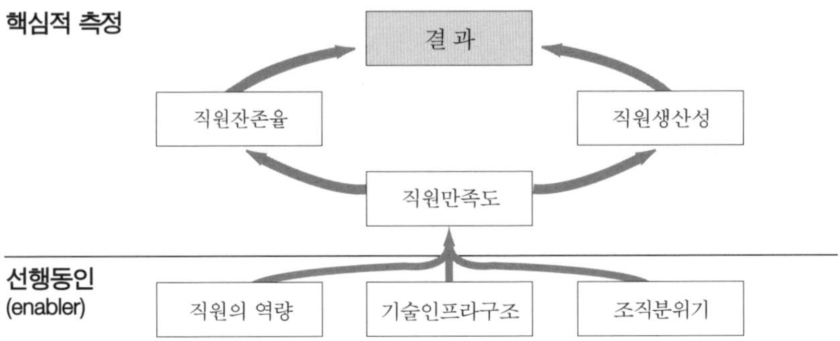

직원만족도 측정

현재 대부분의 조직들이 직원들의 사기와 전반적인 직무만족 여부를 매우 중요하게 생각한다는 것은 직원만족도 목표로 알 수 있다. 직원만족은 생산성과 고객대응, 품질 및 고객 서비스 향상을 위한 전제조건이다. 록워터 사의 경우 BSC 이행 초기에 이루어진 직원만족도 조사에서 최고점수를 기록한 직원들이 고객만족에도 능력을 발휘한다는 사실에 주목했다. 그러므로 회사가 높은 수준의 고객만족을 이루려면 고객들이 만족할 수 있는 직원이 필요하다.

고객들과 직접 대면하는 서비스업체의 경우 직원들의 사기는 특히 중요하다. 회사는 연간조사나 매달 무작위로 이루어지는 조사를 통해 직원만족도를 측정해야 한다.

직원만족도 조사에는 다음과 같은 요소들이 포함될 수 있다.

- 의사결정에의 참여
- 우수한 직무 수행에 대한 인정
- 우수한 직무 수행에 필요한 정보 접근
- 창의적인 활동과 과제수행에 대한 격려
- 간부들의 지원 수준
- 회사에 대한 전반적인 만족도

직원들은 이 같은 요소들에 대해 1~3 또는 1~5등급으로 나누어 '만족'과 '불만족' 점수를 매기도록 요청받을 것이다. 이렇게 점수로 매겨진 직원만족도 종합지수는 BSC에 기록되고 임원들은 이를 통해 사업부, 부서, 입지 및 감독자 별로 만족도를 쉽게 파악할 수 있다.

직원잔존율 측정

직원잔존율 측정을 통해 조직이 장기적으로 관계를 유지하고 싶어 하는 직원들이 이탈하지 않도록 하기 위한 목표를 포착할 수 있다. 이 측정지표는 조직이 직원들에게 장기적으로 투자해야 하며 조직이 원치 않는 이탈은 지적 자본의 손실을 가져온다는 이론에 기초하고 있다. 장기적으로 볼 때 충성스런 직원들은 조직의 가치를 전달하고, 프로세스에 대한 지식을 지니며, 고객의 니즈를 알아내는 능력이 있다. 직원잔존율는 일반적으로 핵심 직원의 이직률로 측정된다.

직원생산성 측정

직원생산성은 직원의 기술과 사기 및 혁신을 고양시키고, 내부 프로세스를 개선하며, 고객을 만족시킴으로써 발생하는 총체적인 영향력의 결과물 측정지표이다. 직원생산성 목표는 직원들에 의해 생산된 결과물과 그 결과물을 생산하기 위해 투입한 직원의 수와 관련 있다. 직원생산성을 측정하는 방법에는 여러 가지가 있는데, 그중 가장 간단한 직원생산성 측정지표는 직원 1인당 수입이다.

이 측정지표는 직원 한 사람이 얼마나 많은 결과물을 만들어내고 있는지를 나타낸다. 직원과 조직이 높은 부가가치의 제품과 서비스를 더 많이, 그리고 더 효과적으로 판매한다면 직원 1인당 수입은 증가하게 될 것이다.

직원 1인당 수입은 간단하고 이해하기 쉬운 측정지표이다. 그러나 목표 달성에 지나친 압력이 가해진다면 몇 가지 문제점이 발생할 수도 있다. 그중 하나는 수익을 창출하는 데 지출된 비용이 포함되지 않는다는 점이다. 만일 거래가 원가 이하로 이루어진다면 직원 1인당 수입은 증가하겠지만 총이익은 오히려 감소하게 될 것이다.

또한 목표를 측정할 때 퍼센티지*percentage*를 기준으로 하면 관리자는 두 가지 방법으로 목표를 달성할 수 있다. 일반적으로 선호되는 첫 번째 방법은 분자를 증가시키는 것인데, 이 경우 분모(직원의 수)를 증가시키지 않고 산출(수입)을 증가시킨다. 비교적 덜 사용되는 두 번째 방법은 분모를 감소시키는 것이다. 이는 다운사이징*Downsizing*, 즉 인원감축을 의미하는 것으로 단기적으로는 효과적일 수 있지만 회사의 장기적 역량을 희생시킬 위험이 있다. 분모를 감소시킴으로써 직원 1인당 수입을 증가시키는 또 다른 방법은 특정한 기능을 아웃소싱 *Out-sourcing*하는 것이다. 이를 통해 조직은 더 적은 수의 내부 직원으로 같은 수준의 산출(수입)을 유지할 수 있다. 그러나 아웃소싱이 조직의 장기적 전략과 부합되는 요소인지를 결정하기 위해서는 내부적으로 공급되는 서비스 능력(원가, 품질, 고객대응성)과 외부 공급자의 서비스 능력을 비교해야 한다. 그러나 직원 1인당 수입은 아웃소싱 문제를 결정하는 데 적절한 지표가 아닐 가능성이 높다.

관리자들이 직원 1인당 수입을 높이기 위해 아웃소싱 도입을 회피할 수 있는 한 가지 방법은 직원 1인당 부가가치 비율을 도입하는 것이다. 직원 1인당 부가가치는 분자(수입)에서 외부에서 구매한 자재와 서비스를 차감하여 직원 측정할 수 있다. 다시 말해 생산성이 높긴 하지만 더 많은 임금을 요구하는 직원으로 인력이 대체되는 것을 막기 위해서는, 분모를 직원의 수가 아닌 직원의 보수로 설정하면 될 것이다.

조직이 내부 인력 대신 자본이나 외부 공급자를 사용하는 것과 같이 사업의 내부 구조가 급진적으로 변화하지만 않는다면, 다른 측정지표들과 마찬가지로 직원 1인당 수입은 유용한 진단적 측정지표가 된다. 또 각 근로자들의 생산성 향상 노력을 촉진하기 위해 직원 1인당 수입 측정지표가 사용된다면, 이 측정지표를 위한 목표가 역기능적인 방법으로 달성되지 않도록 경제적 성공을 나타내는 다른 측정지표를 통해 보완되어야 한다.

상황에 따른 학습과 성장의 구체적 동인

일단 회사가 핵심적인 직원 측정(만족도, 유지도, 생산성)그룹을 위한 측정지표를 선정했다면, 그 다음에는 학습·성장 관점에서 상황별로 다른 구체적인 동인을 파악해야 한다. 이러한 동인들, 즉 인력의 재훈련, 정보 시스템 역량, 동기부여와 권한위양, 정렬 등은 세 가지 결정적인 선행동인들(enablers)로부터 도출되는 경향이 있다(〈그림 6-2〉 참조).

〈그림 6-2〉 상황에 따른 학습 · 성장의 구체적 동인

직원 역량	기술인프라구조	조직분위기
전략적 역량	전략적 기술	핵심 의사결정 사이클
훈련 수준	전략 데이터베이스	전략에 대한 초점
역량 레버리지	경험 획득	직원의 권한위양
	독점적 소프트웨어	개인적 정렬
	특허권, 저작권	사기
		팀 조직

인력의 재훈련

BSC를 구축한 많은 조직들이 급격한 변화를 겪고 있다. 고객 및 업무 프로세스 관점의 목표를 달성하려면 직원들은 새롭고 획기적인 책임을 맡아야 한다. 이 장에서 제시하는 메트로 은행의 예는 일선직원을 어떻게 재훈련시켜야 하는지를 보여준다. 그들은 고객의 요청에 단순히 반응하는 것에 그치지 말고 고객의 요구를 미리 예상하고, 고객에게 새로운 상품과 서비스를 마케팅할 수 있어야 한다. 이것은 조직이 직원들에게 요구하는 역할과 책임의 변화를 보여주는 대표적인 예가 될 수 있다.

〈그림 6-3〉 학습 · 성장 측정-재훈련

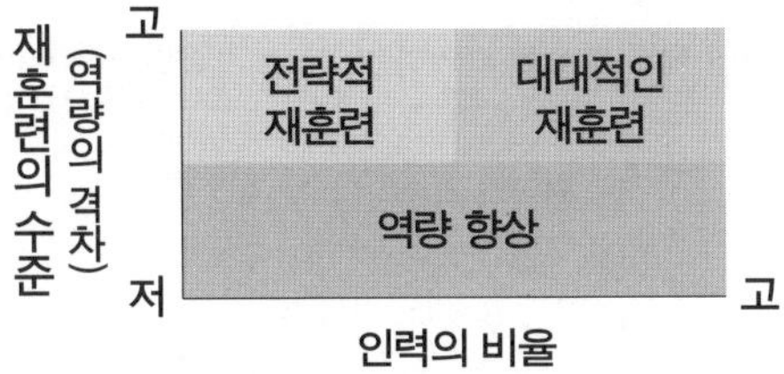

재훈련 시나리오	비전을 달성하기 위해 인력을 재훈련하거나 역량을 향상시킬 필요가 있다는 것이 주요한 전략적 주제다.
전략적 재훈련	핵심 인력의 일부가 높은 수준의 새로운 전략적 역량을 필요로 한다.
대대적인 재훈련	인력의 대대적인 역량 쇄신이 필요하다.
역량 향상	인력의 일부가(비율이 높건 낮건 간에) 핵심적 역량 향상을 필요로 한다.

직원 재훈련의 필요성은 재훈련 수준과 재훈련을 필요로 하는 인력의 비율이라는 두 가지 차원으로 구분지어 생각해볼 수 있다(〈그림 6-3〉 참조). 직원 재훈련 수준이 낮을 때(〈그림 6-3〉의 아랫부분), 직원들의 역량은 정기적인 훈련과 교육으로 충분히 유지될 수 있다. 이 경우 직원 재훈련 목표는 BSC안에 포함되지 않을 것이다.

〈그림 6-3〉의 윗부분에 속하는 회사는 업무 프로세스와 고객, 장기적 재무 목표를 달성하기 위해 직원들을 높은 수준으로 재훈련할 필요가 있다. 서로 다른 산업의 몇몇 조직은 재훈련 목표를 달성하기 위해 '직무의 전략적 적용범위 비율(strategic job coverage ratio)'이라는 새로운 측정지표를 개발했다. 이 비율은 조

〈그림 6-4〉 직무의 전략적 적용범위 비율-측정 개념

1. 가치사슬은 미래의 핵심적인 직무군(群)을 파악하는 데 이용될 수 있다

프로세스	활 동		전략적 직무군
시장 형성	▪ 세분시장 파악 ▪ 경제적 가치 ▪ 고객의 의견 청취	➡	고객 상담자 ▪ 만능인 ▪ 전문가
제품의 창출	▪ 제품의 설계 ▪ 제품의 획득 ▪ 개발과 포장	➡	고객 서비스
마케팅과 판매	▪ 판매촉진 ▪ 고객의 조언	➡	운 영

2. 전반적인 시장개발 전략을 통해 요구사항들의 적용 시기를 정한다

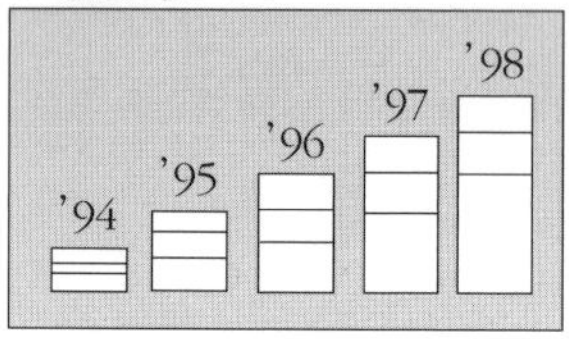

측정지표
직무의 전략적 적용범위
(직무요구사항의 충족 비율)

	'94	'95	'96	'97
1 단계	85%	60%	30%	10%
2 단계	-	80%	50%	30%
3 단계	-	-	75%	50%
4 단계				

3. 각 직무군은 역량 프로필을 가진다

역 량	고객 상담자		고객 서비스	운 영
	만능인	전문가		
지 식				
▪ 산 업	×		×	
▪ 기 업	×		×	
▪ 재 무	×			
▪ 상 품		×		×
▪ 시스템			×	×
기 량				
▪ 판 매	×	×	×	×
▪ 자 문	×	×	×	×
▪ 재무분석가		×	×	×
▪ 서비스수준	×	×	×	
오리엔테이션				
▪ 스타일	×			
▪ 문 화	×		×	
▪ 배 경		×		×

4. 역량 평가로 현재 어떤 직원이 자격을 갖추었는지 혹은 재훈련되어야 하는지를 결정한다

5. 역량개발 전략은 직무개발 경로를 구축한다

1 단계	공인된(대가)
2 단계	고참(확실한 솜씨를 가진 자)
3 단계	(숙련공)
4 단계	신참(견습생)

직의 기대치를 충족시킬 수 있는 특정한 전략적 업무를 수행할 자격이 되는 직원의 수를 나타낸다. 특정 직위의 경우 자격요건이 미리 정의되어 있기 때문에 그 직위에 있는 직원은 특정한 고객들과 업무 프로세스 관점의 목표들을 달성하기 위한 핵심 역량을 조직에 전달할 수 있게 된다. 〈그림 6-4〉는 한 회사가 직무의 전략적인 적용범위 비율을 개발한 과정을 보여준다.

역량 · 지식 · 태도의 차원에 따라 측정했을 때, 미래에 필요한 역량과 현재의 역량 사이에는 보통 큰 차이가 나타난다. 이러한 격차를 인식하는 것은 인적자원의 격차를 좁히기 위한 전략과제를 시작하는 동기가 된다.

대대적인 재훈련(〈그림 6-3〉의 오른쪽 위)을 필요로 하는 조직의 경우 기존 직원들에게 필요한 역량을 갖추게 하는 데 걸리는 시간이 또 다른 측정지표가 될 수 있다. 만약 대대적인 재훈련 목표를 달성하고자 한다면, 조직은 직원의 재훈련 사이클타임을 단축시킬 수 있는 역량을 보유하고 있어야만 한다.

정보 시스템 역량

고객과 업무 프로세스 관점의 확장된 세부 목표를 달성하기 위해서는 직원들에 대한 동기부여와 그들의 역량이 필요하다. 그러나 그것만으로는 충분하지 않다. 오늘날과 같이 경쟁이 치열한 환경에서 직원들이 역량을 발휘하기 위해서는 4가지 관점의 목표를 수행하는 데 도움이 될 만한 양질의 정보가 필요하다.

일선직원은 개별 고객과 조직의 총체적 관계에 대한 정확하고 시의적절한 정보가 필요하다. 이 정보에는 메트로 은행의 경우처럼 활동기준 원가분석에서 도출한 개별 고객의 수익성에 대한 추정치가 포함된다. 또한 일선직원은 개별 고객이 어떤 세분시장에 속하는지 알아야 하고, 이 정보를 통해 현재의 거래에서 고객을 만족시킬 수 있어야 한다. 고객의 새로운 니즈를 학습하거나 그 니즈를 충족시키는 데에도 얼마나 많은 노력이 필요한지 판단할 수 있어야 한다.

사업의 운영 측면에서도 직원들은 적시에 생산되고 납품된 제품이나 서비스에 대해 신속하고 시의 적절하며 정확한 피드백이 필요하다. 이러한 피드백을 통해 직원들은 체계적으로 결함을 제거할 수 있고, 생산 시스템의 원가, 시간, 폐기물의 개선을 지속할 수 있다. 뛰어난 정보 시스템은(TQM) 직원들이 지속적 혹은 불연속적으로(프로세스 재설계와 리엔지니어링 프로그램을 통해) 프로세스를 개선할 때 필요하다.

몇몇 회사는 정보의 전략적 적용범위 비율(strategic information coverage ratio)을 정의했다. 이 비율은 앞에서 소개했던 직무의 전략적 적용범위 비율과 유사한 것으로, 조직의 기대치와 비교한 현재의 정보 이용가능성을 평가한다. 정보의 전략적 이용가능성 측정지표는 실시간으로 품질·사이클 타임·원가 등에 대한 피드백을 제공하는 프로세스의 비율과, 고객에 대한 정보를 온라인으로 이용할 수 있는 일선직원의 비율 등으로 측정할 수 있다.

동기부여·권한위양·정렬

숙련된 직원에게 양질의 정보를 제공한다 하더라도 조직의 최대 이익을 위해 행동하도록 동기부여하지 못하거나, 그들에게 의사결정을 하고 이를 실행에 옮길 수 있는 권한을 주지 않는다면 직원들은 조직의 성공에 기여하지 못할 것이다. 그러므로 학습·성장 관점 목표의 세 번째 동인은 직원에 대한 동기부여와 추진과제활용을 장려하는 조직 분위기에 초점을 맞춘다.

제안의 제출 및 이행 측정지표

동기부여 되고 권한위양을 받은 직원의 성과는 여러 가지 방법으로 측정될 수 있다. 가장 간단하면서도 널리 사용되는 측정지표는 직원 1인당 제안건수이다. 이 측정지표로 조직성과의 향상을 위한 직원의 참여도가 어느 정도인지 알 수 있다. 이 측정지표는 제안의 이행건수라는 측정지표에 의해 보완될 수 있다. 이 보완적인 측정지표는 제출된 제안의 질을 평가할 뿐만 아니라 제안이 높이 평가되고 진지하게 받아들여진다는 것을 직원들에게 전달하는 역할을 한다.

예를 들어 한 회사의 고위임원들은 개선을 제안하는 직원들의 참여 수준과 제안의 질에 실망하고 있었다. 이에 따라 임원들은 다음과 같은 추진과제를 전략적으로 배치했다.

- 제안제도의 가시성과 신뢰성을 높일 수 있는 성공적인 제안의 사례를 보여준다.
- 직원의 제안을 통해 달성된 수익과 개선을 보여준다.
- 이행된 제안에 대한 새로운 보상구조를 제시한다.

이러한 추진과제를 통해 제안의 제출건수와 이행건수가 모두 대폭 증가했다.

초기에 록워터 사는 제안건수를 성과관리지표의 측정지표 중 하나로 사용했지만 그 결과는 대단히 실망스러웠다. 대부분의 직원들이 자신의 제안이 실행되지 않는다고 생각하고 있었던 것이다. 이에 따라 고위임원들은 제출된 모든 제안에 대해 적절한 조치를 취하고, 직원들에게 즉시 피드백을 제공하라고 프로젝트 관리자에게 지시했다. 관리자들이 제안을 이행하고 피드백을 주자 직원들의 제안건수는 대폭적으로 증가했다. 이러한 참여를 통해 록워터 사는 연간 수십만 달러를 절약할 수 있었다.

개선 측정지표

직원들의 제안이 성공적으로 이행됨으로써 얻어진 구체적인 결과물은 비용절감에만 국한되지 않는다. 조직은 직원들의 제안을 통해 구체적인 내부 프로세스와 고객 프로세스의 품질, 시간, 성과의 향상을 기대할 수 있다. 아트 슈나이더만 *Art Schneiderman* 이 아날로그 디바이스 사의 품질개선 및 생산성 담당 부사장으로 있을 때 개발한 반감기(half-life) 측정준거는 프로세스 성과를 50% 향상시키는 데 필요한 시간을 측정한다.[1] 반감기 측정준거는 조직이 제로*zero*상태로 만들려 하는 모든 프로세스(원가, 품질, 시간)에 적용될 수 있다. 예를 들어 납품 지연, 결함의 수, 폐기물, 장기결근 등이 있다. 또한 프로세스의 사이클타임과 신제품 개발과정에서 '낭비된' 시간을 측정하는 데도 적용될 수 있다.

반감기 측정준거는 TQM 팀이 공식적인 품질개선 프로그램을 성공적으로 수행한다면 일정한 비율로 결함을 감소시킬 수 있다는 것을 전제로 한다(〈그림 6-5〉 참조). 예를 들어 한 조직이 중요한 고객 목표 중 하나로 적시납품을 선택했다고 가정하자. 또 현재의 사업단위가 주문받은 제품의 납품일자를 어기는 비율이 30%라고 가정해보자. 만약 4년(48개월) 안에 30배를 개선하여 납품오차율을 1%로 감소시키는 것이 사업단위의 목표라면, 아래 표에서 알 수 있듯이, 지속적인 개선 프로세스를 통해 9개월마다 납품오차를 반으로 줄이면 이 목표를 달성할 수 있다.

관리자들은 시스템의 결함 제거비율을 설정함으로써 정해진 기간동안 계획한 만큼 오차를 줄였는지 확인할 수 있다. '천릿길도 한 걸음부터'라는 속담이 시작의 중요성을 말해주는 반면, 반감기 측정준거와 같은 지속성을 필요로 하는 개선은 조직이 올바른 방향으로 가고 있는지, 계획된 기간 안에 목표에 도

개 월	납품오차율(%)
0	30
9	15
18	7.5
27	3.8
36	1.9
45	1.0

〈그림 6-5〉 반감기 측정준거

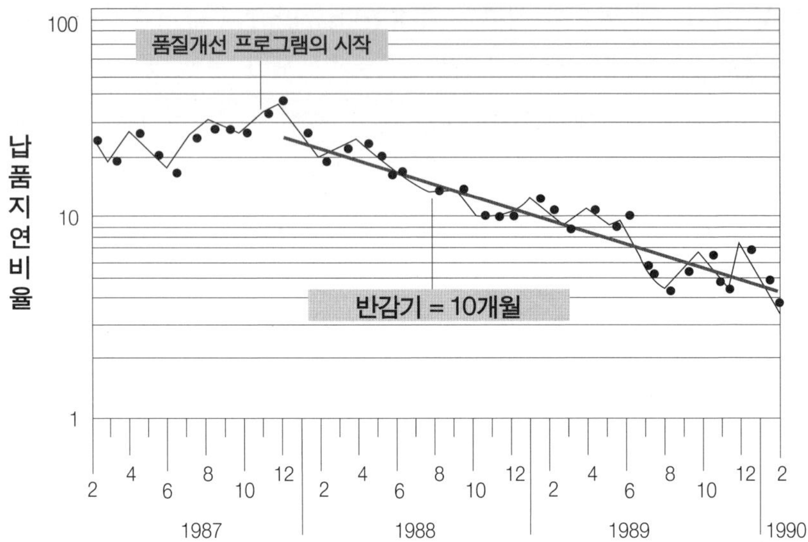

달할 수 있을 만한 속도를 유지하고 있는지 알 수 있다.

프로세스 개선을 위한 직원의 제안과 참여의 결과물 측정지표로 반감기 측정준거를 사용하려는 회사는 다음과 같은 일을 수행해야 한다.

- 프로세스 개선이 필요한 곳의 프로세스 측정준거를 파악한다.
- 각각의 프로세스에 맞는 반감기를 계산한다.
- 계산된 반감기에 따라 개선이 이루어지고 있는지 측정할 수 있는 측정지표를 구축한다.

제안이 성공적으로 이행된 건수와 중요한 프로세스가 실제로 개선된 비율을 측정하는 것은 개인의 목표가 조직의 목표에 정렬되었는지를 알려주는 훌륭한 결과물 측정지표다. 이 측정지표는 직원들이 개선 활동에 적극적으로 참여하고 있음을 보여준다.

개인과 조직의 정렬 측정지표

개인과 조직의 정렬을 위한 성과동인은 각각의 부서와 개인이 자신들의 목표를 BSC에 표현된 회사의 목표에 정렬시켰는지에 초점을 맞춘다. 어떤 조직은 고위 관리자가 하부조직에 있는 직원들에게 성과관리지표를 소개할 때 사용할 수 있는 전개 프로세스를 만들었다(〈그림 6-6〉 참조). 그 전개 프로세스는 다음의 2가지 주요 목표를 갖는다.

1. 조직의 목표 달성에 정렬을 이룬 개인과 하위단위의 목표, 보상, 표창제도
2. 팀 기반의 성과관리지표

전개 프로세스를 위한 측정지표는 이행 과정을 통해 발전시켜 나갔다. 첫 번째 단계에서 고위관리자는 BSC의 배경과 틀을 수립했다. 그리고 자신들의 책임범위에 대한 측정지표를 개발하고 조직에 성과관리지표를 하향식으로 도입할 수 있는 이행계획을 세웠다. 이행단계의 성공 여부를 파악하는 첫 번째 측정지표는 BSC에

노출된 고위관리자의 비율이었다.

도입단계가 지난 후, BSC는 구체적인 이행계획에 따라 조직 전체에 전달되었다. 이에 따라 BSC에 노출된 직원의 비율이라는 새로운 측정지표가 도입되었다. 세 번째 단계에서 고위관리자와 임

〈그림 6-6〉 개인 목표의 정렬-측정 개념

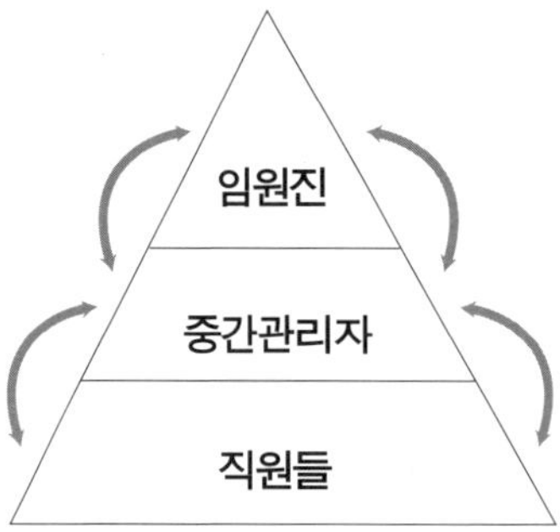

1. 하향식 관리 전개

· 목표를 공유하기 위한 수단으로 BSC의 배경을 정리한다.
· BSC에 대한 이해와 수용이끌어낸다.
· 관리자들이 이 측정지표를 그들의 책임분야에 맞게 수정하도록 만든다.
· 관리자들은 세부 목표를 수립하는 데 필요한 정보가 무엇인지 알기 위해 업무를 점검한다.
· 관리자들은 조직 내에 BSC를 하향 전달하는 이행계획을 개발하고 집행한다.

2. 직원에게 BSC 소개

· 조직의 배경과 전략, 추진과제를 전달한다.
· BSC를 소개한다 - 그것은 무엇인가? 어떻게 사용되는가? 이행계획은 무엇인가? 무엇이 성취되었는가?
다음 단계는 무엇인가?

3. 수익계획 · 세부 목표 설정

· 재무적 세부 목표의 정의를 내리기 위하여 하향식 프로세스를 이행한다.
· 비재무적 측정지표에 대한 세부 목표 수립을 위하여 상향식 프로세스를 이행한다.

4. 개인 목표의 정렬

· 각 직원은 성과관리지표의 측정에 영향을 미칠 활동이나 그들이 수행할 활동을 파악하고, 전략에 정렬된 목표를 수립한다.
· 관리자들과의 협의를 통해 개인 목표를 수립한다.

측정 접근방법

측정지표는 이행과정을 통해 발전해 나간다

1. BSC에 노출된 중간관리자의 비율
2. BSC에 노출된 직원의 비율
3. BSC에 노출된 중간관리자 중 BSC에 정렬된 개인 목표를 가진 관리자의 비율
4. BSC에 정렬된 개인적 목표를 가진 직원의 비율과 개인적 목표를 성취한 직원의 비율

원들은 성과관리지표의 재무적·비재무적 측정지표에 대해 구체적인 목표를 정하고, 이 목표의 달성을 인센티브 제도와 연결시켰다. 그들은 이 프로세스의 성공 여부를 알기 위해 최고관리자의 개인적 목표가 BSC에 정렬된 비율을 새로운 측정지표로 도입했다. 그리고 마지막 이행단계에서 모든 개인이 성과관리지표의 목표 및 측정지표와 연결된 목표를 가지고 활동하도록 했다. 이 단계를 위한 정렬 결과물 측정지표는 BSC에 정렬된 개인적 목표를 가진 직원의 비율과 개인적 목표를 달성한 직원의 비율로 측정되었다.

또 다른 조직은 고위임원들에게 직접 보고하는 20개 사업단위 중 얼마나 많은 사업단위가 BSC 목표에 정렬되었는가를 조사했다. 임원들은 다음 사항에 동의를 얻기 위해 20개 사업단위와 심도 있는 회의를 계획했다.

- 사업단위의 주요 활동들은 어떻게 성과관리지표에 정렬되는가
- 이 활동들의 성공 여부를 알 수 있는 측정지표의 개발
- 사업단위 관리자와 직원들의 BSC 정렬에 관한 의사소통
- 개인의 성과 목표와 성과관리지표의 정렬

이때 조직의 정렬측정지표는 이러한 정렬 프로세스를 성공적으로 완수한 사업단위의 비율이다.

조직은 정렬의 결과뿐만 아니라 조직의 목표를 개인에게 정렬시키고 연계하려는 노력을 단기적·중기적으로 측정할 수 있다. 한 회사는 BSC에 명시된 목표 달성을 위한 직원들의 동기부여 정도

와 동기부여를 유인하는 요소를 평가하기 위해 정기적인 분위기 조사를 수행했다. 이때 동기부여 정도를 평가하기 이전 단계로 '인식 평가'가 있는데, 어떤 조직은 성과관리지표 이행의 초기단계에서 회사의 새로운 비전을 인지하고 이해하는 직원의 비율을 측정하기도 했다.

광범위한 시장조사를 통해 광고와 판촉 프로그램에 대한 피드백을 얻는 한 소비재 생산업체는, 자사의 전문성을 살린 새로운 전략에 대한 직원의 반응과 몰입도를 측정했다. 이 회사는 BSC를 신제품 출시에 적용시켰고, 6개월마다 설문조사를 실시하여 조직의 서로 부서들이 전략을 시장에 얼마나 적용하고 있는지 평가했다.

인식수준	전형적인 대답
1. 인 지	"새로운 전략과 BSC에 대해서는 들었지만, 아직 나에게 영향을 미치고 있진 않다."
2. 적 용	"BSC에서 배운 사실에 기초하여 전과는 다른 방식으로 일을 처리하기 시작했다.
3. 선 호	"내가 시도하는 새로운 방식이 효과적이다. 그러한 방식이 나 자신은 물론, 고객과 회사에도 도움이 된다는 것을 안다."
4. 충 성	"나는 새로운 전략이 올바른 것이라고 확신한다. 나는 다른 사람들이 편승하도록 인도하려는 의욕적인 선교사이다."

〈그림 6-7〉 새로운 비전과 전략을 이해시키기 위한 '의식공유 캠페인'의 측정

이 조사에 대한 직원의 응답은 다음과 같은 4가지 인식유형으로 분류됐다.

이 설문조사는 관리자가 BSC의 목표와 측정지표를 인식하고 몰입해가는 과정을 측정하고, 부가적인 노력과 주의를 요하는 영역을 파악하는 데 도움을 주었다(〈그림 6-7〉 참조).

팀 성과의 측정지표

오늘날 많은 조직들은 고객과 주주를 만족시키려면 뛰어난 업무 프로세스가 필수적으로 필요함을 인식하고 있다. 이러한 조직의

관리자들은 업무 프로세스 성과를 위해 확장된 세부 목표가 한 개인이 더 열심히, 더 현명하게, 더 많은 정보를 활용해서 일하는 것만으로는 성취될 수 없다고 믿는다. 많은 조직들이 중요한 비즈니스 프로세스(제품개발과 고객 서비스, 내부 운영)를 성공적으로 운영하기 위해 점차 팀제로 전환하고 있다. 팀을 성공적으로 구축하고, 팀 성과를 촉진하고 통제하기 위해서는 목표와 측정지표가 필요하다. 예를 들어 내셔널 인슈어런스 사는 자산과 상해 분야의 전문 보험사가 된다는 전략의 일환으로 모든 업무 프로세스를 팀 중심으로 조직했다. 그리고 학습 · 성장 관점에서 다음과 같은 팀 구축과 팀 성과의 6가지 측정지표를 개발했다.

1. 팀 구축에 대한 내부조사 : 사업단위가 새로운 기회를 창출 · 지원하고 있는지에 대한 직원조사
2. 이익공유 수준 : 조직이 다른 사업단위, 다른 조직, 고객에 팀 기반 관계를 어느 정도 적용하고 있는지 추적
3. 통합된 계약건수 : 하나 이상의 사업단위가 참여한 프로젝트 수
4. 손실통제 효율 : 손실통제 단위가 새로운 정책에 대해 자문받은 비율
5. 팀에 의해 개발된 사업계획의 비율 : 본사가 지원한 자원으로 계획을 발전시킨 사업단위의 비율
6. 인센티브를 공유하는 팀의 비율 : 팀 구성원들이 공통의 목표와 인센티브를 공유하는 팀의 수

이러한 측정지표를 통해 팀 내에서 효과적으로 일하는 개인과 조직의 한 부분으로서 조직에 성숙한 지원과 보조를 제공하는 팀에 회사의 목표를 명확히 전달할 수 있었다.

팀 구축(Teaming) 개념은 이익 공유와 결합됨으로써 더욱 확장될 수 있다. 공통의 목표를 달성했을 때 팀은 이익 공유를 통해 모든 팀원에게 보상을 골고루 배분한다. 한 조직은 이익 공유를 위해 다음과 같은 3가지 측정지표를 제안했다.

1. 전체 프로젝트 중 이익 공유 비율
2. 전체 프로젝트 중 잠재적 이익 실현 비율
3. 전체 프로젝트 중 개별 팀의 인센티브가 프로젝트 성공으로 연결된 비율

누락된 측정지표

우리는 재무·고객·업무프로세스 관점에서 살펴보았던 몇몇 회사 고유한 측정지표들과는 달리, 학습 · 성장 관점의 회사 고유의 측정지표에 대해서는 많은 예를 제공할 수 없었다. 많은 회사들이 재무·고객·혁신·운영 프로세스의 목표에 대한 구체적 측정지표에 대해서는 충분한 준비가 되어 있었다. 그러나 직원의 역량, 정보의 전략적 이용가능성, 조직 간 협력과 같은 측정지표의 동인을 측정하기 위해서는 어떠한 노력도 하지 않았다. 성과관리지표의 측정지표

와 관리의 틀을 채택하는 데 있어 가장 중요한 목표 중 하나는 개인과 조직의 역량을 향상시키는 것이기 때문에, 이러한 차이는 매우 실망스러운 것이다. 누락된 측정지표에 대해서는 10장에서 BSC의 관리 프로세스를 논의하면서 다시 다룰 것이다.

학습 · 성장 관점에 대한 회사 고유의 측정지표가 수립되지 않았다는 것은 회사가 전략 목표를 직원의 재훈련과 정보 제공, 개인·팀·조직단위를 회사의 전략 및 장기 목표에 정렬시키지 않고 있었음을 단적으로 보여준다. 직원 교육과 재훈련, 권한위양, 정보 시스템, 직원의 동기부여를 옹호하는 사람들은 종종 이러한 프로그램을 궁극적인 목표로 생각한다. 지금까지 이 프로그램들은 근본적인 해결책이라는 것을 인정받아 왔지만, 조직이 구체적이고 장기적인 경제적 목표와 고객 목표를 성취하도록 돕는 수단으로는 인정받지 못했다. 때문에 이러한 프로그램에 자원과 추진과제가 할당된다 하더라도, 그것이 전략 목표 달성을 위한 측정 가능한 결과로 연결되지는 못했다. 이러한 측정 불능은 좌절을 초래했다. 고위임원들은 결과를 측정할 수 없는 직원과 시스템에 대한 막대한 투자를 얼마나 지속해야 하는지 의문을 갖게 되었다. 반면에 인적자원과 정보 시스템을 옹호하는 사람들은 조직이 왜 그것을 더 중요하고 더 전략적인 것이라고 생각하지 않는지에 문제를 제기했다.

우리는 학습과 성장 목표를 위한 회사 고유의 측정지표가 없다는 사실이 이 관점을 BSC에 포함시키는 것의 태생적인 한계나 약점은 아니라고 믿는다. 오히려 그것은 대부분의 조직이 직원, 정보 시스템, 조직의 정렬을 조직의 전략 목표에 연결하는 데 한계를 지니고 있음을 나타낸다.

필자들은 회사들이 BSC의 측정 틀에 기초하여 관리 프로세스를 이행해 나가면서 학습 · 성장 관점을 위해 더 창조적이고 개별화된 측정지표를 개발한 사례를 더 많아지기를 기대한다. 또한 다음 장에서는 BSC와 4가지 관점의 측정지표들간의 인과관계를 보여주는 메커니즘을 설명할 것이다. 이로써 학습 · 성장 관점의 측정지표가 다른 세 가지 관점의 성과를 달성하는 데 어떻게 연결될 수 있는지를 보여줄 것이다.

우리들은 회사가 학습 · 성장 관점을 무시하기보다는 개별화된 측정지표를 개발할 때까지 이 장에서 파악된 일반적인 측정지표(직무의 전략적 적용범위, 정보의 전략적 이용도, 목표 개선율을 달성한 프로세스의 비율, 전략적 BSC 목표에 정렬된 핵심 직원들의 비율)를 사용하기를 바란다. 관리자와 직원들이 회사 고유의 측정지표를 개발할 수 있을 때까지 이러한 일반적 측정지표들은 조직간의 역량 차이를 보여줄 뿐만 아니라 표식(markers)로서 기능할 것이다.

표지로서의 측정지표

마이클 비어*Michael Beer*가 그의 전략적 인적자원 관리 연구에 기초하여 제안한 학습 · 성장 관점의 접근방법은, 측정지표를 개발하지 못했거나 이용할 수 없을 때 이를 텍스트로 대체한다는 것이다.[2)] 직원들이 회사의 전략을 더 잘 이행하고 향상시킬 수 있도록 그들의 역량을 높이기 위한 목표를 설정하였다고 하자. 현재 이 목표가 의미하는 바는 불확실하기 때문에 이에 대한 정확하고 믿을 수 있는 측정은 어렵다. 그러나 관리자들이 인적자원 개발 프로세스에 대한 전략적 점검을 수행할 때마다 핵심관리자는 1, 2장 정도의 분량으로 기록을 남긴다. 이때 가장 최근의 활동과 달성 결과, 그리고 현재 조직의 인적자원 역량이 어느 정도인지를 최대한 자세히 기록한다. 추진과제의 수행과 성과에 대한 활발한 대화와 토론에 기초하여 만들어진 이 기록은 구체적인 측정지표를 대신하게 될 것이다.

이러한 기록은 측정지표와 동일하지 않고 측정지표의 장기적 대체물도 아니지만, 공식적인 측정 시스템과 비슷한 역할을 수행할 수 있는 표지이다. 핵심관리자는 각 전략에 대한 점검기간 중에 시행된 프로그램과 그 결과를 보고해야 하므로, 이 기록은 직원들이 계획대로 행동하도록 자극한다. 이 기록은 정기적인 책임, 검토, 피드백 및 학습에 대한 가시적인 근거를 제공한다. 기록을 통해 보고함으로써 측정 시스템에 빈틈이 존재한다는 신호를 보낼 수도 있다. 이 신호는 임원들에게 전략 목표를 수치화할 필요가 있음을 계속적으로 상기시킨다. 또한 직원과 정보 시스템, 그리고 조직단위의 능력 개발 목표의 전달과 평가를 위하여 더 가시적인 근거를 제공할 수 있는 측정 시스템의 개발 필요성을 상기시킨다.

요 약

궁극적으로 재무·고객·업무 프로세스 관점의 야심찬 목표를 충족시키는 힘은 조직의 학습과 성장 역량에 달려 있다. 학습과 성장을 가능케 하는 세 가지 원천은 직원, 시스템, 조직이다. 일반적으로 전략이 효과적으로 달성되기 위해서는 조직의 역량을 구축하도록 도와주는 사람과 시스템, 프로세스에 대한 상당한 투자가 필요하다. 뛰어난 성과의 동인에 대한 목표와 측정지표는 모든 조직의 BSC에 포함되어야 한다.

만족도·유지도·생산성 등 직원과 관련된 세 가지 측정지표는 직원, 시스템, 조직의 정렬에 대한 투자로부터 도출된 결과물 측정지표를 제공한다. 현재까지 이러한 결과물의 동인들은 BSC의 다른 세 가지 관점의 동인들보다 많이 개발 되지 않은 상태다. 이러한 동인에는 직무의 전략적 적용범위와 정보의 전략적 이용 가능성, 개인·팀·부서의 전략 목표로의 정렬에 대한 요약 지표 등이 포함된다. 현재 회사 고유의 측정지표가 없다는 것은 앞으로 사업단위 전략에 한층 더 근접할 수 있는 개별화된 직원과 시스템, 그리고 조직에 대한 측정준거를 개발할 기회가 있음을 나타낸다.

주)

1) A. Schneiderman, Setting Quality Goals(Quality Progress, April 1988), p.51~57 / R. Kaplan, Analog Devices, Inc. : The Half-Life System 9-190-061(Boston : Harvard Business School, 1990).

2) M.Beer, R. Eisenstat and R. Biggadike, Developing an Organization Capable of Strategy Implementation and Reformulation, in Organizational Learning and Competitive Advantage, ed. B. Monigon and A. Edmonson (London : Sage, 1996).

7
BSC 측정지표를 회사의 전략과 연결하기

앞의 4개의 장에서는 BSC 구축의 기본적인 내용을 설명하였다. 또한 재무, 고객, 업무 프로세스, 학습과 성장이라는 4가지 관점의 재무적·비재무적 측정지표들을 만드는 방법도 설명했다. 그렇다면 성공적인 BSC란 무엇일까? 4가지 관점으로 분류된 재무적·비재무적 측정지표를 무턱대고 섞어놓기만 하면 될까?

측정 시스템의 궁극적인 목적은 모든 관리자와 직원이 사업단위 전략을 성공적으로 이행할 수 있도록 동기부여 하는 것이다. 회사가 전략을 측정 시스템으로 전환시킬 수 있다면 회사의 목적과 목표를 효과적으로 공유할 수 있다. 따라서 전략을 훨씬 효과적으로 수행할 수 있게 된다. 이러한 공유는 관리자와 직원들로 하여금 핵심적인 동인들에 초점을 맞추게 한다. 또한 전략의 목표를 달성하는 방향으로 투자와 추진과제, 활동 등을 정렬할 수 있다. 그러므로 성공적인 BSC란 통합된 재무적·비재무적 측정을 통해 전략을 공유하는 것이다.

사업단위 전략을 공유하기 위해 BSC를 구축하는 일이 왜 중요할까?

- BSC는 직원들에게 조직의 미래 비전을 보여주며, 그것을 공감할 수 있게 한다.
- BSC는 직원들에게 자신이 조직의 성공에 어떤 식으로 기여하는지 알 수 있게 도와주는 총체적 모델을 제공한다. 이러한 연결이 없다면 개인과 부서는 그들의 성과가 조직의 전략 목표를 달성하는 데 기여하지 못하더라도 상관하지 않게 될 것이다.
- BSC는 변화하려는 노력에 초점을 맞춘다. 일단 목표와 측정지표가 제대로 수립되었다면 그것을 성공적으로 이행하는 것은 더 쉬워진다. 하지만 목표와 측정지표가 제대로 수립되지 못했다면 전략에 대한 투자와 추진과제는 낭비될 것이다.

BSC가 전략의 줄거리를 말해주고 있다는 것을 어떻게 알 수 있을까? BSC가 정말로 사업단위 전략의 결과와 성과동인을 모두 공유하고 있는지는 BSC의 민감성과 투명성을 살펴보면 알 수 있다. BSC는 조직의 전략으로부터 도출되어 전략으로 귀결되는 투명성을 가져야 한다. 즉 누구나 BSC를 볼 수 있어야 하고 BSC를 통해 목표와 측정지표의 바탕이 되는 전략을 알 수 있어야 한다.

한 사업부 책임자는 자신의 첫 번째 BSC를 제출하면서 회사의 사장에게 다음과 같이 보고했다.

> 만약 사장님이 비행기에 제가 제출한 전략계획 문서를 두고 내리셨는데 경쟁자가 그것을 발견했다면, 저는 화가 났겠지만 곧 이겨냈을 것입니다. 따지고 보면 그것이 그리 큰 손실이 아니기 때문이지요. 혹은 제가 어딘가에 월간 운영점검보고서를 두고 왔는데 경쟁자가 그것을 봤다면, 순간 낭패스럽기는 하겠지만 이 또한 큰 문제는 아니었을 것입니다. 그러나 지금 보시는 이 BSC는 제 전략을 너무나 명확하게 전달하고 있기 때문에 이것을 경쟁자가 본다면 제 전략을 방해하거나 심지어는 무효화시킬 수도 있을 것입니다.

BSC가 이 정도의 투명성을 갖는다면 전략을 서로 연결된 균형성과관리지표들로 전환하는 데 성공했다고 볼 수 있다.

BSC 측정지표와 전략의 연결

어떻게 하면 전략을 측정지표로 전환시켜주는 BSC를 구축할 수 있을까? 우리는 이미 2장에서 조직의 BSC를 전략과 연결시키는 다음의 3가지 원리를 소개한 바 있다.

1. 인과관계
2. 성과동인
3. 재무적 목표와의 연결

인과관계

전략은 원인과 결과에 대한 하나의 가설이다. 인과관계는 만약-그렇다면(if-then)의 형태로 표현될 수 있다. 예를 들어 직원의 판매 능력을 향상시키는 것은 다음과 같은 가설들을 통해 수익향상과 연결될 수 있다.

> 우리가 제품에 대한 교육을 강화한다면 직원들은 그들이 판매할 수 있는 모든 범위의 제품에 대해 더 많은 지식을 얻게 될 것이다. 직원들이 제품에 대해 더 많은 지식을 얻게 된다면, 그들의 판매 효율성은 증가할 것이다. 판매 효율성이 증가하면, 그들이 판매한 제품의 평균 이익 또한 증가할 것이다.

합리적으로 구축된 BSC는 이와 같은 연속적인 인과관계를 통해 사업단위의 전략을 보여주어야 한다. 측정 시스템은 다양한 관점의 목표와 측정지표들 간의 관계(가설)를 명확히 할 때만 타당성을 가지기 때문이다. 또한 측정 시스템은 결과물 측정지표와 이 결과물의 성과동인 간의 인과관계를 규명하고 명확히 할 수 있어야 한다. 즉 BSC에 포함된 모든 측정지표는 사업단위 전략의 의미를 조직과 공유할 수 있는 인과관계 사슬의 한 요소가 되어야 한다.

결과물과 성과동인

앞서 설명한 바와 같이 모든 BSC는 몇 가지 일반적인 측정지표들을 사용한다. 그리고 일반적인 측정지표들은 핵심적인 결과물 측정지표인 경우가 많다. 대부분의 회사들이 공통의 비슷한 구조를 가지고 있기 때문에 그들의 전략 목표 역시 공통된 경우가 많다. 또한 수익성과 시장점유율, 고객만족도, 고객유지율, 직원의 역량 등과 같은 일반적인 결과물 측정지표는 후행지표가 되는 경향이 있다. 반면 선행지표에 해당하는 성과동인은 대개 개별 사업단위 고유의 것이다. 즉 성과동인(예를 들어 사업단위가 타깃으로 삼은 수익성 있는 재무적 동인이 되어줄 세분시장, 그리고 타깃 고객들에게 가치명제를 제공할 수 있는 특수한 업무 프로세스와 학습과 성장 목표들)은 사업단위 고유의 전략을 반영한다.

좋은 BSC는 결과물 측정지표와 성과동인을 잘 조합한 것이어야 한다. 성과동인 없이 결과물 측정지표만 있다면 그 결과가 어떻게 성취되었는지 알 수 없다. 또한 전략이 성공적으로 이행되고 있는지를 알 수 있는 초기 지표도 제공하지 못한다. 반대로 결과물 측정지표 없이 성과동인(사이클타임, PPM 결함률 등)만 존재한다면 사업단위가 단기적으로 운영을 개선할 수는 있다. 하지만 운영의 개선이 기존 고객과 새로운 고객을 포함하는 확장된 사업으로 전환되고 있는지, 궁극적으로는 재무적 성과 향상으로 이어지고 있는지는 알 수 없다. 그러므로 좋은 BSC에는 사업단위 전략에 초점을 맞춘 결과물 측정지표(후행지표)와 성과동인 측정지표(선행지표)가 적절히 배합되어야 한다.

재무적 목표와의 연결

오늘날 대부분의 조직이 변화 프로그램을 채택하고 있다. 조직이 자신들을 위해 품질과 고객만족, 혁신, 직원 권한위양 등과 같은 목표에 열중하기 쉽다. 그러나 이러한 목표들이 사업단위의 성과를 향상시키더라도, 이 목표를 최종적인 목표로 취급해서는 안 된다. 볼드리지 품질대상(Baldrige Award)을 수상했던 몇몇 회사가 최근 직면하고 있는 재무적 문제는 운영상의 개선과 경제적 결과의 연결이 얼마나 중요한지를 잘 보여준다.

BSC는 투하자본수익률이나 경제적 부가가치 같은 재무적 결과물에 지속적으로 초점을 맞추어야 한다. 많은 관리자들이 총체적 품질관리, 사이클타임의 단축, 리엔지니어링, 권한위양과 같은 프로그램을 고객에게 직접적인 영향을 미치는 결과와 미래의 재무적 결과물에 연결하는 데 실패했다. 그 주된 이유는 개선 프로그램 자체가 궁극적인 목표라는 잘못된 인식 때문이었다. 즉 개선 프로그램이 고객만족도의 향상, 궁극적으로는 재무적 성과 향상을 위한 구체적인 목표로 연결되지 않았던 것이다. 이런 조직들은 결국 변화 프로그램을 통해 어떤 실질적인 소득도 얻을 수 없음을 깨닫게 된다. 따라서 BSC의 모든 측정지표들은 재무적 목표와 연결되어야 한다.

메트로 은행과 내셔널 인슈어런스 사의 예를 통해 BSC를 전략과 연결시키는 세 가지 원리를 어떻게 적용하는 것이 바람직한지 살펴보자.

메트로 은행

메트로 은행은 두 가지 문제에 직면해 있었다. 그중 하나는 예금이라는 단일상품에 지나치게 의존하는 것이었고, 다른 하나는 80%에 해당하는 고객들에게 보통예금 이자율(prevailing interest rate)로 예금 서비스를 제공하는 수익성이 없는 원가구조였다. 메트로 은행은 이 두 가지 문제를 해결하기 위해 다음과 같은 양면적인 전략 수립에 착수했다.

1. 수익증대 : 현재 고객에게 부가적 상품을 제공하여 수익원을 확대함으로써 수익의 변동을 줄인다.
2. 생산성 : 수익성이 없는 고객을 비용은 낮지만 효과는 높은 유통경로로 이동시켜 운영의 효율성을 향상시킨다(예를 들어 일렉트로닉 뱅킹).

메트로 은행은 BSC 개발 프로세스에서 이 두 가지 전략을 4가지 관점의 목표와 측정지표로 전환시켰으며, 특히 전략에 기반을 둔 인과관계를 이해하는 데 역점을 두었다. 이러한 노력의 결과를 단순화시킨 것이 〈그림 7-1〉이다. 수익증대 전략에 대한 재무적 목표는

〈그림 7-1〉 메트로 은행의 전략

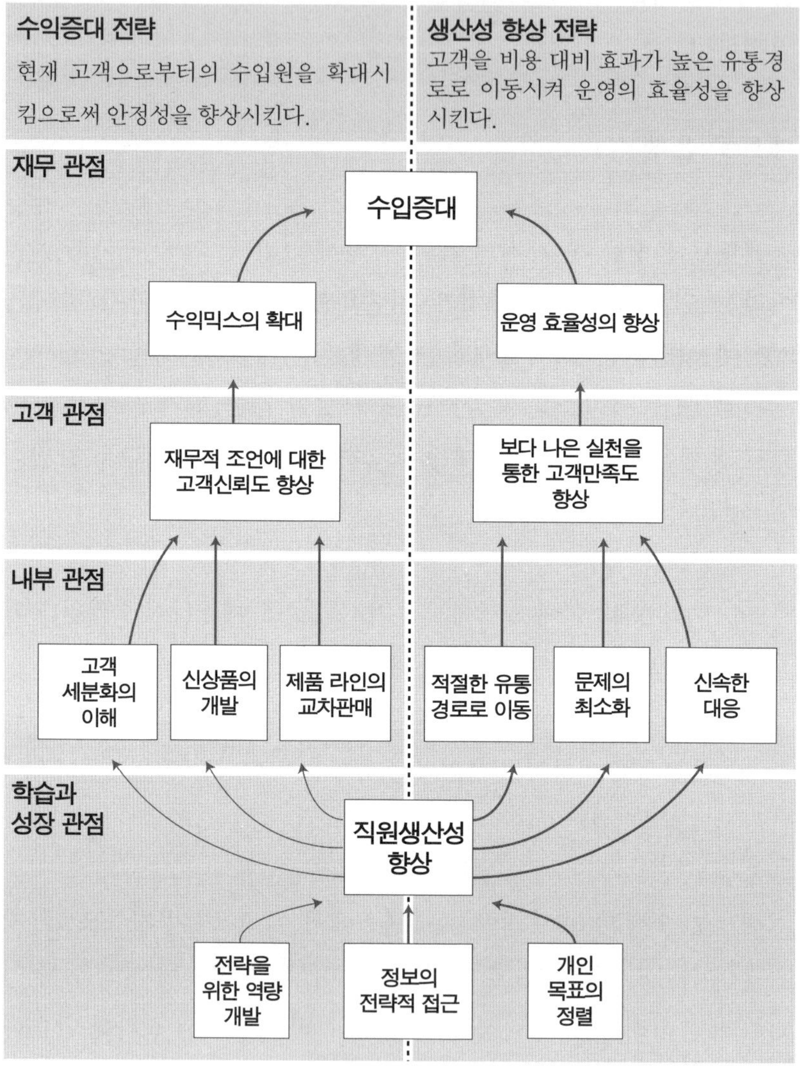

명확하다. 즉 수입 믹스를 확대하는 것이다. 전략적으로 볼 때 이는 메트로 은행이 현재의 고객 중에서 광범위한 서비스의 대상이 될 고객을 밝혀내고, 이 타깃 고객들에게 확장된 금융상품과 서비스를 판매해야 한다는 것을 의미했다. 그러나 고객 목표가 밝혀졌을 때 임원들은 타깃 고객들이 메트로 은행을 상호기금이나 신용카드, 저당, 재무적 조언 등과 같이 광범위한 상품을 제공하는 은행으로 보지 않는다는 것을 알게 되었다. 이에 따라 임원들은 새로운 전략을 성공시키기 위해서는 메트로 은행을 '당좌수표와 예금거래 처리자'로 여기는 기존 고객들의 인식을 바꾸어야 한다고 결론지었다.

메트로 은행은 수입믹스의 확대라는 재무적 목표에 따라 '재무적 조언에 대한 신뢰성 향상'이라는 새로운 고객 가치명제를 밝혀냈다. 그리고 이 전략을 성공적으로 달성하는 데 필수적인 내부 활동에 초점을 맞추었다. 이렇게 밝혀진 세 가지 교차사업적 프로세스는 첫 번째가 고객의 이해였고, 두 번째가 새로운 상품 및 서비스 개발이었으며, 세 번째는 복합적인 상품과 서비스의 교차판매였다. 새로운 전략이 요구하는 바를 반영하기 위해서는 각각의 비즈니스 프로세스가 재설계되어야 했다. 과거의 판매 프로세스는 주로 은행 서비스에 대한 기업 이미지 광고에 의해 좌우되었기 때문에 메트로 은행은 지점을 좋은 위치에 입점시키고 혁신적인 광고를 함으로써 고객을 유치했다. 이로 인해 은행 직원들은 고객의 계좌 개설을 유도하거나 서비스를 제공하는 데 수동적이었으며, 은행에 판매문화란 존재하지 않았다. 또한 실제 조사에 의해 행원들이 고객과 함께한 시간은 근무시간 중 단 10%였다는 것이 밝혀졌다.

메트로 은행은 주요 리엔지니어링 프로그램에 착수하여 판매 프로세스를 재정의했다. 재무적 조언가로서의 판매원 역할을 중시하는 관계판매(relationship-selling) 접근법을 창출하기 위해 새로운 판매 프로세스가 설계되었다. 또한 이 프로세스의 성공에 관련된 두 가지 측정지표가 BSC에 포함되었다. 첫 번째 측정지표인 '교차판매 비율(가구당 판매된 상품 수의 평균)' 로 판매 효과성을 측정했는데, 이는 새로운 프로세스가 효과적인지를 알려주는 '후행지표' 이다. 두 번째 측정지표인 '고객 대면 시간' 은 조직 내 판매원들 모두에게 새로운 전략의 필요성을 알리기 위한 것이었다. 고객과의 대면시간을 늘리지 않고서는 관계 중심의 판매접근법이 효과를 발휘할 수 없기 때문에, 이는 '선행지표' 가 되었다.

수입성장 전략을 이행하기 위한 업무 프로세스 목표들은 자연스럽게 직원의 효과성 향상과 관련된 요인들로 귀결되었다. BSC의 학습과 성장 목표에서는 첫째, 판매원은 제품 구성에 대한 광범위한 지식을 가진 재무상담가가 되기 위해 폭넓은 역량을 습득한다. 둘째, 판매원들이 정보(통합 고객 파일)에 쉽게 접근할 수 있도록 만든다. 셋째, 새로운 전략에 대한 행동을 장려하기 위해 인센티브 제도의 재정렬 필요성을 밝혀낸다. 또한 직원만족도 조사에 의해 측정되는 직원의 태도와, 생산성 측정지표인 판매원 1인당 평균 매출액이 후행지표로 포함되었다. 다음의 3가지 선행지표들은 작업반 내의 조직화를 위한 주요 변화에 초점을 맞추었다. 첫째, 기술 기반과 자격을 갖춘 직원(직무의 전략적 적용범위 비율)의 질을 높인다. 둘째, 정보기술과 데이터에 접근(정보의 전략적 이용 가능성 비율)한다. 셋째, 새로운 우선순위를 반영하기 위해 개인의 목표와 인센티브들을 재정렬한다.

이러한 측정지표들은 완전히 새로운 관리 프로세스의 도입을 위한 기반이 되었다. 예를 들어 직무의 전략적 적용범위 비율을 생각해 보자. 메트로 은행의 경우뿐만 아니라 모든 변화 전략에는 궁극적으로 새로운 수요를 감당할 수 있는 재훈련되고 준비된 인력이 필요하다. 이러한 역량의 전략적 이용 가능성은 자산(역량이 있을 때)이 될 수도, 부채(역량이 없을 때)가 될 수도 있다. 이러한 지적 자산의 개발은 사업단위의 전략이 성공하기 위해 선행되어야 하는 일이지만 시간이 가장 많이 걸리는 일이기도 하다. 전략을 위한 역량에 대한 가장 효과적인 측정지표는 외관상 단순하게 보이지만 다음의 3가지 질문을 통해 도출된다.

1. 필요한 역량은 무엇인가?
2. 현재 어떤 역량을 지니고 있는가?
3. 필요한 역량과 현재 역량의 차이는 무엇이고, 얼마나 큰가?

직무의 전략적 적용범위 비율로 전략의 채무를 알 수 있다.(〈그림 6-4〉의 격차를 상기하라). 이 측정지표가 매우 기본적이고 단순한 것처럼 보일 수도 있다. 그러나 조직의 인적자원과 기획 시스템이 이러한 질문에 대한 해답을 쉽게 제시하지 못하는 것으로 보아 직무의 전략적 적용범위 비율을 구축할 만한 역량을 갖춘 조직은 많지 않은 듯하다. 몇몇 회사는 이 측정지표를 통해 직원개발 프로

〈그림 7-2〉 직원생산성 향상

전략의 목표 : 판매 프로세스를 지원하기 위해 필요한 역량을 개발한다

전략의 결과물 측정지표 (후행지표)	성과동인 (선행지표)	전략 과제
• 직원 1인당 수입 • 판매원 1인당 매출	• 직무의 전략적 적용범위 비율	• 직원개발 프로세스의 재설계 1. 전략을 위한 직무 파악 2. 역량 프로필의 구축 3. 현 직원의 평가 4. 요구사항의 예측 5. 격차의 파악 6. 직원개발 계획의 구축

세스의 기본구조를 재설계하기도 하였다. 〈그림 7-2〉는 직무의 전략적 적용범위의 격차를 줍히기 위해 시작된 전략적 과제와 BSC 측정지표와의 관계를 보여준다. 전략적 우선순위와 전략이 가장 잘 반영된 측정지표를 밝혀내는 논리는, 전략을 이행하는 기본적인 관리 프로그램의 재정의로 이어졌다. BSC를 통해 가능했던 논리적인 시스템 사고가 아니었다면, 메트로 은행은 그 같은 긴장과 집중으로 직원의 역량 부족 문제를 다루지 못했을 것이다.

〈그림 7-3〉은 메트로 은행의 BSC 목표와 측정지표를 선행지표와 후행지표로 요약한 것이다. 재무적 측정지표와 고객 측정지표에 선행지표가 거의 포함되지 않은 것은 그리 놀랄 만한 일이 아니다. 대부분의 선행지표나 후행지표는 업무 프로세스 및 학습과 성

〈그림 7-3〉 메트로 은행의 BSC

전략의 목표	전략의 측정	
	(후행지표)	(선행지표)
재 무 F1-수입향상 F2-수입믹스 확대 F3-원가구조 개선	투자수익률 수입성장 예금 서비스 원가 변화	수입믹스
고 객 C1-우리의 상품과 직원을 통한 고객만족도 증가 C2-'판매 후'의 만족도 제고	세분시장 점유율 고객유지율	관계의 깊이 만족도 조사
내 부 I1-우리의 고객 I2-혁신적 상품 개발 I3-제품 교차판매 I4-비용대비 효과가 높은 유통 경로로 고객 이동 I5-운영상 문제의 최소화 I6-서비스의 대응성	신제품의 수입 교차판매 비율 유통경로 믹스의 변화 서비스의 오류율 요청 완수 시간	제품개발 사이클 고객 면담 시간
학 습 L1-전략을 위한 역량 개발 L2-전략을 위한 정보 제공 L3-개인적 목표 정렬	직원만족도 직원 1인당 수입	직무의 전략적 적용범위 비율 정보의 전략적 이용 가능성 비율 개인적 목표의 정렬 비율(%)

장 측정지표를 위해서 생겨났다. 〈그림 7-1〉과 〈그림 7-3〉을 통해 메트로 은행의 BSC가 최종적으로는 미래의 재무적 성과 향상에 연결되는 선행지표와 후행지표의 믹스를 포함한 인과관계 시스템을 어떻게 기술하는지 알 수 있다.

내셔널 인슈어런스 사(긴 시간차)

아마도 결과물 측정지표와 성과동인을 연결하는 것의 중요성은 보험업에서 가장 잘 나타날 것이다. 보험업은 정보 중심적이고 측정 중심적인 산업이므로 의사결정이 이루어지는 시점과 그에 상응하는 결과가 발생하는 시점 간의 간격이 매우 크다. 예를 들어 위험을 평가하고 보험 가격을 산정하는 보험계약의 효과는 지급이 청구되고 완료될 때까지는 알 수 없다. 보험계약에 명기된 사건이 발생하고 그것을 해결하는 지급청구 프로세스는 2~5년이 걸린다. 좀 극단적인 예를 들면 석면(石綿)소송과 같은 경우에는 수십 년 동안 지속될 수도 있다. 이러한 환경에서 선행지표와 후행지표를 잘 배합하는 일은 사업단위의 성과를 촉진하고 측정하는 데 매우 중요하다.

자산 및 상해 전문 보험사인 내셔널 인슈어런스 사는 지난 10여 년간 만족스럽지 못한 성과로 인해 고심해왔는데, 이러한 상황을 호전시키고자 새로운 관리팀을 투입했다. 이 팀은 회사의 전략을 시장 전체에 서비스를 제공하는 일반화 전략에서 특정 영역에 초점을 맞추는 전문화 전략으로 이동시키는 것이었다. 고위임원들은 새로운 전문화 전략을 성공시키기 위해 다음과 같은 몇 가지 핵심 성공요인을 밝혀냈다.

- 회사가 선호하는 세분시장을 더 잘 이해하고 초점을 맞춘다.
- 세분시장을 공략하기 위해 보험대리인을 잘 선정하고, 교육시키며, 동기를 부여한다.
- 이 전략의 실행에 핵심이 되는 보험계약 프로세스를 개선한다.

- 시장 선별성을 높이기 위해 보험계약 프로세스와 지급청구에 관한 정보를 통합한다.

내셔널 사의 임원들은 회사가 전략의 방향을 전환할 때 새로운 관리팀이 활용할 주요도구로 BSC를 선택했다. 조직에 새로운 전략의 의미를 분명하게 밝히고, 회사가 의도했던 궤도로 제대로 들어서고 있는지에 대한 초기의 피드백을 얻는 데 BSC가 도움이 될 것이라고 믿었기 때문이다.

첫 번째 단계로, 〈그림 7-4〉의 왼쪽 줄에 보이는 것처럼 임원들은 전문가 전략에 대한 목표를 정의했다. 그들은 '우리가 이 목표를 달성하고 있는지 어떻게 알 수 있는가?' 라는 단순한 질문으로부터 각각의 목표를 측정할 수 있는 측정지표를 도출했다. 이 질문에 대답하는 과정에서 〈그림 7-4〉의 가운데 줄을 차지하고 있는 '핵심적 결과물' 들이 산출되었다. 임원들은 새로운 전략의 각 부분에서 달성하고자 하는 결과물을 묘사하고 있는 이 핵심적 결과물 측정지표를 '전략 결과물 측정지표' 라고 부르기도 했다.

가운데 줄에 있는 측정지표들은 다른 결과물 측정지표들과 마찬가지로 대부분의 재산 및 상해 전문 산업회사들이 사용하는 측정지표다. 당연히 BSC에도 같은 분야의 회사들이 사용하는 고유의 측정지표가 포함되어야 한다. 하지만 이러한 측정지표만으로는 그 산업 분야에서 뛰어난 성과를 이끌어내는데 필요한 요소가 무엇인지를 밝히기어렵다. 뿐만 아니라 BSC가 개발되는 과정에서 같은 분야의 회사들이 사용하는 측정지표만을 사용하면 부가적인 문제가 발생한다. 모든 결과물 측정지표는 후행지표이기 때문에 과거의 의사결정과 활동에 대한 결과만을 보여줄 뿐이다. 가령 새로운 보험계약 기준이 이행된다 하더라도 그 결과는 적어도 1년 안에 발생하는 지급청구에는 나타나지 않을 것이며, 손실은 훨씬 더 나중에 나타날 것이다.

〈그림 7-4〉 내셔널 인슈어런스 사의 BSC

전략의 목표	전략의 측정	
	핵심적 결과물 (후행지표)	성과동인(선행지표)
재 무		
F1-주주의 기대 충족	주당 수익률	
F2-운영성과 향상	결합 비율	
F3-수익성 향상	사업믹스	
F4-주주의 위험 감소	재해 손실	
고 객		
C1-대리인의 성과 향상	확보율/유지율(계획 대비)	대리인의 성과(계획 대비)
C2-타깃 보험계약자 만족	확보율/유지율(세분시장별)	보험계약자의 만족도 조사
내 부		
I1-대리인의 성과 향상	사업믹스(세분시장별)	사업개발(계획 대비)
I2-수익성있는 보험계약	손실율	보험계약의 품질감사
I3-사업과 지급청구의 정렬	지급청구의 횟수	지급청구의 품질감사
	지급청구의 간결성	인원수 이동
I4-생산성 향상	지출율	지출관리
학 습		
L1-직원 역량 향상	직원생산성	직원개발(계획 대비)
L2-정보의 전략적 접근가능성		정보기술의 전략적 이용 가능성(계획 대비)

전략적 결과물 측정지표는 전략의 '균형잡힌' 관점을 보여주었고, 전통적인 재무적 측정지표는 고객, 내부 프로세스, 학습 과 성장 측정지표를 반영했다. 그러나 후행지표만으로 구성된 BSC는 성공의 초기 지표를 제공하고자 하는 관리 목표를 충족시키지 못했다. 그리고 미래에 성공적인 결과물을 산출하기 위해서 사람들이 어떤 일을 해야 할지를 결정하는 성공동인에 조직 전체가 초점을 맞추게 하는 데도 도움이 되지 않았다. 후행적인 결과물 측정지표와 선행적인 성과동인의 균형을 맞추는 일은 모든 조직이 해결해야 할 문제이다. 그러나 현재의 활동과 미래의 결과물 사이의 극단적으로 긴 시간차는 재산 및 상해 보험사인 내셔널 인슈어런스사에서만 볼 수 있는 가장 큰 특징 중 하나다.

이에 따라 임원들은 바람직한 장기적 결과물을 달성하기 위하여 단기적으로 취해야 할 조치들을 결정하고자 두 차례에 걸쳐 반복적인 설계작업을 수행했다. 아울러 각각의 전략 결과물 측정지표를 보완하는 성과동인을 규정했다(〈그림 7-4〉의 오른쪽 줄 참조). 대부분의 경우 이 성과동인은 비즈니스 프로세스를 어떻게 변화시켜야 하는지를 나타냈다. 예를 들어 보험계약 프로세스에 대한 전략 결과물 측정지표는 다음과 같다.

- 손실률
- 지급청구의 횟수
- 지급청구의 간결성

이러한 측정지표들의 성과를 향상시키기 위해서는 보험계약 프로세스 자체의 품질이 비약적으로 개선되어야 한다. 이에 따라 임원들은 모범이 될 만한 보험계약 표준을 개발했다. 그 표준을 통해 보험업에서 새로운 기회를 창출하는 데 필요한 활동들을 규정했다. 또한 임원들은 새로운 비즈니스 프로세스를 도입하여 같은 시기에 발행된 보험증권을 정기적으로 감사하고, 개별 보험계약자들 스스로 보험증권이 이 표준에 부합하는지 여부를 평가할 수 있게 했다. 감사를 통해 보험계약의 품질감사 점수라는 측정지표가 산출되는데, 이것은 재설계된 보험계약 프로세스의 표준을 만족시키는 새로운 보험증권의 비율이 얼마나 되는지 보여준다.

이러한 접근방법은 보험계약의 품질감사 점수가 훨씬 후에 나타날 결과물(손실률, 지급청구의 횟수, 지급청구의 간결성)에 대한 선행지표이자 성과동인이라는 이론에 근거하고 있다. 보험계약의 품질감사와 마찬가지로 대리인 관리와 새로운 사업개발, 지급청구 관리 등과 관련된 측정지표에 대해서도 비슷한 프로그램이 개발되었다.

결과물 측정지표	성과동인 측정지표
주요대리점 확보율 · 유지율	대리점의 성과와 계획의 비교
고객확보율 · 유지율	보험계약자의 만족도 조사
사업믹스(세분시장별)	사업개발과 사업개발에 대한 계획 비교
지급청구의 횟수와 간결성	지급청구의 품질감사
지출률	인원수 이동, 간접비
직원생산성	직원 개발과 직원 개발에 대한 계획의 비교 : 정보기술 이용 가능성

그리고 단기성과를 공유하고 통제하기 위해 이러한 결과물의 성과동인을 나타내는 새로운 측정지표들이 아래 표와 같이 구축되었다.

〈그림 7-4〉의 오른쪽 줄은 내셔널 인슈어런스 사가 선택한 새로운 선행지표들을 보여준다.

다음 페이지의 〈그림 7-5〉는 BSC를 전략 결과물 측정지표와 성과동인의 인과관계 사슬로 표현한 것이다. 이는 학습과 성장 목표로에서 업무 프로세스 목표, 고객과 재무적 목표로 연결되고, 고객·내부·학습 관점의 각 결과물 측정지표는 성과동인 측정지표와 연결된다.

내셔널 인슈어런스 사의 사례는 또한 BSC 구축 프로세스가 어떻게 변화를 창출하고 결과를 만들어내는지 잘 설명해준다. 임원들은 성과동인에 대한 측정준거를 개발함으로써 미래에 수행해야 할 업무방식을 예측할 수 있었다. 또한 임원들은 완전히 새로운 비즈니스 프로세스(가령 보험계약의 품질감사, 지급청구의 품질감사, 그리고 직원들의 역량을 향상시키고 정보기술에 쉽게 접근하도록 하기 위한 구체적 프로그램)를 도입할 수 있었다. 보험계약 및 지급청구의 품질감사를 위해 임원들이 개발한 표준은 BSC의 측정지표를 개발하고, 한층 개선된 보험계약과 지급청구 프로세스를 개발하는 데도 도움이 되었다. 보험계약과 지급청구의 품질감사 점수는 일반적인 측정지표가 아니다. 이는 내셔널 인슈어런스 사가 실행하고자 하는 새로운 보험계약과 지급청구 프로세스를 반영하는 개별화된 측정지표이다.

측정지표들의 세부 내용은 성공을 위한 내셔널 사의 전략을 보

〈그림 7-5〉 내셔널 인슈어런스사-인과관계

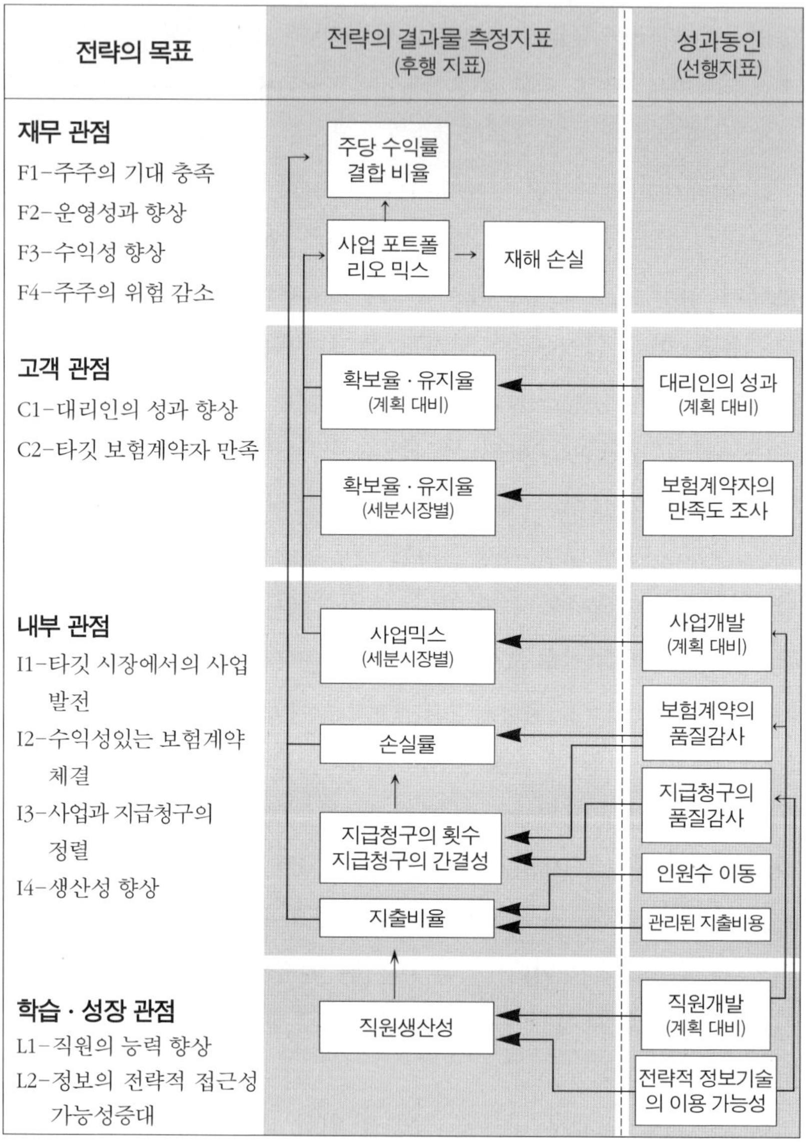

여준다. 〈그림 7-5〉에 표현된 인과관계 사슬은 미래의 다양한 핵심 결과물을 성취하는데 도움이 될 현재의 프로세스와 의사결정에 대한 임원들의 가설을 나타낸다. 보험계약과 지급청구의 품질감사를 측정하는 목적은 징계가 아니다. 대리인이 보험계약이나 지급청구를 잘못 처리했을 때 따르는 조치는 퇴사가 아니라 추가적인 교육이어야 한다. 따라서 이러한 측정지표들은 새로운 업무 프로세스의 특징을 조직 전체와 공유하기 위해 개발된 것이다. 그리고 전략의 우선순위와 전략의 결과물, 성과동인을 밝혀내는 이러한 논리적 과정은 비즈니스 프로세스의 리엔지니어링으로 이어졌다.

내셔널 인슈어런스 사의 방향전환 프로그램이 성공하기 위해서는 상당한 시간이 걸릴 것이며, 또한 측정 시스템 이외에도 많은 요인들의 영향을 받을 것이다. 그러나 임원들은 그들의 방향전환 전략과 단기적 성공에 BSC가 큰 역할을 했다는 데 전적으로 동의하고 있다. BSC가 장기적 결과물에 대한 단기적 지표를 제공했고, 미래를 향한 내셔널 인슈어런스 사의 안내 시스템이 되었던 것이다.

메트로 은행과 내셔널 인슈어런스 사의 사례는 SBU의 사업전략이 측정지표로 전환된 모습을 보여준다. 우리는 이러한 거시적 설계 프로세스의 개별화된 측정지표를 구축하는 것 뿐만 아니라 전략을 기술하는 기반으로서 측정지표들 간의 관계를 구체화하는 작업의 중요성을 강조해왔다. 그러나 이러한 전반적인 전략의 틀을 수립한 후, 구체적 측정지표들은 전략 이행으로부터 나온다. BSC는 전략을 수립하는 공식화된 도구가 아니다. 우리는 전략이 이미 세워지고 수용된 조직에서 BSC를 구현했다. 그러나 고위임원들은 그들이 이미 사업단위 전략에 대해 동의하고 있다고 생각했을 때조차도 전략을 운영상의 측정지표로 전환하는 과정에서 전략을 다시 명확히 하고 재정의하지 않으면 안 되었다. 결과적으로 BSC에 의해 강제된 체계적인 측정의 틀은 전략의 구체적 의미와 이행에 대한 대화를 필요로 했다. 바로 이러한 대화를 통해 전략의 필요에 따른 구체적인 관리 프로세스가 무엇인지 알아낼 수 있다.

서로 연결된 성과관리지표는 임원들의 체계적 학습을 가능하게 했다. 관리자들은 전략에 대한 인과관계 가설을 명확히 함으로써 전략을 검증할 수 있을 뿐만 아니라, 전략의 이행과 효과에 대해 더 많이 학습함으로써 12장에서 상세하게 설명할 주제를 시험해볼 수 있다. 따라서 인과관계를 명확히 하지 않으면 전략 학습도 없다.

전략측정지표 대 진단측정지표 : BSC는 얼마나 많은 측정지표가 필요한가?

BSC의 4가지 관점마다 각각 4~7개 정도의 측정지표가 사용된다고 하면, 회사는 약 25개의 BSC 측정지표를 갖게 될 것이다. 그렇다면 25개의 측정지표가 많은 것일까? 조직은 이 25개의 독립적인 측정지표에 모두 집중할 수 있을까? 이 두 가지 질문에 대한 대답은 모두 '아니오!' 이다. 25개(혹은 10개라 하더라도)의 독립적인 측정지표로 구성된 BSC는 조직이 수용하기에는 너무 복잡하다.

BSC는 단일전략을 위한 도구로 간주되어야 한다. BSC가 하나의 전략을 나타낸다면 측정지표의 수는 큰의미가 없다. BSC상의 다양한 측정지표들이 사업단위 전략을 설명하는 인과관계 네트워크를 통해 하나로 연결되기 때문이다. 이것이 말처럼 쉬운 일은 아니지만 메트로 은행과 내셔널 인슈어런스 사, 그리고 다른 회사들의 사례에 비추어볼 때, 회사는 약 24개 정도의 통합된 측정 시스템으로 전략을 수립하고 전달할 수 있다.

그러나 오늘날 대부분의 조직들은 자체 기능의 유지를 위해서만 16~25개가 훨씬 넘는 측정지표를 사용하고 있다. 때문에 이들은 겨우 24개의 측정지표를 사용하는 BSC로 조직의 운영을 제대로 측정할 수 있을지 의심스러워 한다. 물론 좁은 의미에서 보면 그들의 생각에 일리가 없는 것은 아니다. 하지만 그들은 사업이 잘 통제되고 있는지 모니터하고 즉각적인 관심이 필요한 비일상적인 사건이 발생했을 때 신호를 보내는 지표인 진단측정지표[1)]와, 경쟁우위 달성을 위해 설계된 측정지표인 전략측정지표를 구별하지 못하고 있는 것이다.

이는 다음과 같은 비유를 통해 명확히 설명될 수 있다. 우리가 생명을 유지하기 위해서는 신체의 많은 기관들이 저마다 자신의 영역에서 제구실을 해야 한다. 만약 체온이 정상치에서 1~2도 이상 벗어나거나, 혈압이 너무 떨어지거나 올라간다면, 우리는 심각한 문제에 직면하게 된다. 이러한 상황에서 우리는 정상으로 되돌아가기 위해 모든 에너지를 동원한다. 그러나 평상시에는 최적의 체온과 혈압을 유지하기 위해 막대한 에너지를 쏟지 않아도 된다. 즉 체온의 오차를 최적 상태의 0.01% 이내로 통제할 수 있는 역량으로 우리가 회사의 최고경영자가 될 수 있는지, 혹은 국제적인 컨설팅회사의 고위경영자가 될 수 있는지, 아니면 주요 대학의 전임교수직을 맡을 수 있는지를 결정할 수 없다. 개인적이고 전문적인 목표를 달성하는 데는 더 중요한 요소들이 필요하다. 물론 체온과 혈압도 중요하다. 이러한 측정지표들이 일정한 통제의 범위를 벗어난다면, 즉시 해결해야 할 중요한 문제에 당면할 것이기 때문이다. 그러나 이러한 측정지표만으로는 장기적인 목표를 달성하기 어렵다.

이와 마찬가지로 회사가 계획대로 운영되고 있는지 모니터하고, 언제 개선작업에 들어가야 하는지를 암시해줄 수백 개 혹은 수천 개의 측정지표를 사용할 수 있다. 그러나 이 측정지표들은 성공을 위한 동인은 아니며, 단지 회사를 운영할 때 필수적인 '위생요인(hygiene factor)'을 포착할 뿐이다. 그러므로 이러한 측정지표들을 모니터하고, 그것이 기대치에서 벗어날 때는 신속하게 주의를 기울여야 한다. 즉 '예외관리(management by exception)'가 이루어져야 하는 것이다.

반면 BSC상의 결과물과 성과동인 측정지표는 최고관리자와 중간관리자들이 경쟁자 · 고객 · 시장 · 기술 · 공급자에 대한 새로운 정보에 기초하여 전략을 평가할 때, 관리자들 간에 이루어지는 집중적이고 광범위한 상호작용의 주제가 되어야 한다.[2)] 어떤 임원은 초기에 BSC를 구현한 후 이렇게 말했다. "우리 사업부는 항상 수백 개의 운영변수를 측정해왔습니다. BSC 구축 과정에서 우리는 전략이행의 핵심적 지표로 사용할 12개의 측정지표를 선정했습니다. 이 12개의 측정지표 중 7개는 우리에게 전적으로 새로운 것이었습니다."[3)]

BSC는 조직의 일상적인 측정 시스템의 대체물이 아니다. BSC는 관리자와 직원이 경쟁 속에서 돌파구를 마련하는 데 초점을 맞출 수 있는 측정지표를 폼함해야 한다.

좋은 측정지표에 문제가 발생할 수 있는가? : 진단측정지표의 사용

최상의 목표와 측정지표가 선정되었다 하더라도, 이것이 잘못된 방법으로 달성될 수도 있다. BSC는 사업단위의 성과를 촉진하고 평가하기 위한 단일측정지표, 특히 재무적 측정지표의 근시안적인 부분최적화(suboptimization)로부터 조직을 보호한다. 그러나 재무적 측정지표를 통해서만 부분최적화가 나타나는 것은 아니다. 많은 회사들이 고객 관점에서 타깃 고객에 대한 적시납품의 성과를 측정한다. 특히 JIT 체제(납품의 신뢰도를 떨어트리는 재고가 거의 없는 체제)로 운영되는 제조업체에 적시납품(OTD)은 매우 중요한 요인이다. 그러나 적시납품과 같은 하나의 고객측정지표에 너무 많은 압력이 가해지다보면, 관리자는 이 부문의 성과를 높이기 위해 역효과를 불러올 수 있는 방법을 사용할 수도 있다. 만약 회사가 고객에게 필요할 것이라고 예상되는 모든 품목을 상당량 비축하게 된다면, 거의 모든 주문이 완성품 재고를 통해 충족될 수 있을 것이다. 이렇게 되면 회사의 OTD는 향상될지 몰라도 많은 자본이 재고관리 · 보관 · 출하설비에 투입될 것이다. 또한 이로 인해 제품 진부화 및 변질이라는 치명적인 위험부담을 안게 될 것이다.

이밖에도 처음부터 리드타임을 길게 설정함으로써 OTD를 향상시킬 수 있다. 가령 고객이 제품을 18일 이내에 납품해줄 것을 요청한다고 하자. 이때 회사는 잔고의 부족과 운송지연, 그리고 운영상 흔히 발생하는 문제들로 인해 30일 이내에는 납품이 어렵다고 말할 수 있다. 고객은 납품지연에 불만을 갖겠지만 당장 다른 대안이 없다면 회사의 제안을 받아들일 것이다. 이런 식으로 30일 내에 납품이 이루어진다면 회사의 OTD 목표는 달성되겠지만 고객은 여전히 불만을 갖게 된다.

또 다른 예로, 업무 프로세스 관점의 혁신 사이클에 대한 최고의 성과관리지표인 신제품 및 서비스의 시장출시 기간 측정지표를 생각해보자. 사업단위는 신제품 도입 프로세스의 관리를 개선하고, 설계 사이클을 단축함으로써 시장출시 기간을 개선하고자 한다. 그러나 신제품 도입 프로세스의 근본적인 개선 없이 시장출시 기간 측정지표를 지나치게 강조하다보면, 관리자는 기존 제품과 별 차이가 없는 신제품을 내놓게 될 것이다. 그러면 시장출시 기간이라는 성과 목표는 달성하겠지만, 그 대가로 회사에 큰 이익을 줄 수 있는 근본적인 혁신은 희생시켜야 한다.

이러한 예들로 미루어볼 때, 어떤 단일 측정지표나 단일 관점을 통해 회사의 총체적 측정 시스템이 부분최적화되도록 내버려두어선 안 된다는 사실을 알 수 있다. 설계자는 BSC의 측정준거에 발생할 수 있는 부분최적화를 예측하기 위해 노력해야 한다. 또한 잘

못된 방법으로 주요 성과관리지표의 목표를 달성하려는 시도를 방지할 보완적인 측정지표를 제공해야 한다. 회사는 BSC 전략에 도움이 되지 않는 측정지표를 포함시키는 대신 진단측정지표를 사용하여 BSC의 전략측정지표와 균형을 이룰 수 있다.

단적인 예로, 최초로 BSC를 구축했던 회사인 아날로그 디바이스 사는 리드타임 개선을 위한 장기적인 계획을 제시함으로써 높은 OTD를 성취하려는 유혹을 없애려고 했다.[4] 이에 따라 아날로그 사는 OTD에 따라 약속된 납품일자와 고객이 요구한 납품일자 간의 차이를 측정했고, 고객이 요구한 납품일자를 지키지 못한 시간의 비율도 측정했다. 이 외에도 엄청난 재고를 통해서 뛰어난 OTD 성과를 성취하려는 유혹을 없앨 수 있는 재고회전율과 같은 진단측정지표를 사용할 수도 있을 것이다. 재고회전율 또는 고객이 요구한 납품일자와 견적상의 납품일자 간의 차이처럼, BSC에 속하지 않는 진단측정지표를 통해 적시납품의 개선이 잘못된 방법으로 성취되지는 않았는지 밝혀낼 수 있다.

요 약

BSC는 4가지 관점으로 분류된 15~25개 정도의 재무적 · 비재무적 측정지표들의 단순한 조합이 되어서는 안 되며, 사업단위 전략을 말해줄 수 있어야 한다. 이 전략은 인과관계로 연결된 결과물과 성과동인 측정지표들을 통해 표현된다. 대체로 후행지표인 경우가 많은 결과물 측정지표는 전략의 최종목표와 단기적인 노력이 바람직한 결과물을 이끌어내는지를 나타낸다. 그리고 선행지표인 성과동인 측정지표는 조직의 모든 구성원에게 미래에 가치를 만들어내기 위해서 지금 무엇을 해야 하는지를 알려준다. 따라서 성과동인이 없는 결과물 측정지표는 결과물이 어떻게 달성되는지 명확하게 보여주지 못할 뿐만 아니라, 부분최적화를 위한 단기적 행동을 유발한다. 또한 결과물 측정지표와 연결되지 않은 성과동인 측정지표는 사업단위에 장기적 가치는 물론 단기적 가치도 제공하지 못하는 지엽적인 개선 프로그램만을 이끌어낸다. 그러므로 최상의 BSC는 목표와 측정지표, 그리고 그들 간의 연결을 통해 전략의 줄거리를 보여줄 수 있어야 한다.

주)

1) Robert Simons, Levers of Control : How Managers Use Innovative Control Systems to Drive Strategic Renewal(Boston : Harvard Business School Press, 1995), chap.4 참조.

2) 조직의 진단적 통제 시스템을 통해 모니터 되는 측정지표와, 핵심적인 전략의 불확실성과 관련해 관리자들이 계속적으로 상호작용할 때 사용하는 측정지표 간의 중요한 차이는 Simons의 Levers of Control에 명확하게 표현되어 있다.

3) Implementing the Balanced Scorecard at FMC Corporation : An Interview with Larry D. Brady(Harvard Business Review, September-October 1993), p.143~147.

4) Robert S. Kaplan, Analog Devices, Inc.: The Half-Life System, 9-190-061 (Boston : Harvard Business School , 1990) / A. Schneiderman, Metrics for the Order Fulfillment Process : Parts I and II(Journal of Cost Management, Summer 1996, Fall 1996).

8
구조와 전략

BSC는 전략이 수립된 조직의 구조를 반영해야 한다. 지금까지는 주로 독립적인 사업단위에서 활용할 수 있는 BSC를 설명했다. 그러나 다른 조직단위들도 BSC를 유용하게 활용할 수 있다. 이 장에서는 다음과 같은 조직을 위한 BSC의 개발에 관해 설명할 것이다.

- SBU들로 구성된 회사
- 합작회사
- 회사 및 사업단위의 지원부서
- 정부와 비영리조직

사업단위 전략 대 회사 전략

전략은 보통 SBU(Stratigic Business Unit : 전략적 사업단위)라 불리는 조직단위별로 정의된다. 예를 들어 메트로 은행은 한 일류 은행 지주회사(major bank-holding company)의 운영단위이며 이 지주회사는 신용카드회사, 도매은행, 상업은행, 투자은행 등도 소유하고 있다.

어떤 회사는 협소한 단일산업에 초점을 맞추기 때문에 회사의 전략과 사업단위의 전략이 일치하기도 한다. 실제로 BSC는 어드밴스드 마이크로 디바이스 사나 아날로그 디바이스 사와 같은 반도체 산업의 특정한 틈새시장에 속한 회사에도 적용되었다. 이 회사들은 '회사 차원의 BSC'를 개발했다. 그러나 메트로 은행을 포함한 대부분의 SBU는 보다 광범위한 법인이나 사업부의 한 구성원이었다. 이로 인해 회사 차원의 BSC 및 사업단위 혹은 SBU의 BSC 간의 관계에 대한 의문이 자연스럽게 제기된다.

회사를 서로 다른 여러 개의 SBU로 구성하는 이유는 SBU 간의 시너지로 인해 회사 전체의 가치가 SBU들을 단순히 합한 것보다 크다는 이론을 바탕으로 한다. 이러한 회사 차원의 전략이론은 현재 활발히 연구되고 있다.[1] 이 이론은 회사 차원의 전략(사업단위 전략의 반대 개념)이 어떻게 운영단위들 간의 시너지를 창출할 수 있는지 밝혀내고자 한다.

예를 들어 FMC 사와 같은 회사는 20여 개 이상의 독립적 운영회사(operating company)로 구성되어 있다. 그 안에는 금광회사와 무장장갑차를 제작하는 군수업체, 몇 개의 산업용 화학약품 회사, 공항설비 공급회사, 리튬 사업단위, 식품과 농업용 기계를 제작하는 사업단위 등이 있다. 이처럼 서로 관련없는 분야로 다각화를 꾀하는 경우에 회사가 가치를 부가시킬 수 있는 방법은, 회사 차원의 관리자들이 운영단위들을 통해 얻는 개인정보를 활용하여 운영단위 간의 물적·인적자본을 할당하는 정도였다. FMC 사가 BSC를 도입하기 전에는 운영회사들이 연간 투하자본수익률과 같은 재무적 결과에 대해 지속적으로 뛰어난 성과를 달성할 책임을 부여받았다. 따라서 일단 투하자본수익률 목표가 달성되기만 하면, 회사 차원의 관리자는 그와 같은 재무적 결과가 어떻게 산출되었는가에 대해서는 그리 엄밀하게 조사하지 않았다.

BSC는 FMC 사에 각 운영회사의 전략을 모니터하고 평가하는 새로운 회사 차원의 역할을 제공했다. BSC는 관리자들이 단기적인 재무적 결과뿐만 아니라, 성장과 미래의 재무적 성과에 대한 기반의 수립 여부에 대해서도 더욱 집중적인 대화를 나눌 수 있게 해주었다. 그러나 FMC 사와 같이 다각화된 회사의 경우 회사 차원의 역할은 아마도 회사의 전체적인 재무적 성과를 측정하는 것에 머물 것이다. 왜냐하면 개별 운영회사의 전략과 목표 및 측정지표가 모두 다르기 때문이다. 따라서 재무 관점 이외의 다른 관점을 회사 차원의 BSC로 종합하기는 어렵다.

반대로 회사의 다양한 SBU들이 서로 밀접한 관련성을 가질 수 있다. 또한 고객을 공유할 수도 있다. 예를 들어 존슨 앤 존슨 *Johnson & Johnson* 사는 전세계적으로 150개 이상의 운영회사를 가지고 있다. 하지만 그 회사들은 모두 의료분야에 속해 있고, 고객을 공유하고 있으며, 모두 건강관련 제품과 서비스(병원과 의약품 유통, 약국, 슈퍼마켓, 일반 소매업체 등)를 제공하는 데 주력하고 있다. 따라서 회사의 서로 다른 SBU들은 기술을 공유할 수 있다. 이와 비슷한 예로, 하멜과 프라핼러드는 어떻게 혼다 사가 뛰어난 엔진 설계 및 제조 역량을 이용해 오토바이와 승용차, 잔디깎이, 발전기 분야 등 서로 다른 세분시장에서 우수한 제품을 생산하고 있는지를 설명하고 있다.[2] 또 다른 예로 NEC 사는 마이크로 전자공학과 소형화 역량을 활용해 텔레비전과 컴퓨터, 통신 분야에서 선도자가 되었다. 구매와 재무, 정보기술과 같은 특정 분야의 핵심 기능을 중앙 집중화하는 것도 하나의 방법이다. 이런 방법을 통해서 각 SBU 내의 독립된 부서가 성취하는 것 이상으로 서비스를 잘 제공하여 규모의 경제를 이룰 수도 있다.

어떠한 상황이든 간에 회사의 BSC는 회사 차원의 전략을 반영해야 하며, 회사의 이론(한 회사 내에 몇 개 혹은 다수의 SBU를 가져야 하는 이유)을 명확하게 표현해야 한다. BSC는 사업단위 전략과 마찬가지로 회사 차원의 전략을 새로 정의하거나 만들지는 않는다. 즉 회사의 BSC는 회사 차원의 전략을 명확히 하고, 합의를 얻도록 도우며, 회사의 전략을 이행 가능하도록 만들어줄 뿐이다.

회사 차원의 BSC 개발은 아직 초기단계에 있다. 그러나 지금까지 논의한 것들을 바탕으로 회사의 BSC가 회사 차원 전략의 2가지 요소를 어떻게 명확히 할 수 있는지 정리해보도록 하자.

- 회사의 주제 : 회사의 아이덴티티를 반영하고 모든 SBU가 공유해야 하는 가치와 신념, 주제(예를 들어 듀퐁 사의 주제는 '안전', 3M 사의 주제는 '혁신')
- 회사의 역할 : SBU 차원의 시너지를 창출하기 위하여 회사 차원에서 요구되는 활동들(예를 들어 SBU 전체의 고객에 대한 교차판매, 기술의 공유, 공통 서비스의 중앙집중화)

회사 차원의 주제와 역할

케년 상사의 사례를 통해 회사 차원의 주제와 역할을 살펴보자. 케년 상사는 10개의 틈새시장을 가진 소매업체들로 구성되어 있으며, 각 소매업체의 매출은 5억 달러에서 20억 달러에 이른다. 또한 각 소매업체별로 고유한 이미지와 타깃 시장을 가지고 있다. 케년 상사의 최고경영자는 각 소매사업단위 전략의 구성요소가 될 10개 항목의 전략적 안건을 개발했는데, 그 항목은 다음과 같이 BSC의 4가지 관점으로 분류되었다.

1. 재무
   - 공격적 성장
   - 총 수익률의 유지
2. 고객
   - 고객충성도

- 완벽한 제품 구성 제공

3. 업무 프로세스
    - 브랜드 구축
    - 유행 선도
    - 질 좋은 제품
    - 뛰어난 구매 경험
4. 학습 · 성장
    - 전략을 위한 역량
    - 개인적 성장

회사의 임원들은 각각의 전략적 안건에 대한 지도원칙과 회사 차원의 측정지표를 정했다. 예를 들어 공격적 성장 항목의 지도원칙은 다음과 같다.

> 각 SBU는 시장 상황의 측정을 통해 공격적 성장을 추구해야 한다.

그리고 공격적 성장에 대한 회사 차원의 측정지표는 연간 매출 성장률이었다. 회사의 전략적 안건의 다섯 번째 항목인 브랜드 구축은 업무 프로세스 관점의 첫 번째 목표로 다음과 같이 정의되었다.

각 SBU는 지배적인 브랜드를 만들어야 한다.

이 목표는 해당 SBU가 세분시장에서 지배적인 브랜드로 자리 잡은 비율로 측정되었다.

회사의 BSC는 개별적인 SBU들이 자신의 고유한 전략과 BSC를 정의하는 기본 틀의 역할을 했다(〈그림 8-1〉 참조). 예를 들어 전체적인 매출이익률을 유지하면서 높은 수입성장률을 달성하고자 하는 회사의 재무적 목표를 생각해보자. 회사의 역할은 전체적인 성장 목표를 소매사업 포트폴리오의 개별 사업단위 성장 목표로 할당하는 것이었다. 이에 따라 회사는 성장 잠재력이 높은 SBU에 대해서는 더욱 야심찬 목표를 설정하고, 포화상태에 있는 성숙단계 세분시장의 SBU에 대해서는 그에 알맞은 목표를 설정하도록 했다. 회사의 성장과 이익률 달성이라는 목표 를 달성하기 위해 각각의 SBU는 자신들만의 방법을 찾아냈다. 가령 고성장 사업에 주력하고 있는 SBU A는 성장 목표를 신규매장을 통한 판매로 전환시켰다. 성숙단계에 있는 SBU B의 경우 성장목표를 매장당 매출의 증가로 전환시켰다. 지배적인 브랜드라는 회사의 목표를 위해 성장률이 높은 SBU A는 전략적 품목을 선정하여 그 품목의 수익률을 살펴봄으로써 성과를 측정했다. 반면 성숙단계에 있는 SBU B는 틈새시장에서 얼마나 주도적으로 시장점유를 유지하고 있는지를 점검함으로써 브랜드의 지배 정도를 측정했다.

케넌 상사의 사례를 통해 어떻게 회사(같은 산업 안에서 독립적으로 운영되는 몇 개의 SBU를 두고 있는)가 회사 차원의 목표들을 설정

〈그림 8-1〉 회사의 BSC는 틀의 역할을 하고, 각 사업단위는 회사 BSC를 기준으로 개별 BSC를 개발한다

회사의 전략적 안건	지도 원칙	회사의 BSC	SBU A (고성장단계)	SBU B (성숙단계)
재무 관점				
1. 공격적 성장	각 SBU는 시장 상황에 맞춰 높은 성장을 추구	매출성장률(지난해의 매출성장율 대비)	신규매장의 매출	매장당 매출의 증가율
2. 총수익률의 유지	××××	××××	××××	××××
고객 관점				
1. 고객충성도	××××	××××	××××	××××
2. 완벽한 제품 구성	××××	××××	××××	××××
업무 프로세스				
1. 브랜드 구축	각 SBU는 지배적 브랜드를 창출해야 한다	지배적인 브랜드를 만든 SBU의 비율	주요 품목의 수익의 비율	시장점유율
2. 유행 선도	××××	××××	××××	××××
3. 질 좋은 제품	××××	××××	××××	××××
4. 뛰어난 구매경험	××××	××××	××××	××××
학습 · 성장 관점				
1. 전략적 기술	××××	××××	××××	××××
2. 개인적 성장	××××	××××	××××	××××

하여 개별 SBU의 BSC를 위한 기반을 제공할 수 있는지 알 수 있다. SBU의 BSC는 개별화될 수 있지만 궁극적으로는 모두 회사 차원의 BSC에서 도출된 동일한 목표에 초점을 맞추고 있었다. 케넌 상

사는 회사 차원의 BSC를 통해 회사에 속한 모든 사업단위가 달성해야만 하는 주제를 명확히 표현하고 전달할 수 있었다.

또 다른 예로, 호에스트 셀라네즈*Hoechst Celanese* 사의 고위임원들은 직원들의 행동을 이끄는 5가지 핵심원칙을 개발했다.

1. 고객 중심의 우선순위 : 고객만족도에 의해 측정된다.
2. 지속적인 프로세스 개선 : 고객의 니즈를 충족시키기 위한 효과적이고 효율적이며 유연한 프로세스를 구축하기 위해, 그리고 점진적(incremental) 제품과 급진적(breakthrought) 제품을 위해 지속적으로 프로세스를 개선한다.
3. 가치에 기반을 둔 리더십 : 모든 사람들이 비전과 사명 · 전략 · 목표 · 세부 목표 · 계획 등과 어떻게 조화를 이룰지에 관해 이해하도록 만들고 의사결정과 행동은 가치와 장기적 헌신에 기반을 둬야 한다는 것을 이해하도록 돕는다.
4. 서로 협력하며 권한위양 받은 직원 : 의사결정이 적절한 수준에서 이루어지고, 책임의 수용은 환영받으며, 모든 참여자들이 주인의식을 가지고 성과 및 생산성 향상을 도모할 수 있는 환경을 만든다.
5. 뛰어난 성과 : 고객만족도, 훌륭한 고용주, 환경보호와 안전, 의료복지, 뛰어난 재무적 성과 등에 의해 측정된다.

이와 같은 방식으로 회사 차원의 주제는 개별 SBU의 구체적인 운영측정지표로 전환될 수 있었다. 회사는 각각의 SBU에 구체적인 재무적 측정지표와 목표를 할당하기만 할 뿐, 회사의 주제와 일치하는 재무적 목표를 전달하기 위한 전략은 SBU들이 개별적으로 개발해야 한다. SBU들은 고객만족도, 권한위양, 직원역량, 프로세스 역량을 측정하도록 요구받는다. 그러나 이러한 측정지표는 SBU 각각의 상황(시장조건, 시장전략, 핵심적인 혁신, 운영 프로세스 등에 따른)에 맞게 개별화될 것이다.

합작회사와 전략적 제휴

회사가 SBU 간의 시너지를 창출한다는 목표는 종종 현실보다 과장되곤 한다. 그러나 이러한 시너지가 기업의 형태를 구성하는 가장 근본적인 요소인 경우가 있다. 예를 들어 서로 다른 독립적인 조직 간의 합작회사나 전략적 제휴가 그것이다. 기업 간의 합작이 점점 많아지고 있지만 합작회사들은 여전히 운영상의 문제를 안고 있다. 서로 합작한 회사들은 공동의 목표를 정의하기가 매우 어렵다. 이러한 경우 BSC는 서로가 공유한 안건과 균형성과관리지표가 무엇인지 정의하는 데 이용된다.

석유 서비스 산업에 몸담은 여러 회사들의 출자를 통해 설립된 오일테크 *Oiltech* 사의 사례를 살펴보자. 석유 서비스 산업은 매우 분업화되어 있다. 또한 많은 소규모의 회사들이 석유 산업의 가치사슬(예를 들면 엔지니어링과 건설, 물류, 서비스)에 연결되어 있다. 오일테크 사는 이 분야의 비효율성과 중복, 혼란을 없애고 생산성을 향상시키려는 목적으로 설립되었다. 같은 분야에 종사하는 회사들의 협력을 통해 고객(대규모의 다국적 석유 및 가스회사)에게 통합된 턴키방식의 서비스까지도 제공할 수 있다는 이미지를 제공하기 위해서였다. 또한 회사를 독립적으로 운영할 때는 달성하기 어려운 이익을 얻을 수 있다는 전제도 깔려 있었다.

오일테크 사의 재무 관점에는 투하자본수익률과 현금흐름, 수익증대율 등 몇 가지 전통적인 측정지표가 포함되었다. 또 수입믹스(오일테크 사의 전체 사업 중 이 회사의 여러 운영회사들이 참여하는 사업의 비율)가 새로운 재무적 측정지표로 포함되었다. 이 측정지표는 고객에게 통합된 턴키방식의 서비스를 제공함으로써 새로운 사업을 획득한다는 목표를 전달했다.

합작을 통해 고객이 얻을 수 있는 이익은 배럴당 원가의 감소라는 고객 목표에 의해 측정되었다. 이것은 고객이 원하는 목표를 나타내고, 합작회사의 성공여부를 평가할 수 있는 측정지표를 분명히 전달한다는 점에서 매우 훌륭한 결과물 측정지표라고 볼 수 있다. 오일테크 사의 임원들은 먼저 산업원가곡선을 제시했다. 이 곡선은 각각의 독립된 사업체들이 최종적인 고객 비용(customer cost)에 어떻게 기여하는지를 보여준다(〈그림 8-2〉 참조). 오일테크 사의 목표는 원가곡선을 아래로 옮길 수 있는 운영상의 시너지를 획득하는 것이었다. 이 목표에 대한 구체적 측정지표는 배럴당 원가였다. 이때 배럴당 원가는 개별 회사들이 합작회사를 이용하지 않을 경우의 배럴당 원가와 대비하여 측정되었다.

명확한 고객 중심의 목표를 가진 오일테크 사의 임원들은 이 목

〈그림 8-2〉 전략의 목표 : 산업의 가치사슬을 통합하여 고객을 위한 라이프 사이클 비용을 감소시킨다

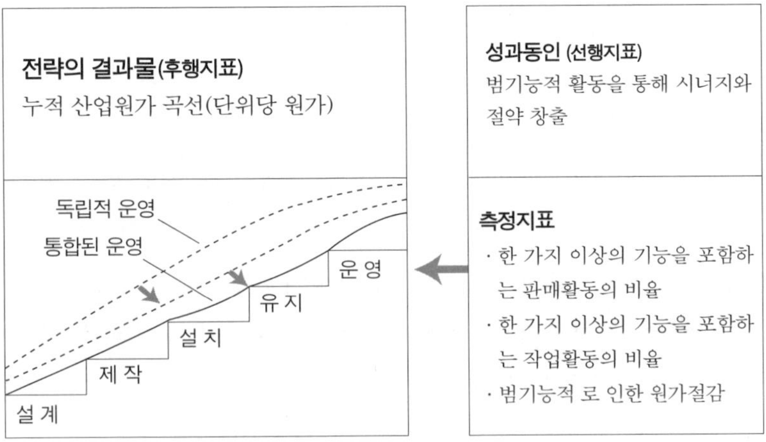

표를 달성하게 해줄 것으로 기대되는 업무 프로세스 성과동인을 도출했다. 임원들은 '원가 효율성 향상'이라는 목표를 달성하기 위해 교차사업팀(cross-business teams)이 협력한다는 전략을 실행에 옮기는 데 필요한 활동의 변화에 초점을 맞추었다. 교차사업적 추진과제로부터 발생하는 원가절감을 측정하는 지표를 통해 과거에는 독립적이었던 회사들이 팀워크와 원가절감에 대한 고객 중심 목표에 초점을 맞출 수 있었다. 또 다른 내부적 측정지표(시장 목표를 만드는 것과 관련된)는 새로운 서비스 역량을 필요로 하는 계약으로부터 발생한 매출액이었다. 새로운 서비스 역량에는 혁신적인 자금조달 메커니즘, 프로젝트 관리기술, 영업비용(operating expenses : OPEX)과 설비투자비용(capital expenditure : CAPEX)이 통합되는 원스톱 서비스 제공이 포함되었다. 마지막으로 학습 · 성장 관점은 팀

형성 관계를 보상하고, 범기능적(cross-functional) 역량을 강화하며, 성과 시스템의 통합 작업을 위한 인센티브를 정렬하는 측정지표를 도입함으로써 이러한 추진과제를 지원한다.

오일테크 사는 BSC 개발을 통해 새로운 업무 모델을 만들어냈다. 그리고 높은 수준의 전략 측정지표와 핵심적 결과물(배럴당 생애주기비용(life cycle cost) 절감), 그것의 성과동인들(기본적인 업무 프로세스들을 재설계하는 일단의 전략과제가 유발하는)을 서로 연결할 수 있었다. 이를 통해 합작회사의 참여자들이 어떻게 하나의 팀으로서 어떻게 협력할 수 있는지 알 수 있다. BSC는 과거에 독립적이었던 회사들(오일테크 사에 참여한)이 협력을 통해 어떻게 고객을 위한 유일하고 지속적인 가치를 창조할 수 있었는지 보여준다.

기능부서 : 회사 자원의 공유

지금까지는 운영 회사들에 회사 차원의 과제를 제공하고, 서로 다른 운영회사들이 고객 관계와 운영에 있어 시너지를 창출할 수 있도록 만드는 회사 차원의 전략을 논의했다. 회사의 또 다른 자원은 운영회사가 굴드*Goold*와 그의 동료들이 '모회사의 우위(parentingadvantage)'라 불렀던 회사의 자원을 공유할 수 있을 때 발생한다.[3)] 운영회사가 외부 공급자로부터 믿을 수 있는 품질과 가격으로 특정자원을 구매할 수 없거나 자체생산이 불가능할 때, 회사 차원의 자원을 공유할 수 있다면 경쟁우위를 선점할 수 있다. 그러나 유지

보수, 구매, 인적자원, 정보기술 및 자금과 같은 회사 차원의 자원은 시장성을 검증할 수 없기 때문에 경쟁우위가 아닌 경쟁열위의 원천이 되는 경우도 종종 있다. 다음은 FMC 사의 사장인 래리 브래디의 논평이다.

> BSC를 본사 간부들에게 소개하는 것은 운영 사업단위에 BSC를 적용하는 것보다 놀라운 경험이었습니다. 저는 "간부들이 어떻게 경쟁우위를 제공하는가?"라는 질문에 명확하게 대답할 수 있는 회사는 많지 않을 거라고 생각합니다. 하지만 우리는 생산 라인 운영을 위해 매일 이 질문을 하지요. 우리는 간부들에게 그들이 저원가 서비스나 차별화된 서비스를 제공하고 있는지 여부를 설명하라고 요구하기 시작했습니다. 만일 그들이 둘 다 제공할 수 없다면, 우리는 아마 그 기능을 아웃소싱해야 할 것입니다. 아웃소싱은 조직 발전과 전략적 역량 향상을 위한 실제적으로 큰 잠재력을 가지고 있습니다.[4]

이 같은 상황은 바로 국제적인 통신회사인 텔코*Telco* 사의 정보관리 시스템 조직인 인포서포트*Info Support* 사가 직면한 상황이었다. 텔코 사가 지난 수십 년간 정부의 규제를 받는 독점회사로 운영되는 동안에, 텔코 사의 사업단위들은 모든 정보와 기술 서비스를 인포서포트 사로부터 구매하도록 강요받았다. 회사의 명령으로 인해 아웃소싱 가능성이 배제되었기 때문에 고객만족도가 매우 낮았음에도 불구하고 인포서포트 사는 급속한 성장과 높은 자원활용률을 기록할 수 있었다. 그러나 1990년대에 들어 이 회사는 거의 쓸모없게 된 기술과 부정적인 내부 이미지, 그리고 고객 중심의 결여라는 악조건 속에서 운영되었다.

한편 1980년대에 대부분의 규제가 철폐되면서 텔코 사는 매우 경쟁적인 환경속에 놓이게 되었다. 이에 텔코 사는 제품과 서비스 납품 프로세스를 위해 이익추구형 사업단위를 만들었다. 이렇게 새로 설립된 사업단위는 더욱 높은 서비스 역량과 기술력을 갖춘 정보 시스템 공급자가 필요했다. 텔코 사는 운영단위의 이익추구 활동을 장려하기 위해, 그들에게 여러 면에서 뛰어난 공급자를 선택할 수 있는 권한을 부여했다. 인포서포트 사가 경쟁력 있는 서비스를 제공하지 못하게 된다면, 운영규모가 심각하게 감소할 수밖에 없는 상황이었기 때문이다.

인포서포트 사의 신임 최고경영자는 과거의 독점공급자에서 고객에게 초점을 맞춘 경쟁력 있는 회사로 변화하기 위해 BSC를 사용했다. 그 구체적인 목표는 다음과 같다.

- 새로운 고객 중심 전략을 명확하게 표현한다.
- 새로운 접근방법을 직원들에게 교육시킨다.
- 고객 중심으로 행동을 변화시킨다.

인포서포트 사는 지난 수십 년 동안 외부가 아닌 내부에만 초점을 맞춰왔기 때문에, BSC 개발에 있어 고객 관점이 핵심이 되리라는 것을 알았다. 따라서 텔코 사 산하 SBU의 고객들을 면담하는 것으로 프로젝트가 시작되었다. 이 면담을 통해 텔코 사의 사업단위가 완전히 다른 가치명제를 요구하는 서로 다른 두 가지 세분시장을 상대하고 있음이 밝혀졌다. 둘 중 록워터 사의 2그룹 고객과 유사한 한 세분시장은, 대금청구와 임금산정 등의 기본적인 정보 서비스를 믿을 수 있으면서도 가장 저렴한 원가로 제공받기를 원했다. 그리고 록워터 사의 1그룹 고객과 유사한 다른 하나의 세분시장은 그들에게 경쟁우위를 제공해줄 정보기술을 원했다. 1그룹 고객을 상대하는 사업단위는 정보 시스템 공급자가 제공하는 혁신적인 기술을 원했고, 공급자와의 장기적인 동반자관계를 원했다.

인포서포트 사의 프로젝트 팀은 두 가지 유형의 고객을 위한 구체적인 측정지표를 개발했다(〈그림 8-3〉 참조). 우선 1그룹 고객의

〈그림 8-3〉 1그룹과 2그룹 고객에 대한 SBU 목표

	2그룹 (가격 주도)		1그룹 (부가가치)			
	사업단위(고객)					
목표	SBU A	SBU B	SBU C	SBU D	SBU E	SBU F
낮은 가격	√	√				
부가가치			√	√	√	√
품질 · 무결함	√	√	√	√	√	√
고객관계			√	√	√	
혁신기술			√	√	√	

가치명제를 반영한 고객만족도 측정지표를 개발했다. 여기에 신규 고객을 유인할 수 있는 기술과 서비스 개발의 중요성을 강조한 신규 고객의 수라는 측정지표도 포함시켰다. 2그룹 고객에 대해서는 시장 대비 가격이라는 측정지표를 도입하여 표준화된 서비스를 경쟁력 있는 가격으로 제공하고자 노력했다. 이 외의 측정지표들은 인포서포트 사가 다양한 내부 고객 기반을 유지하기 위해 갖추어야 할 것들에 초점을 맞추었다.

고객 관점의 구체적 목표는 인포서포트 사가 고객과의 관계를 성공적으로 유지하기 위해 필요한 핵심적인 내부 프로세스가 무엇인지 밝혀냈다(〈그림 8-4〉 참조). 인포서포트 사는 1그룹 고객을 위해 새로운 제품과 서비스를 개발해야 했다. 이를 위하여 최근 2년간 개발된 제품과 서비스의 매출이 전체 수입에서 차지하는 비율과 제품개발 사이클에 대한 성과를 측정했다. 다년간 심도 있는 혁신을 수행해온 휴렛팩커드나 3M, 아날로그 디바이스와 같은 조직에게 이러한 측정지표는 일반적인 것이지만, 독점공급자로서 제품과 서비스 혁신의 중요성을 강조할 필요가 없었던 인포서포트 사에게 이는 극적인 문화의 변화를 의미했다. 1그룹 고객을 상대하는 사업단위의 바람인 장기적인 동반자관계는 관계 감사에 의해 측정되었다. 이 감사는 공급자관계와 고객관계의 질에 대한 인포서포트 사와 고객의 피드백을 모두 반영했다. 관계 감사와 BSC상에 기록된 점수를 통해 인포서포트 사의 모든 직원들은 고객과 훌륭한 관계를 구축하는 일이 얼마나 중요한가를 알 수 있었다.

BSC의 고객 및 업무 프로세스에 대한 목표와 측정지표의 개발은

〈그림 8-4〉 내부적 우선순위로 고객 목표를 전환시킨다

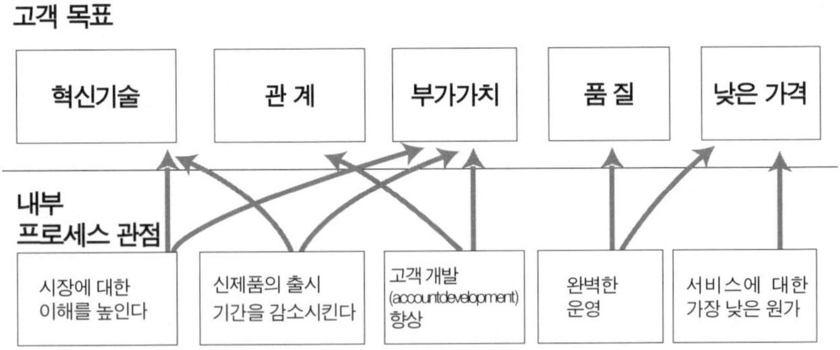

목 표	측정지표
시장이해 현재는 갖고 있지 않지만 미래에는 필요한 제품, 서비스, 그리고 고객을 창출하기 위한 시장 이해를 높인다.	최근 2년 내에 개발된 제품과 서비스로의 수입 비율
제품개발 제품도입 사이클타임을 감소시킨다.	제품개발 사이클타임
고객개발 부가가치 전달의 중심점으로서 거래개발팀의 역할을 명확히 한다.	관계 감사
완벽한 운영 경쟁력 있는 원가로 완벽한 이행과 운영을 제공한다.	신뢰성(과실 건수/단위 시간) 서비스 능력(평균 수리시간)
저원가 서비스 해당 산업분야에서 서비스 단위당 원가를 결정하는 회사가 된다.	경쟁력 있는 가격책정 지수

인포서포트 사를 고객 중심의 조직으로 변화시키는 데 특히 중요한 역할을 했다. 첫째, 이 과정에서 2개의 주요 세분시장과 각 세분

시장에 대한 가치명제를 밝혀냈다. 그로 인해 인포서포트 사는 서로 다른 세분시장에 대한 새로운 전략을 명확하게 전달할 수 있었다. 둘째, BSC가 모든 직원에게 전달되고 인포서포트 사의 관리 프로세스에 도입됨으로써 고객의 니즈를 만족시키는 데 필요한 중요한 내부 프로세스를 지속적으로 관리할 수 있었다.

인포서포트 사의 사례는 많은 조직의 지원부서와 직원들에게도 적용될 수 있을 것이다. 현재 회사들은 외부 공급자들과의 제휴나 전략적 동맹으로 정보기술과 하우스키핑, 유지보수, 심지어 제품의 설계와 개발에 이르는 광범위한 서비스를 제공받을 수 있는 환경에서 운영되고 있다. 이러한 환경에서 본사 간부들과 지원 부서들은 우수하고 잘 정렬된 업무 프로세스를 통해 내부 고객에게 초점을 맞춘 가치명제를 전달하는 전략을 개발하고 시행해야 한다. 또한 본사 간부와 지원부서는 경쟁우위의 원천이 되어야 한다. 그것이 불가능하다면 본사의 기능은 개별적인 운영회사에 의해 수행되거나 아니면 보다 경쟁력 있고 대응력이 뛰어난 외부 공급자로부터 조달되어야 한다.

정부와 비영리조직

초기에는 BSC를 영리(민간)부문에만 적용했지만, BSC를 정부 및 비영리조직을 효율적으로 관리하기 위해 사용한다면 그 효과는 더 클 수 있다. 영리조직에는 재무 관점이 중요한 목표다. 그러나 정부와 비영리조직에는 재무 관점이 목표가 아닌 제약조건으로 작용한다. 이러한 조직은 지출을 할당된 예산한도 내로 제한해야 한다. 그러나 이러한 조직의 성공 여부를 할당된 예산한도에 근접하게 지출했느냐, 아니면 할당된 예산한도 내에서 얼마나 적게 지출했느냐에 따라 측정할 수 있는 것은 아니다. 예를 들어 한 정부 부처가 예산의 0.1%만 경비로 사용했다 하더라도, 이것이 정부 부처가 일정 기간 동안 효과적이고 효율적으로 운영되었다는 것을 의미하지는 않는다. 이와 마찬가지로 지출을 예산의 10%로 줄였다 하더라도, 지출 삭감이 각 부처의 사명과 시민들에게 피해를 주면서 이루어진 것이라면 이는 성공적인 것으로 볼 수 없다.

정부와 비영리조직의 성공 여부는 시민들과 후원자들의 요구를 얼마나 효과적이고 효율적으로 충족시켰는가에 의해 측정되어야 한다. 그리고 이를 위해서는 먼저 고객과 시민들을 위한 구체적 목표를 세워야 한다. 재무적 측면은 특정한 일을 할 수 있게 하거나 혹은 할 수 없게 만드는 요인이 될 수는 있지만, 근본적인 목표가 될 수는 없다.

최근에는 납세자와 시민들이 정부 부처에 더욱 책임 있는 행정을 요구하고 있다. 또한 정부의 많은 기능들이 민간영역에서 조달되거나 사라져가고 있다. 1993년 1월 미국에 클린턴 행정부가 들어섰을 당시 정부의 중요한 전략과제는 '정부의 재창조' 였다.[5] 이때 부통령인 앨버트 고어 *Albert Gore*의 지휘 아래 내셔널 퍼포먼스 리뷰 *National Performance Review* 라는 보고서가 발간되었는데[6], 이 보고서에는 정부 부처가 고객에 초점을 맞추고 성과를 측정하는 것이 얼마나 중요한지 강조하고 있다. 이 보고서의 '결과를 얻기 위해 직원에게 권한위양하기' 부분은 정부 부처를 위한 균형성과 관리지표 수립의 3가지 권고 사항을 담고 있다.

- 각 부처는 측정 가능한 목표를 개발하고 결과를 보고해야 한다.
- 연방정부 프로그램의 목표를 명확히 한다.
- 대통령은 부서장이나 부처장과 함께 서면으로 성과협정을 개발해야 한다.

이 보고서에 다음과 같이 서술되어 있다.

> 모든 사람이 결과물 측정지표를 환영하지는 않을 것이다. 또한 사람들이 측정지표를 개발하는 데 어려움이 있을 것이다. 공무원들은 일반적으로 그들의 업무 결과물에 초점을 맞추지 않는다. 그동안 공무원들이 프로세스에 대해서만 생각하도록 장려되어 온데다가 측정지표의 개발이라는 것이 쉽지 않기 때문에, 그들은 작업의 결과보다는 작업량을 측정하려는 경향이 있다. 그들은 그저 열심히 일하는 것이 최선이라고 믿는다. 따라서 공공조직이 유용한 결과물 측정지표와 결과물 보고를 개발하는 데는 몇 년이 걸릴 것이다.[7)]

〈내셔널 퍼포먼스 리뷰〉의 지침은 성과측정 수행팀(PMAT)에 의해 처음으로 적용되었다. 이 팀은 재무부와 교통부, 상공부, 보건복지부, 내무부, 조폐국 등과 같은 조직의 조달 시스템이 적절한

지를 평가하기 위해 연방정부 조달집행연합(PEA)의 후원으로 만들어진 부처들 간의 태스크포스이다. PMAT의 사명은 '현재 조달 시스템의 상태를 평가하고, 성과를 측정하는 혁신적인 접근방법을 찾아내며, 부처 조달 시스템의 건전함을 측정하기 위한 전략과 권고안을 개발하는 것'이었다.[8] PMAT는 고객과 직원들을 상대로 설문조사를 하고, 각 부처의 고위조달집행원들이 자체평가를 실시하도록 했으며, 아웃소싱 성과에 대한 유용한 통계를 수집했다. 또한 PMAT는 BSC를 개발했다(〈그림 8-5〉 참조). 이렇게 만들어진 BSC에는 전통적인 BSC의 4가지 관점말고도 '직원에게 권한위양하기'라는 다섯 번째 관점이 추가되었다. 이는 고객 중심의 접근법을 사용하는 데 있어 연방정부의 직원들이 주도적 역할을 해야 한다는 것을 강조하기 위해서였다.

PMAT는 다음과 같은 이유를 들어 BSC를 추천했다.

> BSC는 가장 영향력 있는 측정지표에 초점을 맞추며 활용하기 쉽고 경제적이다. 또한 BSC는 균형잡힌 관점을 갖게 해주며, 사후발견보다는 사전예방을 강조한다. 그것은 직접적인 통제에만 국한되지 않는다는 점에서 고객 지향적이고 범기능적이다. 뿐만 아니라 본부에서 권고하는 변화를 명령하기보다는 조달부서 스스로 개선할 수 있도록 권한을 부여한다. 무엇보다도 BSC는 최고가 된다는 목표를 가진 서비스의 품질을 비교할 수 있는 방법을 제공한다.

이번에는 연방정부가 아닌 자치정부의 사례를 살펴보자. 캘리포

〈그림 8-5〉 연방 조달 시스템을 위한 BSC

재무 관점	
목 표	측정지표
최소 원가로 가치의 최대화	지출에 대한 원가 비율
원가절감의 최대화	구매로부터의 절감
즉시불의 적시 지급	지불지연에 대한 벌점
생산성의 극대화	생산성 비율

고객 관점	
목 표	측정지표
적시성	고객이 정의한 적시 납품
품 질	고객이 정의한 제품/서비스의 품질
서비스/파트너십	고객이 정의한 대응성

직원 권한위양 관점	
목 표	측정지표
노동력의 질	자기평가
좋은 작업환경	직원이 정의한 작업환경의 질
임원의 리더십	직원이 정의한 리더십의 질과 성실성

업무 프로세스 관점	
목 표	측정지표
획득 우수성 (Acquistion Excellence)	내부품질 시스템의 평가
정확하고 시의적절하며 효과적인 자료 수집	경영정보 시스템의 평가

학습 · 성장 관점	
목 표	측정지표
현재의 사명 목표 달성	지속적인 개선을 위한 자기평가
미래의 사명 목표 달성	전략, 전술 계획을 위한 자기평가

■ 자료원: Robert S. Kaplan and David P. Norton, The Balanced Scorecard-Measures That Drive Performance(Harvard Business Review, January-February 1992), p.76.

니아의 서니베일*Sunnyvale* 시는 20년 동안 자치 서비스를 위한 핵심 목표와 예산대비 성과를 기록한 연간보고서를 만들었다. 서니베일 시는 개별 정책분야의 목표에 따른 지역사회의 상황지표, 목표, 성과지표의 집합을 규정했다. 만약 이 프로그램을 통해 품질과 생산성 목표를 초과달성한다면, 책임 관리자는 최고 10%의 보너스를 받을 수 있다. 1990년의 비교분석에 따르면, 서니베일 시는 비슷한 규모와 형태의 다른 시에 비해 33~45% 적은 인력으로 더 많은 서비스를 제공했다.[9)]

또 다른 예로 노스 캐롤라이나*North Carolina* 주의 샬럿*Charlotte* 시가 1995년 9월에 발간한 연말 목표 성과관리지표가 있다. 보고서의 앞부분에는 1995년의 회계연도 기간 동안 다음과 같은 5개의 핵심영역에서 달성한 샬럿 시의 주요성과가 기록되어 있었다.

1. 지역사회의 안전
2. 도시 안의 도시(타깃으로 선정된 외곽을 위한 추진과제)
3. 정부의 재구축(시 사업단위의 경쟁과 자산을 관리하기 위하여)
4. 경제적 발전
5. 운송

보고서의 다른 부분에는 재무, 고객 서비스, 내부 업무의 효율성, 학습이라는 4가지 관점의 성공지표에 의해 측정된 성과가 요약되어 있었다. 이 4가지 관점의 목표와 측정지표에는 다음과 같은 사항이 포함되었다.

고객 서비스 :
샬럿 시의 시민들에게 뛰어난 고객 서비스 제공하기

성과

- 새로운 쓰레기 수거 절차에 대한 정보에 89%의 고객이 만족함
- 지역사회의 요구를 조사하고 그에 대응하는 소방회사가 존재함
- 4만 1천명 이 넘는 고객들의 문의를 처리하고, 이중 95.3%의 고객에게 긍정적인 평가를 받는 기획부서 존재함
- 공항셔틀버스 운전기사에게 고객 서비스 교육을 실시하고, 셔틀버스 이용 고객을 대상으로 한 조사에서 매우 호의적인 반응 얻음
- 비슷한 규모의 다른 도시보다 승객을 시간당 25~35% 더 많이 탑승시킨 운송당국 존재함
- 교통국에 접수된 3만 6천건의 문의 중에서 26건(0.01% 미만)만이 시장이나 시의회 사무실로 추가 문의됨

재무적인 책임 : 시 예산을 위한 능력 있는 관리인 되기

성과

- 시의 상·하수도 요금은 13개의 다른 도시와 비교한 결과 네 번째로 낮고, 연간 요금 상승률은 예상증가율보다 25% 낮음
- 고체쓰레기 수거 서비스는 전국 4대 대규모 고체쓰레기 회사 중에서 밑에서 두 번째임. 예방 가능한 사건으로 인한 손실시간이

전년도에 비해 60%로 감소하고, 비용도 약 13만 달러 절감됨
- 기획부서의 자본 당 비용은 6개 도시와 비교한 결과 가장 낮음
- 직원들을 위한 보상·의료처리 프로세스가 간소화됨에 따라 시간 면에서 23만8천 달러 절약됨

내부 업무의 효율성 : 예산을 올리지 않는 범위 내에서 운영의 효율을 높여 서비스 원가 효율을 지속적으로 향상시키기

성과
- 유지보수와 사용료 검침의 생산성 향상됨
- 급여 시스템을 자동화하여 오류와 불필요한 업무를 줄이고, 병가와 휴가에 대해 더욱 나은 관리보고서를 제공하는 인적자원 개발부서 운영함
- 직원을 줄이고, 몇 개의 핵심 프로세스를 리엔지니어링하며, 많은 기능을 아웃소싱하여 엔지니어링과 자산관리, 고체쓰레기, 수송, 운송, 기획, 항공부서의 효율성을 증대함

혁신과 학습: 미래의 성과를 향상시키기 위한 새로운 제품과 프로세스 탐구하기

성과
- 운송정보 시스템 국을 신설하여 도로 폐쇄, 공사현황, 교통 혼잡도, 일자리 공지, 사업계획 등에 대한 정보 제공함

- 시의 각 부서에 활동을 기준으로 한 원가관리 적용함
- 범죄예방을 위한 새로운 추진과제 탐색함
- 적은 인력으로 생산성을 증대하기 위한 기술계획 수립함
- 직원 교육: 교육 후 시험을 통해 측정한 결과에 따르면 타깃 분야에서 역량이 51% 향상됨
- 화재와 수재 조사를 위해 2대의 전기 자동차 도입함
- 정보기술사업국을 위한 경력개발 계획 시행함

샬럿 시의 BSC는 아직 시작단계였지만, 예산한도를 벗어나지 않는 지출로만 평가되던 자치부서에 새로운 초점과 책임을 부여했다. 시의 관리자는 성과관리의 목표와 측정지표를 소개하면서 다음과 같이 말했다. "나는 우리의 재무적 책임과 내부 업무의 효율성 향상에 특히 만족하고 있습니다. 이 보고서는 우리 조직의 '성공정신'을 담고 있습니다."

비영리조직, 특히 극빈자들을 대상으로 사회복지사업을 펼치는 조직은 그들의 사명을 전달할 수 있는 목표와 측정지표를 통해 성과를 측정할 수 있어야 한다. 비영리조직이 존재하는 이유는 특정 집단에게 특정한 서비스를 제공하기 위해서이다. 이러한 조직에 재무 관점은 정부 부처와 마찬가지로 목표가 아닌 제약요인으로 작용한다.

비영리적 사회사업에 BSC가 처음으로 적용된 것은 매사추세츠 장애인 올림픽에서였다.[10] 장애인 올림픽을 위한 BSC의 틀은 회사와 사업단위에 사용되었던 것과 거의 동일했다.

첫째, 재무 관점은 기부자의 기대에 초점을 맞추었고, 다음과 같은 3가지 주요 목표가 선택되었다.

1. 공중의 인식·홍보 : 적극적인 홍보와 공익연계마케팅(CRM)을 통해 장애인 올림픽을 사람들이 선호하는 자선활동으로 자리매김한다.
2. 지역사회의 참여 : 회사와 개인 자원봉사자에게 긍정적이고 만족스러운 자원봉사 기회를 제공한다.
3. 선수들을 위한 프로그램 확장 : 모든 선수들에게 대회에 참가할 수 있는 기회를 제공하기 위해 복지가 발달하지 않은 지역으로 프로그램을 확대한다.

이 목표들을 위해 선택된 측정지표는 다음과 같다.

- 새로운 프로그램 및 선수 수
- 자원봉사자의 유지 및 모집
- 새로운 기부자
- 기부자의 피드백
- 확장된 프로그램의 선수 수

비영리조직의 BSC에는 전통적인 재무 측정지표인 자금조달 목표액과 총 조달 자금 중 운영 및 조달에 소요된 경비가 포함될 수 있다.

둘째, 고객 관점에서 장애인 올림픽 선수에게 초점을 맞추어 다음의 4가지 목표가 선택되었다.

1. 훈련과 경쟁 : 모든 경기종목에서 선수에게 편리한 훈련시간과 장소를 제공하기 위한 강력한 인프라를 구축한다.
2. 비용 통제 : 선수와 선수 가족의 참가비를 최소화한다.
3. 품질 프로그램 : 훈련 프로그램과 경기의 질을 유지하고 향상시키는 데 초점을 맞춘다.
4. 선수들을 위한 커뮤니티 형성 : 선수들의 사회적 교류의 기회를 제공한다.

이 목표들을 위한 5가지 측정지표는 다음과 같다.

- 팀을 이루지 못한 선수의 수
- 등록된 선수가 없는 도시의 수
- 참가비 인상률
- 가족들의 피드백
- 경기 이외의 사회활동의 수

셋째, 내부적인 운영 관점에서는 고객, 즉 선수와 기부자 목표를 달성할 수 있는 다음과 같은 프로세스에 초점을 맞추었다.

- 조직과 행정 : 지역관리팀에게 3년 계획을 전달하고 각 부문의

역할을 조정한다.

- 홍보 : 장애인 올림픽의 사명과 운영을 일반인들에게 효과적으로 알림으로써 프로그램의 확장과 자금조달을 지원한다.
- 훈련 : 선수의 코치들을 지속적으로 훈련시킨다.
- 찾아가는 올림픽 : 현재 장애인 올림픽의 혜택을 누리지 못하는 지역들을 파악하고 그러한 지역들을 타깃으로 삼는다.

이에 대한 측정지표에는 다음과 같은 항목들이 포함되었다.

- 계획의 전달 비율
- 지역관리팀 간의 회의 횟수
- 조달된 기금
- 대중의 인지
- 훈련수업의 수
- 장애인 올림픽에 처음 참가하는 선수의 수

마지막으로, 학습 · 성장 관점에서는 3가지 핵심 동인인 사람·시스템·조직의 정렬에 초점을 맞추었다.

- 장애인 올림픽에 대한 지식 : 위원회 구성원과 자원봉사자, 코치들이 장애인 올림픽의 큰 그림(picture)을 이해할 수 있도록 한다.
- 관리 : 스태프를 모집하고 지역관리팀을 강화한다.
- 데이터베이스 관리 : 기부자와 코치, 자원봉사자에 대한 데이터

베이스를 유지하고 효과적으로 활용한다.

- 인정 : 자원봉사자와 코치, 그리고 스태프의 노고를 인정해준다.

이를 위한 측정지표에는 다음과 같은 항목들이 포함되었다.

- 장애인 올림픽과 경기종목들을 위해 교육받은 자원봉사자의 수
- 지원서 양식의 구비
- 프로그램 안내서 배포
- 데이터베이스에 등록된 자원봉사자의 수
- 코치들의 훈련 모임

미국 행정부의 조달집행협회와 샬럿 시, 그리고 장애인 올림픽과 같은 예는 BSC가 정부 및 비영리조직의 비전과 전략을 어떻게 조직의 구체적인 목표와 측정지표로 전환시킬 수 있는지 보여준다. 이러한 조직의 BSC 목표와 성과동인은 고객과 직원의 역할을 훨씬 더 강조하기는 하지만, 영리조직의 BSC와도 매우 흡사하다.

요 약

이번 장에서는 앞에서 다뤘던 SBU와는 구조적으로 다른 조직에서의 BSC를 소개했다. '회사 차원의 BSC'는 회사가 SBU의 활동에 가치를 부가할 수 있는 방법을 명확하게 나타낼 수 있는 회사

차원의 전략을 필요로 한다. 회사의 부가가치는 여러 원천에서 발생할 수 있다. 모든 사업단위가 공유하고 잇는 주제와 회사 차원의 서비스의 공유가 하나의 원천이 될 수 있다. 또 다른 원천으로는 세분시장에서 경쟁우위를 차지하하도록 만드는 사업단위 간의 명시적인 상호작용과 거래 등을 들 수 있다. 이러한 주제와 시너지들은 회사의 BSC를 통해 명확히 정의되고 의사소통되어야 하며 사업단위의 BSC와도 연결되어야 한다.

또한 BSC는 정부와 비영리조직에도 동기와 책임감을 부여하고 어디에 집중해야 할지 알려준다. BSC는 이러한 조직에 존재 이유(단지 예산한도 내의 지출을 의미하는 것이 아니라 고객과 시민을 위해 서비스하는)를 보여줄 수도 있다. 또한 조직의 사명과 전략 목표를 달성할 수 있게 해주는 결과물과 성과동인을 외부 시민과 내부 직원에게 알릴 수 있다.

주)

1) D. J. Collis and C. A. Montgomery, Competing on Resources : Strategy in the 1990s(Harvard Business Review, July-August 1995), p.118~128 / M. Goold, A. Campbell and M. Alexander, Corporate-Level Strategy : Creating Value in the Multibusiness Company(New York: John Wiley & Sons, 1994) / G. Hamel and C. K. Prahalad, Competing for the Future: Breakthrough Strategies for Seizing Control of Your Industry and Creating the Markets of Tomorrow(Boston : Harvard Business School Press, 1994).
2) C. K. Prahalad and G. Hamel, The Core Competence of the Corporation(Harvard Business Review, May-June 1990), p.79~91.
3) Goold, Campbell and Alexander, Corporate-Level Strategy.
4) Implementing the Balanced Scorecard at FMC Corporation: An Interview with Larry D. Brady(Harvard Business Review, September-October 1993), p.146.
5) D. Osborne and T. Gaebler, Reinventing Government : How the Entrepreneurial Spirit Is Transforming the Public Sector(Mass.: Addison-Wesley, 1992).
6) Creating a Government That Works Better and Costs Less: Report of the National Performance Review(Washington, D.C.: U. S. Government Printing Office, 1993).
7) 주 6과 같은 책, p.74~75.
8) Performance Measurement Action Team, Performance Measurement Report(출판되지 않은 원고), Procurement Executive Association(Washington D.C., December, 1994).
9) Creating a Government, p.76.
10) 매사추세츠 장애인 올림픽에 대한 정보를 제공해준 르네상스 솔루션사의 로라 다우닝과 마리사 핸드릭슨에게 감사를 전한다.

PART
2

사업전략 관리

제2부
사업전략 관리

일단 회사가 BSC를 구축했다면, 현재의 관리 시스템에 BSC를 적용해야 한다. 제2부에서는 몇몇 회사들이 새로운 전략 관리 시스템의 초석인 BSC를 어떻게 사용하고 있는지 보여줄 것이다. 회사의 관리자들은 BSC가 그들의 조직에 존재하고 있던 큰 공백(전략의 개발 및 수립과 전략 이행간의 근본적인 단절)을 메워줄 수 있다는 것을 발견했다.

전략 수립과 그것의 이행 사이의 단절은 다음 목표를 위해 활용되는 시스템들, 즉 전통적인 관리 시스템이 구축해 놓은 4가지 장벽 때문이다.

- 전략과 방향을 설정하고 전달한다.

- 자원을 할당한다.
- 부서와 팀, 개인의 목표와 방향을 설정한다.
- 피드백을 제공한다.

효과적인 전략 이행에 특히 장애가 되는 4가지 구체적인 장벽은 다음과 같다(〈그림 II-1〉 참조).

1. 실행 불가능한 비전과 전략
2. 부서와 팀, 개인의 목표와 연결되지 않는 전략
3. 장·단기적 자원할당으로 연결되지 않는 전략
4. 전략이 아닌 전술에 대한 피드백

이러한 장벽들은 BSC를 새로운 전략 관리 시스템에 통합시킴으로써 극복할 수 있을 것이다. 여기서 잠시 기존 관리 시스템의 결함이 무엇인지 살펴보자. 기존의 시스템은 주로 전통적인 취득원가 회계모형을 중심으로 구축되었고, 이는 전략 수립과 이행 사이의 단절을 가져왔다.

최근에 필자들은 영국의 컨퍼런스 주최 회사인 비즈니스 인텔리전스 *Business Intelligence* 사와 함께 성과측정 및 성과관리 시스템의 운영관행에 대해 조사한 바 있다. 이 조사는 다음과 같은 전략관리 시스템의 4가지 구성요소를 회사들이 현재 어떻게 관리하고 있는지 알 수 있도록 고안되었다.

〈그림 II-1〉 전략 이행에 대한 4가지 장벽

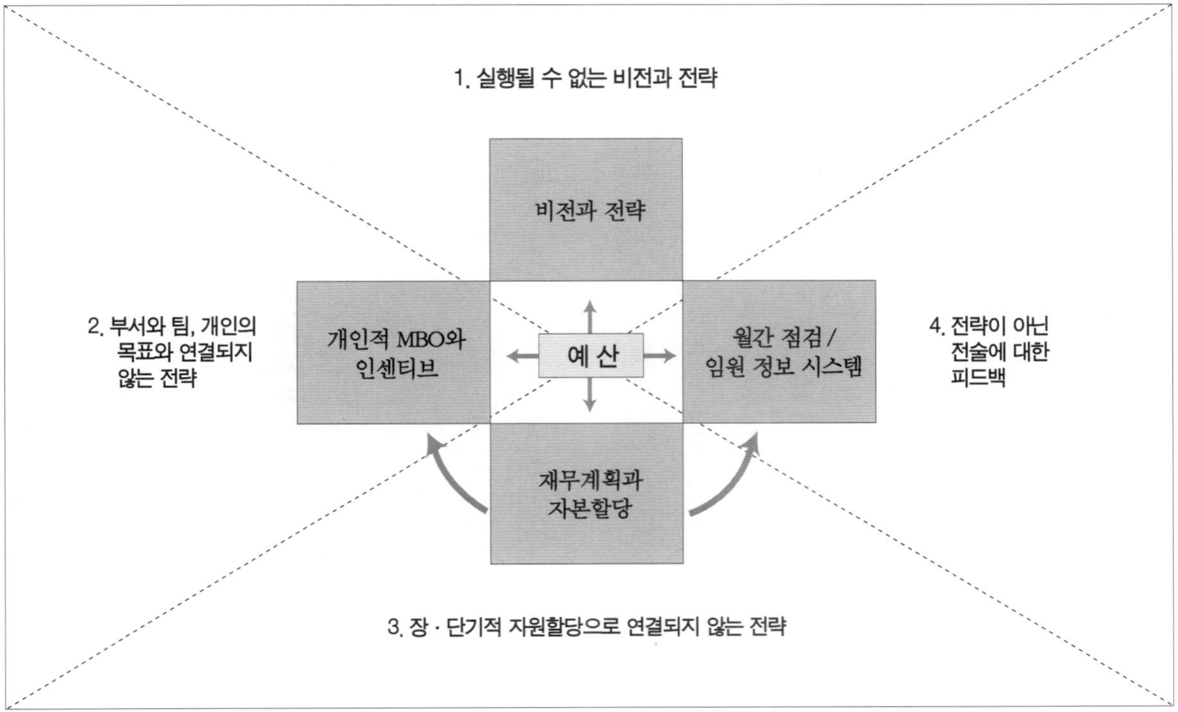

1. 비전을 이해할 수 있는 공동의 목표로 전환시킨다.
2. 전략을 알리고 성과측정에 연결한다.
3. 계획을 세우고 세부 목표를 선정한다.
4. 전략과 관련된 성과를 피드백하고 점검한다.

이 조사는 100명이 넘는 관리자들을 대상으로 이루어졌다. 조사 결과를 통해 우리는 전략 관리 시스템으로 BSC를 사용하는 회사들에서 관찰되었던 현상에 대한 수치화된 증거를 얻을 수 있었다.

첫 번째 장벽 : 실행 불가능한 비전과 전략

전략 이행의 첫 번째 장벽은 조직이 비전과 전략을 이해할 수 있고 행동을 유발하는 용어로 규정하지 못할 때 발생한다. 고상한 비전과 사명선언문을 행동으로 전환하는 방법에 대해 근본적인 의견 차이가 존재한다면, 그 결과는 노력의 분산과 부분최적화 뿐이다. 즉 최고경영자와 고위임원진은 그들의 비전과 전략이 실제로 무엇을 의미하는가에 대한 합의를 도출하는 데 실패한 것이다. 동일한 비전과 전략에 대한 합의와 명확성이 결여되면 조직의 각 집단은 서로 다른 해석을 하게 되고 서로 다른 계획(품질, 지속적인 개선, 리엔지니어링, 권한위양)을 추구하게 된다. 그리고 그들의 노력은 조직 전체의 전략에 일관성 있게 연결되지 않기 때문에 통합되거나 축적되지도 않는다. 필자들의 조사에 따르면 고위 관리자의 59%

가 비전을 이행하는 방법을 분명하게 이해한다고 생각하고 있는 반면, 중간관리자와 일선직원들은 단 7%만이 그렇게 생각하고 있었다. 이 조사 결과는 비록 명확한 비전을 지닌 리더라 할지라도 비전의 실행을 유도하는 말을 통해 모든 조직 구성원들과 공유하는 데는 실패할 수 있다는 피터 센게의 관찰을 확증한다.

필자들은 BSC의 구축 프로세스에서 전략의 목표가 분명해지고, 전략의 성공을 위한 몇몇 결정적인 동인이 밝혀진다는 사실을 발견했다. 즉 BSC 구축 프로세스는 경력과 직무 경험, 또는 기능적 전문성에 상관없이 모든 고위임원들 간의 합의와 팀워크를 이끌어냈다. 이처럼 BSC는 비전을 조직 전체에 알리고 행동을 유도할 수 있는 핵심적인 전략 과제로 전환시킨다.

두 번째 장벽 :
부서와 팀, 개인의 목표와 연결되지 않는 전략

두 번째 장벽은 사업단위 전략의 장기적인 요구 사항이 부서와 팀, 개인의 목표로 전환되지 않는 것이다. 이러한 경우 부서의 성과는 전통적인 관리통제 프로세스의 한 부분인 재무예산을 충족시키는 데 초점을 맞추어왔다. 그리고 부서 내의 팀과 개인은 그들의 목표를 부서의 단기적·전술적 목표를 성취하는 데만 연결시킬 뿐, 보다 장기적인 전략적 목표를 성취할 수 있게 하는 역량은 개발하지 않았다. 따라서 이 두 번째 장벽은 인사관리자가 개인과 팀의 목표를 조직 전체의 목표에 정렬시키는 데 실패했기 때문에 발생한 것이라고 볼 수 있다.

비즈니스 인텔리전스 사의 조사에 따르면, 고위임원진의 74%가 자신의 보상이 조직의 연간 목표에 따라 달라진다고 응답했다. 그러나 인센티브로 인해 조직의 장기적인 전략 목표 달성이 촉진되었다고 대답한 응답자는 전체의 1/3 이하였다. 조직의 하위단위로 갈수록 전략 달성과 보상 간의 단절은 훨씬 더 뚜렷하게 나타났다. 중간관리자와 일선직원들의 경우 10% 정도만이 보상이 장기적 전략과 관련이 있다고 응답했다. 이렇게 단절된 상황에서는 전략이 아무리 잘 수립되고 공유되었다 하더라도 조직이 직원들로 하여금 전략 이행에 초점을 맞추게 하는 데 어려움이 따르는 것은 당연한 일이다. 따라서 이처럼 단기적인 재무적 측정지표에 연결된 인센티브 제도는 과거의 사업방식을 강화할 뿐이다.

9장에서는 조직이 새로운 전략을 모든 직원들에게 알릴 목적으로 BSC를 어떻게 사용해야 하는지를 설명할 것이다. 또한 부서와 팀, 나아가 개인의 목표를 성공적인 전략 이행에 어떻게 정렬시켜야 하는지를 기술할 것이다.

고위임원들은 BSC의 측정지표와 보상을 신속하고 명확하게 연결하는 것의 이득에 대해 서로 다른 생각을 갖고 있다. 하지만 이들도 의사소통 및 목표설정 프로세스가 조직의 모든 참여자들을 전략에 정렬시키는 데 도움이 된다는 점에는 동의한다.

세 번째 장벽 : 자원할당으로 연결되지 않는 전략

세 번째 장벽은 장기적인 전략적 우선순위에 활동 프로그램과 자원을 할당하지 못하는 것이다. 일반적으로 조직의 장기적인 전략계획과 단기적인(연간) 예산은 단절되어 있다. 그 결과 자금과 자본은 종종 전략적 우선순위와 상관없이 할당된다. 예를 들어 리엔지니어링과 같은 중요한 추진과제가 우선사항이나 전략의 효과에 대한 고려 없이 착수된다. 또한 월별·분기별 점검은 예산과 실제 운영 사이의 편차를 설명하는 데만 초점을 맞출 뿐 전략의 목표에 어떤 진전이 있는지에 대해서는 점검이 이루어지지 않는다. 이러한 실패의 이유는 전략계획과 재무담당 부사장이 그들의 노력을 통합할 수 있는 방법을 찾지 못했기 때문일 것이다.

10장에서는 BSC를 축으로 조직의 계획과 자원·예산할당 프로세스를 통합하기 위한 포괄적인 프로세스를 제시하고, 전략을 행동으로 전환시키는 프로세스의 4가지 중요한 요소들을 설명할 것이다.

- BSC 측정지표를 위해 관리자와 직원들이 성취할 만하다고 생각할 수 있는 장기적이고 수치화되며 확장된 세부 목표를 수립한다.
- BSC의 전략 측정지표에 대한 장기적 목표를 달성하게 할 추진과제(투자와 활동 프로그램)와 이를 위한 자원을 정의한다.
- 관련 조직단위들의 전반적인 계획과 추진과제를 조정한다.
- 장기적인 BSC 목표를 단기적 예산 측정지표와 연결해주는 단기적 이정표를 수립한다.

네 번째 장벽 : 전략이 아닌 전술에 대한 피드백

전략 이행의 마지막 장벽은 전략 이행 방법과 효과성에 대한 피드백이 없다는 것이다. 오늘날 대부분의 관리 시스템은 단기적 운영성과에 대한 피드백만을 제공한다. 이러한 피드백은 재무적 측정지표에 대한 것으로 월별·분기별 예산과 실제 결과를 비교하는 수준에 머물고 있다. 전략의 이행과 성공 여부에 대한 지표를 점검하는 데는 시간이 투자되지 않는다. 한 조사에 따르면 45% 정도의 회사가 정기적으로 성과를 점검할 때 전략점검이나 전략적 의사결정에 관한 점검을 병행하지 않는다고 한다. 이러한 격차에는 2가지 원인이 있을 수 있다. 하나는 정보 시스템 부사장의 책임 하에 제공되는 정보가 적절하지 않다는 것이고, 다른 하나는 재무담당 부사장의 권한으로 조직되고 운영되는 전술적인 점검 프로세스에 문제가 있다는 것이다. 이러한 상황에서 조직은 전략에 대한 피드백을 얻을 수 없으며, 이 피드백이 없다면 전략을 검증하고 학습할 수도 없다.

BSC를 전략 관리 시스템으로 활용함으로써 얻을 수 있는 궁극적인 이익은, 운영상의 점검이 아니라 정기적으로 전략 점검을 수행할 때 발생한다. BSC에 기반을 둔 전략에 대한 피드백과 학습 프로세스의 3가지 근본적인 구성요소는 다음과 같다.

1. 전략을 전달하고, 참여자들로 하여금 그들의 활동이 조직 전체의 전략을 달성하는 데 어떻게 기여하는지 알려줄 공유된 전략의 틀
2. 전략에 대한 성과 자료가 되고, 전략의 목표와 추진과제 간의 상

호관계에 대한 가설 검증을 가능하게 해줄 피드백 프로세스

3. 성과 자료를 분석하고 학습하며, 최근의 상황과 쟁점들에 따라 전략을 변화시키는 팀 문제해결 프로세스

11장에서는 조직이 BSC를 통해 전략에 대한 피드백과 학습 프로세스를 어떻게 개발할 수 있는지에 대해 설명할 것이다. 이 부분은 앞에서 언급했던 4가지 주요 관리 프로세스 중에서 가장 진전이 느린 부분이다. 이제까지의 경험에 비추어볼 때 극소수의 회사만이 전략 점검 프로세스를 이행하고, 그것이 얼마나 강력하고 새로운 관리도구인지를 인식하고 있었다. 전략의 수정(조직의 비전과 전략을 명확히 하고 합의를 도출해 낼 수 있는)은 초기의 관리 프로세스로 돌아가서 경쟁상황과 시장상황, 기술여건 등의 변화에 따라 전략이 발전되어 나아갈 수 있도록 돕는다.

통합된 관리 시스템의 구축

12장에서는 내셔널 인슈어런스 사와 케넌 상사가 24개월 동안 새로운 전략 관리 시스템(〈그림 II-2〉 참조)을 구축해온 과정을 설명할 것이다. 또한 조직이 BSC를 개발하고 그것을 새로운 관리 시스템의 중심적인 틀로 만들 때 직면하게 되는 함정들에 대해서도 논할 것이다. 마지막으로 BSC 프로젝트의 개발과 이행을 체계화하는 데 도움이 될 만한 제안으로 이 책을 마무리할 것이다.

〈그림 II-2〉 전략 이행을 위한 서로 다른 관리 시스템

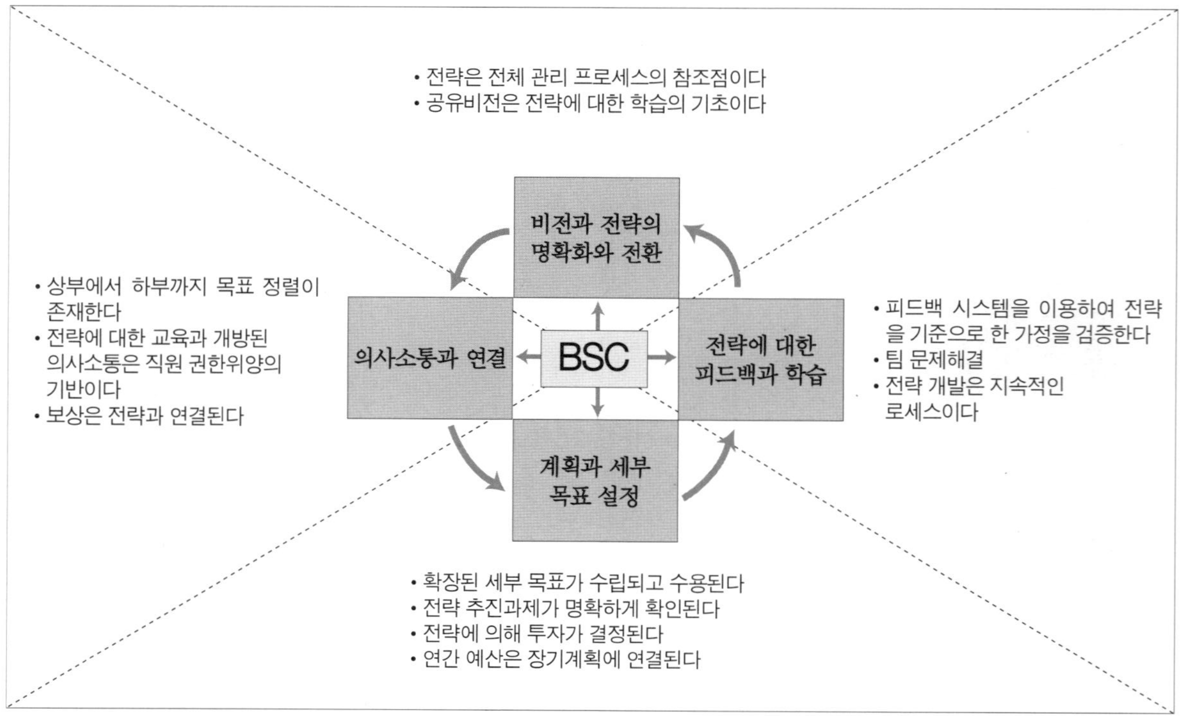

9

상부에서 하부에 이르는 전략을 위한 정렬의 달성

전략의 이행은 전략을 수행해야 하는 사람들을 교육시키고 참여하도록 하는 것에서 시작된다. 어떤 조직은 그들의 전략을 비밀로 하고 고위임원들끼리만 공유하면서 중앙의 명령과 통제 속에서 전략을 이행한다. 20세기 전반까지 회사의 고위임원들은 이러한 방법을 주로 사용해왔다.

그러나 오늘날과 같은 기술 중심, 고객 중심의 환경 속에서는 임원들이 전략 이행의 세부적인 활동들까지 모두 결정하고 전달할 수 없다. 모든 직원이 전략을 이행하는 데 기여하기를 원하는 조직은, 사업단위의 BSC에 포함된 장기적 비전과 전략을 직원들과 함께 공유하고, 그것을 달성할 수 있는 방법을 제안하도록 직원들을 적극적으로 격려해야 한다. 이러한 피드백과 조언은 직원들을 조직의 미래에 참여시키고, 또 전략의 수립과 이행에 기여할 수 있도록 동기부여할 것이다.

이상적인 조직이라면 임원 회의실에서 일선에 이르기까지 조직의 모든 개인들이 전략을 공유하고 있을 것이다. 또한 모든 구성원을 자신의 활동이 조직의 전체적인 시스템을 어떻게 지원하는지를 이해할 수 있을 것이다. 이처럼 BSC는 상부에서 하부조직에 걸친 정렬을 가능하게 한다. 따라서 BSC의 개발은 임원진으로부터 시작되어야 한다(부록 참조).

BSC를 통해 이익을 얻기 위해서는 먼저 임원으로 구축된 팀과 그들의 헌신이 필수적이다. 그러나 이것은 첫 번째 단계에 불과하다. 최대의 이익을 얻기 위해 임원팀은 조직 전체는 물론 외부의 주요 후원자들과 비전 및 전략을 공유해야 한다.

전략을 알리고 그것을 개인의 목표와 연결함으로써 BSC는 모든 조직 구성원의 공통된 이해와 헌신을 이끌어낸다. 모든 사람들이 사업단위의 장기적 목표를 이해하고 그러한 목표 달성을 위한 전략을 이해할 때 모든 조직의 노력과 추진활동은 변혁 프로세스(transformation processes)에 정렬될 것이다. 또한 개인들은 자신의 특별한 행위가 사업단위의 목표를 달성하는 데 어떻게 기여하는지 알게 될 것이다(〈그림 9-1〉 참조).

조직이 공유한 비전으로 조직을 정렬하는 프로세스는 광범위하고 복잡하다. 한 조직은 5천 명 이상의 직원을 이 프로세스에 포함시켰는데, 하나의 프로그램이나 행사만으로는 이렇게 많은 사람들을 정렬시킬 수 없을 것이다. 그러나 대규모 조직들은 서너 가지의

〈그림 9-1〉 서로 다른 관리 시스템 : 의사소통과 연결

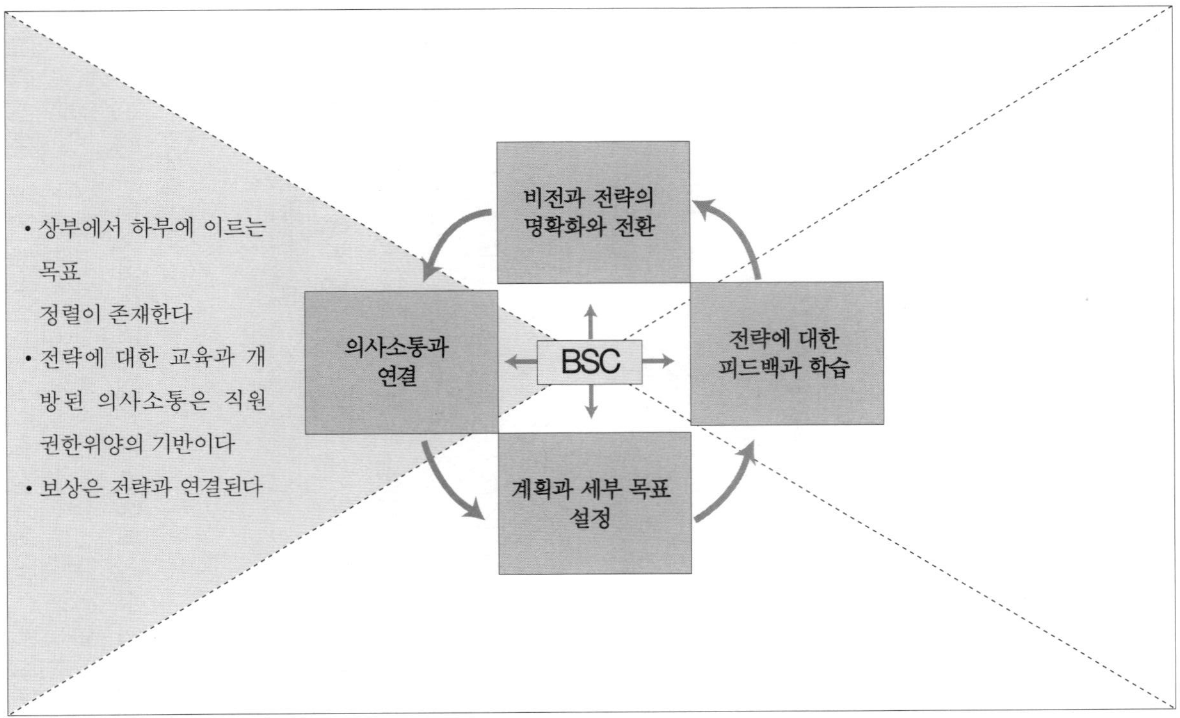

상호 관련된 메커니즘을 활용한다. 이로써 전략과 BSC를 세부적인 목표와 측정지표로 전환시킬 수 있고 이는 개인과 팀의 우선순위에 영향을 미친다. 조직에는 일반적으로 다음과 같은 3가지 독특한 메커니즘이 존재한다.

1. 의사소통과 교육 프로그램

전략 이행을 위한 선행요건은 회사의 모든 직원과 고위임원, 그리고 이사회의 구성원들이 전략과 전략의 목표를 달성하는 데 필요한 행위를 이해해야 한다는 것이다. 전략의 구성요소를 조직에 지속적으로 교육시킬 수 있는 프로그램은 조직 정렬(organizational alignment)의 기본이다. 또한 이러한 교육은 실제 성과에 대한 피드백을 제공한다.

2. 목표설정 프로그램

일단 모든 조직원의 이해를 공유하고 나면 사업단위의 모든 개인과 팀은 상위수준의 전략 목표를 개인과 팀의 목표로 전환시켜야 한다. 그리고 대부분의 조직이 사용하는 목표에 의한 관리(MBO) 프로그램은 BSC에 명확하게 표현된 목표와 측정지표로 연결되어야 한다.

3. 보상체계의 연결

전략에 조직을 정렬시키는 것은 궁극적으로 인센티브와 보상을 통해 촉진되어야 한다. 전략과 보상의 연결은 교육과 의사소통 프로그램이 자리를 잡은 후에 신중하게 이루어져야 하지만, 이미 많은 조직들이 인센티브 제도를 BSC에 연결함으로써 이득을 얻고 있다.

이번 장에서는 조직의 캠페인에 직원들을 전략 목표로 정렬시킨 이 3가지 메커니즘을 사용한 사례들을 살펴보게 될 것이다. 사업 단위의 전략적을 위한 정렬은 다양한 경로로 발생해야 한다. 특히 직원 차원으로 내려오는 하향적 정렬은 필수적이다. 흔히 '계단식 정보전달(cascading)' 이라고 불리는 이 프로세스에는 수많은 숫자(sheer number)와 물류(logistics)가 포함되어 있기 때문에 아주 복잡하다. 한편 회사의 이사회와 주주를 향한 상향적 정렬 필요성은 흔히 간과되는 경우가 많다. 이 2가지 형태의 정렬이 여기서 모두 논의될 것이다.

의사소통과 교육 프로그램

직원들에게 조직의 비전과 전략을 알리는 일은 내부적인 마케팅 캠페인으로 간주되어야 한다. 이러한 캠페인의 목표는 전통적인 마케팅 캠페인의 목표와 동일하다. 즉 직원들이 전략과 비전을 인지하고, 그들의 행동에 반영하도록 하는 것이다. 이 때 BSC는 조직의 전략에 대한 개인의 이해도를 높여야 한다. 이것은 전략의 목표를 달성하기 위한 활동에 열의를 갖게 하기 위해서이다. 어떤 임원은 조직의 교육 프로그램을 '우리 직원들의 마음과 영혼을 얻기 위한 캠페인' 이라고 표현하기도 했다. 그녀는 성공적인 전략 이행의 본질은 그것을 수행하는 사람들이 비전을 공유하는 일이라는 것을 인식했던 것이다. 즉 '그들이 비전을 이해하지 못한다면, 그들은 비전을 공유할 수 없을 뿐 아니라 비전에 따라 행동할 수도 없다.'

BSC를 이행하는 사업단위는 보통 1만~1만 5천 명 정도의 직원들로 구성된다. 이렇게 많은 사람들이 의사소통하기 위해서는 일관성 있고 포괄적인 계획이 필요하다. 그러나 어떤 조직은 BSC를 일회적인 것으로 취급하여, 몇 달 만에 BSC를 개발하고 고위 관리자들의 합의를 도출해낸 후 서둘러 그들의 새로운 전략을 모든 직원에게 알리려고 한다. 이로 인해 초기에 야심차게 발표되었던 것들은 이행되지 못하고, 직원들 또한 이러한 발표를 결국은 무산되고 말 또 하나의 일상적인 프로그램으로 여기게 된다.

조직의 의사소통과 교육 프로그램은 포괄적이고 정기적으로 이루어져야 한다. BSC 프로그램을 시작하는 데는 임원의 공고와 비디오, 회의, 소책자(brochure), 사보 등 다양한 의사소통 방법이 사용될 수 있다. 최초의 공지가 있은 후 게시판과 사보, 그룹웨어, 전자통신망 등을 통해 BSC의 측정지표와 결과에 대한 보고가 지속적으로 추가되어야 한다.

몇몇 회사는 소책자를 통해 그들의 전략을 직원들에게 전달한 바 있다. 〈그림 9-2〉는 유럽의 한 항공사가 사용한 소책자의 예이다. 이 항공사는 소책자를 통해 회사의 7가지 주요 과제를 밝히고, 회사가 성취하고자 하는 결과와 그 결과를 이끌어 내는 동인을 알렸다. 이 소책자에는 광범위하고 일반적인 주제 대신, 임원진이 전략의 성공을 모니터하기 위해 사용하는 구체적인 측정지표가 기술되었다. 또한 이 항공사는 정기적으로 소책자를 발간하여 7가지의 주제의 추세와 현재의 성과를 보고하고, 회사가 목표를 달성하기 위해 사용하고 있는 추진과제를 기술했다. 필자들은 회사들이 이러한 소책자를 조직 전체에 배포함으로써 사업단위 BSC의 구체적인 목표와 측정지표, 세부 목표를 알릴 것을 권한다.

많은 조직들이 직원과의 지속적인 의사소통 프로그램에 BSC에 관한 내용을 넣기 위하여 사보를 활용한다. 파이오니어 페트롤리엄 사는 월간 사보의 한 섹션을 BSC에 할애했다. 프로그램 시행 초기에 BSC 섹션은 직원들을 교육시키기 위해 활용되었다. 이 섹션에는 BSC의 관점들을 점검하고, 그 중요성을 설명하며, 선택된 구체적 목표 뒤에 숨은 이론을 명확하게 표현하는 내용이 게재되었다. 뿐만 아니라 각 관점의 성과를 이끌어내고 모니터하기 위해 사용할 측정지표도 게재되었다.

일단 이 섹션을 통해 BSC의 목적과 내용을 전달한 후에는 초점이 '교육'에서 '피드백'으로 이동되었다. 그리고 매 호마다 한 가지 관점에서 측정지표들의 최근 추이가 보고되었다. 가공되지 않은 수치와 추세에 현재 보고되고 있는 성과에 특정 개인이나 부서가 어떻게 기여했는지에 관한 이야기가 덧붙여졌다. 또한 개인과 팀이 조직의 전략 달성에 기여하기 위해 어떻게 세부적인 추진과제를 사용할 수 있는지를 보여주는 삽화도 게재되었다. 이러한 이야기들은 직원들에게 롤모델을 제시했다. 이 롤모델을 통해 직원들은 자신들의 일상적인 업무가 전략 이행에 어떻게 기여하는지 알 수 있었다.

〈그림 9-2〉 BSC에 기초한 전략 소책자

우리의 사명	회사 목표
그것은 우리의…에게 무엇을 의미하는가?	**안전** 안전하고 확실한 항공사
주 주	**재무적인 건실함** 건실하고 일관적인 재무적 성과 전달
고 객	**세계적인 리더** 모든 주요 시장에 진입하여 세계적인 항공여행사업의 선도적인 시장점유율을 확보
업무 프로세스	**서비스와 가치** 우리가 경쟁하는 모든 세분시장에서 전반적으로 우수한 서비스와 훌륭한 가치 제공
	고객 중심 고객의 니즈와 경쟁자의 활동을 예상하고 신속하게 대응하는 탈월함 발휘
	훌륭한 고용주 회사를 성공으로 이끄는 헌신적인 직원들을 확보하고 유지하고 개발하는 업무환경 유지
직 원	**훌륭한 이웃** 지역사회와 환경을 염려하는 훌륭한 이웃

Key
- 1994(실제치)
- 1995(실제치)
- 1996(실제치)

추진과제

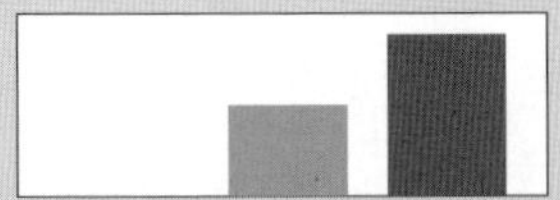

안전한 항공사라는 대중의 인식

- 모든 운영 영역에 대한 안전감사 시행
- 이미 설정된 안전 트렌드의 지속적인 개선
- 전사적 차원의 직원 안전의식 지속적 향상

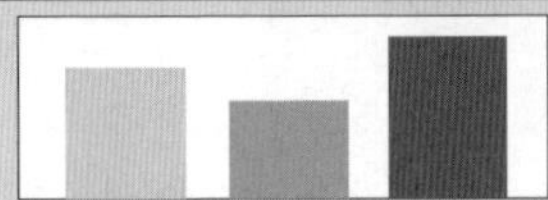

수입 대비 현금흐름 %

- 격차줄이기로 부서의 꾸준한 단위원가 감소
- 운임 수익 믹스(traffic mix)와 산출률, 제 3자의 수입 최적화
- 항공사의 자산 성과 개선

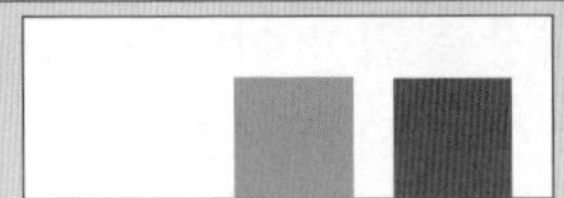

세계 시장에 참여

- 북미와 아시아 · 태평양 시장접근을 위한 조치
- 협상을 통한 유럽 운항 증가
- 주요 시장에서 개발된 고객충성도 스키마

표준치 달성

- 핵심 고객을 식별하고 그들의 여행 패턴을 추적는 확장된 임원 클럽
- 운영 시간엄수의 지속적인 향상

동료에게 추천

- 서비스 전달로 인식되는 임원 클럽의 회원들
- 직원들의 혁신과 고객 대응을 촉진하는 메커니즘

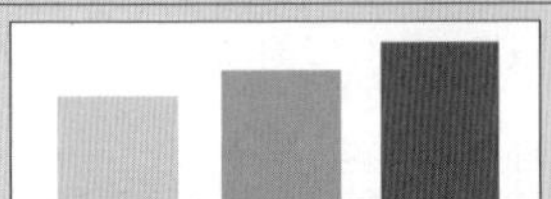

직원만족

- 항공사 직원의 절반 이상이 고객 확보에 참여
- 교육 요구사항 평가와 품질 프로그램 개발
- 성과 향상과 경력관리 방법 개발

환경적 성과지수

- 내부적인 환경감사 프로그램을 통해 핵심 세부목표 설정
- 지역공동체와의 의사소통 및 대화 증진
- 교육 · 공동체 · 자연보호 추진과제에 대한 참여증대

그러나 어떤 조직은 BSC 그 자체만을 직원들에게 전달하지는 않기로 결정했다. 왜냐하면 이미 지난 5~10년간 너무나 많은 비전과 변화 프로그램들이 흐지부지되었고 이로 인해 직원들이 BSC에 대해서도 냉소적인 반응을 보일 수 있다고 생각했기 때문이다. 그래서 이 조직의 고위임원진은 특정 프로그램에 대한 직원들의 저항을 줄이겠다는 생각으로 회사의 새로운 추진과제에 구체적인 이름을 붙이지 않았다. 대신 사보를 통해 BSC의 폭넓은 주제를 직원들에게 알렸다. 예를 들어 임원들은 조직의 고객 중심에 대해 이야기하고, 타깃으로 선정한 세분시장과 이 시장을 위한 이미지·품질·시간·제품 및 서비스 속성을 밝히긴 했지만, 이것들을 '타깃 고객을 위한 가치명제'라고 이름 붙이지는 않았다. 핵심 세분화된 시장을 만족시키는 것의 중요성을 강조하고 난 후에는 조직이 고객만족, 고객확보, 고객유지를 달성하기 위해서 탁월해야 할 업무 프로세스들을 강조했다.

일례로 필자들이 메트로 은행의 본점을 방문했을 때 지점의 직원들에게 BSC를 알고 있는지에 관해 물었다. 그러자 한 임원은 지점의 직원들이 아직 BSC에 대해서는 들어보지 못했을지 모르지만 은행의 새로운 타깃 고객을 위해 어디에 초점을 맞추어야 하는지, 또 현금자동입출금기의 청구서 오류나 고장과 같은 운영상의 결함을 막기 위해 어떻게 해야 하는지는 알고 있을 것이라고 대답했다.

또한 로터스 노츠*Lotus Notes*와 같은 그룹웨어와 전자통신망은 조직이 BSC의 목표를 전달하고, BSC에 몰입할 수 있게 돕는 부수적인 기회를 제공했다. 우리는 머지않아 회사들이 자신들의 BSC

목표와 측정지표 전부를 전자게시판에 게시할 수 있을 거라고 생각한다. 또한 고객, 내부 프로세스, 직원에 대한 동영상과 특정한 목표가 왜 선택되었고 또 각 목표를 위해 선택된 측정지표의 원리는 무엇인지를 설명하는 최고경영자의 음성 녹음 등의 활용은 BSC 전달에 더욱 효과적일 것이다. 그리고 BSC 측정지표의 실제 결과와 추이는 그룹웨어와 사내 통신망을 통해 매월 수정될 수 있다. 이와 함께 BSC의 각 측정지표에 대한 대화와 토론을 장려하는 게시판이 마련될 것이다. 이 게시판을 통해 관리자와 모든 직원들은 개별 측정지표의 성공이나 실패의 근본적인 원인에 대해 논할 수 있게 될 것이다.

소책자나 사보, 전자게시판 등은 의사소통과 교육 프로그램을 위한 도구이다. 그러나 이러한 도구들이 효과를 발휘하기 위해서는 포괄적인 의사소통 노력이 병행되어야 한다. 이러한 프로그램의 설계는 다음과 같은 6가지 근본적인 질문에 답하는 것으로 시작되어야 한다.

1. 의사소통 전략의 목표는 무엇인가?
2. 타깃 청중은 누구인가?
3. 각각의 청중을 위한 핵심 메시지는 무엇인가?
4. 각각의 청중에게 알맞은 매체는 무엇인가?
5. 의사소통 전략의 각 단계를 위한 시간의 틀(time frame)은 무엇인가?
6. 의사소통이 제대로 이루어졌는지 어떻게 확인할 수 있는가?

〈그림 9-3〉 포괄적인 의사소통 프로그램-케넌 상사

	의사소통 프로그램					
타깃 대상	전략에 대한 대화	상세한 월간 보고	점검회의	착수(kick-off) / 리더십 로드쇼(roadshow)	비디오	소책자 및 사보의 갱신 시기
회 사	√		연 2회		√	분기별
SBU의 리더십 팀	연 2회	√	월례회의 연말	착수	√	월 별
이 사	연 2회	√	월례회의	이사들을 위한 착수	√	월 별
매 장		필요할 때	필요할 때	그룹 리더들을 위한 착수 그룹 지도자에 의한 로드쇼	√	월 별
유통 센터		필요할 때	필요할 때	√	√	월 별
지원 그룹 · 부동산 · 매장기획 · 주요 공급자	필요할때	 √ √		√	√	필요할 때

〈그림 9-3〉은 케넌 사에서 사용된 전체적인 의사소통 프로그램의 예를 보여준다.

케넌 사의 의사소통 담당자는 전략계획 담당자와 협력하여 각 구성원의 요구에 맞는 프로그램을 개발했다. 이에 따라 의사소통 담당자는 의사소통 경로를 책임졌고, 전략계획 담당자는 다양한 구성원들에게 전달할 메시지의 내용을 제공했다. 이후 두 간부는 분기마다 직원 조사를 통해 프로그램의 효과를 모니터했다. 분기별 조사는 교육 프로세스가 얼마나 잘 진행되고 있으며, 또 교육 내용이 얼마나 심도 있게 전달되었는지에 대한 피드백을 제공했다.

조직의 모든 구성원이 전략적 우선순위를 인지하고 있는 것은 세부적인 차원의 이행을 위해 필수조건이다. 하지만 기밀을 지켜야 하는 부분은 신중히 다루어야 한다. 7장에서 설명한 바와 같이 바람직한 전략은 명확하고 구체적이다. 바람직한 전략은 시장점유율을 극적으로 높일 수 있는 고객과 세분화된 시장을 구체적으로 밝힌다. 또한 바람직한 전략은 경쟁자로부터 시장점유를 뺏을 수 있는 구체적인 메커니즘을 구성할 수 있어야 한다. 그러나 이러한 전략이 모든 조직원들에게 전달된다면 경쟁회사에 알려지게 될 가능성도 높아진다. 해고되었거나 조직에 불만을 갖고 있는 직원을 통해서, 혹은 퇴사 후 다른 조직에 고용된 관리자와 직원에 의해 유출될 수도 있다. 심지어는 우연히 민감한 정보를 접했던 직원이 무심결에 주고받은 대화를 통해서 정보를 흘릴 수도 있다('부주의한 말 한 마디로 배를 침몰된다'는 말처럼). 또 새로운 전략이 너무 일찍 발표되면 경쟁자가 선수를 칠 수도 있다.

그러므로 각 사업단위는 모든 직원들과 정보를 공유함으로써 얻을 수 있는 이익을 잠재적 비용이나 경쟁우위의 손실과 비교하여 평가해야 한다. 이때 조직이 추구하는 일반적인 결과물 측정지표(시장점유율과 고객만족도, 유지율, 확보율)와 일반적인 성과동인(품질, 대응시간, 원가)만을 직원들에게 전달하는 것도 하나의 대안이 될 수 있다. 아니면 타깃으로 선정한 세분시장과 경쟁자에 대해 반드시 알아야 하는 직원들에게만 전략을 알릴 수도 있고, 실제 수치 대신에 지표만 사용할 수도 있다.

이사회 및 외부 주주와의 의사소통

사업단위 전략을 실행하는 BSC는 본사와 이사회에도 전달되어야 한다. 전통적인 관점에 따르면 이사회의 주요 책임 중 하나는 회사 전략과 사업단위 전략을 감독하는 것이다. 그러나 실제로 이사회는 전략을 상세히 점검하고 분석하는 데 시간을 투자하기보다는 분기별 재무 결과를 점검하고 분석하는 데 더 많은 시간을 소비한다. 회사의 고위임원과 외부 이사와의 의사소통이 주로 단기적인 재무적 측정지표를 바탕으로 이루어지기 때문에, 회의에서도 장기적인 전략의 비전보다는 단기적인 운영 결과에 더 초점을 맞추게 되는 것은 그리 놀랄 만한 일이 아니다.

제이 로시*Jay Lorsch*는 이사회가 회사의 전략과 성과를 모니터하는 데 더욱 활발히 참여해야 한다고 주장했다.

> 외부 이사는 회사의 관리자들과 성과를 모니터하기 위한 역량과 독립성을 가져야 한다. 만일 회사의 성과가 이사회의 기대에 부합하지 않는다면 외부 이사는 내부 이사에게 회사의 전략적 방향을 변경하라고 영향력을 행사할 수 있어야 한다. 이사회가 효과적으로 최고경영자를 평가하고 회사 전략을 승인하기 위해서는 과거의 성과지표인 재무적 결과뿐만 아니라, 전략을 달성의 진척 정도를 알 수 있는 지식이 있어야 한다. 이 때 지식은 새로운 기술과 제품, 서비스의 개발 상황과 새로운 시장으로의 진입을 이해하는 것을 의미한다. 또한 지식을 고객의 니즈가 어떻게 변하고 있고, 경

쟁자가 무엇을 하고 있는지 이해하는 것을 의미한다. 이와 마찬가지로 이사들도 회사 운영의 건전성에 대한 지식을 축적할 수 있는 자료가 필요하다. 이사들도 그들만의 'BSC'가 필요한 것이다.[1)]

이처럼 BSC는 회사의 임원진이 이사회에 회사 전략과 사업단위 전략을 제시하는 메커니즘이어야 한다. 회사는 이러한 의사소통을 통해 회사의 장기적 전략들이 경쟁에서 승리하기 위한 것이라는 사실을 이사회에 구체적인 말로 알릴 수 있다. 뿐만 아니라 이사회에 피드백과 책임의 기반을 제공할 수 있다.

다음으로 제기되는 문제는 'BSC가 외부 주주에게도 전달되어야 하는가'라는 것이다. 지금까지 회사들는 외부 주주에게 규정상 제공해야 하는 것 이상의 정보를 제공하지 않으려 했다. 그 이유는 다음과 같다.

첫째, 임원진은 필요 이상의 정보 유출이 외부 주주보다 경쟁자에게 더 이로울 것이라고 생각한다. 특히 BSC는 사업단위 전략과 회사 전략의 명확한 구현체이므로 이것이 외부에 알려진다면 경쟁자들은 이미 수립되어 실행되고 있는 전략을 방해할 수도 있다.

둘째, 오늘날과 같은 소송이 잦은 환경에서는 책임소재와 관련된 문제가 발생할 수 있다. 예를 들어 관리자가 BSC의 내용을 외부 주주들에게 자발적으로 알리고 난 후 목표를 달성하거나 개선하는 데 실패하게 되면 주주들이 소송을 제기하는 근거가 될 수 있다. 계획된 목표에서 약간만 벗어나도 집단소송이 야기될 수 있는 것이다.

셋째, 비재무적 정보에 대한 투자가들의 무관심이다. 특히 그 비재무적 정보가 장기적 목표를 전달하는 것일 때는 더욱 그렇다(이번 분기를 넘기는 것은 모두 장기적 목표로 간주하는 분석가들이 많다).

초기에 BSC를 이행한 한 회사의 사장은 재무 분석가들과의 경험에 대해 다음과 같이 묘사했다.

> 나는 우리 회사 주식의 40%를 소유하고 있는 한 일류 상호기금의 투자분석가들에게 프레젠테이션을 하고 있었습니다. 내가 내년 계획과 수익 전망에 대해 설명하고 있을 때만 해도 분석가들은 관심을 가지고 나의 이야기에 집중하고 있었습니다. 그런데 내가 품질과 고객 대응시간의 개선을 위한 프로그램에 대해 이야기하기 시작하자, 분석가들의 90%가 전화를 걸러 간다는 등의 핑계를 대며 자리를 떴습니다.

재무 분석가들이 앞으로도 계속 회사의 장기 전략에 관한 측정지표에 관심을 갖지 않는다면, BSC의 보고가 외부 주주들을 위한 의사소통 프로그램이 되기 힘들다.

그러나 우리는 최선의 재무보고 정책은 최선의 내부보고 정책으로부터 나온다고 믿는다. 아직까지 대부분의 회사들이 BSC를 이용한 성과의 향상 · 전달 · 평가를 내부적으로 시험하고 있다. 우리는 회사의 임원진이 전략의 성과를 모니터하고 미래의 재무적 성과를 예측하는 BSC 측정지표에 익숙해지고 자신감을 갖게 된다면, 민감한 정보를 누설하지 않으면서 BSC의 측정지표를 외부 투자가들에게 전달할 수 있는 방법을 찾아낼 것으로 믿는다.

스칸디아 *Skandia* 사 : 어떻게 주주들에게 BSC를 알릴 것인가?

핵심적인 성과동인을 외부의 투자자들에게 알릴 수 있는 방법을 알아보기 위해 스웨덴의 보험과 금융 서비스업체인 스칸디아 사의 예를 살펴보자. 스칸디아 사는 연간보고서의 부록으로 비즈니스 네비게이터 *Business Navigator* 라는 보고서를 발간했다. 이 보고서에는 회사 전략과, 이 전략을 알리고 동기부여하며 평가하기 위해 사용하는 전략 측정지표, 그리고 지난해의 측정지표들과 성과가 기술되어 있다. 스칸디아 사가 1994년도에 연간보고서의 부록으로 발간한 보고서는 '스칸디아 사의 지적자본 명시'라는 내용으로 시작된다.

> 지금까지 회사는 재무적 자산과 매출, 부동산, 혹은 다른 유형 자산에 의해 평가되었다. 이미 수십 년 전부터 상황이 근본적으로 변화하기 시작했음에도 불구하고 산업화 시대의 시각은 여전히 바뀌지 않고 있다. 오늘날에는 서비스 부문이 역동적이고 혁신적인 역량을 대표한다. 그러나 서비스 부문에는 유형 자산이 거의 없다. 그렇다면 창의력과 서비스 표준, 회사 고유의 컴퓨터 시스템과 같은 무형 자산에 어떻게 가격을 매길 수 있을까? 회계 감사원과 분석가, 회계사들은 서비스회사와 그들의 '지적 자본'을 정확하게 평가하기 위한 측정도구나 일반적으로 수용되는 규범을 가지고 있지 못하다.

그 부록에는 8개의 주요 사업 라인에 대한 비즈니스 네비게이터가 제시되었다.[2)] 한 사업 라인에 대한 네비게이터는 〈그림 9-4〉에서 보는 바와 같다.

스칸디아 사는 사업단위 성과관리지표의 목표와 측정지표를 금

〈그림 9-4〉 스칸디아 사의 비즈니스 네비게이터

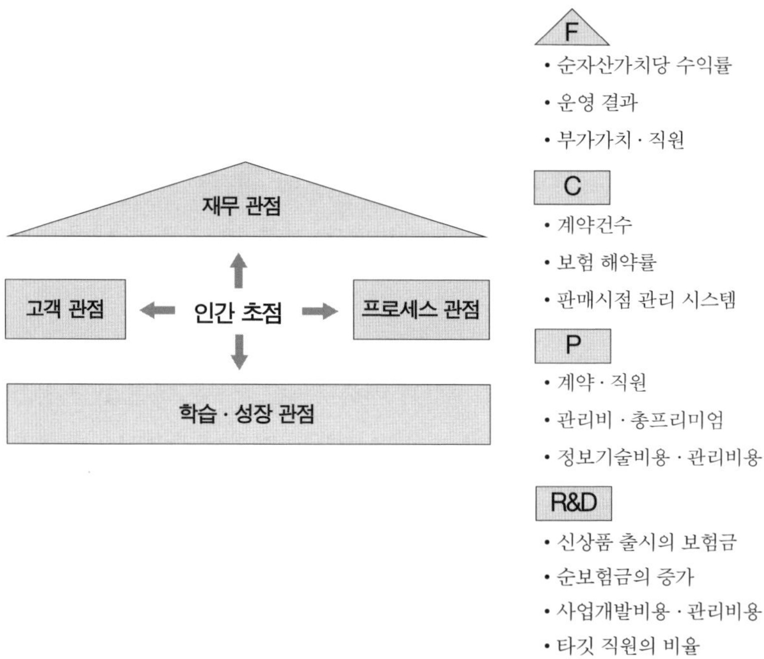

융 사회에 자발적으로 제공함으로써 '선두주자'로서의 위치를 확고히 하고 있다. 이는 장기적으로 내다보고 기꺼이 투자하겠다는 주주들을 유치하려는 스칸디아 사 전략의 일환이다. 이를 통해 투자자들은 회사에서 장기적으로 중요한 위치를 차지하게 될 것이다. 그렇게 되면 투자자들은 장기적인 경제적 성과를 위해 회사가 어떻게 관리되고 있는가에 관심을 가질 수밖에 없다. 이제 스칸디아 사에 대한 투자분석에는 재무적 예측뿐만 아니라 제품과 기술, 고객, 그리고 직원들의 역량이 포함되기 시작했다.

BSC와 팀·개인 목표의 연결

사업단위 전략에 대한 개인의 헌신을 얻어내려면 우선 BSC의 목표와 측정지표를 알려야 한다. 하지만 인지만으로는 행동을 변화시키기 어렵다. 어떤 방식으로든 조직의 목표와 측정지표는 각 개인이 조직의 목표에 기여할 수 있는 행동으로 옮겨져야 한다. 예를 들어 사업단위의 고객 관점을 위한 적시납품 목표는 병목현상을 일으키는 기계의 조립시간을 감소시키거나, 한 프로세스에서 다음 프로세스로 주문품을 신속하게 이동시키는 목표로 구체화될 수 있다. 그리고 이와 같은 세부적인 개선 노력은 전반적인 조직의 성공요인들에 정렬되어야 한다.

그러나 실제로 상위단계의 전략 측정지표를 세부적인 운영 측정지표로, 특히 비재무적 측정지표로 전환하는 것은 쉬운 일이 아니다. 과거에 관리자들이 하향식으로 설계된 재무적 측정지표에 전적으로 의존했을 때는, 투자수익률이나 경제적 부가가치 등의 집합적인 측정지표를 재고자산 회전율, 외상매출금 회수기간, 운영경비, 매출총이익과 같은 세부적인 측정지표로 전환하는 방법을 개발할 수 있었다. 그러나 안타깝게도 고객만족이나 정보 시스템의 이용가능성과 같은 비재무적 측정지표는 세부적인 요소로 나뉘기가 매우 어렵다. 하지만 BSC는 최상위에 있는 전략의 동인을 밝혀내는 '성과모형'에 기초하고 있기 때문에 이러한 문제를 해결하는 데 기여할 수 있다.

따라서 인과관계로 연결된 BSC의 틀은 상위단계의 전략에 일치하는 하위단계의 목표와 측정지표를 선정하는 데 활용될 수 있다. 〈그림 9-5〉에서 설명하는 바와 같이, BSC를 반영하고 있는 상위단계의 '성과모형'은 상위단계의 측정지표가 조직의 하위단계로 계단식으로 전달(cascading)되는 분해 프로세스(decomposition process)의 출발점이 된다. 그 중심 개념은 서로 다른 조직의 전략 성과동인을 정의하는 통합된 성과모형이 모든 하부조직의 목적과 목표를 설정하기 위한 중심적인 구성 틀로 활용되어야 한다는 것이다. 그러므로 SBU의 BSC는 보다 하위단계에 있는 부서와 팀, 그리고 개인을 위한 BSC로 전환될 수 있다. 몇 가지 예를 통해 이러한 개념의 이행을 위한 접근방법을 살펴보자.

중간관리자들의 참여도를 높이려는 한 회사의 고위임원진은 재무관점과 고객 관점(경쟁하기를 원하는 세분화된 시장과 그 세분화된 시장의 고객에게 전달해야 하는 가치명제가 포함된)에 대한 전략

〈그림 9-5〉 BSC의 계단식 전달(cascading)

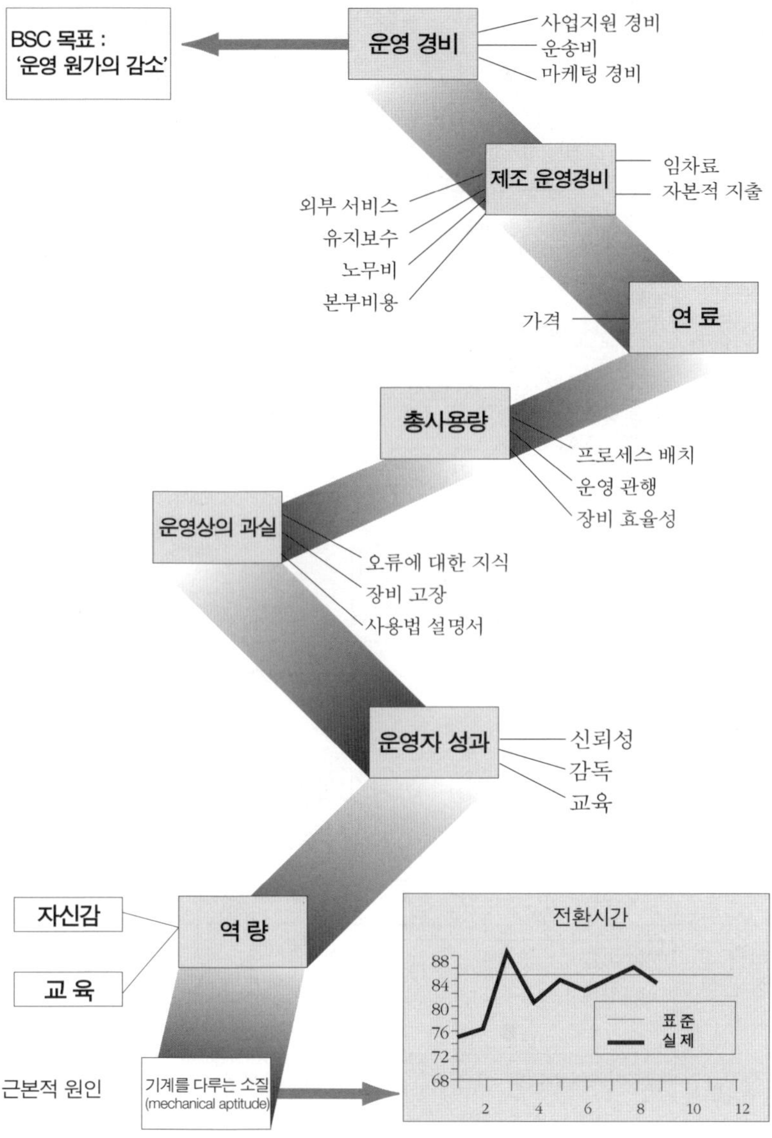

〈그림 9-6〉 계단식 전달 : 사업단위 목표를 구체적인 팀 목표로

재무적 관점	**전략 목표** · F2 매장 원가 통제	**측정지표** · 사업부별 단위면적당 비용
	매장원가의 통제 · 페인트 원가 감소 · 용이한 조립고정물(fixture) 설계 · 에너지 소비 감소	**팀 측정지표** · 벽지를 직조 페인트 대체물로 대체 · 고정물의 원가 · 설비물의 원가
고객 관점	**전략 목표** · C4 고객 협력	**측정지표** · 협력건수
	고객 협력 · 공동 조명(照明) 프로그램 개발 · 건축 문제에 관해 RM, DH과 보다 잘 의사소통한다 · 운영 사업부의 최근에 개장한 매장 방문 횟수 증가 · 적정 수의 직원이 매장에서 일함	**팀 측정지표** · 조명 원가 · 고객의 피드백 · 사업단위와 함께 방문한 횟수 · 매장 안에서 일하는 직원의 수
내부 관점	**전략 목표** · I4 건축의 탁월성	**측정지표** · 시간/품질과 원가 표준의 충족
	건축의 탁월성 · 공사 시작 예정일 예정 2주 전 계약서 작성 · 원가절감액 구체화	**팀 측정지표** · 계약 상의 스케줄 대 계획 · 문서화된 원가절감액
학습과 성장 관점	**전략 목표** · L4 인적자원 최적화	**측정지표** · 핵심적 지위에 대한 자격을 갖춘 직원의 비율
	인적자원의 최적화 · 교차교육(cross-training) 장려 · 서로 다른 매장에서 일함	**팀 측정지표** · 교차교육 할당의 수 · 다른 매장으로 발령

(범례: 흰색 상자 = SBU 채점표, 회색 상자 = 팀 채점표)

만을 규정했다. 그러고 나서 이 회사는 재무적 목표와 고객 목표 달성에 필요한 업무 프로세스, 학습과 성장 목표를 개발하는 프로세스를 위해 두 단계 아래에 있는 중간관리자들을 투입했다.

대규모 소매업체의 한 부동산 사업단위는 SBU의 BSC를 하위 단계의 부서와 팀에 계단식으로 전달하기 시작했다. 〈그림 9-6〉에서 보듯이, 각 팀은 SBU의 BSC를 준거점(point of reference)으로 하여 SBU의 BSC에 영향을 미칠 수 있는 목표와 측정지표를 밝혀냈다. 이렇게 하여 관리자들은 보다 상위단계의 목표와 측정지표를 세부적인 팀 추진과제와 측정지표로 전환시켰다.

이 2가지 예는 임원들이 중간관리자들의 협력을 이끌어내는 방법을 보여준다. 그것은 사업단위 전략의 핵심 요소가 운영되도록 만들기 위해 중간관리자의 세부적이고 구체적인 지식을 사용하는 것이다. 관리자들 자신도 이러한 프로세스를 통해 전략을 이행하고 조직 전체의 목표를 달성하는 데 전념할 수 있다. 한 부동산 사업단위의 최고경영자는 다양한 팀들의 BSC를 점검하면서 다음과 같이 말했다. "나는 수익을 위한 성장 목표가 집을 수리(목표)할 때 필요한 '페인트와 벽지' 같은 운영상의 세부사항으로 전환되었다는 것을 알고 편안히 잠자리에 들 수 있었습니다. 이것이 바로 정렬입니다."

세 번째 예로, 한 대규모 석유회사의 탐사그룹은 그룹 전체의 목표와 일치하는 개인의 목표 설정을 장려하기 위해 혁신적인 접근방법을 개발했다. 이 그룹은 직원들을 위해 작은 크기로 접을 수 있는 개인 BSC를 만들었다(〈그림 9-7〉 참조). 이 개인 BSC는 티셔츠 주머니나 지갑 안에 넣고 다닐 수 있도록 만들어졌다. 이 BSC

에는 3가지 단계의 정보가 포함되었다. BSC의 왼쪽 상단에 나타나 있는 첫 번째 단계에는 회사의 목표와 측정지표가 기술되어 있다. 두 번째 단계는 사업단위가 회사의 목표를 자신의 세부 목표로 전환할 수 있도록 여백으로 남겨두었다. 가장 중요한 세 번째 단계에서는 개인과 팀이 자신들의 개인적 성과 목표를 정의하고, 이 목표를 달성하기 위해 취해야 할 단기적 행동을 단계적으로 기록할 수 있도록 했다. 개인은 사업단위와 회사의 목표를 달성하는데 기여할 수 있는 목표를 정했고, 이 개인 목표에 대해 최대 5개의 개인 성과관리지표를 사용했다. 이러한 메커니즘을 통해 사업단위와 회사의 목표는 하향식으로 전달되고, 모든 직원과 팀에 의해 내부화된 목표로 전환되었다. 또한 이 개인 BSC는 직원들이 일별로 3가지 단계의 목표와 측정지표 및 활동에 쉽게 접근할 수 있도록 만들어졌다.

상위의 전략과 연결된 목표를 수립하기 위한 이러한 프로그램들은 일반적으로 SBU 차원의 BSC를 창출함으로써 시작된다. 그러나 상당수의 조직들은 개인과 팀, 그리고 세부적인 조직의 목표를 설정하기 위한 전형적이고 지속적인 프로세스(MBO같은)를 이미 가지고 있다. 하지만 회사가 부서와 팀, 개인의 목표를 설정하려고 할때는 오직 하나의 프로세스만을 사용해야 한다. 이 때 대부분의 MBO 프로그램이 BSC의 틀과 일맥상통하므로, 사업단위는 기존에 사용하던 MBO를 개인 BSC 수립에 연결하기만 하면 된다.

〈그림 9-7〉 개인 BSC

회사 목표

- 7년 내에 회사 가치를 2배로 만든다.
- 연평균 수입을 20%씩 높인다.
- 자본비용보다 2% 높은 내부 수익률을 달성한다.
- 다음 10년 내에 생산과 매장량을 20% 증가시킨다.

	회사의 세부 목표			BSC 측정지표	사업단위의 세부 목표			팀·개인의 목표와 추진과제
	1997	1998	1999		1997	1998	1999	
재무	160	180	250	이익(단위: 백만 달러)				1.
	200	210	225	순현금흐름				
	80	75	70	간접비와 운영비				2.
운영	73	70	64	배럴당 생산원가				
	93	90	82	배럴당 개발원가				
	108	108	110	연간 총생산				3.
팀/개인의 측정지표					**세부 목표**			
1.								
2.								4.
3.								
4.								
5.								5.
이름 :								
소속 :								
* 1995년 수준을 100으로 할 때								

■ 자료원 : Robert S. Kaplan and David P. Norton, Using the Balanced Scorecard as a Strategic Management System(Harvard Business Review, January-February 1996), p.81.

보상체계의 연결

모든 회사가 직면하고 있는 중요한 문제 중 하나는 정규 보상체계를 BSC 측정지표와 연결해야 하는지, 그리고 연결한다면 어떤 방법으로 해야 하는지에 관한 것이다. 현재 회사들은 보상체계를 언제 BSC 측정지표에 연결할 것인가에 대해 서로 다른 전략을 취하고 있다. BSC를 통해 조직문화에 변화를 가져오기 위해서는 BSC 목표 달성 정도에 따른 인센티브 제도가 결국 정착되어야 한다. 문제는 이러한 연결이 '언제 어떻게 이루어져야 하는가'이다.

금전적 보상은 매우 강력한 수단이 될 수 있다. 때문에 고위 관리자에 대한 보상정책을 가능한 한 빨리 BSC 측정지표와 연결하려고 하는 회사들도 있다. 실제로 한 회사는 연간 투하자본수익률 목표를 바탕으로 고위임원에 대한 상여금을 계산하던 방식을 변경했다. 변경된 방식에 따르면 상여금의 50%는 3년에 걸친 경제적 부가가치 목표의 달성 정도에 따라 결정되고, 나머지 50%는 세 가지 비재무관점의 BSC 측정지표 수립과 성취 여부에 따라 결정된다. 이러한 보상정책을 통해 고위 관리자의 재무적 이해관계를 사업단위의 전략 목표 달성에 정렬시킬 수 있다.

또 다른 예로, 파이오니어 페트롤리엄 사는 고위임원들의 상여금을 정할 때 BSC를 유일한 근거로 활용했다. 이 회사는 〈그림 9-8〉에 나타난 것처럼 상여금의 60%를 재무적 성과에 연결시켰다. 이때 하나의 항목에만 의존하지 않고 5개의 재무적 지표에 서로 다른 가중치를 두어 평균을 냈다. 그 지표에는 경쟁사와 대비 운영수익률과 투하자본수익률, 계획 대비 원가절감률, 기존 시장과 새로운 시장에서의 성장률 등이 포함되었다. 상여금의 나머지 40%는 고객과 업무 프로세스, 학습·성장 관점에서 도출된 지표에 의해 결정됐다. 여기에 지역사회와 환경 문제에 대한 책임을 묻는 지표도 빠지지 않았다. 최고경영자는 그 결과에 만족하며 이렇게 말했다. "우리 조직은 조직의 전략에 정렬되어 있습니다. 내가 알기에 이 정도로 조직을 정렬시킨 경쟁사는 없습니다. 이러한 정렬은 기대했던 결과를 산출하고 있습니다."

〈그림 9-8〉 BSC에 기초한 인센티브 보상

부 문	측정지표	가중치
재무 (60%)	경쟁사 대비 이익률 경쟁사 대비 투하자본수익률 계획 대비 원가절감률 새로운 시장 성장율 기존 시장 성장율	18.0% 18.0% 18.0% 3.0% 3.0%
고객 (10%)	시장점유율 고객만족도 조사 거래업체의 만족도 조사 거래업체의 수익성	2.5% 2.5% 2.5% 2.5%
내부 (10%)	지역사회·환경적 지표	10.0%
학습과 성장 (20%)	직원 분위기 조사 전략을 위한 역량 등급 정보의 전략적 이용 가능성	10.0% 7.0% 3.0%

BSC 측정지표에 인센티브 보상을 연결하는 것은 분명히 바람직한 일이지만, 다음과 같은 몇 가지 위험도 있다.

- BSC의 측정지표는 적절한가?
- 선택된 측정지표의 데이터는 과연 믿을 만한 것인가?
- 측정지표의 목표가 의도하지 않았거나 미처 기대하지 않은 방법으로 달성될 가능성은 없는가?

즉 초기의 BSC 측정지표가 전략의 목표를 완벽하게 대체하지 못할 때, 그리고 단기적 측정의 개선 결과가 장기적 목표 달성과 충돌할 때 불이익이 발생할 수 있다.

보상이 매우 강력한 수단임을 인식하면서도 이러한 문제로 고민하던 몇몇 회사는 BSC 이행 초기에 보상제도를 도입하는 것은 적절하지 않다고 생각했다. 그들에게 초기의 BSC는 사업단위 전략의 시험적인 명세서와 같은 것이었기 때문이다.

BSC는 우수하고 장기적인 재무적 성과를 창출하기 위한 측정지표들 간의 인과관계 가설을 나타낸다. 임원들이 전략을 측정지표로 전환하고 측정지표들 간의 연결에 대한 가설을 수립할 때, 처음에는 그들이 옳은 측정지표를 선택했는지에 대한 확신이 없을 수도 있다. 때문에 임원들은 잘못 선택되었을지도 모르는 측정지표가 간부들에게 노출되는 것을 꺼린다. 왜냐하면 일단 보상제도의 근거가 되는 측정지표가 노출되고 나면 간부들은 그 측정지표를 위해 동기부여하고 최상의 성과를 달성하려고 노력할 것이기 때문이다.

이러한 이유로 인하여 많은 회사들이 BSC 측정지표를 보상제도의 근거로 삼는 일에 신중하다. 그러나 보상제도가 BSC의 측정지표를 기준으로 하지 않는다 하더라도, 단기적인 재무적 결과만을 기준으로 하는 전통적인 인센티브 제도는 사라져야 한다. 사업단위의 최고관리자에게 단기적인 재무적 성과에 따라 인센티브를 제공하는 동시에 균형잡힌 전략 목표를 달성하기 위해 전력투구하라고 요구하는 것은 모순된 일이 아니겠는가?

보상제도와 BSC 연결의 두 번째 문제는, 전통적인 보상제도가 다양한 목표의 달성만을 기준으로 한다는 것이다. 파이오니어 페트롤리엄 사의 예에서 살펴본 바와 같이 전통적인 보상제도에서는 개인이 특정 목표를 많이 달성하면 보상도 많아진다. 따라서 여러 목표를 균형 있게 달성하지 못한 경우에도 관리자는 상당한 보상금을 받을 수 있는 것이다. 즉 사업단위가 몇 가지 목표는 기대 이상으로 달성하고, 나머지 목표에 대해서는 기대에 훨씬 못 미치는 결과를 내놓더라도 관리자는 상당한 보상금을 받을 수 있다는 것이다.

이러한 상황에서 회사는 보상에 대한 다른 접근법을 사용할 수 있다. 회사의 임원진은 모든 전략 측정지표, 혹은 중요한 일부 측정지표에 대해 성과 목표치의 하한선을 설정해 놓을 수 있다. 이 측정지표들 중 단 하나라도 미리 설정된 하한선을 넘는 성과를 달성하지 못하면 관리자는 보상을 받을 수가 없다. 이러한 제약은 직원들이 재무, 고객, 업무 프로세스, 학습 성장 목표 전반에 걸쳐 균형잡힌 성과를 이루도록 자극할 것이다. 또한 단기적 결과물 측정지표와 미래의 경제적 가치의 성과동인 간의 균형을 위해서도 이러한 제약이 사용될 수 있다. 모든 측정지표의 성과가 하한선을 넘었다면, 이제는 안심하고 특정 측정지표의 괄목할 만한 성과에 대해 보상할 수 있다. 다음 회계연도의 총 보상액을 결정할 때도, 4가지 관점의 측정지표 중 조직이 가장 중요하다고 생각하는 측정지표가 사용될 수 있을 것이다.

어떤 회사는 BSC 측정지표의 목표를 설정할 권한을 사업단위 관리자에게 부여한다. 그 대신 고위임원진은 목표의 난이도를 판단한다. 그리고 이 난이도는(다이빙 경기에서의 득점방법과 마찬가지로) 목표가 달성되었을 때 지급되는 상여금의 규모에 영향을 준다. 이때 고위임원진은 경쟁사와의 비교와 주관적 판단을 적절하게 조화시켜 사업단위 관리자가 목표를 달성하는 것이 얼마나 어려운 것인가를 평가한다.

주관적인 판단을 활용하는 것은 결과에 기초한 보상이 언제나 관리자들을 위한 최선의 보상이 아닐 수도 있다는 믿음을 반영한다. 관리자가 통제할 수 없고 영향력을 행사할 수 없는 많은 요인이 성과에 영향을 주기 때문이다. 더구나 경제적인 가치를 창출하거나 파괴하지만 측정은 할 수 없는 관리 활동들도 많다. 관리자가 자신의 역량과 노력, 의사결정과 행동의 질에 따라 보상받을 수 있다면 이상적일 것이다. 그러나 일반적으로 역량과 노력, 그리고 의사결정의 질은 관찰과 측정이 어렵다는 이유로 정규보상의 기준으로 채택되지 않는다. 성과에 따른 보상이라는 개념은 차선책이지만, 다른 요인들을 실질적으로 관찰하기 어렵기 때문에 이 차선책이 널리 사용된다.

흥미롭게도 BSC를 활용하면 전통적인 재무적 측정지표를 활용할 때보다 관리 역량과 노력, 의사결정의 질을 더욱 명확히 파악할 수 있다. 단기적 목표에 기초한 인센티브 제도를 포기한 회사들은 BSC에 임원진과 관리자간의 대화(목표와 측정지표, 목표의 수립과 목표 대비 실제 결과에 대한 설명 등)를 통해 관리자의 성과와 역량을 더 잘 관찰할 수 있다는 사실을 종종 발견한다. 결과적으로 보상에 관한 임원진의 주관적 판단이 조직을 관리하는 데 더 유용할 수 있다. 뿐만 아니라 임원들이 주관적으로 평가할 때는, 이미 정해져 있는 보상 공식을 자신에게 유리한 방향으로 이용하려는 관리자들의 두뇌게임을 피할 수 있다.

개인의 목표를 조직의 목표에 정렬하려면 인센티브와 같은 외적 동기부여뿐만 아니라 다른 사항도 고려되어야 한다. 외적으로 동기부여된 개인은 자신이 무엇을 해야 하는지에 대해 명령을 받았거나, 아니면 확실하고 명확하게 규정된 목표를 달성해야만 보상을 받을 수 있기 때문에 행동한다. 그렇기 때문에 보상과 인정은 자연스럽게 사업단위와 회사 목표의 달성과 연결된다. 그러나 외적 동기부여만으로는 창의적인 문제해결과 혁신적인 의사결정을 독려할 수 없다. 몇몇 연구 결과에 따르면 개인의 선호와 신념에서 나오는 내적 동기부여를 통해 직원들이 더 창의적으로 문제를 해결할 수 있고 혁신을 이끌어낼 수 있다고 한다. BSC의 맥락에서는 직원의 개인적 목표 및 활동이 사업단위의 목표 및 측정지표의 달성과 일치할 때 내적 동기부여가 이루어진다. 내적으로 동기부여된 개인은 조직의 목표를 내면화했기 때문에 외적인 인센티브가 없어도 목표 달성을 위해 노력한다. 실제로 명확한 보상은 오히려 내적 동기부여를 감소시킬 수도 있다.

BSC는 사업단위의 전략 목표를 명확히 표현하고, 전략과 성과동인을 연결한다. 이를 통해 많은 사람들이 처음으로 자신들의 임무와 조직의 장기적 목표가 어떻게 관련되는지를 알게 되기도 한다. 이제 그들은 구체적인 업무를 수행하고 목표를 초과달성함으로써 상여금을 받는 로봇처럼 행동하기보다는, 조직의 목표를 달성하기 위해 그들이 탁월하게 수행해야 하는 업무가 무엇인지 밝혀낼 수 있을 것이다. 개인의 업무가 전체 사업단위 목표와 어떻게 일맥상통하는지 명확하게 규정함으로써 조직의 많은 직원들이 내적으로 동기부여될 것이다. 이렇게 되면 인센티브 제도없이도 혁신과 문제해결을 이룰 수 있다. 물론 전략 측정지표의 확장된 목표를 충족시키거나 목표를 능가하는 극적인 성과향상을 이루기 위해서는 목표를 달성한 직원을 인정하고 보상해주어야 한다. 일례로 파이오니어 페트롤리엄 사는 모든 직원에 대해 다양한 보상제도를 시행했고, 사업단위 및 회사의 성과목표 달성 정도에 따라 직원에게 보상했다. 파이오니어 사는 사업단위의 BSC 측정지표를 직원들의 보상과 결합함으로써 조직 전체가 조직의 전략 목표에 헌신할 수 있었다고 믿고 있다.

BSC의 측정지표를 공식적인 보상제도의 근거로 활용하는 데 신중해야 한다고 해서 이러한 연결이 전혀 효과가 없다는 뜻은 아니다. 다만 보상제도의 근거를 제시하는 데 있어 BSC의 역할은 아직 초기단계에 있다. 그렇다고 단기적인 재무적 결과만을 보상제도의 근거로 사용한다면, 조직은 광범위한 선행지표와 후행지표의 집합으로 구성된 균형잡힌성과에 전념하기 힘들 것이다. 따라서 단기적 결과에 대한 강조는 줄어들어야 한다.

훌륭한 다른 접근방법들도 있을 수 있다. 단기적으로 모든 고위관리자에 대한 보상을 사업단위 BSC의 측정지표와 연결한다면, 관리자들은 기능부서를 부분최적화 하려 하기보다는 조직 전체의 목표를 위해 전념하게 될 것이다. 또한 목표 수립과 그것을 달성할 수 있게 하는 행동을 이끌어내는 대화를 통해 관리자들의 역량과 노력에 대해 더 많이 알 수 있을 것이다(보상액을 산출하는 데 수치화된 결과물 측정지표와 주관적인 판단을 함께 사용함으로써). 그리고 더 많은 실험과 경험을 통하여 BSC의 목표 달성과 인센티브 제도 연결의 근거를 찾을 수 있다. 이러한 노력이 병행된다면 명시적이고 객관적인 공식과 주관적 평가 간의 적절한 균형에 대해 부가적인 정보를 얻을 수 있을 것이다.

요 약

사업단위의 사명과 전략을 BSC의 목표와 측정지표에 연결하는 것은 BSC 수립 프로세스의 출발점에 불과하다. BSC는 다양한 조직구성원들, 특히 직원들, 회사 관리자, 그리고 이사회에 전달되어야 한다. 의사소통 프로세스의 목표는 조직 내의 모든 직원과 책임자들(회사의 임원진과 이사회)을 전략에 정렬시키는 것이다. 조직 구성원들은 이러한 지식과 정렬을 통해 세부적인 목표 설정과 피드백, 그리고 SBU의 전략궤도에 대해 책임질 수 있다.

BSC의 목표 달성과 개인의 기여가 인정과 승진, 보상 프로그램에 연결되면 정렬과 책임은 분명히 강화될 것이다. 이러한 연결이 미리 결정된 공식에 기초해야 하는지, 아니면 BSC의 목표와 측정지표의 점검을 통해 가시화된 측정지표에 따라 주관적으로 적용되어야 하는지는 회사의 현재 상황에 따라 다를 것이다. BSC와 보상 프로그램의 연결이 가져다 주는 이익과 손실에 대한 정보는 앞으로 몇 년 동안 꾸준히 축적될 것이다.

주)

1) Jay W. Lorsch, Empowering the Board(Harvard Business Review, January-February 1995), p.107, 115 ~116.

2) 스칸디아 사는 인적자본, 구조적 자본, 그리고 고객 자본을 기술하는 그들의 시스템을 스칸디아 네비게이터라고 부른다. 그 이유는 스칸디아 네비게이터가 '우리가 미래로 항해하는 데 도움을 주고 우리의 쇄신과 발전을 자극하는 도구'로 활용되기 때문이다.

10

세부 목표, 자원할당, 추진과제 그리고 예산

관리자는 통합된 전략과 예산수립 프로세스를 이행할 때 BSC를 활용해야 한다. 9장에서 설명한 것처럼 조직과 팀, 개별 직원 프로세스는 인적자원을 사업단위 전략에 정렬시킨다. 그러나 이것만으로는 충분하지 않다. 사업단위는 재무 자원과 유형 자원도 전략에 정렬시켜야 한다. 장기적 자본예산, 전략 과제, 연간 재량지출 등은 모두 사업단위 BSC 측정지표를 통해 이루어야 할 야심찬 목표 달성에 초점을 맞추어야 한다.

필자들은 통합된 장기 전략계획과 운영예산 할당에 BSC를 활용하기 위해서는 다음의 4가지 단계가 필요하다는 것을 발견했다(〈그림 10-1〉 참조).

〈그림 10-1〉 전략 이행을 위한 관리 시스템-계획과 세부 목표설정

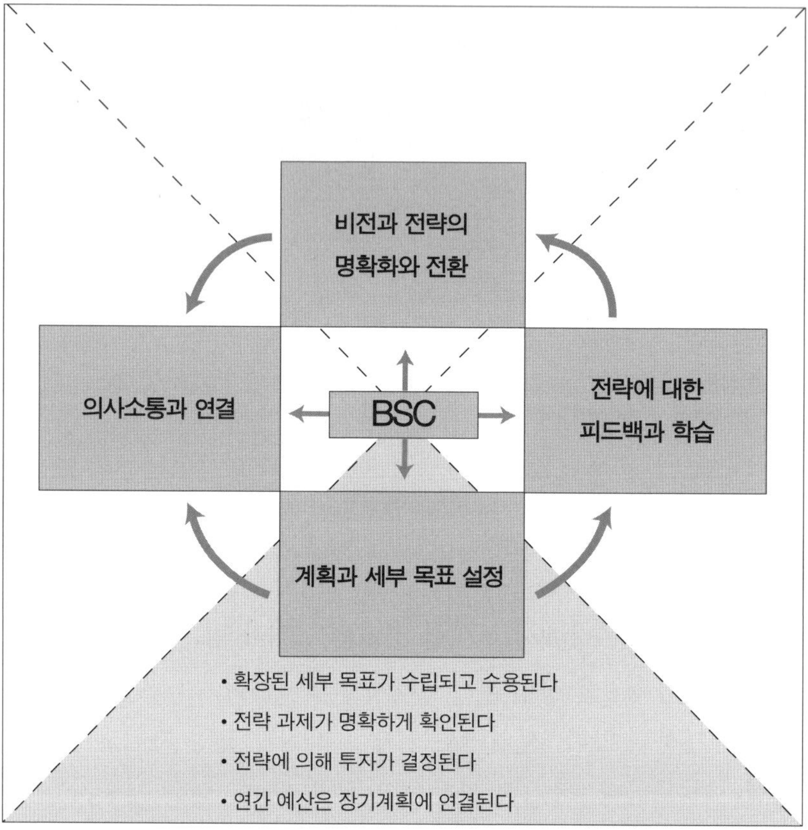

1. **확장된 세부 목표를 설정한다:** 관리자는 모든 직원들이 수용하고 몰입할 수 있는 측정지표를 위한 야심찬 목표를 설정해야 한다. BSC의 인과관계는 중요한 결과물 측정지표, 특히 재무관점의 측정지표와 고객 관점의 측정지표의 극적인 성과 달성을 가

능하게 해줄 중요한 동인을 밝혀내는 데 도움이 될 것이다.

2. **전략과제를 정의하고 논리적으로 설명한다.** : 관리자는 BSC 측정지표를 통해 야심찬 목표와 현재 성과 간의 차이를 밝혀낼 수 있다. 이를 통해 자본투자와 활동 프로그램의 우선순위를 정한다. 또한 적어도 하나 이상의 BSC 측정지표 목표에 중대한 영향을 미칠 것으로 생각되지 않는 추진과제들은 배제하거나 강조하지 않는다.
3. **결정적인 교차사업적**(cross-business) **추진과제를 정의한다** : 관리자는 다른 사업단위나 모회사의 전략 목표에 이익(시너지)을 가져올 추진과제를 정의한다.
4. **연간 자원할당과 예산을 연결한다** : 관리자는 내년의 재량지출과 예산이 할당된 성과(이정표)를 3~5년 계획의 전략과 연결한다. 관리자들은 이 이정표를 이용하여 전략의 경로에 따른 사업단위의 움직임을 추적할 수 있다.

이와 같은 4단계 프로세스를 거쳐 조직이 달성하려는 장기적 결과물이 무엇인지 알 수 있다. 이 프로세스를 통해 조직이 개선하고자 하는 측정지표뿐만 아니라 그 측정지표에 대한 명확하고 야심찬 목표가 개발된다. 그 후에는 이러한 결과물이 어떻게 달성되는지에 대한 메커니즘도 밝혀진다. 그리고 통합된 계획과 예산 프로세스는 BSC의 재무적 · 비재무적 측정지표를 위한 단기적 이정표에 의해 마무리된다.

확장된 세부 목표의 설정

BSC는 조직에 변화를 일으키기 위해 활용될 때 가장 효과적이다. 관리자는 변화의 필요성을 전달하기 위해 그것이 달성된다는 전제 아래 3~5년 후 회사를 변화시킬 측정지표에 대한 세부 목표를 설정해야 한다. 이때 사업단위는 불연속적인 성과 향상을 세부 목표로 삼아야 한다. 가령 사업단위가 주식회사라면 두 배 이상의 주가상승이 세부 목표가 될 수 있을 것이다. 일반적인 재무적 세부 목표로는 투자수익률의 두 배 향상, 또는 향후 5년간 150% 매출 향상 등이 있을 수 있다. 실제로 한 전자회사는 현재 시장에서의 예상 성장률의 두 배에 가까운 매출 증대를 재무적 세부 목표로 설정한 바 있다.

대부분의 임원들이 과감하게 재무적 세부 목표를 확장하는 반면, 그것을 달성해야 하는 사람들은 세부 목표의 신뢰성을 의심하는 경우가 종종 있다. 제너럴 일렉트릭 사의 CLO(chief learning officer)인 스티브 커*Steve Kerr*는 많은 회사들이 확장된 세부 목표를 달성하는 데 곤란을 겪는 이유를 이렇게 설명하고 있다. "오늘날에는 회사가 직원들에게 매출을 두 배로 올리라거나, 제품의 시장출시 기간을 1/3로 단축하라고 요구하는 일이 빈번합니다. 그러나 회사는 이 야심찬 목표 달성에 필요한 지식과 도구 및 수단을 직원들에게 제공하지는 않습니다."[1)]

확장된 세부 목표를 이행하는 과정에서 생기는 대부분의 문제는 단편적인 접근방법에서 나온다. 단편적인 접근이란 하나의 쟁점이나 측정지표를 통해 야심찬 목표를 달성하려 하는 것이다. 이러한 접근방법의 전형적인 예로 벤치마킹*bench-marking*을 들 수 있다. 일반적으로 벤치마킹은 다른 조직의 성과 중 특정 영역을 연구하고, 그 성과를 조직의 세부 목표로 설정한 후, 그 성과를 달성하게 해줄 프로그램을 개발하는 과정을 거친다. 이론적으로 이것은 훌륭하다. 하지만 조직이 비즈니스 프로세스에 있어서 야심찬 목표를 달성한다 하더라도, 이것이 미래의 재무적 성과를 극적으로 향상시키지 못할 수도 있다는 것에 주의해야 한다.

BSC는 한 가지 측정지표의 성과 향상을 세부 목적으로 하는 게 아니라, 서로 연관된 측정지표들이 함께 성과를 달성해야 함을 강조한다. 그렇기 때문에 BSC는 야심찬 목표에 대한 직원들의 이해를 얻어내는 강력한 도구가 될 수 있는 것이다.

한 첨단기술회사가 BSC 도입 초기에 시행한 세부 목표 설정 프로세스를 예로 들어보자. 이 회사의 최고경영자는 각각의 팀에게 '스스로 자부심을 느낄 수 있고, 자매 회사들이 부러움을 살' 공격적인 세부 목표들을 개발하라고 지시했다. 이를 위해 팀은 BSC의 4가지 관점에 따라 4개의 하위그룹으로 나누어졌다. 마케팅 부사장이 지휘하는 고객·사업개발 그룹은 고객확보와 연평균매출, 고객유지를 위한 공격적인 세부 목표를 제안했다. 이 그룹의 최근 전략이 '고객과의 협력관계 구축'이었기 때문에 이 그룹의 사람들은 위와 같은 세부 목표에 동의했다. 한편 운영부의 부사장이 지휘하는 서비스 납품 그룹은 적시납품과 재작업 감소, 보다 높은 품질과 안전을 위한 확장된 세부 목표를 개발했다. 이 세부 목표를 달성하기 위해서는 프로젝트 관리 프로세스의 대대적인 개선이 필요했다. 인사부의 부사장이 통솔하는 학습과 성장 그룹은 원가절감과 고객협력 추진과제를 위한 직원 중심의 혁신을 기반으로 하는 공격적인 세부 목표를 개발했다. 인력의 혁신을 위해서는 역량개발의 향상과 개방적인 의사소통, 확장된 권한위양이 필요하다는 것이 예상되었다. 그러나 최고재무관리자(CFO)가 이끄는 재무그룹은 다른 그룹들처럼 공격적이지 못했다. 이 그룹은 수익성이 증가한다 해도 약 20% 정도의 수준에 머물 것이라고 생각했다. 최고재무관리자(CFO)는 높은 수준의 목표를 무리하게 설정하지 않으려고 했다. 다른 그룹의 확장된 세부 목표 달성이 실패하는 것을 원치 않았기 때문이다. 즉 달성이 불가능한 세부 목표를 세우기보다는 달성 가능한 세부 목표를 세워 성취감을 맛보는 것이 더 바람직하다고 생각했던 것이다.

모든 하위그룹이 전체 회의에서 자신들이 설정한 세부 목표를 발표하고 나자, 최고경영자는 재무그룹이 제안한 세부 목표는 인정하기 어렵다고 단언했다. 다른 그룹의 구성원들도 그의 의견에 동의했다. 운영부의 부사장은 그들의 의견을 대변해 다음과 같이 말했다. "우리가 마케팅과 혁신, 고객 서비스를 위해 설정한 세부 목표를 달성할 수만 있다면 수익은 자연히 따라올 것이며, 그 증가폭 또한 엄청날 것입니다. 우리는 이를 달성하기 위해 전념해야 합니다. 저 개인적으로는 현재보다 수익을 두 배로 늘리는 세부 목표를 세웠으면 합니다."

운영부 부사장의 야심찬 발언에 임원들은 일제히 찬동하고 나섰다. 만약 이러한 세부 목표들이 독립적으로 세워졌다면 합의를 도출할 수 없었을 것이다. 그러나 임원들은 미래의 재무적 성과를 위한 동인이 제자리를 잡았을 뿐 아니라, 모든 임원들이 그것을 지지하고 있다는 것을 알 수 있었다. 그리고 모든 팀 구성원들도 이러한 노력으로 극적인 재무적 성과를 얻을 수 있을 것이라고 믿었다.

BSC에 성과동인과 선행지표를 포함시킴으로써 관리자들은 야심찬 재무적 목표를 달성하는 데 필요한 운영요소(예를 들어 전략에 대한 투자, 시장조사, 혁신적인 제품과 서비스, 재훈련된 직원, 강화된 정보 시스템)를 밝혀낼 수 있었다. 필자들의 경험으로 볼 때 장기적 계획을 실행에 옮길 수 있는 투자와 자원, 그리고 시간만 충분히 확보된다면, 운영부의 임원들은 고위 관리자들이 요구하는 것보다 더 확장된 세부 목표에 대해서도 동의한다.

최고경영자는 가장 핵심적인 재무적 세부 목표들 사이에 성과격차(performance gap)를 만들어냄으로써 BSC 측정지표들을 위한 확장된 세부 목표를 수립하도록 장려할 수 있다. 예를 들어 〈그림 10-2〉는 케넌 상사의 한 사업단위가 BSC의 논리를 이용하여 향후 5년 동안 수익을 두 배로 만들겠다는 '불가능하다'고 여겨지는 세부 목표를 어떻게 수용하게 되었는지 보여준다. 당시의 계획 상으로는 이 세부 목표와 10억 달러나 차이가 났기 때문이다. 초기에 소매체인점의 관리자들은 이 격차를 좁히는 것은 불가능하다고 생각했다. 그러나 최고경영자는 임원들과 함께 BSC의 인과관계 모형(7장 참조)에 기초하여 시나리오를 분석하였다. 이를 통해 팀들은 서로 다른 전략을 제안할 수 있었고 실행 가능성을 시험한 후

〈그림 10-2〉 인과관계에 기초한 확장된 세부 목표의 설정-케넌 상사

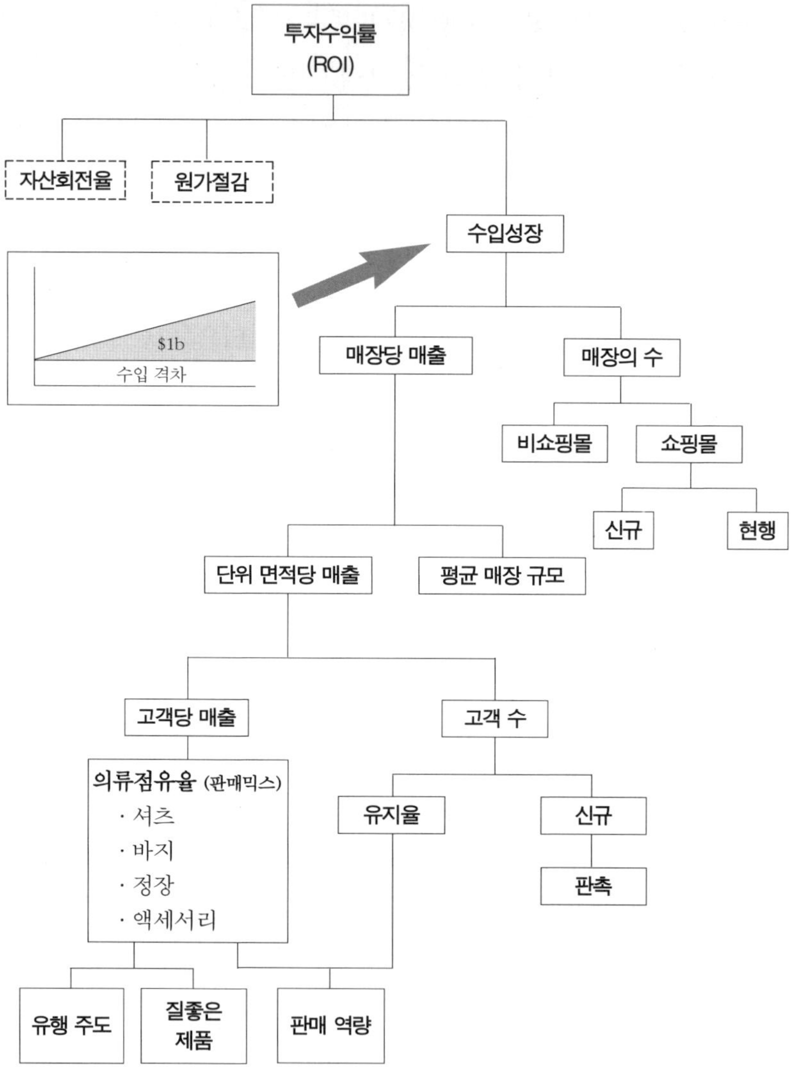

최종적인 세부 목표에 합의할 수 있었다. 이렇게 도출된 수입성장 세부 목표를 다음과 같이 구분할 수 있다.

- 신규 매장의 수
- 각 매장의 신규 고객의 수
- 각 매장의 쇼핑객 중 실제 구매자의 비율
- 기존 고객의 유지율
- 고객 당 평균 매출

이 과정에서 여러 가지 시나리오가 분석되었다. 그중 한 시나리오는 사업단위가 종전과 같이 쇼핑몰에 기반을 둔 입점 전략을 유지할 것이라는 가정을 담고 있었다. 이 시나리오대로 수입성장 세부 목표를 달성하기 위해서는 단위면적당 매출을 현재까지의 업계 최고 기록보다 50% 이상 증가시켜야 했다. 하지만 누구도 이러한 세부 목표가 가능하리라고 생각하지 않았다. 또 다른 시나리오를 통해 임원들은 파격적인 위치에 새로운 형태의 매장을 세우는 방안을 생각했다. 임원들은 이 2개의 시나리오를 평가한 후, 두 번째 방안이 실행 가능성이 있다고 판단했다. 또한 이에 따라 전략이 수정되었다. 결국 시나리오 분석의 후반부에는 임원들도 2배 이상의 매출이라는 수입성장 세부 목표를 수용할 수 있었다.

시나리오 계획 프로세스에서 외견상 불가능해 보이는 수입성장 세부 목표는 그것을 달성할 수 있게 해주는 하위세부 목표들로 나누어질 수 있었다. 관리자들은 수입성장 세부 목표를 달성하게 해줄 핵심동인을 규정했으며, 각각의 동인의 하위 목표와 추진과제에 전념하기만 한다면 수입성장 세부 목표를 무난히 달성할 수 있을 것이라고 판단했다. 그리고 BSC는 전략이 얼마나 잘 이행되고 있는지를 모니터하는 도구를 제공했다.

전략 과제의 정의

일단 재무, 고객, 업무 프로세스, 학습과 성장 측정지표에 대한 세부 목표가 수립되면, 관리자는 이 야심찬 세부 목표들을 달성하는 데 현재의 추진과제가 도움이 되는지, 아니면 새로운 추진과제가 필요한지 판단할 수 있다. 현재 많은 조직들이 전사적 품질관리(TQM), 시간기반 경쟁, 직원 권한위양, 리엔지니어링 등 수많은 추진과제를 시행하고 있다.

그러나 불행하게도 이러한 추진과제들의 대부분은 전략 목표 달성과 연결되지 못하고 있다. 때문에 이러한 추진과제들은 개별적으로 관리되고, 서로 다른 전문가들의 지원을 받으며, 희소자원을 얻기 위해 서로 경쟁한다. 이 희소자원에는 모든 자원 중에서 가장 희소한 고위관리자들의 시간과 관심이 포함된다. BSC가 회사 관리 시스템의 토대가 될 때, 다양한 추진과제들은 조직의 목표와 측정지표 및 세부 목표 달성에 초점을 맞출 수 있다.

확장된 세부 목표를 달성하기 위해 추진과제를 개발하고 동원하는 프로세스는 창의력을 요한다. BSC에 기초한 계획 프로세스의 3가지 방법을 통해 창의력을 향상시키고 전달할 수 있다.

1. '누락된 측정' 프로그램
2. 변화율 측정준거(Rate-of-Change Metrics)과 연결된 지속적인 개선 프로그램
3. 전략과제 : 핵심적인 성과동인의 급진적인 개선과 연결된 리엔지니어링 및 변화 프로그램

'누락된 측정' 프로그램

성과 개선의 첫 번째 기회들은 BSC가 설계된 직후에 찾아온다. 일반적으로 BSC의 측정지표 중 20%정도에 대해서는 정보를 얻을 수 없다. 6장에서 논의했던 직원개발과 재훈련 측정지표의 누락을 생각해보자. 측정의 누락은 정보의 문제가 아니다. 그것은 '측정할 수 없다면, 관리할 수도 없다'는 관리상의 문제를 나타낸다. 따라서 측정지표를 뒷받침 해줄 정보가 없다면, 이는 핵심적인 전략목표에 대한 관리가 불충분하거나 아예 존재하지 않는다는 것을 의미한다.

내셔널 인슈어런스 사의 누락된 측정지표에는 규제기관의 승인, 지급청구의 효과, 보험계약자의 만족도, 역량 수준이 포함되었다. 메트로 은행의 누락된 측정지표에는 예금 서비스 원가, 타깃 세분시장의 점유율, 서비스 과실률, 역량 수준이 포함되었다. 또 파이오니어 페트롤리엄 사의 BSC에는 고객유지율, 거래업체의 질, 서

비스의 품질, 기술적 역량에 관한 측정지표가 누락되었다. 이러한 측정지표의 누락이 의미하는 것은 일반적으로 관리자가 관리하기 힘든 몇 가지 중요한 프로세스가 있다는 것이다. 현재는 그러한 측정지표들이 전략을 성공적으로 달성하는 데 반드시 필요한 요소로 간주되고 있다.

예를 들어 메트로 은행이 예금 서비스의 원가를 측정할 수 없다는 것은, 마케팅 관리자가 어떤 고객이 수익성이 있는지를 결정할 수 없음을 의미했다. 메트로 은행은 이 측정지표를 개발함으로써 ABC 모델을 단순히 제품 원가를 측정하는 것에서 고객의 수익성을 측정하는 것으로 확장시킬 수 있었다. 그 결과 메트로 은행은 가격과 서비스 정책을 타깃 세분시장에 더 집중할 수 있었다. 또한 내셔널 인슈어런스 사가 지급청구의 효과를 측정하지 못한 것은 지급청구 관리 프로세스를 위한 전문가가 없음을 의미했다. 개별화된 지급청구 관리 프로세스의 결여는 내셔널 사의 총체적 전략에 장애를 가져왔다. 회사는 이 격차를 없애기 위해 개별 분야에 적합한 새로운 지급청구 관리 프로세스를 개발했다. 파이오니어 사도 예외가 아니었다. 이 회사가 고객유지율을 측정하지 못한 것은 마케팅 관리자가 시장세분화 프로그램을 효과적으로 관리하지 못하고 있음을 의미했다. 이 측정지표를 규정하기 위한 프로그램을 개발하는 과정에서, 파이오니어 사의 관리자는 타깃 고객에 대한 정보를 수집하고 그들의 선호를 점검할 수 있는 메커니즘까지 얻게 되었다.

앞의 사례에 나타난 측정지표의 누락은 빙산의 일각에 불과하다. 조직은 측정지표를 위한 정보 수집 프로세스를 제도화함으로써 관련 정보를 수집할 수 있을 뿐만 아니라, 중요한 내부 프로세스의 관리를 위한 전략과제의 개발을 유도할 수 있다. 정보 수집과 프로세스 관리는 뛰어난 성과 달성의 필수요소다.

변화율 측정준거에 연결된 지속적인 개선 프로그램

관리자들은 그들의 확장된 세부 목표가 전사적 품질관리(TQM)와 같은 지속적인 개선으로 성취될 수 있는지, 아니면 리엔지니어링이나 변화 프로그램과 같은 불연속적인 개선이 필요한지를 결정해야 한다. 기존 프로세스에 적용되는 TQM은 체계적인 문제해결 방식으로서 프로세스의 결함(납품지연, 프로세스 사이클에서 부가가치를 높이지 못하는 시간, 결함이 있는 제품, 프로세스의 오류, 미숙련 직원 등)을 줄이고 궁극적으로는 제거한다. 불연속적 접근방법이나 리엔지니어링은 기존의 프로세스에 근본적으로 결함이 있고, 이 결함을 수정하기 위한 전체적인 재설계가 필요할 때 사용한다. 이 때는 프로세스 이행을 위한 완전히 새로운 방법을 개발해야 한다.

만약 지속적인 개선방법이 채택된다면, 개선율 측정준거을 사용하여 단기적 노력이 야심찬 장기적 목표를 달성하게 하는 올바른 궤도상에 있는지 추적해야 한다. 아날로그 디바이스 사에서 개발한 반감기 측정준거이 좋은 예이다(6장 참고). 반감기는 프로세스의 결함을 반으로 줄이는 데 걸리는 시간을 측정하는 것이다. 이 측정준거은 TQM 팀이 공식적인 품질개선 프로세스를 성공적으로 이행한다면, 결함이 일정한 비율로 감소할 것(결함률을 반으로 줄이는 데 필요한 시간은 거의 동일하다)이라는 가정을 전제로 한다. 즉 관리자들은 시스템의 결함이 감소하는 비율을 예측함으로써 계획된 기간 동안에 원하는 성과를 산출할 수 있는지 확인할 수 있다.

산업재를 생산하는 한 회사는 반감기 개념을 응용하여 혁신적인 측정지표를 개발했다. 이들이 개발한 지속적인 개선 지표는 전략적으로 중요한 8가지 업무 프로세스의 측정지표에 근거했으며, 그 중에는 다음과 같은 항목들이 포함되어 있다.

- 고객불만 건수
- 문제해결에 걸리는 시간
- 안전사고 발생률
- 쓰레기 발생률
- 1차 불합격률

이 회사는 반감기 원리를 이용하여 각 항목에 대한 개선 세부 목표를 설정하고, 이 개선 세부 목표를 달성하기 위한 활동으로 추진과제를 수립했다. 지속적인 개선 지표는 8가지 전략적 측정지표 중 개선해야 할 세부 목표를 충족시키거나 초과한 측정지표의 비율을 측정했다.

성과동인의 급진적인 개선과 연결된 전략과제

관리자들은 종종 중요한 프로세스만을 지속적으로 개선하는 주변적인 문제해결로는 3~5년 계획의 확장된 세부 목표를 달성하기 어렵다고 결론짓는다. 이러한 어려움은 완전히 새로운 프로세스의 개발과 전개의 필요성을 나타낸다. BSC는 조직의 리엔지니어링과 변화 프로그램의 필요성을 미리 정당화하고 이들에 집중할 수 있게 해준다. 이 때 관리자는 부수적인 프로세스의 재설계를 통한 즉각적 효과를 기대하기보다는 조직의 전략 성공에 중요한 프로세스를 개발하거나 재설계해야 한다. 또한 전통적인 리엔지니어링의 목표는 대규모 원가절감이지만, 새로운 리엔지니어링과 변화 프로그램은 비용의 절감만을 세부 목표로 하지는 않는다. 예를 들어 주문이행 사이클의 극적인 단축이나 제품 출시기간의 단축, 직원 역량의 강화 등도 전략과제의 목표가 될 수 있는 것이다. 비재무적 측정지표가 BSC에서 미래의 재무적 성과의 개선과 연결되었듯이, 비재무적 목표도 전략과제를 정당화하고 모니터하는 데 활용될 수 있다.

더 중요한 것은 BSC가 리엔지니어링과 변화 프로그램을 위해 사용될 때, 조직이 원가를 절감하고 효율을 높일 수 있을 뿐만 아니라 성장의 문제에도 초점을 맞출 수 있다는 것이다. 이때도 리엔지니어링 프로그램의 우선순위를 결정하는 핵심요인은 BSC의 인과관계이다. 전문 보험회사가 되겠다는 새로운 비전을 위해 BSC를 개발했던 내셔널 인슈어런스 사의 예를 생각해보자.(7장 참고) 이 회사는 BSC를 통해 보험계약과 지급청구 관리, 대리점 관리 프로세스의 재설계를 시작할 수 있었다.

〈그림 10-3〉을 보면 상위의 BSC 측정지표를 통해 어떻게 구체

적인 보험계약 프로세스의 성과모델 개발되었는지 알 수 있다. 보험계약 성과모델은 보험계약 프로세스 중 BSC에 바람직한 결과를 불러일으키는 요소가 무엇인지 밝혀냈다. 예를 들어 BSC의 결과물 측정지표인 손실률은 3가지 요소(고객선정, 정확한 가격책정, 지급청구 감소)에 의해 결정된다. 이 3가지 요소들은 다시 특정 위험과 노출에 대한 조직의 학습 역량에 의해 결정된다. 그리고 〈그림 10-4〉에서 보는 바와 같이 보험계약 성과모델은 현장의 보험계약자를 지원하기 위한 데스크톱 시스템*Desktop system* 개발의 근간이 되었다. 또한 성과모델의 결과물을 통해 정보와 업무지원 시스템을 재설계하는 데 필요한 요소들의 구체적인 리스트를 얻을 수 있었다. 이 설계를 위한 구체적인 리스트는 조직이 새로운 프로세스 설계에 필수적인 세부 지식과 경험을 공유할 수 있게 해주었다. BSC와 연결된 성과모델은 보험계약 프로세스를 개선한다는 전략 목표에 초점을 맞춘 정보기술 플랫폼의 개발로 이어졌다. 내셔널 인슈어런스 사의 임원들도 BSC 목표를 통해 장기적인 동인에 투자할 수 있게 되었으며, 그 동인에는 최종적으로 조직의 재무적 성공을 창출하게 해줄 데이터의 획득과 정보기술에 대한 투자가 포함되었다.

회사들은 또한 현재의 추진과제를 모두 점검하여 그것들이 하나 이상의 BSC 목표를 달성하는 데 기여하고 있는지 밝혀내야 한다. 메트로 은행은 합병 직후 70개 이상의 서로 다른 활동 프로그램에 착수했다. 모든 프로그램들이 경쟁력 있고 성공적인 은행을 목적으로 했지만, 전체적인 전략에 통합된 프로그램은 단 하나도 없었다. BSC를 구축한 후 메트로 은행의 임원들은 제기능을 다하지 못

〈그림 10-3〉 내셔널 인슈어런스 사의 균형성과관리지표는 복잡하면서도 본원적인 비즈니스 프로세스를 반영한다

BSC

	전략 목표	전략 추진과제	전략 측정지표 (후행지표)	전략 측정지표 (선행지표)
내부	수익성있는 보험계약의 체결	보험계약 프로세스 향상	• 손실률 • 지출률	• 가격 모니터 • 보험계약의 품질조사
	지급청구의 방지와 통제 관리	지급청구, 손실 통제, 할증료 감사 및 보험계약의 정렬		• 지급청구의 횟수 • 지급청구의 간결성

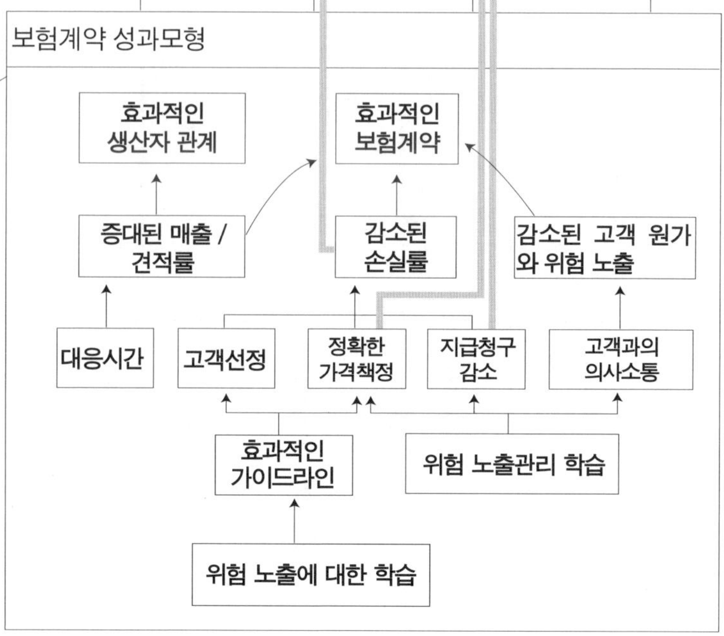

〈그림 10-4〉 조직화된 설계 프로세스를 통한 내셔널 인슈어런스 사의 비즈니스 변화

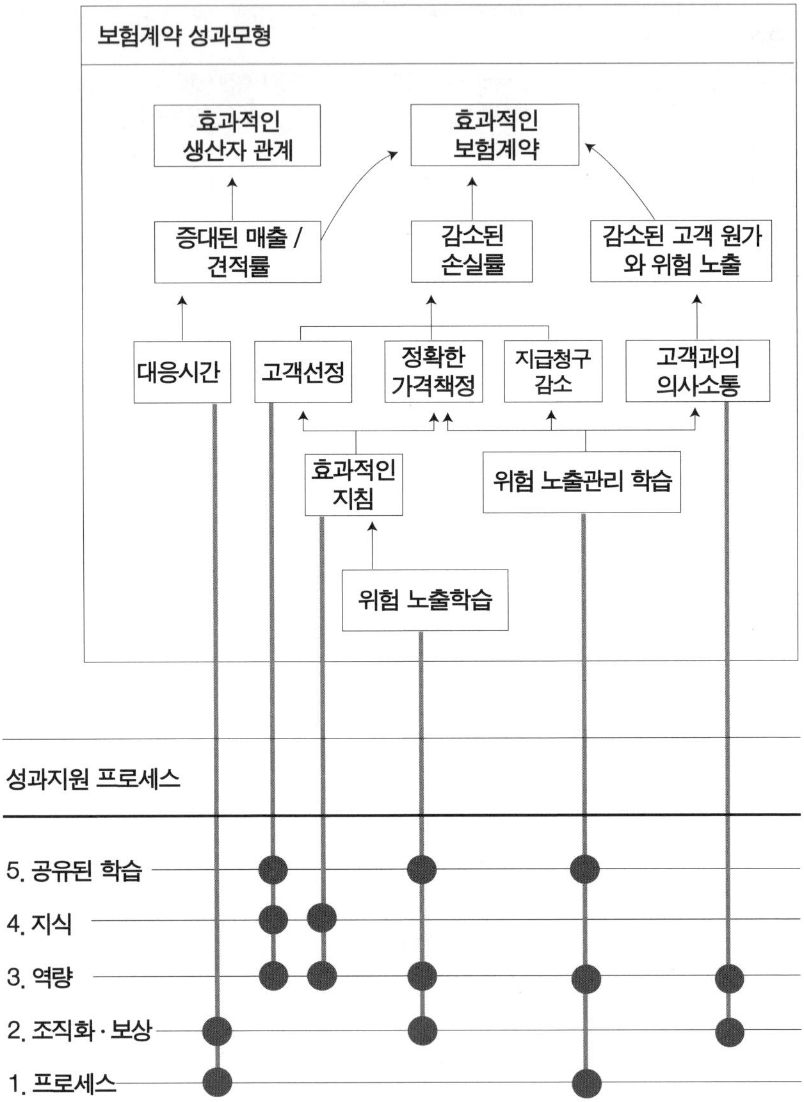

BSC					
전략 목표		전략 추진과제	전략 측정지표	
			(후행지표)	(선행지표)
내부	수익성있는 보험계약의 체결 지급청구의 예방과 통제 관리	보험계약 프로세스 향상 지급청구, 손실 통제, 할증료 감사 및 보험계약의 정렬	• 손실률 • 지출률	• 가격 모니터 • 보험계약의 품질조사 • 지급청구의 횟수 • 지급청구의 간결성

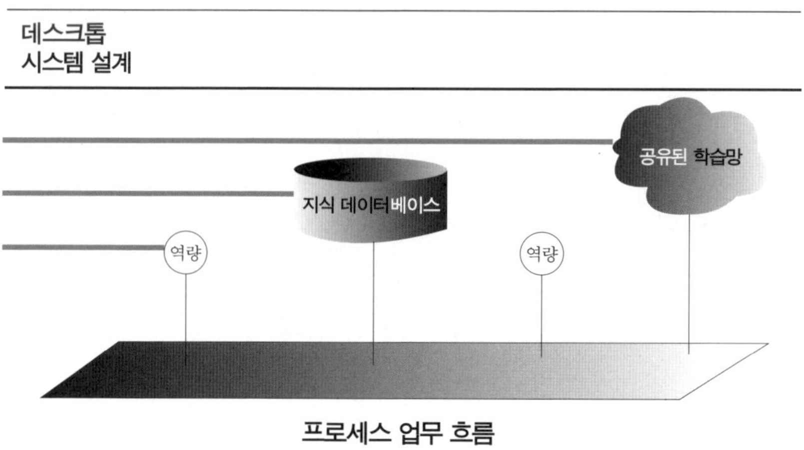

하는 프로그램들을 중단하거나 통합했다. 예를 들어 고액순자산보유자(high net worth individuals)에 초점이 맞추어진 마케팅 노력이 중단되었다. 또한 현재의 판매 기술 수준을 개선하기 위한 판매부 운영개선 프로그램도 중단되었다. 그리고 관리자는 이 판매부 운영개선 프로그램을 주요 전략 목표에 더욱 정렬된 재훈련 프로그램으로 대체했다. 이 프로그램의 목표는 판매원을 믿을 수 있는 재무적 조언자로 변화시키고, 새로 도입된 상품을 광범위하게 교차판매(cross-selling)할 수 있는 역량을 갖추게 하는 것이었다.

조직은 또한 투자 여부도 전략계획과 연결해야 한다. 이러한 연결은 너무나 당연해 보이고 대부분의 전략계획 프로그램에 미사여구처럼 들어가는 내용이지만, 이것을 실행에 옮기는 조직은 거의 없다.[2] 일반적으로 자본투자는 자본회수 기간과 현금 흐름 할인법(Discounted Cash Flow : DCF)등과 같은 좁은 의미의 재무적 측정지표에 의해 결정된다. 이러한 재무적 측정지표는 전략을 위한 역량의 개발이나 심지어는 비재무적 변수의 전술적 개선(품질과 고객만족도, 조직과 직원의 기술 등)과도 연결되지 않는다.[3]

고위임원들은 자신들이 자본투자를 결정할 때 재무적 측정준거에만 전적으로 의존하지는 않는다고 주장한다. 그들은 또한 DCF 분석은 좀더 복합적인 자원할당 프로세스의 일부에 지나지 않는다고 말한다. 뿐만 아니라 그들은 자신들도 경쟁자와 조직, 자본시장이 DCF 계산보다 중요하다는 사실을 알고 있다고 강조한다.[4] 그러나 여전히 대부분의 조직은 쉽게 정량화할 수 있으며, '단기적 현금흐름'이라는 재무적 측정지표를 강조하는, 점진적이고 전술적인 자본예산편성(capital-budgeting) 메커니즘을 사용하여 자원을 할당한다. 그들은 장기적 역량의 개발을 자원할당 프로세스와 의사결정에 공식적으로 포함시키지 않는다. BSC는 전략적 고려사항을 자원할당 프로세스에 포함시키는 메커니즘을 제공하기 때문에 이러한 문제는 극복될 수 있다.

일례로 어떤 조직은 잠재력 있는 투자가 무엇인지를 판단하기 위해 BSC 측정지표를 사용하고 있다(〈그림 10-5〉 참조). 각 측정지표에는 서로 다른 가중치가 부여되는데, 여기에는 투하자본수익률과

〈그림 10-5〉 BSC 기준을 활용한 자본예산 프로세스

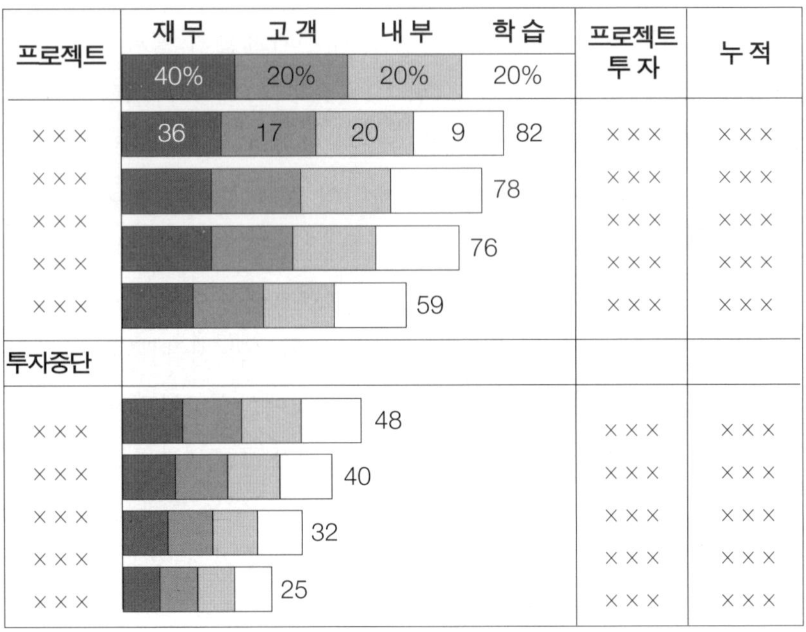

수익성과 같은 재무적 측정지표가 포함될 뿐만 아니라, 품질·서비스·고객유지와 같은 미래의 재무적 성과동인도 포함된다. 각각의 투자는 BSC 공식에 얼마나 영향을 미치느냐에 따라 등급이 매겨진다. 그중 상위에 랭크 된 투자가 자본 예산 범위 안에서 선택된다.

고분자(polymer) 기반의 산업재를 생산하는 켐-프로*Chem-Pro* 사는 이러한 접근법을 응용하여 전략에 대한 투자를 결정했다. 켐-프로 사의 고위임원들은 투자 기회를 전통적인 재무적 기준을 사용해 개별적으로 평가하고 결정해서는 안 된다고 믿었다. 대신에 전략 목표를 달성하기 위해서는 서로 다르지만 연관성 있는 요소에 초점을 맞추는 여러 개의 상호 연결된 프로그램이 시작되어야 한다고 생각했다. 켐-프로 사는 BSC를 통해 이 전략에 필수적인 5개의 전략과제를 밝혀냈다. 또한 추진과제들의 성과동인도 밝혀냈다(〈그림 10-6〉 참조). 〈그림 10-7〉의 '판매와 마케팅의 효과 증진'이라는 하나의 전략과제는 9가지 활동 프로그램으로 구성되었으며, 각 프로그램은 판매와 마케팅의 효과 증진을 위한 동인에 초점이 맞추어졌다.

전통적인 자본예산편성 방법은 각 프로그램을 독립적으로 평가한다. 또한 이들 프로그램들의 자금은 장기적인 전략 목표 달성을 위해 편성된 예산이 아닌, 해당 연도의 운영예산으로부터 조달된 재량지출 예산에서 나올 것이다. 전통적인 평가 프로세스로는 상호 연관된 추진과제들에 전체적으로 투자할 때 누적되는 효과를 알 수 없다. 그렇게 되면 실제로 개별 프로그램의 대다수가 운영과 자본예산 편성 점검 프로세스를 통과하지 못할 것이다.

켐-프로 사가 사용한 전략과제 접근방법은 미래에 극적인 성과 향상을 이루기 위해 필수적인 프로그램들을 완전하게 보완했다. 계획 프로세스의 첫 단계로 모든 자본예산편성과 재량지출 프로그램이 밝혀졌다. 그중에서 전략과제를 지원하는 프로그램만이 승인되었다. 처음에 켐-프로 사의 관리자들은 전략 목표 달성과는 무관한 지출 프로그램들을 많이 제안했다. 1차 심사에서 40% 이상의 제안이 기각되었고, 제안의 영향력을 평가하는 2차 심사에서 10%가 추가로 기각되었다. 이 과정에서 BSC 목표 들 중에서 몇 가지에 대한 투자 프로그램은 하나도 제안되지 않았다는 점이 발견됐다. 이를 통해 몇 가지 새로운 추진과제가 자금을 할당받게 되었다. 켐-프로 사는 BSC를 모든 재량지출과 자본투자 여부를 결정하는 근거로 사용했다. 이러한 프로세스의 효과를 깨닫게 된 경영위원회의 한 임원은 다음과 같이 말했다. "과거에 우리는 핵심을 파악하지 못한 활동을 많이 했습니다. 그것은 '여러 갈래로 발산되는 빛'과도 같았습니다. 물로 그러한 활동들을 통해 우리가 조금 더 나아지긴 했지만, 많은 노력들이 비생산적이었고 축적되지 못했습니다. 이런 상황에서 BSC는 프리즘의 역할을 했고, 이제 우리의 모든 투자는 핵심을 파악하고 있습니다. 여러 갈래로 발산되는 빛 대신 한군데로 집중되는 레이저를 얻은 셈입니다. 이제 우리의 모든 에너지는 몇 개의 중요한 목표에 집중되었습니다."

일단 BSC에서 전략이 명확히 표현되고 전략 달성의 동인이 밝혀지고 나면, 회사는 이후 3~5년 동안 추구해야 할 중요한 BSC 측정지표의 야심찬 목표와 현재의 성과 간의 격차를 좁히기 위해

〈그림 10-6〉 켐-프로 사의 성과관리지표와 전략과제

사명

"우리는 세계 최고의 서비스를 제공함으로써 우리의 고객들이 최고가 되도록 도울 것이며, 우리가 시장에서 승리할 수 있도록 우리의 전문성을 활용할 것이다."

재무 목표

- 긍적적인 수준의 EVA를 달성한다.
- 다른 사업단위와 시너지를 창출한다.
- 성과의 예측 가능성을 높인다.
- 이후 3년 동안 6~8%의 성장률을 달성한다.
- 원가를 세계최저수준으로 감소시킨다.

고객 목표

- 70~80%의 고객과 부가가치적 협력관계를 창출한다.
- 자산가치를 지닌 100% 고객만족을 실현하기 위해 품질과 서비스를 개선한다.
- 다양한 차원에서 관계를 구축한다.

비즈니스 프로세스(혁신 사이클) 목표

- 시장에 대한 이해를 높인다.
- 미래 기술에 대한 전문적 지식을 구축한다.
- 부가가치적 해결책(새로운 시장)을 개발한다.
- 고객 이미지를 개선한다(유지율 최대화).

비즈니스 프로세스(운영 사이클) 목표

- 주문 및 대금청구 프로세스를 개선한다.
- 고객(account)팀에게 권한위양을 한다.
- 결함없는 이행과 운영을 실현한다.
- 서비스를 지렛대로 활용하여 이미지를 재구축한다.

학습과 성장 목표

- 인력을 재훈련한다.
- 행동하는 분위기를 조성한다.
- 보상과 성과를 연결한다.
- 정보자산을 개발한다.

1. 개발 사이클

1998년까지 수익의 75%를 고객과의 부가가치적 협력관계로부터 얻고, 연간 15%의 수입성장률을 기록하기 위해 비즈니스 개발 사이클을 개선한다.

2. 고객(account)관리·판매

1998년까지 시장성장율을 2% 상회하는 매출증대율을 달성하고, 이익률을 5포인트 높이기 위해 판매와 마케팅 프로세스를 극적으로 개선한다.

3. 주문과 대금청구 관리

수익의 대손비율과 오류율을 각각 1%씩 감소시키며, 주문당 원가를 50%까지 감소시킨다. 또한 고객 만족도를 극적으로 향상시키기 위해 믿을 수 있는 주문 추적과 대금청구 프로세스를 개발한다.

4. 직원의 역량

1998년에는 전략적 요구사항의 100%가 적소에 놓일 수 있도록 직원의 역량을 개발한다.

5. 정보자산

전략 지원에 필요한 고객과 성과 데이터베이스를 개발한다.

다음과 같은 일을 수행할 수 있다.

- 새로운 전략과제를 밝혀낸다.
- 수많은 전략과제(지속적인 개선, 리엔지니어링, 변화 프로그램 등)에

〈그림 10-7〉 켐-프로 사의 영업관리 · 판매의 전략과제

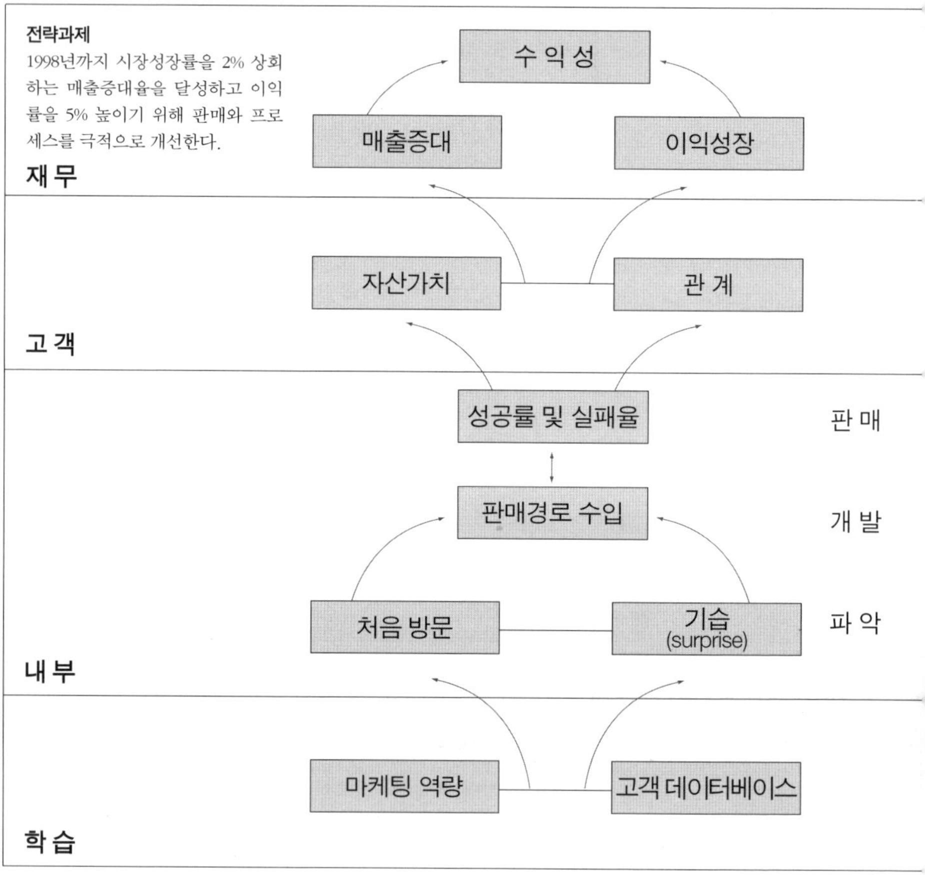

집중한다.

- 투자와 재량지출 프로그램을 정렬한다.

이러한 프로세스를 통해 BSC는 가장 확실하게 전략을 행동으로 옮길 수 있다.

목 표	측 정	세부 목표	활동프로그램
시장성장률 초과	매출증대율	시장 성장 2% 높임	
수익성있는 성장	이익성장률		
인지된 자산가치	고객조사	고객의 75%가 1급으로 생각한다.	초점 그룹 프로그램
다양한 차원의 관계	#타깃 후원자와의 접촉 횟수	100%	고객 침투 프로그램
유지율 최대화	성공률 및 실패율	타깃이 된 세분시장에서 60% 초과	결정적인 기회를 포착한 판매지원
지역시장 개발	판매경로에서의 잠재적 수입	30% 증가	참조 판매 프로그램
수익이 기대되는 새로운 시장 파악	#처음 방문한 잠재 고객의 수 #기습의 수	2년 내에 현재 수치의 2 2년 내에 50% 감소	풀(Pull)마케팅과 이미지 프로그램 타깃이 된 마케팅 프로그램
마케팅 역량 개발 고객 데이터베이스 개발	이용 가능한 전략적 역량의 비율 핵심적 속성을 알고 있는 고객의 비율	2년 내에 100% 2년 내에 80%	판매 역량 프로그램 고객 데이터베이스 판매학습 시스템

핵심적인 교차사업적(Cross-Business) 추진과제와 회사 차원의 추진과제 파악

계획 프로세스의 주요 요소 중 하나는 SBU가 회사의 다른 SBU나 회사 차원의 활동과 어떻게 연결되어 있는지를 밝혀내는 것이다. 다른 SBU와의 연결은 상호간의 활동을 강화시키고 최상의 업무 처리를 공유할 수 있는 기회를 제공한다. 이러한 기회를 포착함으로써 주요 기술 및 핵심 역량에 대한 지식을 개발하고 공유할 수 있다. 뿐만 아니라 공동의 고객에 대한 마케팅 활동을 조정하고, 규모의 경제나 범위의 경제를 달성하기 위해 생산 및 유통자원을 공유할 수도 있다. 회사 차원의 주요 활동 중 하나가 바로 각각의 SBU들이 어떻게 하면 시너지를 창출할 수 있는지 밝혀내고 이를 위한 메커니즘을 제공하는 것이다. BSC가 이러한 메커니즘을 제공한다.

〈그림 10-8〉은 케넌 상사가 BSC를 활용하여 개별 운영회사들의 전략계획과 활동을 어떻게 조정했는지를 보여준다. 먼저 BSC는 모든 운영회사에 회사차원의 전략적 우선순위를 제공했다. 그 다음에 각각의 SBU들은 자신들의 상황에 맞는 전략과 BSC를 개발했다. 이를 통해 케넌 상사의 회사 차원의 기능은 개별 운영회사들의 목표를 지원하고 규모와 범위의 경제를 달성하게 하는 전략 계획과 추진과제를 개발로 확대된다. 운영회사의 SBU들은 전국 각지에 있는 쇼핑몰 안의 매장을 빌렸다. 부동산이라는 것은 각 운영회사가 개별적으로 다룰 수 있는 자원은 아니었기 때문에, 회사 차원에서 부동산 부서를 설립하고 좋은 입지를 밝혀내어 부동산 개발업자 및

쇼핑몰 관리자들과 계약을 체결했다. 그럼으로써 부동산 부서는 개별 SBU의 이익과 요구를 충족시키는 경험을 축적할 수 있었다.

또한 부동산 부서는 조정 프로세스(BSC를 통한 회사, SBU, 지원부서 간의 정보교환)를 통해 어느 점포에 어떤 SBU가 입점할 수 있는지 밝혀낼 수 있었다. 예를 들어 한 SBU가 특정 지역의 매장을 철

〈그림 10-8〉 교차사업적의 시너지를 관리하기 위한 BSC 활용

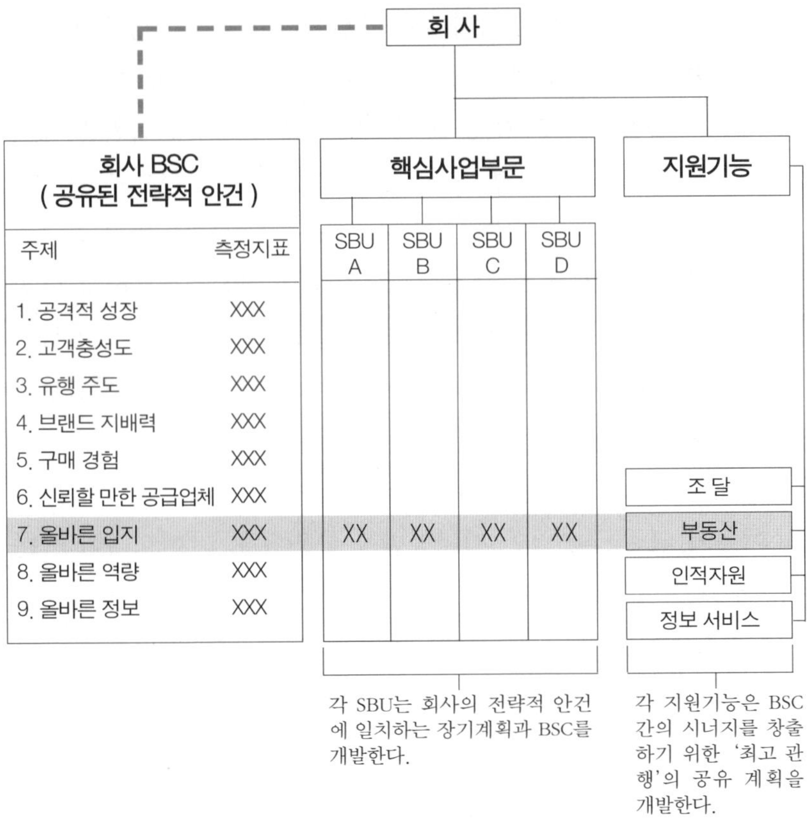

수시키려 할 때, 또 다른 SBU는 입점을 원할지도 모른다. 과거에도 이러한 형태의 조정은 존재했지만, SBU 전략에 대한 정보의 공유수준으로는 사업단위 간의 조정을 이루기 힘들었다. 그러나 회사 차원의 지원부서가 다년간에 걸쳐 목표와 추진과제를 명확히 함으로써 운영회사의 SBU에 극적으로 개선된 서비스를 제공할 수 있게 되었다.

다른 회사들도 회사 차원의 기능을 더욱 효율적으로 운영하고 고객에게 초점을 맞추기 위해 BSC를 활용하고 있다. 8장에서 논의한 것처럼, FMC 사의 래리 브래디는 지원부서의 직원들에게 그들이 어떤 전략을 가지고 있는지 물었다. 회사 차원의 지원을 통해 외부에서 서비스를 공급받거나 운영회사들이 개별적으로 활동할 때보다 더 낮은 원가의 서비스를 제공하는가, 아니면 외부 공급자나 운영회사의 개별적인 활동으로는 얻을 수 없는 독특하고 탁월한 서비스를 제공하는가? 만약 회사 차원에서 원가가 더 낮고 독특하며 우수한 서비스를 제공하지 못한다면, 회사 차원의 지원부서는 존재할 필요가 없다.

파이오니어 페트롤리엄 사도 교차기능적(cross-functional) 통합을 이루기 위해 구조적인 접근방법을 사용했다. 파이오니어 사는 지원부서가 사업단위를 지배하는 과거의 관행을 청산해야 한다는 것을 깨달았다. 아울러 프랜차이즈의 개발과 광고, 환경문제와 관련된 성과, 안전 프로그램 등의 문제를 공동 관리하면 상당한 규모의 경제를 이룰 수 있다는 것도 알아냈다. 문제는 지원부서가 이미 시장 상황과 맞지 않는 비용이 높고 비효율적인 구조에 익숙해졌다는 점이었다. 이에 따라 파이오니어 사는 각 지원부서들로 하여금 그들의 고객인 SBU와의 관계를 명확히 하는 '서비스 협정(service-agreement)'을 체결하도록 했다. 이 서비스 협정은 회사 차원의 BSC에 포함되었으며, 그 협정에는 SBU에 제공될 서비스와 원가, 대응시간, 품질수준 등이 포함되었다.

앞에서 살펴본 것처럼 BSC는 회사 차원의 지원부서가 계획 프로세스를 조직하는 데 필요한 공동의 틀을 제공한다. 지원부서는 BSC를 통해 회사 전체와 개별 SBU의 전략을 이해하고, 회사의 전략 목표 달성을 도울 수 있도록 더욱 나은 서비스를 개발하고 제공할 수 있다.

연간 자원할당과 예산의 연결

현재 대부분의 조직은 전략 계획과 운영예산편성을 위한 독립된 프로세스와 운영부서를 두고 있다. 전략 계획 프로세스(지금까지 논의한 장기계획과 목표, 전략과제를 정의하는 프로세스)는 보통 1년 주기로 운영된다. 고위임원들은 각 회계연도 중간에 활발한 토론을 위하여 외부(off-site)회의를 주최한다. 이 회의에는 고위 계획·개발관리자들이 참석하고 때로는 외부 컨설턴트가 참관하기도 한다. 여기서 얻는 결과는 회사가 3년, 5년, 10년 내에 어떻게 될 것인가를 결정하는(또는 희망하는) 전략 계획이다. 일반적으로 이 회의 결과는 문서화되어 다음 회계연도 동안 임원진의 책장에 비치된다.

다음해의 수입·비용·이익·투자에 대한 목표를 설정하는 예산편성 프로세스는 재무부서가 독립적으로 운영한다. 이 프로세스는 다음 회계연도를 위한 예산 승인이 이루어지는 회계 연도상의 10~11개월째에 정점을 이룬다. 예산은 주로 재무적인 수치로 구성되는데, 이때쯤 되면 작년에 5개년 계획을 위해서 세웠던 목표는 잊혀져버리고 결국 예산편성 과정에 포함되지 못한다.

사업단위와 회사의 관리자들이 월별·분기별 모임을 가질 때 일반적으로 무엇이 논의될까? 그것은 바로 예산이다. 정기적인 점검에서는 대개 예산과 실제 결과를 비교하는 데 초점을 맞추고, 큰 차이가 발생했을 경우 추가적인 해명을 관리자들에게 요구한다. 그렇다면 전략 계획은 언제 논의되는가? 아마 다음번 전략 계획회의에서 3년, 5년, 10년 단위의 계획이 새롭게 수립될 것이다.

전략 계획과 운영예산편성 프로세스는 매우 중요하기 때문에 독립적으로 다루어서는 안 된다. 만약 비전을 행동으로 옮기려 한다면, 전략 계획은 운영예산편성과 연결되어야 한다. 앞에서 살펴보았듯이 사업단위는 4가지 관점의 전략 측정지표의 극적인 성과 달성을 위한 목표를 설정한다. 그리고 앞으로 3~5년 동안 달성해야 할 확장된 세부 목표와 현재 성과 사이의 격차를 좁히기 위해 자원과 추진과제를 배치한다. 그러나 관리자들은 그들의 전략이 타당한지 알아보기 위해 3~5년이나 기다릴 수 없다. 따라서 전략의 기초가 되는 이론과 그 전략이 어떻게 이행되고 있는지 지속적으로 검증해야 한다. 이를 위해서는 먼저 BSC 측정지표의 단기적 목표가 구체적으로 수립되어야 한다. 이 같은 단기적 목표 혹은 이정표는 전략 측정지표를 위한 현행 프로그램과 추진과제의 속도 및 영향에 관한 관리자의 믿음을 가시적으로 나타낸다.

이러한 프로세스를 통해 전통적인 예산편성 프로세스가 확장되어 전략뿐만 아니라 운영상의 목표까지도 예산편성에 포함된다. 전통적인 연간예산 편성 프로세스에는 판매와 운영경비, 총매출이익, 일반관리비, 영업이익, 순이익, 현금흐름, 투자수익률과 같은 재무적 측정지표의 단기적 목표가 포함되었다. 또 자본투자와 연구개발, 마케팅 및 판촉활동에 대한 지출수준도 전통적인 예산편성 프로세스를 통해 결정되었다. 물론 단기적이고 상세한 재무계획도 중요하다. 그러나 예산편성 프로세스에는 BSC의 다른 3가지 관점의 전략 목표와 측정지표에 대한 단기적 성과도 포함되어야 한다. 따라서 임원들은 통합된 계획과 예산편성 프로세스의 한 부분으로서 고객과 소비자, 혁신, 운영 프로세스, 그리고 직원·시스템·조직의 정렬을 포함시켜야 한다. 그리고 이들의 결과 혹은 성과동인에 대한 월별 또는 분기별 단기 목표를 설정해야 한다. 이러한 목표들은 이정표가 되어 조직이 선택한 장기적 전략이 잘 수행되고 있는지 알려줄 것이다.

장기계획의 목표 설정 프로세스가 적절히 수행되기만 한다면, 단기 예산편성 프로세스는 5개년 계획 중 첫해의 예산을 편성할 때만 적용(BSC의 4가지 관점 전략 목표와 측정지표로 전환)하면 된다.

요 약

계획, 세부 목표 설정, 자원할당 정렬, 전략과제, 예산과 같은 프로세스들은 야심찬 목표가 행동과 성과로 연결되는 데 매우 중요하다. 많은 회사들이 새로운 비전과 전략을 조직 내외부의 참여자들에게 전달(BSC의 목표와 측정지표를 통해)하는 관리 프로세스의 초기 단계를 강조한다. 그러나 이러한 목표를 달성하는 데 실제 자원이 사용되지 않는다면, 그것은 조직이 전념할 수 있는 구체적인 목표가 아니라 요원한 목표가 될 뿐이다. 전략 측정지표의 장기적 세부 목표를 수립하고, 전략과제와 중요한 자원을 세부 목표에 집중하며, 전략을 위한 이정표를 설정함으로써, 관리자들은 조직의 비전 달성을 위해 전념하고 책임감을 갖게 된다.

주)

1) S. Sherman, Stretch Goals : The Dark Side of Asking for Miracles(Fortune, November 13, 1995), p.231~232.

2) C. Y. Baldwin and K. B. Clark, Capital-Budgeting Systems Capabilities Investments in U.S. Companies after the Second World War(Business History Review, Spring 1994), p.73~109.

3) 주 2와 같은 책. 그리고 R. S. Kaplan, Must CIM Be Justified by Faith Alone(Harvard Business Review, March-April 1986), p.87~97 / R. L. Hayes and D. A. Garvin, Managing as If Tomorrow Mattered(Harvard Business Review, May-June 1982), p.71~79.

4) G. Donaldson, Managing Corporate Wealth : The Operation of a Comprehensive Financial Goals System(New York : Basic Books, 1984).

11
피드백과 전략 학습 프로세스

다음은 이 책의 앞부분에서 설명된 사항들이다.

- 사업전략이 어떻게 BSC 측정지표들 간의 인과관계 가설로 연결될 수 있는가? (7장)
- 인적자원이 전략에 헌신하고 정렬될 때, 전략의 실행은 어떻게 강화되는가? (9장)
- 조직의 전략과제와 재무적·자원과 유형 자원들은 모두 어떠한 방법으로 전략에 연결되어야 하는가? (10장)

이러한 활동들은 모두 전략을 명확하게 수립하고, 그것을 행동으로 옮기는 것과 관련 있다. 그러나 전략 관리 시스템을 완벽하게 갖추기 위해서는 마지막 한 가지 요소가 더 추가되어야 한다. 그것은 새로운 상황에서 전략을 검증하고 적용할 때 사용하는 피드백·분석·숙고 프로세스이다.

명령과 통제에서 전략 학습으로

아직도 많은 회사들이 산업화 시대에나 행했던 계층적 계획·통제 시스템을 유지하고 있다. 전략은 조직의 최상층에 있는 고위임원들이 장기적 목표, 정책, 자원할당을 수립할 때 결정된다.[1] 전략이 결정되면 고위임원들은 하위관리자와 직원들에게 계획에 따라 행동하도록 명령한다. 이때 임원과 관리자는 관리통제 시스템을 활용하여 전략 계획에 따라 자원을 획득하는 과정과 소비하는 과정을 모니터한다. 그리고 조직의 하층부에서는 운영통제 시스템을 통해 구체적인 운영 프로세스와 일선직원의 단기적 성과를 모니터한다.

고위임원들이 이미 조직의 목표 달성을 위한 행동에 대해 명확한 비전을 가지고 있을 때, 이와 같은 계층적 접근법은 전략을 수립하고 이행하는 데 효과적이다. 이것은 목표가 한번 결정되고 나면 바뀌지 않는 단일고리 피드백 프로세스라고 볼 수 있다. 이 프로세스에서는 계획한대로 결과가 도출되지 않더라도 처음의 예측이 현재에도 유효한지에 대해 의문을 갖지 않는다. 또한 계획한 목표를 달성하기 위해 사용한 방법이 현재 상황에 맞는 것인지에 대해서도 묻지 않는다. 이 프로세스는 원래 계획에서 벗어나는 것을 결함으로 간주하며, 계획에서 벗어났을 때는 다시 원래 계획으로 되돌리기 위한 개선조치를 취한다.

그러나 정보화 시대의 전략은 산업화 시대의 그것처럼 질서정연하거나 안정적이지 못하다. 고위관리자들은 보다 복잡한 전략에 대한 피드백과 변화가 심하고 경쟁적인 환경에 대한 피드백이 필요하다. 또 전략의 계획이 최선의 의도와 최고의 정보에 기초한 것이라고 할지라도, 상황이 변하면 더 이상 적절하지 않거나 타당하지 않을 수도 있다.

그러므로 조직에는 이중고리 학습 역량이 필요하다. 관리자들이 여러 가지 관찰과 경험을 바탕으로 현재의 사업이론이 유효한지에 대해 숙고할 때 이중고리 학습이 시작된다.[2)] 관리자들은 전략 계획이 처음 수립될 당시에는 예상치 못했던 새로운 기회에 투자하거나, 새로운 위협에 대응하기 위해 새로운 전략을 고안해야 한다. 새로운 기회를 포착하는 결정적인 아이디어는 조직 하층부의 관리자로부터 나오는 경우가 많다. 민츠버그 *Mintzberg* 와 사이먼스 *Simons* 는 더 새로운 관점과 발생적 관점(emergent view)으로 전략의 핵심적인 측면들을 파악했다.[3)]

- 전략은 점진적이며, 그리고 시간이 지남에 따라 드러난다.
- 의도된 전략은 대체될 수 있다.
- 전략의 수립과 이행은 서로 연관되어 있다.
- 조직 전체에서 전략에 관한 아이디어가 나올 수 있다.
- 전략은 하나의 프로세스이다.

사실 전략을 수립하고 이행하는 과정에는 계층적 관점(hierarchical)과 발생적 관점이 공존한다. 매일 조직의 구성원들이 과거에 수립된 계획을 이행하는 것도 중요하다. 그러나 고객과 시장, 기술 및 경쟁의 변화가 제공하는 기회에 투자하는 것도 매우 중요하다. BSC에 명시된 전략을 중심으로 구축된 관리 프로세스는 이중고리 학습이 이루어질 수 있는 기회를 제공해야 한다. 즉 전략에 대한 자료를 수집하고, 전략을 검증하며, 최근의 변화와 전략의 유효성을 비교할 때 기회가 나타난다. 이중고리 학습은 전체 조직 차원에서 새로운 전략적 기회와 지침에 대한 아이디어를 이끌어냄으로써 이루어진다.

전략 학습 프로세스를 향하여

오늘날에는 많은 조직들이 몇몇 중요한 비즈니스 프로세스를 리엔지니어링하고 있다. 이 조직들은 주로 제품개발과 고객 서비스, 제품납품과 같은 운영 프로세스를 개선하는 데 초점을 맞추고 있다. 이들은 또한 운영차원에서 개인과 팀에 학습을 적용하고 있다.[4] 이미 수립된 전략의 목표를 달성하기 위해 기존의 운영체계를 개선하는 것은 단일고리 학습의 좋은 예이다. 한 걸음 더 나아가 이제 일부 회사들은 BSC의 활용을 통해 운영과 관리점검 프로세스를 전략 학습 프로세스로 확장하기 시작했다. 전략 학습 프로세스는 관리팀과 SBU의 운영을 위한 단일고리 학습을 전략을 위

〈그림 11-1〉 관리 시스템-전략 피드백과 학습

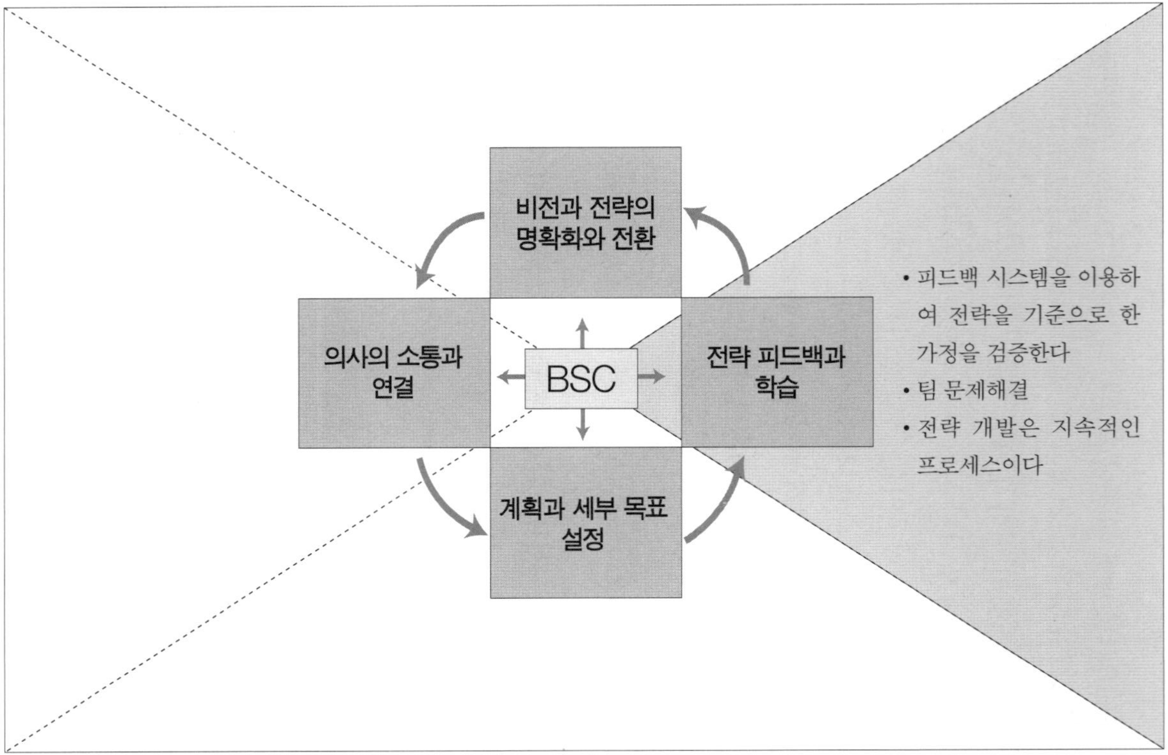

한 이중고리 학습으로 확장시킨다(〈그림 11-1〉 참조).

효과적인 전략 학습 프로세스에는 다음과 같은 3가지 필수적인 요소가 포함된다.

1. 전략을 전달하고, 참여자들로 하여금 그들의 활동이 조직의 전략 달성에 기여하는 바를 알려줄 공유된 전략의 틀
2. 전략에 대한 성과자료를 수집하고, 전략 목표와 추진과제 간의 상호관계에 대한 가설 검증을 도와줄 피드백 프로세스
3. 성과자료를 분석하고 학습하며, 전략을 최근 발생한 상황과 쟁점들에 따라 변화시키는 팀 문제해결 프로세스

공유된 전략의 틀

다시 한 번 강조하지만 BSC는 조직의 공유된 비전을 나타낸다. BSC의 목표와 측정지표는 비전을 명확히 밝히고 전달함으로써 조직을 결집한다. 그러므로 비전의 공유는 전략 학습 프로세스의 출발점이다. 왜냐하면 비전이 공유되었다는 것은 조직 전체가 달성하고자 하는 결과를 공유한다는 의미이기 때문이다. BSC는 이외에도 공유된 성과 모델을 제공한다. 또한 개인의 노력과 달성을 사업단위 목표에 연결하는 총체적인 접근방법(holistic approach)을 제공한다. BSC를 중심으로 공유된 비전과 공유된 성과모델은 전략 학습 프로세스의 첫 번째 구성요소가 된다.

전략에 대한 피드백

전략 피드백 시스템은 사업단위 전략에 적용된 가설을 검증하고 확인하며 수정할 수 있도록 설계되어야 한다. BSC가 보여주는 인과관계는 성과동인의 변화가 하나 이상의 결과물 측정지표에 어떠한 영향을 미치는지, 또 그러한 영향이 나타나는 데 시간이 얼마나 걸리는지에 대한 예측의 기반이 되므로 임원들은 그에 맞는 단기적 목표를 수립할 수 있게 된다. 예를 들어 직원 교육과 정보 시스템의 이용 가능성이 개선된 후, 직원이 확장된 고객을 대상으로 복합 금융상품을 교차판매하기까지 시간이 얼마나 소요될 것인가? 적시납품의 10% 개선이 고객만족에 어느 정도 영향을 미칠 것인가? 품질향상이 고객유지에 연결되기까지는 얼마나 걸릴 것인가?

사실 이러한 관계를 구체화하는 것은 그렇게 쉽지 않다. 처음에는 주관적이고 정성적으로 그 영향력이 평가되어야 할 것이다. 그러나 관리자들의 운영 차원의 프로세스에만 초점을 맞췄던 것에 비하면 관리점검 프로세스를 통해 전략에 대해 체계적으로 생각하게 된 것은 비약적인 발전이라고 할 수 있다. 이와 같은 전략 학습을 촉진하기 위해 다음의 분석방법이 활용되었다.

상관관계 분석

관리자는 BSC 측정지표의 결과를 보고할 때 그것을 개별적으로 보고하는 대신, 2개 이상의 측정지표들 간의 상관관계를 측정하면 인과관계 가설의 타당성을 확인할 수 있다. 측정지표들 간의 상관관계는 사업단위 전략을 확인하는 강력한 도구가 된다. 만약 시간이 지나도 가설상의 상관관계가 나타나지 않는다면, 조직은 전략의 근거가 되는 이론이 유효하지 않다는 증거를 얻게 되는 것이다.

〈그림 11-2〉에 제시된 에코 엔지니어링*Echo Engineering* 사의 경험을 살펴보자. 많은 조직들이 직원의 사기를 측정한다. 하지만 사기의 측정이라는 것은 모호할 뿐만 아니라 회사가 직원을 중시한다는 것을 보여주기 위한 정책적 목적으로 활용될 뿐이다. 그러나 직원의 역량, 개인 목표의 정렬을 위한 투자가 지속되기 위해서는 직원에 대한 측정지표가 절대 모호해서는 안 되며, 보다 구체적인 이익과 연결되어야 한다. 실제로 에코 엔지니어링 사는 상관관계 분석을 통해 사기가 높은 직원에게 서비스를 받은 고객이 가장 만족스러워 한다는 사실을 발견했다. 즉 직원의 사기는 높을수록 좋은것이기도 하지만, 에코 엔지니어링 사의 성공을 위한 필수요소이기도 했던 것이다.

그러나 냉소주의자들은 고객만족도와 직원의 사기를 연관시키는 것은 단지 대내적인 인사치레에 불과하다고 주장한다. 그들은 회사가 필요로 하는 것은 행복한 직원과 만족한 고객이 아니라 수익과 투하자본수익률임을 강조한다. 그들에 따르면, 조직은 업계 수준을 상회하는 임금을 지불함으로써 충성하는 직원을 확보할 수 있고, 낮은 가격으로 제품이나 서비스를 제공하고 무료 납품과 서비스를 제공하면 고객을 기쁘게 할 수 있다.

BSC의 모든 측정지표가 궁극적으로는 재무적 성과에 연결되어

〈그림 11-2〉 에코 엔지니어링 사-4가지 관점의 측정지표 연결

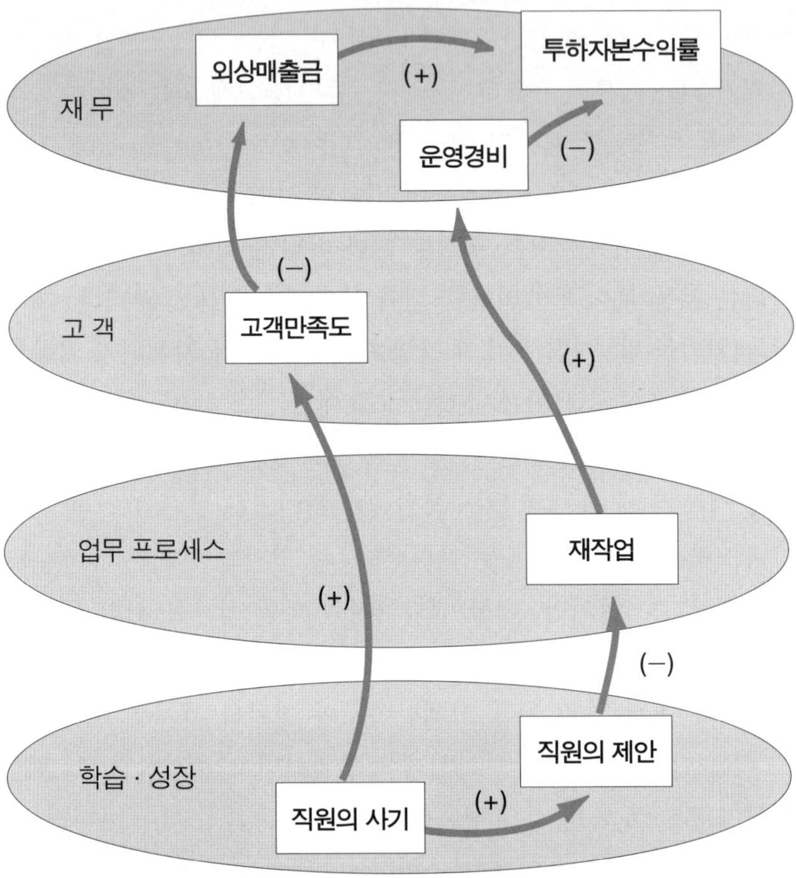

■ 자료원 : Robert S. Kaplan and David P. Norton, Using the Balanced Scorecard as a Strategic Management System(Harvard Business Review, January-February 1996), p.83. Reprinted with permission.

야 하는 이유는 바로 이 때문이다. 에코 엔지니어링 사는 고객만족과 외상매출금 사이클의 관계는 반비례한다는 사실을 발견했다. 가장 만족한 고객은 청구서에 기재된 금액을 15일 이내에 지불했지만, 불만을 가진 고객은 지불시기를 120일까지 연장하기도 했다. 에코 엔지니어링 사는 이 같은 분석을 통해 측정지표들 간의 전체적인 연관관계를 밝혀냈다(〈그림 11-2〉 참조).

직원의 사기라는 목표를 고상한 방식으로 정당화할 필요는 없다. 그것은 미래에 탁월한 재무적 수익을 위한 필수요소이기 때문이다. BSC 측정지표들 간의 연관관계의 파악을 통해 '무형의(soft)' 측정지표(직원의 사기와 고객만족도) 개선이 '유형의(hard)' 이익(보다 높은 투하자본수익률)을 이끌어냈음을 알 수 있었다. 이러한 분석을 통해 관리자들은 더욱 높은 재무적 수익을 달성하기 위한 필수적인 성과동인이 무엇인지를 알 수 있다.

직원 사기의 고양 → 고객만족도 증가
→ 외상매출금 감소
→ 투하자본수익률 증가

BSC의 4가지 관점 간의 상관관계를 밝히는 또 다른 예로는 서비스 이익사슬(service profit chain)을 들 수 있다.[5)] 서비스 이익사슬은 보험 분야의 프로그레시브*Progressive* 사, 사우스웨스트*Southwest* 항공사, MCI 사, 그리고 타코 벨*Taco Bell* 사와 같은 서비스 조직이 성공한 요인은 무엇인가에 대한 포괄적인 연구에 기초하여 만들어진 것이다. 〈그림 11-3〉에 나타난 바와 같이 서비스 이익사슬은 포괄적인 BSC로 간주될 수 있다. 서비스 이익사슬은 직원과 관련된 측정지표가 내부적·외부적 서비스 품질과 관련이 있음을 보여준다. 또한 직원과 서비스 품질(업무 프로세스) 측정지표는 모두 고객만족과 고객충성을 이끌어낸다. 만족도가 높고 충성스런 고객을 통해 재무적 성과(수입성장과 수익성)가 개선되며, 재무적 성과는 다시 직원과 시스템에 대한 투자를 증가시킨다. 서비스 회사의 성공에 대한 연구를 통해 서비스 이익사슬의 요소들 사이에는 아주 강력하고 의미심장한 상관관계가 있음이 밝혀진 것이다.

직원만족도와 역량 ↔ 뛰어난 내부 프로세스
↔ 만족하고 충성하는 고객
→ 보다 높은 재무적 성과

비즈니스 게임·시나리오 분석

한 조직의 고위관리자는 BSC의 연결 가설을 조직의 전략 학습을 향상시키기 위한 혁신적 방법으로 활용했다. 관리자들은 BSC 시행 1주년 기념일에 내년의 전략 모델을 수정하기에 앞서, 이틀 동안의 외부 회의(off-site meeting)를 계획했다. 분석가들은 BSC의 연결 모델에 기초한 비즈니스 게임을 개발했고, 전년도의 통계자

〈그림 11-3〉 서비스 이익사슬

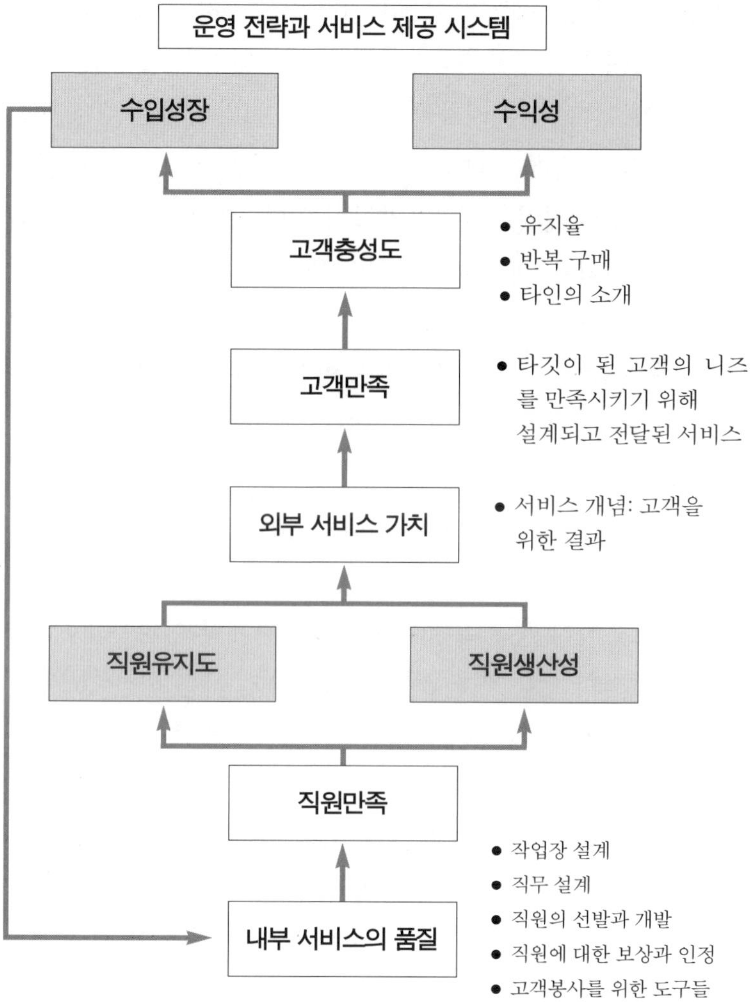

■ 자료원: James L. Heskett, Thomas O. Jones, Gary W. Loveman, W. Earl Sasser, and Leonard A. Schlesinger, Putting the Service-Profit Chain to Work(Harvard Business Review, March-April 1994), p.166. Reprinted with permission.

료가 수집되었으며, 주요 변수들 간의 상관관계에 초점이 맞추어졌다. 관리팀은 우선 전년도의 전략을 평가하고 치명적인 결함이 있는지 밝혀내라는 요청을 받았다. 달성되지 않은 BSC 측정지표의 목표가 있다면, 관리자들은 그 원인을 밝혀내야 했다. 예를 들면 '전략을 수립했을 때와 환경이 다른가?' 또는 '중요한 동인이 전략 모델에서 제외되었는가?' 등이 있다. 관리팀은 이러한 분석에 근거하여 전략을 개선하라는 요청을 받았다. 이때 BSC는 새로운 전략 시나리오를 검증하는 비즈니스 게임 모의실험의 기반이 된다. 개선이 끝난 후 관리자들은 모의실험 분석이 전략 성공의 동인에 대한 사고를 쇄신하고 자극한다는 데 동의했다.

성공담 전하기(Anecdotal Reporting)

대규모 조직이 BSC 측정지표의 상관관계와 인과관계에 대해 통계적으로 의미 있는 결론을 얻고자 할 때, 이를 위한 충분한 자료와 증거 축적에는 많은 시간이 걸린다. 통계적으로 의미 있는 결과를 얻으려면 아마도 상당기간에 걸쳐 조직의 핵심부까지 성과가 깊이 스며들어야 할지도 모른다. 또한 통계적인 의미와 타당함이 중요한 목표이기는 하지만, 전략 학습 시스템은 전략이 효과적인 것인지를 확인할 수 있는 초기 지표를 제공할 수 있어야 한다. 이러한 초기 지표는 소규모의 고립된 사례에서 발견될 수도 있다.

예를 들어 록워터 사가 가격을 중시하는 2그룹 고객과의 사업에서 벗어나 1그룹의 고객과의 협력에 초점을 맞추어 마케팅 전략을 변경하려 했을 때, 관리자는 신규 고객과의 전략적 관계에 대한 이야기(가령 관계가 어떻게 수립되었으며, 그 관계로부터 어떤 교훈을 얻을 수 있는지 등)로 수치화된 성과보고를 보완했다. 또한 메트로 은행이 타깃 세분시장에 새로운 금융상품을 교차판매하는 방향으로 마케팅 전략을 변경했을 때, 회사의 사보에는 매월 판매원이 어떻게 새로운 고객관계를 구축하였는지에 관한 사례가 게재되었고, 이때 관계 구축에 사용된 기술과 관계 구축을 통해 얻은 이익이 강조되었다. 한편 내셔널 인슈어런스 사는 보험대리인이 전문가가 되어가는 과정에 대한 성공 스토리로 성과보고를 보완했다. 이러한 회사들은 수치만으로는 알 수 없는 이면의 이야기를 전달함으로써 전략의 의도와 구체적인 세부사항을 교육하는 동시에 전략이 효과를 발휘하고 있는지에 대한 비공식적인 피드백을 얻을 수 있었다. 회사들은 이와 같은 방식으로 과거의 경험을 활용하여 미래의 성과에 영향을 미치고 있다.

추진과제의 점검

10장에서는 조직이 BSC 측정지표의 확장된 세부 목표를 성취할 수 있게 해줄 전략과제를 밝히는 것과 이에 대한 투자의 중요성을 논의했다. 이러한 추진과제들은 전략 학습 프로세스에서 점검되어야 한다. 정기적이고 포괄적인 점검 프로세스를 통해 추진과제의 진척이 지속적으로 평가되고 있음을 모든 관리자에게 알릴 수 있다. 그리고 이 점검 프로세스를 통해 추진과제의 이행을 평가하고,

그 추진과제가 현재 상황에서도 야심찬 목표 달성에 적합한지 평가할 수 있다.

〈그림 11-4〉는 일반적인 전략과제들과 그것이 개선하려고 하는 측정지표의 예를 보여주고 있다. 일반적으로 추진과제와 측정지표들은 1대 1로 대응하지 않는다. 한 세트의 결과물을 달성하기 위해서는 그에 상응하는 한 세트의 프로그램이 필요하다. 이 그림에서 볼 수 있듯이 결과물 측정지표인 신규 개설계좌와 유효계좌의 비율에 영향을 주기 위해서는 매체 판촉과 신규 신용카드 고객의 확보, 신용카드 사용의 확대 등의 추진과제들이 필요했다. 관리자는 그 중에서 영향력이 크다고 여겨지는 추진과제를 선별하고, 비교적 영향력이 작을 것으로 보이는 추진과제는 제거했다. 추진과제의 영향력

〈그림 11-4〉 확장된 세부 목표와 추진과제, 그리고 책임

전략 목표	측정지표	세부 목표	추진과제	책 임
이미지 구축 우리의 이미지를 성공적인 개인 브랜드에서 고객에 의해 명확히 정의되는 성숙한 브랜드로 확장시킨다	신규 개설계좌	97~100 98~115 99~150 97~100	매체 판촉 프로그램 신용 카드의 확대	RMN DPK
	유효계좌 비율	98~105 99~115	카드 사용 프로그램	MSF

을 평가할 때도 이와 유사한 의사결정이 이루어져야 한다. 일반적으로 일화는 투자가 어떠한 결실을 맺게 될지에 대한 초기의 증거를 제공한다. 측정지표에 대한 추진과제의 영향을 지속적으로 평가함으로써 관리자들은 사업단위 전략의 인과관계를 훨씬 더 잘 이해할 수 있을 것이다.

동료 점검(Peer Review)

독립적인 외부인의 의견을 듣는 것도 효과적인 학습 메커니즘의 하나가 될 수 있다. 전자부품 제조업체인 하이테크 *HI-Tek* 사는 조직의 정렬을 향상시키기 위해서 BSC 프로그램을 활용하고 있었다. 1년 뒤에는 BSC 프로그램에서 상당부분의 결함이 제거되었고, 월별 BSC를 점검하는 일이 정규적인 관리 프로세스의 일부가 되었다. 그러나 하이테크 사의 최고경영자는 월례회의가 전략에 대한 관점을 잃어가고 있다고 판단했다. 운영 목표를 점검하는 일이 관례화되는 것을 막고자 동료점검 프로세스를 도입했다. 이 프로세스는 원래 볼드리지 상에 도전하려는 목적으로 회사에 도입되었던 것이다. 하이테크 사는 6개월마다 3~5명 정도의 다른 사업단위 임원들로 구성된 팀으로부터 BSC를 점검받았다. 이들 팀은 전략, 목표와 측정지표, 전략과제를 점검했다. 또한 프로그램이 직원들에게 얼마나 인지되고 침투되었는가를 판단하기 위해 직원들을 무작위로 추출하여 대화를 나누었다. 그런 다음 BSC의 구조와 프로세스에 대해 독립적이고 객관적인 평가를 내렸다.

동료점검 프로세스는 하이테크 사의 임원들에게 관례적인 점검에서 벗어나 사업의 전략적 쟁점에 대한 숙고의 계기를 제공해주었다. 동료점검은 BSC 프로세스의 전문성과 공신력을 높여주었고, 실행을 위한 최선이 무엇인가를 놓고 사업단위들이 활발하게 의사소통할 수 있었다. 이러한 접근방법이 모든 조직에 효과적으로 작용할 것이라고 장담할 수는 없지만, 독립적인 동료점검과 피드백에 대한 하이테크 사의 사례는 동료 점검 프로세스가 매우 성공적으로 활용될 수 있음을 보여준다.

이와 같은 메커니즘(상관관계 분석, 비즈니스 게임과 시나리오 분석, 일화 전하기, 전략과제의 점검, 동료 점검)을 통해 조직은 정기적으로 전략의 방향을 점검하고 변경할 수 있다. 정기적인 관리 및 점검은 단순히 과거를 설명하는 데 그치지 않고 미래에 대한 학습으로 바뀌어가고 있다. 이러한 점검은 계획한 결과를 달성하지 못한 누군가에게 책임추궁을 하기 위한 것이 아니라, 학습의 기회로 간주된다. 그리고 실제성과와 기대성과 간의 불일치를 통해 핵심 임원들은 전략에 대한 다음과 같은 가정이 현재에도 유효한지 논의할 수 있다.

- 고객 결과물과 재무적 결과물을 향상시키는 가치명제가 타깃 고객에게 전달되는가?
- 조직은 고객이 가치를 두는 새로운 제품과 서비스를 개발하고 제공하기 위해 신속히 움직이고 있는가?

임시방편에 불과한 성과측정 시스템과는 달리 BSC는 '사업이론(theory of the business)'[6]을 명확하게 표현한다. 관리자들은 BSC 측정지표 간의 연결을 통해 사업이론이 가정하고 있는 전략과제와 성과동인, 결과물의 인과관계를 통계적이진 않지만 비공식적으로 검증할 수 있다.

팀 문제해결

전략 학습의 세 번째 요소는 효과적인 팀 문제해결 프로세스다.[7] 이 프로세스에서는 '팀'이 특히 강조된다. 필자들은 전략을 명확히 하고 전략에 대한 합의를 도출할 수 있는 방법이 무엇인지, 그리고 BSC를 설계하는 과정에서 어떻게 합의를 이끌어낼 수 있는지를 설명할 때 팀 구축의 중요성을 강조했다. 마찬가지로 전략을 이행하고 평가할 때도 팀이 강조되어야 한다.

교차기능(Cross-Functional) 팀

교차기능 관점의 유지는 학습 프로세스의 중요한 구성요소이다. 회사는 기능적 전문화로 되돌아가려는 관성을 타파해야 한다. 가령 재무관점의 목표와 측정지표를 재무부서의 부사장만의 책임으로 돌리는 것은 편리해 보일 수 있다. 이와 마찬가지로 마케팅과 판매부서의 최고 책임자에게는 고객 관점에 대한 책임을 묻고, 운영과

R&D, 물류부서의 최고 책임자에게는 업무 프로세스 관점에 대한 책임을 맡기며, 인적자원과 정보 시스템 부서의 최고 책임자에게는 학습 · 성장 관점의 목표와 측정지표의 관리를 맡기는 것은 간편해 보인다. 그러나 기능적으로 구획을 나누는 것은 팀 책임과 문제해결에 도움이 되지 않는다. 측정지표를 규정하고 추진과제를 촉진시키는 책임은 모든 관리자들이 공유해야 한다.

에코 엔지니어링 사는 업무 프로세스 가치사슬을 활용하여 5개의 교차기능 팀이 전략의 서로 다른 측면을 관리하도록 했다(〈그림 11-5〉 참조). 마케팅 기능에 해당하는 고객의 니즈 파악을 위해서 운영과 엔지니어링, 품질부서의 구성원들이 팀에 포함되었

〈그림 11-5〉 임원의 문제해결을 촉진하기 위한 교차기능 팀의 활용

에코 엔지니어링의 가치사슬

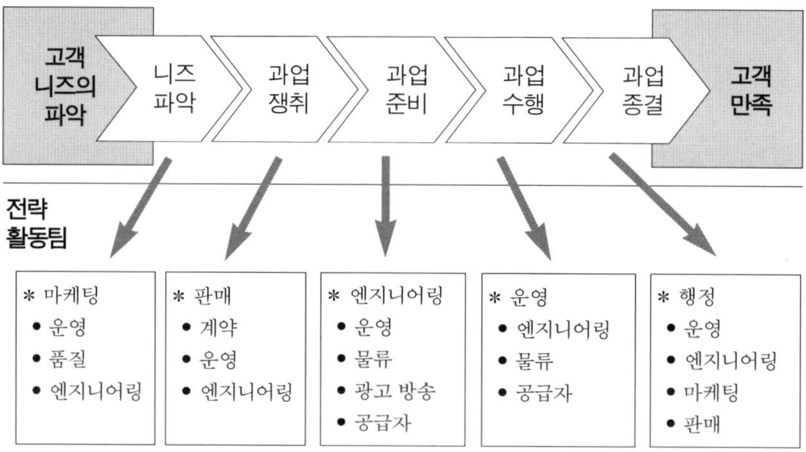

* 는 팀의 리더를 나타냄

다. 각 팀의 구성원들은 서로 다른 관점으로 고객의 니즈에 대해 토론했다. 과거에는 독립적으로만 존재하던 지식을 통합함으로써 프로세스의 효과는 크게 향상될 수 있었다.

전략 점검회의

공식적이고 정기적인 전략 점검회의는 임원들의 전략 학습 프로세스에 결정적인 역할을 한다. 불행하게도 대부분의 임원 회의에서는 전략에 관한 주제가 아닌 운영에 관한 주제에 초점이 맞추어진다. 케년 상사의 고위임원들은 월별 성과를 점검하기 위해 월말에 월례회의를 소집했다. 회의는 다른 업무로 인한 방해가 없는 토요일 아침에 이루어졌다.

안건은 각각의 책임 부서에 의해 준비되었다. 회사의 감사관이 회의시간에 월간보고서를 제출했기 때문에 다른 사람들은 이에 미리 대비할 수 없었다. 회의에서 감사관은 재무적 성과를 점검했다. 다음으로 3명의 상품관리자와 소매매장 사업단위의 관리자가 발표를 했으며, 각 관리자들은 자기 부서의 성과를 점검했다. 회의시간의 65%가 이와 같은 일방적인 의사전달에 소비되고 나머지 35%가 그룹 토의에 할애되었는데, 관리자들은 이것을 회의에서 가장 중요한 부분으로 생각했다. 그러나 이와 같은 의사소통 시간에는 운영보고서에 제기된 몇 가지 단기적 쟁점들, 즉 어떤 레이아웃이 매장에 '신선함'을 더해줄 것인가, 또는 회사의 구매부서가 어떻게 하면 더 좋은 상품을 적시납품할 수 있는가 등에 초점이 맞춰졌다. 결국 품질에 대한 더욱 장기적이고 전략적인 주제에 대해서는 회의시간의 10%만이 할애되었을 뿐이었다. 이 회의에서는 모든 분야의 성과를 골고루 점검해야 했기 때문에 비재무적 항목에 대한 토의는 5분을 넘지 못했던 것이다. 결국 회의는 참석자들이 단기적 성과 개선과 관련된 7개의 사후활동(follow-up) 항목을 개발함으로써 마무리되었다.

이러한 회의는 확실히 운영과 관리를 통제하기 위한 것이다. 이 회의의 목표는 계획과 성과를 모니터하고, 계획에 맞게 조직을 되돌려놓을 수 있는 단기적 활동을 시작하는 것이다. 이러한 기준에서 보면 회의가 성공적이었다고 할 수도 있다. 회의를 통해 임원들은 팀에 문제해결 분위기를 조성할 수 있었다. 조직의 서로 다른 전문 분야에서 서로 다른 책임을 맡고 있는 관리자들이 서로의 계획과 결과를 점검할 수 있었기 때문에 이 프로세스에서는 교차기능 교육이 이루어졌다. 게다가 회의의 2/3가 비재무적인 주제에 할애되었다. 그러나 이 회의에 부정적인 면이 있다면 그것은 대부분의 회의시간이 듣는 데 소모되었다는 것이다. 듣기만 해서는 팀의 문제를 해결하기 어렵다. 이 회의의 안건은 기능부서들의 책임에 관한 것일 뿐, 다양한 부서로부터 전략에 대한 해결책을 얻고자 하는 것이 아니기 때문이다.

이론(異論)이 제기될지도 모르지만 이와 같은 월별 임원회의는 운영통제와 관리통제에는 효과적이다. 그러나 이 회의가 케년 상사의 임원들이 성과를 점검하기 위해 활용하는 유일한 것이라는 사실은 그들이 회의를 하기는 했지만 빠트린 것이 있다는 것을 의미한다. 즉 그들이 빠뜨린 것은 조직의 전략이 올바르고, 효과적으로 이행되고 있는지에 대해 학습하는 것이다.

아마 다른 회사들의 상황도 케넌 상사와 크게 다르지 않을 것이다. FMC 사를 예로 들어보자. BSC를 관리 시스템으로 채택하기 전에 FMC 사는 분기별 회의에서 최근의 재무적 결과에 초점을 맞추었다. 수십 명의 운영회사 관리자들이 분기별 재무제표의 큰 변동에 대해 해명해야 할 경우에 대비해 회의실 주변에서 대기했다. 이 회의는 과거의 성과와 왜 재무적 목표가 달성되지 않았는지에 대한 해명에 초점이 맞추어졌다.

일반적으로 대부분의 조직은 정기 점검을 통해 최근의 성과가 연간 예산편성 당시에 설정된 단기적 운영계획과 일치하는지를 평가한다. 또한 이 점검 회의에서는 월별 또는 분기별 재무 통계와 운영 통계가 점검된다. 뿐만 아니라 단기적이고 전술적인 결과와 프로세스에 관한 토의가 이루어진다. 조직의 전략이 계획한 대로 이행되고 있는지를 점검하는 시간은 거의 없다. 또한 전략이 현재의 경쟁상황과 시장환경, 기술환경에서도 유효한지, 그리고 전략계획을 달성하기 위해 적절한 자원이 사용되고 있는지에 대해서도 마찬가지이다. 우리의 경험에 비추어보면 대부분의 조직들은 정기적인 점검 회의에서 전략 학습의 기회를 제공하지 않는다.

하지만 FMC 사는 이제 BSC를 관리 시스템으로 활용함으로써 전적으로 새로운 분기별 점검 프로세스를 가지게 되었다. 그 변화는 대대적인 것이었다. 일단 사장은 재무적 계획에서 벗어난 것이 무엇인지 임원들에게 미리 알려준다. 이러한 재무적 쟁점들은 회의 전에 미리 해결되고 실제 회의에는 본사의 임원 3명과 운영회사의 임원 3~4명만이 참석한다. 그리고 이때 논의되는 사항은 다음 회기에 목표를 달성할 수 있는가, 장기적인 목표는 실현되고 있는가, 전략을 어떻게 수정하는 것이 타당한가 등이다. 임원들은 이 회의를 통해 이러한 질문에 대답함으로써 전략에 초점을 맞춘다.

전략 점검회의 효과를 거두기 위해서는 시간이나 장소 면에서 운영 점검회의와 분리되어야 한다. 운영 점검은 월별회의가 적절하지만 전략 점검은 분기별로 수행하는 것이 바람직하다. 시장점유율이나 고객만족도, 신제품 도입, 직원 역량 등의 전략적 요소는 한 달 사이에 크게 변하는 것이 아니기 때문이다. 하지만 분기별 점검을 하면 시장의 추세를 더 잘 반영할 수 있고, 전략의 동인과 결과 사이의 상관관계 역시 더 잘 파악할 수 있다. 그러므로 분기별 전략 점검회의에서는 기능부서별 성과가 아니라, 전략과 전략의 이행을 정제할 수 있는 쟁점에 초점을 맞추어야 한다.

더 많은 탐구와 해명을 요하는 전략적 쟁점이 무엇인지 확인함으로써 전략 학습 프로세스에 대한 고리는 닫히게 된다. 분기별 점검은 전략의 정당성과 어떻게 해야 전략을 잘 수행할 수 있을까를 학습하는 기회가 된다. 예를 들어 메트로 은행은 전략 점검회의를 통해 품질에 대한 고객들의 불만이 심각하다는 사실을 밝혀냈다. 그러나 이러한 불만은 내부 품질 통계에는 나타나지 않았다. 메트로 은행은 이 문제를 분석하고 해결하기 위하여 소규모의 교차기능 팀을 결성했다. 이러한 방식으로 전략을 부분적으로 확인하고 수정했다. 일반적으로 임원들은 분기별 전략점검에서 현행 전략을

〈그림 11-6〉 운영 관리 프로세스와 전략 관리 프로세스는 분리되어 있는 동시에 상호관련되어 있다

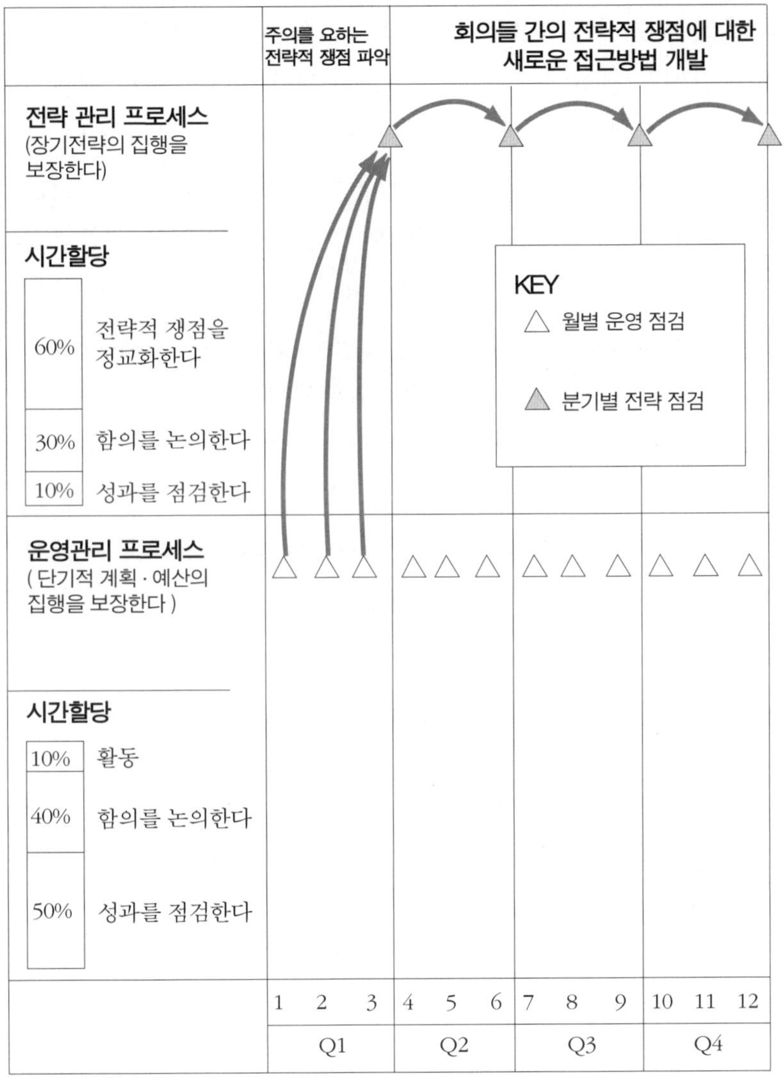

수정하기만 할 뿐 새로운 접근방식을 도입하지는 않는다.

운영 점검회의와 전략 점검회의를 연결함으로써 학습 프로세스의 효과를 높일 수 있다. 〈그림 11-6〉처럼 운영 점검 프로세스가 비록 단기적 관점에 초점을 맞추긴 하지만, 이 프로세스에서 종종 장기적 관점에 영향을 미치는 문제가 밝혀지는 경우가 있다. 케넌 상사의 경우, 운영성과 점검에서 품질과 신뢰성에 문제가 있는 공급자로 인해 3명의 상품관리자들이 곤란을 겪고 있음이 밝혀졌다. 주요공급자와의 관계는 월별 점검회의에서 다루어지기에 너무 광범위한 문제였기 때문에 이 문제는 분기별 전략 점검회의로 넘어갔다. 이와 마찬가지로 전략 점검회의에서도 운영 차원의 문제가 제기될 수 있다. 이러한 경우 회사가 이 문제에 신속하게 대응할 수 있도록 다음번 월례 운영회의의 안건으로 채택될 것이다. 운영 점검과 전략 점검 간의 연결은 문제를 밝혀내고 대처할 수 있게 해주며, 전략과 운영 모두를 효과적으로 발전시킨다.

전략에 대한 지속적인 이중고리 학습

전략 점검회의를 통한 토론은 분명 전략 학습에 필요한 팀 구축과 문제해결 프로세스의 중요한 요소이다. 그러나 여전히 회의시간의 절반은 수치를 점검하고 설명하는 데 소모된다. 새로운 기술을 이용하면 개별적인 문제 중심의 학습(분기별 전략 점검회의에서)을 지속적인 학습 프로세스로 바꾸고, 전략 학습 프로세스를 강화할 수 있다. 로터스 노츠와 같은 그룹웨어는 조직의 구성원들이 공통의 관심사와 책임에 대해 지속적으로 상호작용할 수 있도록 지원한다. 몇몇 회사의 임원들은 이러한 기술 중심의 접근방법을 경영에 도입하기 시작했다. 〈그림 11-7〉에서 보는 바와 같이 BSC는

〈그림 11-7〉 미래의 전략 점검 프로세스

현 재 **(사건 중심 학습)**	**미 래** **(지속적인 학습)**	
분기별 점검회의	**회의들 간** (임원들이 성과를 점검하고 토의할 수 있게 하는 그룹웨어에 의해 촉진되는 지속적인 학습 프로세스)	**분기별 전략 점검회의**
전략적 쟁점 점검(10%)	• 현재 논의 중인 전략적 쟁점을 점검한다	전략적 쟁점을 점검한다 (60%)
함의 논의(40%)	• 성과에 대해 대화한다 예외사항을 설명한다 해결책을 제안한다 쟁점을 구체화한다 • 다음의 그룹 회의에서 논의될 전략적 쟁점를 구체화한다	
성과 점검(50%)	• 성과자료(온라인으로 이용할 수 있는)를 점검한다	함의를 논의한다(30%) 성과를 점검한다(10%)

이러한 기술의 응용에 완벽한 기회를 제공한다.

지속적인 학습 프로세스는 팀 회의의 일방적인 수치보고를 미리 방지할 수 있다. 개인들이 편리한 시간에 점검할 수 있도록 보고서를 통신망에 올리면, 통신망은 보고서의 수치와 그것이 의미하는 바에 대한 지속적인 대화의 장을 마련해주기 때문이다. 그렇게 되면 회의시간에 임원들은 전략에 관련된 문제와 그것의 해석에 더 초점을 맞출 수 있다.

전략을 검증하고 학습하며 보완하는 분기별 전략 점검회의에서는 객관적인 증거의 활용을 위한 공식적인 프로세스가 필요할 수도 있다. 메트로 은행의 임원들이 분기별 회의를 통해 새로운 은행상품과 서비스에 대한 매출성장(고객 관점의 핵심측정지표)이 기대 이하임을 알게 되었다고 가정해보자. 관리자들은 우선 BSC의 인과관계에 따라 이 결과물 측정지표의 동인을 다음과 같이 추적해 나갈 것이다.

- 고객들이 원하는 새로운 상품과 서비스가 이용 가능한 상태에 있는가?
- 직원들은 새로운 상품과 서비스를 선전하고 판매하도록 교육 받았는가?
- 직원들이 새로운 상품과 서비스에 적합한 고객을 밝혀낼 수 있는가?
- 은행의 정보시스템은 고객과의 관계를 담고 있는가?
- 은행의 정보시스템 새로운 재무상품에 대한 고객들의 예상되는 요구를 담고 있는가?

그 결과 하나 또는 그 이상의 성과동인에 대한 목표가 달성되지 않았다면, 새로운 상품과 서비스 판매라는 결과물 측정지표의 실패 원인은 잘못된 이행방법 때문인 것으로 귀결될 것이다. 그러면 다음 분기에 이러한 결함을 제거하기 위한 계획을 세울 수 있다. 이러한 과정은 단일고리 학습의 좋은 예이다. 관리자는 계획에서 벗어난 것이 무엇인지 확인하고, 계획된 전략대로 조직을 되돌리는 활동을 시작할 것이다.

한편 이러한 추적을 통해 직원의 재훈련과 정보 시스템의 완비, 새로운 금융상품 및 서비스 개발과 도입같은 성과동인의 이행에는 아무 문제가 없다고 가정해보자. 그럼에도 불구하고 기대했던 결과물, 즉 '복합상품의 판매 향상'이라는 목표 달성에 실패했다면, 이는 타깃 고객에 대한 은행의 전략이 유효하지 않을 수도 있다는 중요한 신호가 된다. 이때 관리자는 이러한 신호를 심각하게 받아들여서 이중고리 학습 프로세스를 시작해야 한다. 더불어 시장여건, 타깃 고객에 대한 가치명제, 경쟁자의 행동, 내부 역량에 대한 가정들을 점검하기 위한 집중적인 대화를 시도해야 한다. 때로는 이러한 대화를 통해 현행 전략의 타당성이 판명되었더라도, BSC의 전략 측정지표들 간의 정량적 관계를 조정해야 할 필요가 있는 경우도 있다. 반면 집중적인 전략 점검을 통해 사업단위 전략이 더 이상 유효하지 않으며, 시장조건과 고객선호, 내부 역량에 대한 새로운 정보를 통해 볼 때 사업단위 전략이 수정되어야 할 필요가 있다는 것이 밝혀질 수도 있다.

이제까지의 경험으로 보아 자료수집과 가설검증, 숙고, 전략 학습, 적용 등은 전략을 성공적으로 이행하는 데 필수적인 항목들이다. BSC는 임원 차원의 전략 학습을 가능하게 하므로 전략 관리 시스템의 초석이 될 수 있다.

관리자가 현재의 전략에 대해 어떠한 판단(전략의 정당성을 인정/전략의 인과관계에 대한 판단만 수정 / 전략 수정 / 전략 교체)을 내리든 간에 BSC는 핵심 임원들의 전략 이중고리 학습 프로세스를 촉진하는 데 기여할 수 있을 것이다. 이에 따라 임원들은 최초의 BSC 구축 프로세스로 다시 돌아가서 비전과 전략을 수정하고, 수정된 전략을 내년을 위한 목표와 측정지표들로 전환하게 될 것이다.

요 약

임원 차원의 조직 학습 역량(전략 학습)은 아마도 BSC의 가장 혁신적인 측면일 것이다. 전략 학습은 BSC를 전략 관리 시스템으로 사용고자 하는 사람들에게 매우 유용할 것이다. 이 프로세스는 전체 조직이 달성하고자 하는 비전을 명확히 하고 공유하는 것에서 시작된다. 측정지표를 하나의 언어로 사용하게 됨으로써 복잡하고 때로는 애매한 개념을 더욱 정확한 아이디어로 전환할 수 있다. 그럼으로써 조직의 모든 개인이 목표 달성을 위해 움직이고 정렬할 수 있게 되는 것이다.

BSC의 인과관계 구축을 통해 조직은 역동적이고 체계적으로 사고할 수 있다. 이를 통해 서로 다른 부서에 몸담고 있는 개인들은 다른 부서와 어떻게 조화를 이루며, 자신의 역할이 다른 사람의 역할에 어떻게 영향을 미치는지 이해할 수 있게 된다. 이것은 또한 성과의 동인을 규정하고 이와 관련된 추진과제를 촉진함으로써 변화를 측정하고 북돋워준다. 마지막으로 이 접근방법은 팀 학습을 장려한다. BSC는 한 팀을 이룬 임원들에 의해 개발되어야 하고, 사업단위 성과 역시 그들에 의해 감독되어야 한다. 그리고 BSC는 조직의 전략이 어떤 사업이론에 기반을 두고 있는지를 말해주기 때문에 성과에 대한 감독은 가설검증과 이중고리 학습의 형태를 취할 수 있다. 이러한 전략 학습과 적용은 사업단위 전략을 성공적으로 이행하는 데 필수적이라고 필자들은 생각한다.

주)

1) R. N. Anthony, Planning and Control Systems : A Framework for Analysis(Boston : Harvard Business School, 1965) 참조.

2) 관리 프로세스의 단일고리와 이중고리 학습에 관해서는 다음 문헌을 참조하라. C. Argyris, Reasoning, Learning, and Action(San- Francisco : Jossey-Bass, 1982) / Strategy, Change and Defensive Routines (New York : Harper & Row, 1985) / Teaching Smart People How to Learn(Harvard Business Review, May-June 1991), p.99~109.

3) H. Mintzberg, Crafting Strategy(Harvard Business Review, July-August 1987), p.66~75 / The Design School : Reconsidering the Basic

Premises of Strategic Management(Strategic Management Journal, November-December 1990), p.171~195 / Robert Simons, Levers of Control : How Managers Use Innovative Control Systems to Drive Strategic Renewal (Boston : Harvard Business School Press, 1995), p.18~21.

4) David Garvin, Building a Learning Organization(Harvard Business Review, July-August 1993), p.78~91.

5) James L. Heskett, Thomas O. Jones, Gary W. Loveman, W. Earl Sasser, Jr., and Leonard A. Schlesinger, Putting the Service-Profit Chain to Work(Harvard Business Review, March-April 1994), p.164~174.

6) Peter F. Drucker, The Theory of the Business(Harvard Business, September-October 1994), p.95~104.

7) Jon R. Katzenbach and Douglas K. Smith, The Wisdom of Teams: Creating the High-Performance Organization(Boston : Harvard Business School Press, 1993).

12

BSC 관리 프로그램의 이행

"나는 사장에게 BSC는 '측정'이 아니라
'관리'라는 것을 알리려고 했다."

최고경영자는 A라는 관리자에게 중간관리자들로 구성된 태스크 포스를 통해 사업부 BSC를 개발하라고 요청했다. 그러나 A라는 관리자는 이런 노력이 실패할 수밖에 없을 거라고 판단했다. 왜냐하면 최고경영자는 BSC를 사업을 관리하는 새로운 방법이 아닌 조직의 성과측정 시스템을 개선하기 위한 수단으로 간주했기 때문이다.

BSC 프로젝트의 목표는 새로운 측정지표들을 개발하는 것이 아니다. '결과와 목표를 어떻게 기술할 것인가'를 나타내는 측정은 동기부여와 평가를 위한 매우 강력한 도구이다. 따라서 BSC의 측정 틀(management framework)은 새로운 관리 시스템을 개발하는 데 사용되어야 한다. 측정 시스템과 관리 시스템의 차이는 미묘하지만 매우 중요하다. 측정 시스템은 훨씬 더 중요한 목표, 즉 관리자들이 전략을 이행하고 그에 대한 피드백을 얻는 데 도움을 주는 전략 관리 시스템을 구축할 때만 의미가 있다. 필자들은 고위임원들이 BSC의 측정 틀을 활용해 조직에 장기적 변화를 창출하는 것을 보아왔다.

조직의 관리 프로세스와 프로그램은 측정 틀을 중심으로 구축된다. 전통적인 관리 시스템은 재무적 틀을 중심으로 구축되었는데, 이 재무적 틀로는 20세기 초에 듀퐁 사가 창안한 투자수익률(ROI) 모델이 대표적이다. 재무적 틀은 분기별 혹은 연간 가치창출(또는 가치파괴) 활동을 대부분 포착할 수 있을 때 효과를 발휘한다. 그러나 상황이 변화함에 따라 점점 더 많은 조직들이 관계나 역량, 그리고 역량에 투자하고 있다. 하지만 이러한 활동은 역사적 원가재무 모델(historical-cost financial model)로는 평가할 수 없기 때문에 재무적 틀의 가치는 상대적으로 줄어들고 있다. 조직이 BSC를 채택하는 이유는 BSC를 통해 단기적인 재무 결과에 대한 초점을 유지하는 동시에 무형자산과 경쟁력을 위한 가치까지도 인지할 수 있기 때문이다.

BSC는 지금까지 달성하기 어려웠던 중요한 과업인 장기적 성공 전략에 조직이 초점을 맞출 수 있는 새로운 도구를 제공한다. 조직의 관심과 자원이 집중되어야 하는 가장 중요한 목표를 구체화시킴으로써 BSC는 쟁점과 정보, 그리고 절대적으로 필요한 다양한 관리 프로세스들을 체계화하는 전략 관리 시스템의 틀이 된다(〈그림 12-1〉 참조). 제2부에서 설명한 것처럼 전략 관리 시스템을 구성하는 각각의 요소들은 전략 목표와 연결될 수 있다. 즉 고객, 업무 프로세스, 직원 및 시스템에 대한 목표는 장기적인 재무성과달성

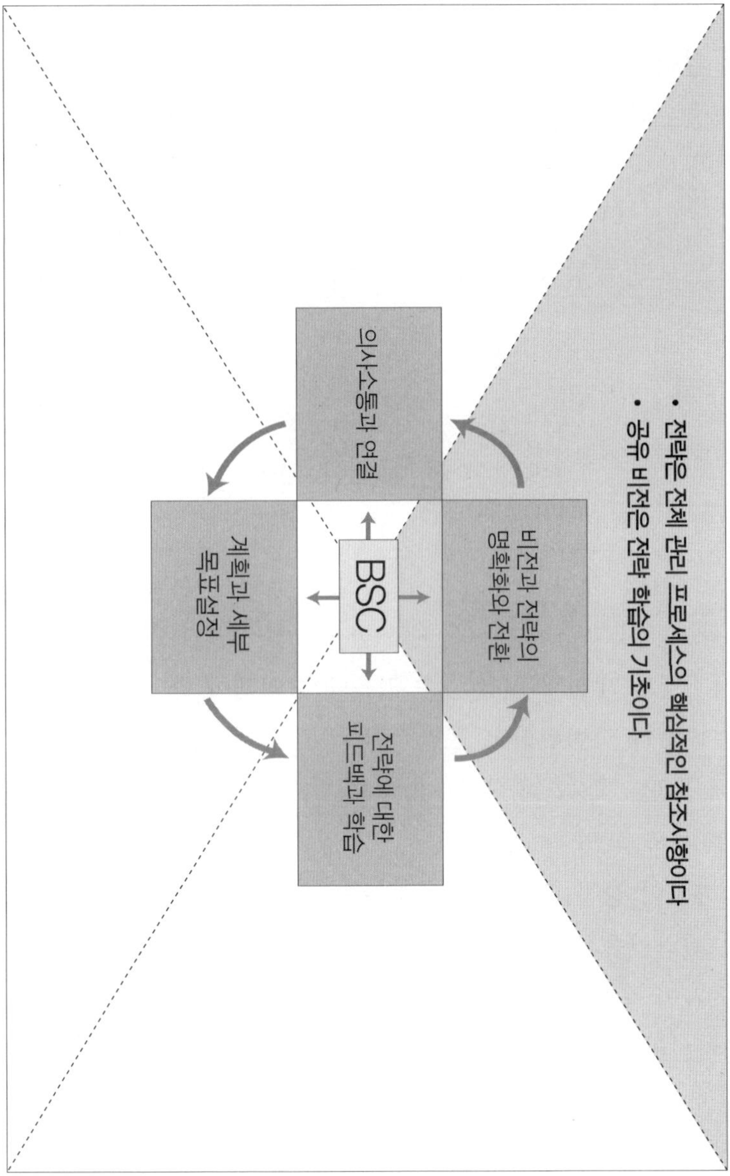

〈그림 12-1〉 BSC 활용 행동을 위한 전략의 틀

과 연결되며, 나아가 부서와 팀, 그리고 개인의 목표는 전략 성과 달성과 일맥상통한다. 자원할당과 전략과제, 연간예산은 전략으로부터 도출된다. 또한 관리점검은 전략에 대한 피드백과 학습의 기회를 제공한다. BSC는 관리 시스템에서 재무적 측정의 역할을 제거하지는 않는다. 대신 단기적 운영성과와 장기적인 전략 목표를 연결하는 보다 균형잡힌 관리 시스템에 재무적 측정지표를 포함시킨다.

BSC 프로그램의 착수

조직은 여러 가지 목적으로 BSC 프로그램을 시작한다(〈그림 12-2〉 참조). 이 그림에 제시된 내용들 중 어느 한 가지도 단독으로 측정 시스템의 개선과 연결될 수 없음에 주의해야 한다. 각각의 목적들은 BSC의 광범위하고 포괄적인 목표의 한 부분을 차지한다. (이 책에 소개된 회사들이 어떻게 BSC 프로그램을 시작하게 되었는지에 대해서는 부록 참조)

지금까지의 경험으로 볼 때 대부분의 최고경영자들은 하나의 구체적인 전략만을 위해 BSC를 채택했다. 그리고 BSC를 이행함으로써 초기의 목적을 달성했다. 그러나 초기의 목적달성에만 만족한 회사는 없었다. 대신 BSC를 응용해 원래 목표했던 것 이상의 변혁 프로세스를 시작했다. 회사들은 BSC를 사용하기 시작한 지 1년 만에 그것을 관리 시스템의 초석으로 활용하기에 이른 것이다.

〈그림 12-2〉 대부분의 회사는 관리 프로세스의 한 부분만을 위해 측정기록표를 도입한다

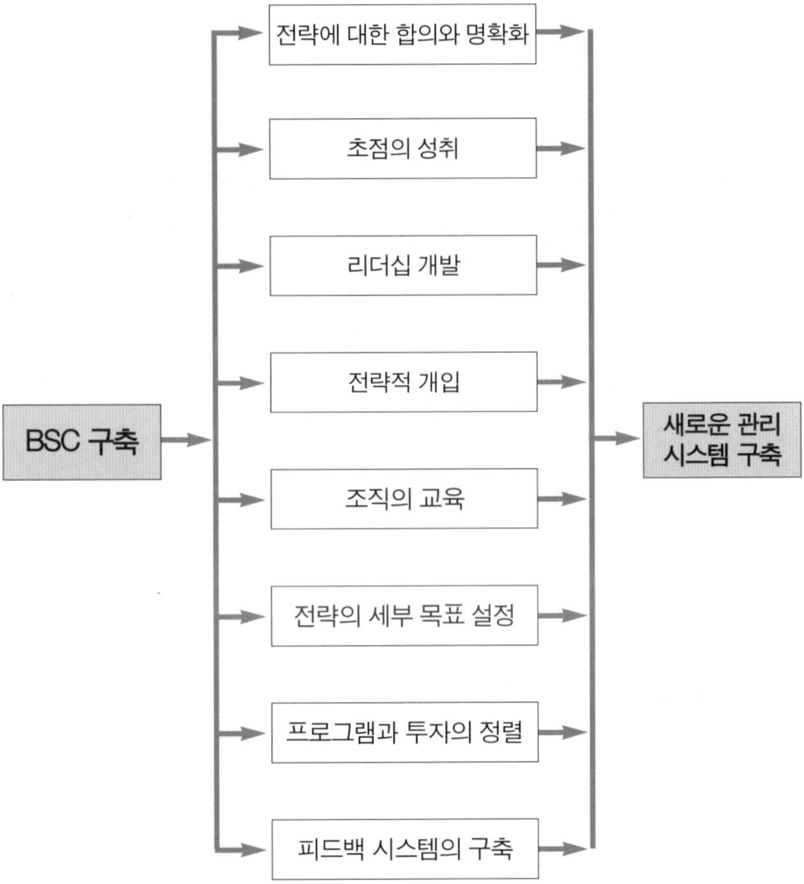

역학관계(Dynamics) : 조직 동원

관리 시스템은 단기간에 실현되지 않는다. 그 범위나 복잡성 및 영향력이 만만치 않기 때문에 새로운 관리 시스템은 단계적으로 실행되어야 한다. 단계적으로 접근하면 시스템을 구성하는 요소들이 수정되고 첨가될 때마다 과거의 프로세스에 익숙해져 있는 조직에 시간을 줄 수 있다. 또한 새로운 프로세스에 대한 메시지를 전달할 기회를 포착할 수 있다. 만일 각각의 변화가 조직의 새로운 전략과 같은 일관된 메시지와 연결된다면, 새로운 변화는 이전의 변화를 강화시키고 그 변화의 바탕 위에 새로운 프로세스가 구축된다. BSC가 새로운 관리 시스템의 핵심적인 구성 틀로 활용될 때, 모든 변화는 일관되고 응집력을 갖는다. 또한 내셔널 인슈어런스 사의 경우처럼 그 결과는 극적일 수도 있다.

암담한 상황을 호전시키기 위해 모회사로부터 영입된 임원들이 어떤 결론을 내렸는지 상기해보자. 그들은 내셔널 사가 경쟁우위를 갖고 있다고 생각되는 전문분야에 초점을 맞추어야 한다고 결론지었다. 그러나 전략의 변화를 조직에 알리려는 최초의 시도는 거의 실패했다. 대부분의 사람들이 스스로를 이미 전문가라고 여기고 있었기 때문에 새로운 비전을 이해하려 하지 않았던 것이다. 이 시점에서 임원들은 내셔널 사의 BSC 개발에 착수했고, BSC를 통해 논리적인 활동들을 이끌어냈다. 그 결과 내셔널 사는 수익성 있는 보험사로 변신하는 데 성공했다(〈그림 12-3〉 참조).

이 이행 프로세스의 처음 몇 단계는 다음과 같다.

- 회사의 비전과 전략을 명확히 한다.
- 회사의 전략을 전달한다.
- 교차사업(cross-business) 전략과제에 착수한다.
- 회사의 전략과 일치하는 SBU의 전략 개발을 유도한다.

이러한 과정은 모두 BSC 도입 첫해에 이루어졌다.

회사는 점검 프로세스(〈그림 12-3〉의 5단계 참조)를 통해 몇 가지 예상하지 못했던 이익을 창출했다. 개별 SBU들이 구체적인 전략을 개발할 때, 초기의 회사 BSC에는 포함되지 않았던 몇 가지 교차사업을 위한 쟁점이 밝혀진 것이다. SBU들은 고객을 더 잘 이해해야 함을 알게 되었고, 고객만족에 대한 피드백을 필요로 했다. 서로 다른 SBU들이 동일한 고객을 상대로 판매하고 있었으므로, 회사는 타깃 세분시장에 대한 통합된 판매방법이라는 새로운 비즈니스 프로세스를 개발할 기회를 포착할 수 있었다. 이러한 경험은 민츠버그와 사이먼스가 밝혔던 것처럼(11장 참조) 조직 내부에서 실현되는 전략의 좋은 예이다. SBU 차원에서 이루어지는 이러한 상향적인 전략 수립은, SBU의 전략을 성취하는 새로운 접근방법을 이끌어냈다. 이렇게 몇몇 전략과제가 SBU로부터 도출되었고, 그것은 회사의 수정된 BSC에 통합되었다.

회사가 SBU의 BSC를 승인한 후, SBU의 월별 점검 프로세스가 시작되었다(〈그림 12-3〉의 8단계). 월별 점검은 전략에 관한 쟁점에 더욱 초점을 맞추는 분기별 점검으로 보완되었다. 처음에는 단지 측정지표의 2/3에 대해서만 정보를 획득할 수 있었기 때문에,

〈그림 12-3〉 변화를 지휘하기 위한 관리 시스템의 활용

2A 중간관리자에게 전달한다.

상위 3계층의 관리자들(약100명)이 함께 모여 새로운 전략을 학습하고 논의한다. BSC는 의사소통 수단이다.
(4~5월)

2B 사업단위 성과관리지표를 개발한다.

회사의 성과관리지표를 기본틀로 사용하여, 각 사업단위는 자신들의 전략을 성과관리지표로 전환시킨다.
(6~9월)

4 사업단위 성과관리지표를 점검한다.

최고경영자와 임원들은 개별 사업단위의 성과관리지표를 점검한다. 이 점검을 통해 최고경영자는 사업단위 전략의 공식화에 참여할 수 있다.(9~11월)

기간(단위:개월)

0 1 2 3 4 5 6 7 8 9 10 11 12

활동

1 비전을 명확히 한다.

새로 구성된 10명의 임원팀 구성원들이 3개월 동안 함께 일한다. 비전을 이해 가능하고 전달될 수 있는 전략으로 전환시키기 위해 BSC가 개발된다. 이 과정은 전략에 대한 합의와 헌신을 이끌어내는 데 도움이 된다.

3A 비전략적 투자를 제거한다.

회사의 성과관리지표는 전략적 우선순위를 명확히 함으로써 전략에 기여하지 못하는 많은 활동 프로그램을 파악한다.(6월)

3B 회사 변화 프로그램에 착수한다.

회사 성과관리지표는 교차사업적 변화 프로그램의 필요를 파악한다. 사업단위가 성과관리지표를 준비하는 동안 변화 프로그램이 시작된다. (6월)

5 비전을 정교화한다.

사업단위 성과관리지표의 점검을 통해 초기의 회사 전략에 포함되지 않았던 몇몇 교차사업적 쟁점을 파악한다. 그리고 나서 새로운 회사 성과관리지표가 만들어진다.

6A BSC를 회사 전체에 전달한다.

12개월 후 임원팀이 전략에 대한 접근 방법에 만족하면, 성과관리지표는 조직 전체에 유포된다.
(12월)

■ 자료원 : Robert S. Kaplan and David P. Norton, Using the Balanced Scorecard as a Strategic Management System(Harvard Business Review, January-February), p.78~79. Reprinted with permission

6B 개인의 성과 목표를 수립한다.

상위 3계층의 관리자들은 개인 목표와 인센티브 보상을 그들의 성과관리지표와 연결한다. (13~14월)

9 연간 전략 점검을 수행한다.

25~26개월이 되는 때는 최초의 전략은 성취될 것이고, 회사의 전략은 갱신되어야 한다. 임원위원회는 10개의 전략적 쟁점을 작성한다. 그리고 각 사업단위는 전략과 성과관리지표를 갱신하기에 앞서 각 쟁점에 대한 입장을 정리하도록 요청받는다. (25~26월)

7 장기계획과 예산을 갱신한다.

각 측정지표에 대한 5개년 목표가 세워진다. 이들 목표를 달성하기 위해 요구되는 투자가 파악되고 자금이 조달된다. 5개년 계획의 첫해의 예산이 연간 예산이 된다. (15~17월)

8 월별·분기별 점검을 수행한다.

회사가 사업단위 성과관리지표를 승인하면 월별 점검 프로세스가 시작되고, 이는 보다 심도있는 전략적 쟁점에 초점을 맞추는 분기별 점검에 의해 보완된다. (18~계속)

10 모든 사람의 성과를 BSC에 연결한다.

모든 직원은 개인 목표를 BSC에 연결하도록 요청받는다. 조직 전체의 인센티브 보상이 성과관리지표에 연결된다. (25~26월)

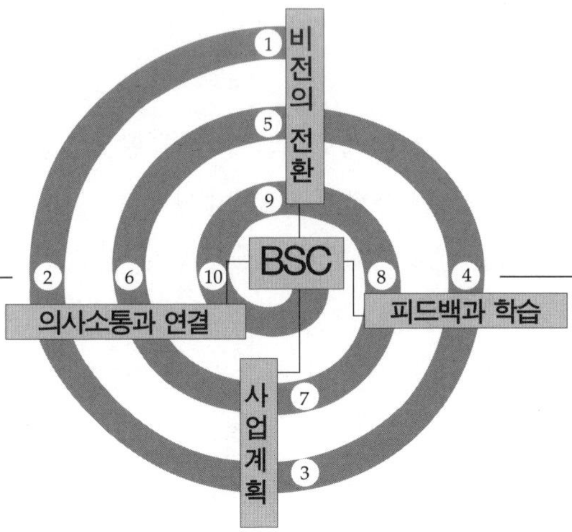

참조 : 7, 8, 9, 10단계는 정규 스케줄 하에 진행된다. BSC는 이제 관리 프로세스의 일상적인 부분이다.

임원들은 자료 이용이 가능한 측정지표에 초점을 맞추었다. 그러나 BSC 측정지표에 대한 자료가 없는 것이 토론에 문제가 되지는 않았다. 다시 말해 자료를 구할 수 없더라도 구성원들은 전략에 관한 쟁점에 초점을 맞출 수 있었다. 또한 그들은 자료가 없는 전략 프로세스, 목표, 측정지표와 같은 쟁점에 대해서는 토론보다 더 나은 대안이 없다고 생각했다. 또한 자료가 없다는 것을 인지함으로써 관리자들은 이러한 자료를 얻기 위한 계획을 개발하려고 노력할 수 있었다.

일반적으로 자료의 부족은 전반적인 관리 프로세스가 제대로 운영되고 있지 못함을 의미하는 데 그치지 않고 기본적인 관리 시스템의 개발로 이어진다.[1] 예를 들어 내셔널 사에 보험계약 품질에 대한 측정지표가 없다면 그것은 회사에 보험계약의 품질을 설정하고 측정하며 감사하는 프로세스가 없음을 의미한다. 그러므로 완전한 BSC를 구축하고자 한다면, 내셔널 사의 관리자는 먼저 완전한 관리 시스템을 개발해야 한다. 이러한 시스템의 개발이 완성되려면 적어도 6개월이 걸린다.

2년 후 내셔널 사는 BSC를 정규 관리 프로세스에 통합할 수 있었다. 내셔널 사는 이미 생존이라는 단기적 목표를 달성했다. 이제 내셔널 사는 새로운 관리측정지표와 관리 프로세스를 통해 조직의 전략을 광범위한 일반화 전략에서 전문화 전략으로 변경했다.

내셔널 사의 최고경영자는 관리 프로세스가 착수된 지 3년째 되던 해에 처음에 수립했던 전략의 단기적 목표가 성취되었다고 선언했다. 이 회사에 생존은 더 이상 문제가 되지 않았으며, 전략은 공격적인 성장과 수익성 목표를 달성하는 데 초점을 맞출 수 있도록 수정되고 구체화되었다. 임원 위원회는 10가지 전략에 관한 쟁점 리스트를 작성했는데, 그것은 "어떻게 하면 보험대리인들과 우호적인 관계를 구축할 수 있는가?"와 같은 질문의 형태로 제기되었다.

이에 따라 각 SBU의 임원들은 각각의 쟁점에 따라 제기된 질문에 대한 해답을 개발해야 했다. SBU의 이사들은 내셔널 사의 임원 위원회 구성원들과 반나절 동안 회의를 했다. 이는 SBU와 회사지도층의 생각을 확장하기 위한 것이었다. 토론은 앞으로 3~5년을 위한 지침에 대한 합의를 이끌어내면서 정점을 이루었다. 지침은 문서화되었고, 이것은 새로운 장기계획과 수정된 BSC를 발전시키기 위한 안내서로 활용되었다(〈그림 12-3〉의 9단계).

내셔널 인슈어런스 사의 상호 연결된 10개의 순차적 활동은 24개월에 걸쳐 이루어졌다. 이 기간에 내셔널 사의 최고경영자와 고위임원들은 새로운 전략을 도입했을 뿐만 아니라 조직이 제 기능을 하도록 관리 시스템을 철저하게 수정했다. 처음에는 비전을 명확히 하기 위해 BSC를 시작했으나, 마지막에는 BSC를 통해 관리에 대한 포괄적이고 새로운 접근방법이 도출되었다. 최고경영자는 조직에 BSC 프로그램을 소개하는 편지에서 앞으로 다가올 급진적인 변화를 예고했다. 또한 "BSC와 그 철학은 사업을 관리하기 위해 우리가 선정한 방법이다"라고 선포하였다.

지금까지 많은 조직들이 방향을 전환하거나 새로운 전략과 프로세스를 도입하는 데 실패했다. 그 이유는 관리 시스템과 프로세스가 중심이 되는 틀을 통해 전략과 연결되지 못했기 때문이었다. 그러나

BSC는 일관된 틀을 제공했다. 임원들은 BSC를 통해 새로운 전략으로 조직을 이끌고 안내했다. 또한 변화를 달성하기 위한 지속적인 관리도구로 BSC를 활용했다. 그런 의미에서 BSC의 가장 중요한 역할은 대부분의 관리 시스템에 존재하는 공백, 즉 전략 이행을 위한 체계적인 프로세스의 결여를 해결하는 것이라고 할 수 있다.

통합된 관리 시스템의 구축

많은 조직들이 내셔널 인슈어런스 사와 유사한 경험을 했다. BSC의 도입은 관리 시스템에 부담이 되곤 한다. 일단 BSC가 설계되고 도입된 후, 그것이 예산이나 전략과제의 정렬, 개인의 목표 설정과 같은 다른 관리 프로그램과 결합되지 않으면 곧 문제가 발생한다. 각각의 요소들이 충분히 연결되지 못한다면 BSC 개발에 쏟은 노력은 헛수고가 될 것이다.

대부분의 회사들이 그들의 관리 프로세스와 이 프로세스의 운영 스케줄을 파악할 수 있는 관리 일정표를 가지고 있다. 대부분의 일정이 예산과 운영점검 프로세스를 중심으로 편성되고, 전략의 수립과 점검은 대개 정기적인 관리 프로세스와 단절된다. BSC가 전략적 사고를 현재의 관리 프로세스에 도입할지라도 이러한 연결은 명확히 표현되어야 한다.

〈그림 12-4〉는 케넌 상사의 관리 일정표이다. 최고경영자는 BSC와 그것의 4가지 관점에 맞게 관리 프로세스를 재설계 한후 이

〈그림 12-4〉 케년 상사의 관리 일정

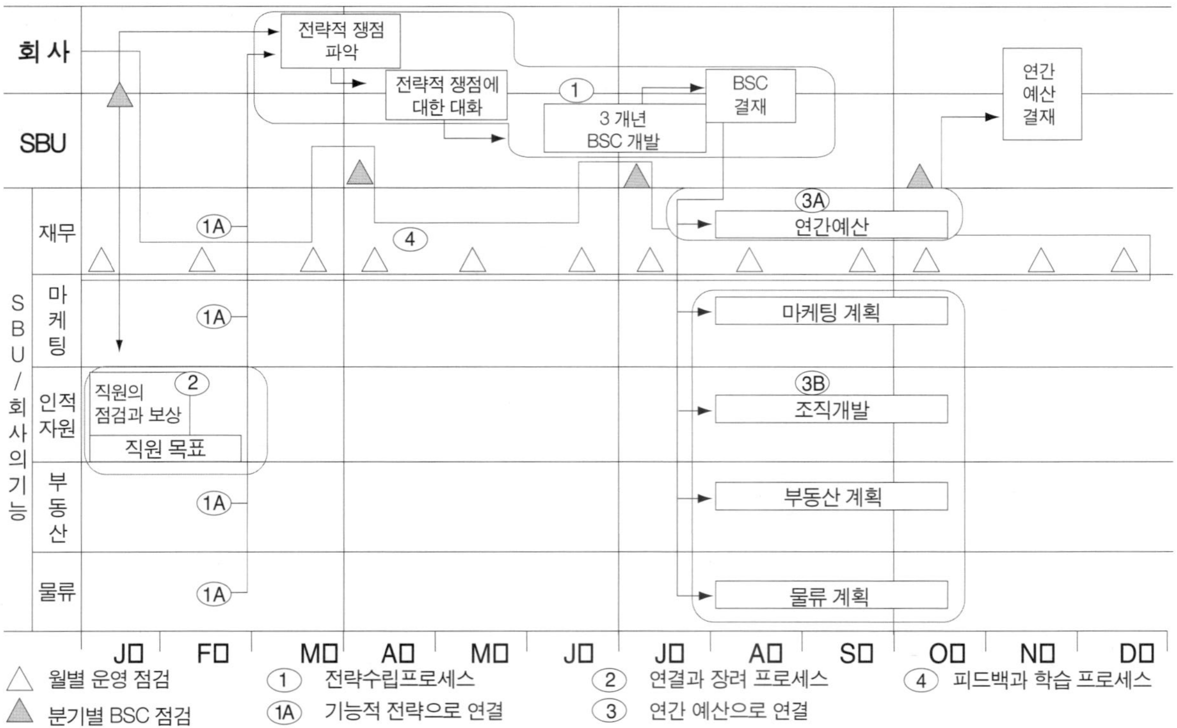

일정표를 만들었다. 이 일정표에는 전략 관리 시스템의 4가지 본질적인 특징이 포함되었다.

1. 전략의 수립과 전략에 대한 쟁점의 수정
2. 개인의 목표와 보상의 연결
3. 계획·자원할당의 연간 예산의 연결
4. 피드백과 전략 학습

전략의 수립과 전략에 관한 쟁점의 수정

전략의 수립과 전략에 관한 쟁점의 수정은 운영사업부의 책임자가 하향식으로 지시를 내리는 수단이다. 이 프로세스를 통해 고위 임원진은 새로운 장기계획과 연결된 BSC의 개발을 시작하거나 연도별 전략을 수정할 수 있다.

케너 상사의 최고경영자는 1/4분기 말에 전략에 관한 쟁점 10가지를 요약하여 기술한 바 있다. 전략에 관한 쟁점의 일부는 전년도 말에 구축된 BSC의 전략 점검에 의해 제기되었고, 나머지는 조직의 기능부서 리더들에 의해 제기되었다. 그 쟁점들은 회사 차원에서 공유된 우선순위와 주제를 반영하고 있었다. 최고경영자는 SBU의 책임자에게 수정된 회사의 주제와 우선순위를 어떻게 이행해야 하는지에 대한 리스트를 만들고, 필요한 계획을 개발하라고 지시했다. SBU 책임자들은 4시간에 걸쳐 최고경영자와 '전략에 관한 대화'를 나눴고 그들의 의견을 제시했다. 회의 자체는 비공식적으로 부드럽게 진행되었지만, 회의의 목표은 실제적이고 구체적이었다. 이 회의를 통해 최고경영자와 SBU의 책임자들은 10가지 쟁점들(예를 들면 SBU는 패션 리더십을 어떻게 유지할 것인가? 그리고 어떤 방법으로 핵심 직원을 개발할 것인가? 등)의 전략적 접근방법에 대한 합의에 도달했다.

전략에 관한 대화가 끝난 후, SBU의 책임자들과 임원들은 함께 장기계획과 SBU의 BSC를 개발하거나 수정했다. 이 같은 개발 프로세스는 보통 회계 연도의 2/4분기 중에 진행되었다. 회사 전략과 SBU 전략을 기능적인 전략으로 연결시킨 것은 이 프로세스의 의미 있는 확장이다. 8장과 10장에서 논의한 케넌 상사와 같은 회사는 분산된 SBU를 지원하기 위해 회사 차원의 중앙 집중적인 기능부서를 설립했다. 회사와 SBU의 목표는 장기 계획을 세우고 SBU를 위한 BSC를 개발하는 기간 동안 회사 차원의 기능부서의 목표에 일제히 연결되었다.

이로써 기능부서와 SBU의 책임자들은 회계 연도 중반까지 장기적인 목표를 명확하고 일관성 있게 구체화했다. 이 프로세스는 2/4분기 말에 최고경영자와 각 SBU 혹은 기능부서의 책임자들이 최종적으로 점검하고 결재함으로써 정점에 다다랐다. 2/4분기 말에 장기계획의 수립과 BSC 개발이 완결되고 나면 남은 반년 동안은 운영 계획 프로세스를 진행했다.

개인의 목표와 보상의 연결

회사가 새로운 전략(관계 구축이라든가 새로운 유행이나 기술개발, 그리고 새로운 고객에 대한 접근)을 이행하려고 할 때 관리자는 지속적으로 위험을 감수하고 실험해야 하며, 이를 통해 학습하고 성장할 수 있어야 한다. 그리고 '개인의 목표와 보상의 연결'이라는 두 번째 통합 쟁점을 관리함으로써 혁신적인 행동을 촉진시켜야 한다. 개인에 대한 인센티브와 보상이 단기적인 성과관리지표, 특히 재무적 측정지표에 집중될수록 관리자들은 위험 회피적이고 단기적인 것에만 초점을 맞출 것이다. 그렇게 되면 고위임원들이 장기적 역량과 관계 구축에 초점을 맞추고 전념하기가 어려워진다.

보상이 성과를 촉진시킨다는 것은 명백하다. 그러나 9장에서 논의한 것처럼 조직은 BSC에 대한 경험을 어느 정도 축적한 후에 BSC와 보상을 연결하고자 할 것이다. 그러나 보상과 징계가 회사와 사업단위 BSC의 목표와 측정지표에 결합되지 않는다면, 조직은 BSC를 관리 시스템의 중심이 되는 구성 틀로 활용할 수 없다. 초기에 SBU의 전략 수립과 점검을 장려하기 위해 BSC를 사용했던 케넌 상사는 1년간 BSC의 효과를 검증한 후, 공식적인 보상제도를 BSC 측정지표에 연결시켰다.

계획과 자원할당, 그리고 연간 예산의 연결

케넌 상사의 세 번째 통합 쟁점인 연간 예산과의 연결은 회계 연도의 하반기에 진행되었다. 운영단위와 기능부서는 2/4분기의 전략 계획을 다음 회계 연도의 목표와 지출 승인에 연결했다. 만일 전략의 수립과 전략에 관한 쟁점의 수정이 적절히 이루어진다면, 예산 프로세스에서는 장기계획(3~5년) 중 첫해분의 운영예산만 편성하면 될 것이다.

피드백과 전략 학습

케넌 상사 관리 시스템의 마지막 구성요소인 피드백과 전략 학습에는 11장에서 설명한 2가지 차원의 점검 프로세스가 활용된다. 이 프로세스에서는 월별 운영 점검과 분기별 전략 점검이 연결된다. 관리자는 운영 점검을 통해 단기적 성과를 연간 예산의 목표와 비교하고, 전략 점검에서는 전략이 성공적으로 달성되고 있는지, 그리고 얼마나 잘 수행되고 있는지를 평가하기 위해 BSC 측정지표들의 장기적인 추이를 조사한다.

케넌 상사의 회사 차원과 SBU 차원의 관리자들은 BSC를 중심으로 다양한 관리 프로세스를 정규 관리일정에 포함시킴으로써 전술에서 전략으로 초점을 이동시킬 수 있었다. 나아가 그들의 전략을 행동으로 효과적으로 전환시킬 수 있었다.

몇 가지 주의사항 : 보이는 것처럼 간단하지 않다

다양한 제조업체와 서비스 조직의 관리자들은 사업단위 BSC를 구축하기 위해 노력했다. 그러나 모든 조직이 BSC 구축에 성공한 것은 아니었다. 몇몇 임원들은 이에 대해 다음과 같이 평했다. "그것은 보이는 것처럼 그렇게 간단하지가 않았습니다." 필자들은 그들의 경험을 분석하여 BSC 프로젝트를 실패하게 만드는 몇 가지 요인을 밝혀냈다. 이 요인에는 구조적 결함, BSC 측정지표 선택의 결함, 그리고 BSC의 개발 프로세스와 운영방법에서 나타나는 조직 차원의 결함 등이 포함된다.

구조적 결함

많은 고위임원들이 자신들은 이미 BSC를 이행하고 있다고 생각한다. 그들은 이미 재무적 측정지표를 고객만족도나 시장점유율과 같은 비재무적 측정지표로 보완하고 있기 때문이다. 그러나 이 비재무적 측정지표들은 전통적인 재무적 측정지표가 갖는 결함을 다수 가지고 있다. 이 비재무적 측정지표들은 후행지표로서, 과거에 조직의 전략이 얼마나 잘 수행되었는지를 보여준다. 또한 비재무적 측정지표는 모든 회사들이 그것을 개선하려고 노력한다는 점에서 일반적인 측정지표라고 할 수 있다. 이러한 측정지표는 성과를 관리하기에는 충분하지만, 미래의 성과를 위해 직원들이 어떤 분야에서 탁월해야 하는지를 제대로 전달하지 못한다. 게다가 미래에 대비한 구체적인 지침도 제공하지 못하며, 자원할당과 전략과제, 연간 예산, 그리고 재량지출 등과 연결하기 위한 건전한 기반도 제공하지 못한다.

그러나 다행스럽게도 구조적인 결함은 비교적 개선하기 쉽다.

필자들은 7장에서 고유한 전략과 타깃 고객, 중요한 업무 프로세스를 반영하는 BSC를 구축하는 방법을 설명했다. 이것을 충실히 따른다면, 구체적인 전략으로부터 유도된 BSC의 모든 측정지표는 결국 모범적이고 장기적인 재무적 성과 달성에 연결될 것이다. 또한 결과물과 성과동인, 후행지표와 선행지표들은 균형을 이룰 것이다.

조직 차원의 결함

BSC 자체의 결함도 문제가 될 수 있지만 BSC를 이행하기 위해 사용하는 프로세스에도 문제가 있을 수 있다. 필자들이 다음과 같은 내용의 전화를 받았을 때, 가장 우려했던 상황이 현실로 나타났다는 것을 알 수 있었다.

> "여보세요, 저는 존 스미스라고 합니다. 저는 애크미 인더스트리 *Acme Industries* 사의 품질관리자이며, 회사의 성과측정을 개선하기 위한 태스크포스의 팀장으로 일하고 있습니다. 우리는 BSC 접근방법에 대해 큰 관심을 갖고 광범위한 문헌조사를 했습니다. 벤치마킹 연구도 하고 있습니다. 저는 우리 회사의 BSC를 위한 최상의 균형성과관리지표가 무엇인지, 그리고 다른 회사에서 가장 성공적으

로 사용하고 있는 측정지표가 무엇인지에 대해 당신과 이야기하고 싶습니다."

이러한 경우 필자들은 보통 BSC에 관심을 가져주어 감사하지만, 대화가 어느 쪽에도 큰 도움이 되지는 않을 것이라고 대답한다. 그러면 상대방은 예외 없이 그 이유를 묻는다. 이때 필자들은 몇 가지 문제점을 지적한다. 첫째, BSC의 개발 프로세스가 중간관리자들로 구성된 태스크포스에 위임되어서는 안 되며, BSC가 효과를 발휘하기 위해서는 고위임원들의 전략적 비전을 반영해야 한다. 균형성과관리지표를 기존 프로세스에 끼워 넣으면 사소한 개선은 이룰수 있겠지만 조직 전체의 극적인 성과로는 이어지지 않을 수도 있다. 만일 고위임원들이 이 프로세스를 주도하지 않는다면, 이 책 제2부에서 기술한 중요한 관리 프로세스에 BSC를 활용하지 못할 것이다. 그렇게 되면 고위임원들은 단기적인 재무적 목표만을 강조하는 운영 점검에만 연연할 것이며, 결국 BSC 개발의 근본적인 원칙은 무시되고 손상될 것이다.

무엇보다도 중요한 것은 다른 회사가 사용했던 최고의 측정지표를 모방하여 BSC를 만들어서는 안 된다는 점이다. 극적인 성과향상을 얻기 위해서는 전략으로부터 BSC가 도출되어야 한다. 초일류 회사의 전략을 위해 선택된 측정지표라 하더라도 다른 조직에는 쓸모없을 수도 있다. 조직들은 서로 다른 경쟁 환경에서 서로 다른 고객들을 상대하고 있으며, 조직의 역량과 역량의 차이가 중요한 변수로 작용할 수 있기 때문이다. 그런 의미에서 '보이는 것처럼 간단하지 않다' 라는 말은 조직에 적합한 BSC를 수립하고 이것을 관리 프로세스의 필수적인 부분으로 만들기 위해서는 힘겨운 노력이 필요하다는 것을 뜻한다. 최상의 BSC를 개발하는 데는 지름길이 없다.

이러한 문제 말고도 BSC의 효과적인 전개에 치명적인 영향을 미칠 수 있는 극단적인 방법도 있다. 어떤 조직은 완벽한 BSC를 위해 지나치게 노력한다. 그들은 중요한 몇몇 측정지표에 관한 정보를 얻을 수 없는 상황에서도 원하는 자료를 얻을 수 있는 믿을 만한 정보 시스템을 구축하려고 안간힘을 쓴다. 문제는 이러한 행동이 BSC의 도입을 지연시킬 뿐 아니라, 그로 인해 BSC에 대한 추진력과 열정이 줄어들게 된다는 것이다. BSC는 불변하는 것이 아니다. BSC는 역동적이고 지속적으로 점검되고 평가되어야 한다. 또한 새로운 경쟁상황과 시장상황 및 기술조건 등을 반영하여 수정되어야 한다. BSC의 도입을 지연시키면 다른 측정지표에 대한 정보를 얻을 수 있는 기회를 잃게 된다. 무엇보다도 BSC를 핵심적인 관리 시스템으로 활용함으로써 얻을 수 있는 실행 경허과 통찰의 기회를 놓치고 만다. 바람직한 측정지표를 선택했는지 확신하지 못하거나 혹은 측정지표에 대한 자료를 구할 수 없기 때문에 BSC의 도입을 주저하고 있는 조직이 있다면 일단 시작하고 보라. 그리고 균형잡힌 성과동인과 결과물 측정지표들을 관리하는 방법에 대한 학습 프로세스를 시작해야 한다.

BSC 전략 관리 시스템의 운영

BSC를 중심으로 하는 새로운 관리 시스템을 도입하기 위해서는 거의 모든 변화 프로그램을 공격하고 기존의 시스템에 동화시키려는 조직의 관성을 극복해야 한다. 이 새로운 시스템을 효과적으로 이행하기 위해서는 2가지 유형의 변화촉진자(change agent)가 필요한데, 그중 하나는 조직의 BSC 구축을 촉진하고 그것을 새로운 관리 시스템으로 정착시키도록 지원할 과도기적인 관리자이다. 다른 하나는 조직의 전략 관리 시스템을 지속적으로 운영할 관리자이다. 한편 BSC를 전략 관리 시스템에 삽입하는 데는 또 다른 어려움이 있다. 전통적인 조직에서는 과도기적 관리자와 전략 관리 시스템 운영자가 보조를 맞추기 어렵다는 점이다.

과도기적 관리자의 역할

전략 관리 시스템에 BSC를 구축하고 삽입하기 위해서는 다음과 같은 결정적인 역할이 필요하다.

1. 설계자
2. 변화촉진자
3. 전달자

설계자(architect)는 처음에 BSC를 구축하고, 이를 관리 시스템에 도입하는 프로세스를 책임진다. BSC는 관리체계를 대대적으로 변화시키므로, 설계자는 장기적 전략의 목표를 완벽하게 이해하고, 이를 위해 내적으로 동기부여되어 있어야 한다. 설계자는 또한 임원들을 교육시킬 수 있어야 하며, 전략을 구체적 목표와 측정지표로 전환하도록 유도할 때 임원들이 그것을 위협으로 받아들여 방어적인 반응을 보이지 않도록 주의해야 한다.[2)]

BSC 프로그램이 성공하려면 임원들의 절대적인 헌신과 시간이 요구되기 때문에, 설계자에게 주어지는 기회는 단 한 번뿐이다. 즉 설계자가 최초의 시도에 실패한다면 임원들을 다시 설득하기는 어려울 것이다. 우리의 경험에 비추어볼 때 외부의 컨설턴트나 내부의 지식이 풍부한 실무자는 BSC 프로그램을 성공적으로 수립하는데 중요한 역할을 한다. 일반적으로 SBU 차원에서 BSC 프로그램을 시험적으로 적용할 때 SBU의 최고경영자가 BSC를 이미 이해하고 있다면 경험이 풍부한 내·외부의 컨설턴트들은 최고경영자와 긴밀히 협력해야 한다. 이 때 시험적 프로그램의 목적은 첫째, BSC의 가치를 증명하는 것이고, 둘째, 조직의 다른 부분으로 프로그램을 확산시킬 내부 컨설팅 그룹의 역량을 키우는 것이다.

또한 내부 컨설턴트들은 관리 프로세스에 BSC를 삽입하게 될 변화촉진자(change agent)를 보호해야 한다. 최고경영자가 2~3년에 걸쳐 BSC를 통한 새로운 관리 시스템의 개발을 지휘하므로, 변화촉진자는 최고경영자와 직접적으로 의사소통해야 한다. 변화촉진자는 최고경영자의 대리인으로서 새롭고 일상적인 관리 시스템의 구축에 있어 매우 중요한 역할을 한다. 또한 관리자들이 새로운 시스템의 필요에 따라 자신의 역할을 재정의하도록 돕는다.

한편 전달자(communicator)는 최고경영진에서부터 말단 직원과 연구원에 이르기까지 모든 조직 구성원의 이해와 헌신, 그리고 지원을 활성화할 책임을 맡는다. 일반적으로 BSC에 명시된 새로운 전략을 달성하기 위해서는 고객중심과 고객만족, 품질과 대응, 혁신과 서비스, 직원과 시스템을 중심으로 한 새로운 가치와 업무방식을 도입해야 한다. 이때 의사소통 프로세스의 관리자는 이 과업을 내부적 마케팅 캠페인의 일환으로 간주해야 한다. 또한 의사소통 프로그램을 통해 직원들이 제안한 전략의 실행 가능성과 정당성에 대한 피드백을 주고 그들을 독려해야 한다. 지금까지는 의사소통 담당 부서가 이러한 교육 프로그램을 책임졌다. 그러나 BSC의 의사소통 기능은 BSC의 개념을 효과적으로 이행하는 데 매우 중요하기 때문에, 조직 구성원들이 목표를 인식하고 동기부여될 때까지는 의사소통 부서의 적극적인 지지를 받고 있는 특정 개인에게 전략 의사소통 캠페인 관리를 전담시키는 것이 좋다.

전략 관리 프로세스의 지속적인 관리

일단 조직의 관리 프로세스에 BSC를 삽입하는 24~36개월의 프로세스가 끝난 후, 전략 관리 시스템을 안정적으로 유지하기 위해서는 어떻게 해야 할까? 〈그림 12-5〉는 전략 관리 시스템의 다양한 부분이 임원들이 지금까지 맡아왔던 책임에 어떤 영향을 미치

〈그림 12-5〉 누가 전략 관리 시스템을 관리해야 하는가?

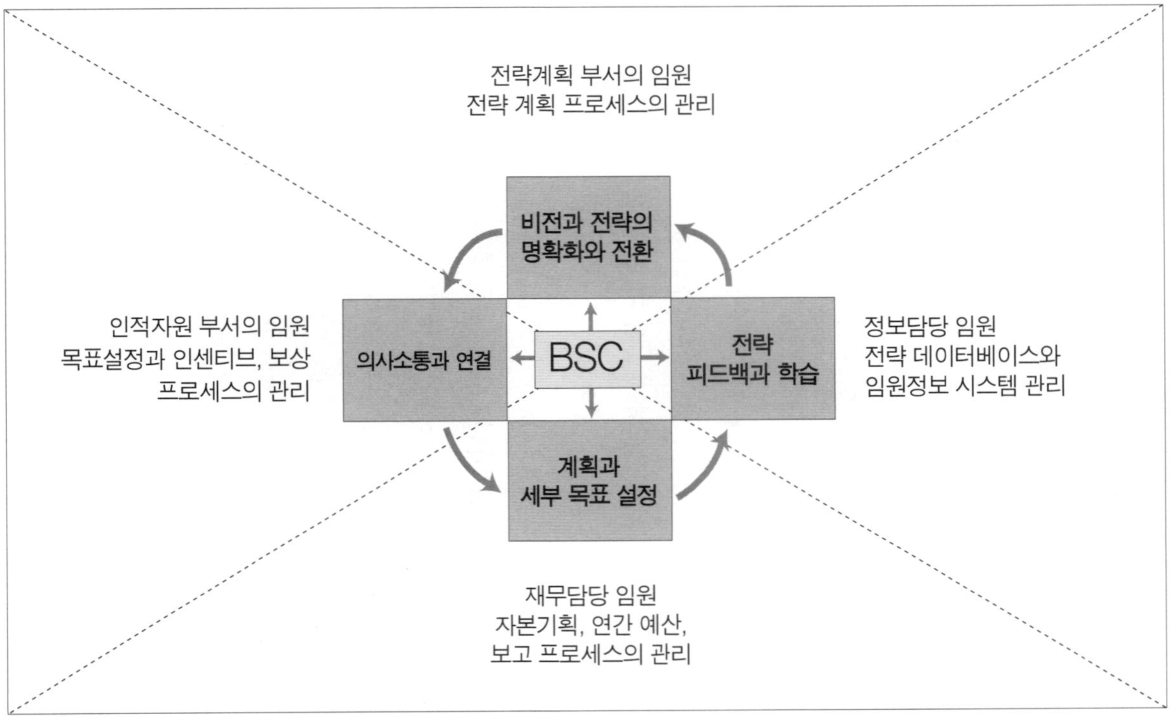

는가를 보여준다. 지금까지는 전략계획과 인적자원, 재무 및 정보 시스템 부서의 책임자들이 전략 관리 프로세스의 부분적인 '책임자' 였다. 그러나 BSC 체제에서는 전체 시스템의 운영을 책임 지는 사람이 아무도 없다.

사업단위의 최고경영자가 궁극적인 '프로세스 책임자' 임은 분명하다. 따라서 전체 사업단위의 목표와 세부 목표를 설정하고, 성과 목표를 정하며, 이 성과 목표를 달성하기 위해 자원과 추진과제를 할당하고 결과에 대해 보상하거나 징계하는 체계적인 전략 관리 시스템은 최고경영자와 고위임원들이 책임져야 한다. 그러나 관리 시스템의 지속적인 운영은 특정 개인이 맡아야 한다. 그렇지 않으면 측정과 보고, 관찰에 격차가 생기기 때문이다.

〈그림 12-5〉에서 보는 것처럼 전략 관리 시스템을 운영하는 데는 전통적인 관리기능의 요소 몇 가지(기술, 경험, 책임)가 필요하다. 이 같은 관점에서 본다면 BSC를 통한 전략 관리 시스템의 운영을 전통적인 관리기능의 일부로 포함시켜 각 부서에 개별적으로 책임을 맡기는 것도 괜찮을 듯하다. 그러나 관리 시스템의 효과적인 유지는 핵심적인 요소이므로, 전달자의 경우와 마찬가지로 자격 있는 개인에게 그 책임을 맡기는 것이 현명한 방법이다.

오늘날 대부분의 조직에는 관리 시스템의 리더십이 결여되어 있다. 전통적인 조직에서는 어떤 관리자도 전략 관리 시스템을 책임지지 않았으며, 그 책임소재도 불분명했다.

최고재무관리자(CFO : cheif executive officer)가 이 새로운 프로세스를 책임지는 후보가 될 수도 있다. 회계와 내부통제 및 감사

경력을 가진 사람들은 엄격하고 체계적이며 재무 시스템을 관리할 만한 역량을 갖추었기 때문에 현재의 위치에 도달한 것이기 때문이다. 그러나 고객, 업무 프로세스, 직원 및 시스템을 중심으로 구축된 전체적·혁신적·판단 중심적·직원 중심적인 프로세스를 관리하는 데 그러한 자질이 반드시 필요한 것은 아니다.

전략계획 부서의 관리자도 유력한 후보가 될 수 있다. 그러나 이러한 직위를 가진 사람들은 CFO와는 정반대의 성향을 가지고 있다. 지금까지 전략계획은 연례행사가 되어왔고, 이 계획에서는 전략이행이 아닌 전략수립을 강조해왔다. 만약 전략계획 임원이 전략 관리 시스템을 책임지게 된다면 개별 사건을 중심으로 프로세스를 관리하지 말고 지속적으로 관리해야 한다. 또한 현재 진행되고 있는 지속적인 재무보고와 관리 시스템 점검에 대해서도 한결같은 충실함과 원칙을 가져야만 한다.

최고정보관리자(CIO : Chief Information Officer)도 전략 관리 시스템의 관리자가 될 자격을 충분히 갖췄다. 하지만 이들은 전략에 대해 충분히 이해하지 못하 사업단위의 고위임원들과도 활발히 교류하지 못할 가능성이 있다.

결국 전략 관리 시스템을 누가 책임질 것인가는 불분명하다. 만일 조직이 이 역할을 맡을 관리자를 임명하지 않는다면 통합적인 시스템 운영에서 발생하는 이익을 아무것도 얻지 못할 수도 있다. 전략 관리 시스템을 책임지게 될 관리자는 조직에 중요한 역할을 하며, 그가 담당하는 역할은 개인에게도 새로운 성장 기회를 제공할 것이다. 따라서 누구든지 결국에는 이 역할을 맡아야 한다.

요약 : 전략을 행동으로 전환하라

회사들이 처음에 BSC를 채택하는 이유는 전략의 명확화와 합의 도출, SBU의 리더십 역량 개발, 여러 사업단위에 걸친 조정과 효율 등과 같이 다양하다. 조직은 보통 성과관리지표를 개발함으로써 처음의 목적을 이룰 수 있다. 그러나 고위임원들이 성과관리지표의 목표와 측정지표, 목표를 정의하기 위해 상호작용하다 보면 애초에 의도했던 것보다 더 광범위하고 포괄적으로 BSC를 활용할 기회가 나타난다.

BSC는 다음과 같은 핵심 프로세스를 정렬하고 지원하기 때문에 조직 관리 시스템의 초석이 될 수 있다.

- 전략을 명확히 하고 수정한다.
- 조직 전체에 전략을 알린다.
- 부서와 개인의 목표를 전략에 정렬시킨다.
- 전략과제를 구체화하고 정렬시킨다.
- 전략 목표를 장기적 목표의 연간 예산에 연결시킨다.
- 전략 점검과 운영 점검을 정렬시킨다.
- 전략에 대해 학습하고, 전략을 개선시하기 위한 피드백을 얻는다.

나아가 모든 관리 일정에 BSC를 포함시킴으로써 조직의 장기적 전략 이행에 정렬하고 초점을 맞출 수 있다.

지난 몇 년 동안 BSC 프로그램에 대한 경험을 축적하면서 우리는 이 개념의 영향력과 보편성에 대단히 놀랐다. 처음에는 성과측정 시스템의 개선을 위한 연구로 시작했던 것인데, 이제는 임원들의 가장 핵심적인 쟁점(대대적인 변화를 요구하는 전략을 어떻게 이행할 것인가)을 해결하는 데 도움이 되는 방법으로 발전한 것이다. BSC 개발 프로세스를 통해 조직 구성원들은 처음으로 미래의 청사진과 나아가야 할 방향을 알게 되었다. 다시 말해 이 프로세스를 통해 조직의 비전에 이르는 경로를 설정하고, 전체 고위임원들의 에너지와 헌신이 이끌어낼 수 있었다. 조직이 나아가야 할 방향이 설명되고 이에 대한 합의가 이루어졌기 때문에 열정과 추진력이 창출되었고, BSC에 대한 기대도 높아졌다. 문제는 어떻게 하면 비전의 성취를 보장할 수 있는가 하는 것이다.

비전이 행동으로 옮겨질 때, 조직은 말 그대로 흥분을 경험하며 BSC 개발의 진정한 가치를 깨닫게 될 것이다. 어떠한 이유에서 시작되었건, BSC 개발은 결국 조직의 방향을 새롭게 설정해주는 일련의 관리 프로세스로 옮아갔다. 각각의 관리 프로세스는 장기적이고 전략적이며 균형 잡힌 행동을 구현하기 위해 BSC와 연결된다.

관리 시스템의 설계에 관한 새로운 장을 여는 연구에서 로버트 사이먼스*Robert Simons*는 이렇게 말했다. "조직의 생리를 잘 알고 있는 사람이라면 수많은 통제 시스템이 조직에 지속적으로 영향을 미친다는 사실을 알고 있을 것이다. 그러나 관리자들이 그들의 어젠다를 조정하기 위해 이러한 시스템을 사용할 때, 그것을 왜 그리고 어떻게 활용해야 하는지에 대해서는 체계적으로 이해하지 못하고 있다."[3)]

완전하고 '체계적인 이해'에 도달하기까지 아직 갈 길이 멀지만, 우리는 사이먼스가 말했던 현상들을 관찰할 수 있었다. 그것은 임원들이 그들의 어젠다를 조정하기 위해 관리 시스템의 많은 요소를 활용하고 있었다는 것이다. 그들이 BSC의 틀을 중심으로 관리 시스템을 구축하면, 전략을 행동으로 전환시킬 수 있고 궁극적으로는 이익을 얻을 수 있을 것이다.

주)

1) 이는 10장에 기술된 '누락된 측정' 프로그램의 한 예이다.

2) 방어적인 반응(이를 어떻게 감지하고 극복하는가)에 대해서는 C. Argyris and D. Schon, 〈Defensive Reasoning and the Theoretical Framework That Explains It, Part II〉, Organizational Learning II : Theory, Method and Practice(Mass.: Addison-Wesley, 1996), p.75~107를 참조하라.

3) Robert Simons, Levers of Control: How Managers Use Innovative Control Systems to Drive Strategic Renewal(Boston : Harvard Business School Press, 1995), p.11.

APPENDIX

부록

BSC의 구축

부록
BSC의 구축

조직의 초기 BSC는 사업단위의 사명과 전략을 운영상의 목표와 측정지표로 전환시키는 방법에 대한 합의, 그리고 명확성을 구축하는 체계적인 프로세스를 통해 달성된다. 이 프로젝트를 위해서는 프로세스의 틀을 만들고 촉진하며, BSC 구축과 관련된 배경정보를 수집할 수 있는 설계자가 필요하다. 그리고 BSC에는 사업단위의 고위임원 전체의 지혜와 에너지가 담겨 있어야 한다. 임원들이 BSC를 구축하는 데 의욕적으로 참여하지 않는다면 성공적인 결과를 기대하기가 어렵기 때문이다. 또한 고위임원들의 적극적인 후원과 참여가 보장되지 않은 상태에서 BSC 프로젝트를 시작해서는 안 된다. 상층부의 리더십과 헌신이 없다면 실패할 것이 분명하기 때문이다.

물론 예외가 있기도 하다. 고위 관리자들의 적극적인 참여 없이도 고위임원 한 사람에 의해 BSC가 구축되었던 2가지 사례를 살펴보도록 하자. 한 회사에서는 최고재무관리자(CFO)가, 또 다른 회사에서는 사업개발담당 부사장이 BSC를 개발했다. 이 두 회사의 BSC 개발자는 고위임원 중 한 사람으로 전략수립과 관리자회의에서 의욕적으로 활동하는 사람들이었다. 그들은 회사 전략에 깊이 관여하고 있었기 때문에 전략과 고객, 회사의 결정적인 내부 프로세스를 정확하게 포착하는 BSC를 구축할 수 있었다. 이 BSC는 조직의 중요한 목표와 측정지표를 정확하게 표현한 것으로 평가되었다.

그러나 두 사례 모두에서 BSC는 결국 변화를 주도하지도, 회사의 관리 프로세스에 없어서는 안 될 부분으로 자리매김하지도 못했다. 그 이유는 BSC를 구축하는 프로세스에 대한 고위임원들의 참여가 부족한데다, BSC의 역할에 대한 합의가 충분히 이루어지지 못했기 때문이다. 즉 이 두 조직 모두에서 BSC 프로젝트는 조직을 보는 관점이나 관리하는 방법에 근본적인 변화를 주기 위한 것이 아니라, 측정 시스템을 개선하기 위한 직원 중심의 추진과제로 간주되었던 것이다.

BSC 프로그램을 위한 목표 수립

BSC를 성공적으로 구축하는 첫 번째 단계는 고위관리자들에게서 왜 BSC가 개발되어야 하는가에 대한 합의와 지지를 얻어내는 일이다. 많은 관리자들이 BSC가 이론적으로 매우 바람직하다는 것을 인정한다. 그들은 제한된 재무적 측정지표의 결점을 알고 있으며, 보다 균형잡힌 접근방법이 필요하다는 사실을 잘 알고 있다. 그러나 BSC의 이론적 매력이 이러한 프로그램을 착수하는 데 대한 충분한 이유가 되지는 못한다. BSC가 구축되기 시작할 때, 고위임원들은 프로젝트의 주요 목적을 간파하고 그것에 동의해야 한다. 고위임원들의 동의를 위한 프로그램의 목표는 다음과 같다.

- BSC의 목표와 측정지표의 설계방법을 안내한다.
- 프로젝트 참여자들의 헌신을 얻어낸다.
- 초기의 BSC 구축에 반드시 따라오는 이행과 관리 프로세스의 틀을 명확히 한다.

이제 회사들이 BSC 개발을 시작하게 된 최초의 이유를 몇 가지 사례를 통해 제시할 것이다.

전략에 대한 명확성과 합의 획득

고분자를 기반으로 하는 산업재 제조업체인 켐-프로 사는 최근에 고객 중심적인 조직이 되기 위해 조직을 재편성했다. 전통적인 직능별 조직은 사업 라인(LOB)과 비즈니스 프로세스를 중심으로 설계된 조직으로 대체되었다. 그리고 고위임원들은 개선이 필요하고 무엇보다도 탁월해야 하는 주문창출 · 제품관리 · 주문이행 · 생산이라는 결정적인 4가지 비즈니스 프로세스를 밝혀냈다. 5개의 LOB 각각은 4가지 프로세스에 대해 서로 다른 것을 요구했다. 예를 들어 고객그룹은 규격화된 제품을 소매경로를 통해 대량으로 유통시킨 반면, 정밀그룹은 새로운 화학제품에 대한 제품 명세를 정의하기 위해 몇몇 대량구매회사의 기술자들과 협력했다. 따라서 4가지 결정적인 비즈니스 프로세스는 각각의 사업 라인의 요구에 따라 개별화될 필요가 있었다.

켐-프로 사의 BSC 설계는 회사의 표준화된 틀을 정의하는 것으로 시작되었다. 그것은 새로운 조직의 모든 LOB에 대한 전략적 우선순위를 명확히 하는 것이었다. 그 다음 각 사업 라인 회사의 우선순위에 맞는 고유의 전략을 개발했다. 이 단계에서 4가지 비즈니스 프로세스를 위한 새로운 관리자들에게 사업 라인의 BSC가 전달되었고, 이 관리자들은 각 사업 라인의 구체적 목표를 달성할 수 있는 프로그램을 개발할 수 있었다. 다음에 제시하는 순차적인 프로세스를 통해 켐-프로 사는 모든 사람들의 이해와 헌신 및 참여를 이끌어 낼 수 있었다. 또한 기능적 전문화에서 고객 중심의 사업 라인과 고객에게 초점을 맞춘 비즈니스 프로세스로 이동하는 복합적인 조직의 변화를 이끌어낼 수 있었다.

- 회사 차원의 목표와 측정지표를 정의한다.
- 회사의 목표를 개별적인 사업 라인 목표와 측정지표에 연결한다.
- 사업 라인의 목표와 측정지표를 주요 비즈니스 프로세스에 연결한다.

초점 맞추기

메트로 은행은 초점을 맞추기 위해 BSC를 시작했다. 메트로 은행은 같은 영역에서 경쟁력을 확보하고 있던 두 은행의 합병으로 설립되었다. 하지만 이 두 모회사는 공통의 비전을 찾지 못하고 있었다. 게다가 새로운 운영방식과 전략에 대한 통합이나 합의가 이루어지지 않은 상태에서 메트로 은행의 관리자들은 21세기를 위한 혁신적인 은행을 창조한다는 목적으로 주요 변화 프로그램을 착수시켰다. 하지만 안타깝게도 이 프로그램은 제대로 관리되지 못했다. 메트로 은행에는 관리자들의 시간과 자원을 얻기 위해 경쟁하는 70개가 넘는 서로 다른 프로그램만 남게 되었다.

이러한 상황에서 메트로 은행의 최고경영자는 BSC를 통해 조직을 하나로 통합시켜야 한다고 생각했다. 메트로 은행은 전략 목표를 명확히 하고 몇 개의 결정적인 동인을 밝혀냄으로써 출신 은행이나 기능부서에 관계없이 모든 고위임원들의 합의와 협력을 이끌어 낼 수 있었다. 더 나아가 BSC는 우선순위를 결정하고, 현재 진행 중인 많은 변화 프로그램들을 통합하기 위한 수단을 제공했다. 그 결과 전략과제들을 관리하기가 훨씬 더 수월해졌으며, 모든 추진과제는 전략적으로 중요한 세부 목표를 달성하는 데 초점이 맞추어졌다.

분권화와 리더십의 개발

파이오니어 페트롤리엄 사의 최고경영자는 각각의 직능별조직에 고도로 중앙 집중화되어 있던 권한을 분권화시키고자 했다. 그는 14개의 새로운 SBU를 만들었으며, 이 사업단위들의 사명은 고객에게 초점을 맞추어 모든 불필요한(부가가치를 높이지 못하는) 비용을 점차 감소시키고, 궁극적으로는 제거하는 것이었다. 그러나 새로운 SBU의 리더들은 모두 과거의 중앙 집중화된 문화 속에서 성장했기 때문에 고유의 전략을 수립하거나, 전략을 이행할 프로세스를 관리해본 경험이 없었다. 이 회사의 최고경영자 역시 새로운 SBU의 리더들이 분권화 전략을 이행 해본 경험이 없다는 사실을 우려했다.

이에 따라 최고경영자는 14개의 SBU 리더들의 리더십을 개발하기 위해 고위임원들을 회사의 BSC 구축 프로세스에 참여시켰다. 임원들은 전략적 우선순위를 규정하는 틀을 개발했고, 이 틀은 회사의 BSC가 되었다. 다음으로 각 SBU의 리더들은 회사 차원의 BSC를 SBU만의 전략을 수립하기 위한 출발점으로 삼았다. SBU의 임원들은 외부 회의를 시작으로 새로운 조직의 사명과 비전, 가치를 명확히 했다. 회사 BSC의 개발은 SBU의 BSC 개발로 이어졌고, 이와 함께 회사 차원의 BSC가 재점검되었다. 회사차원의 BSC 개발을 통해 14개의 새로운 사업단위 임원들은 함께 일할 수 있는 기회를 가질 수 있었다. 공유 비전을 개발하기 위한 SBU 리더들의 노력은 효과적인 팀 구축과 전략개발 프로세스로 이어졌다. 또한 회사 차원의

BSC는 리더들의 생각을 안내하고, SBU가 전략을 독립적으로 개발하는 데 따르는 위험을 줄일 수 있도록 도왔다. 그 결과 각 SBU 임원들의 창의성과 에너지는 회사 차원의 전략에 집중될 수 있었다.

회사는 점검을 통해 SBU의 전략이 회사에 수용될 수 있는 것인지를 밝혀냈다. 또한 이 모든 프로세스는 SBU 임원들이 사업단위 전략을 어떻게 수립하고 관리하는지에 대해 학습할 수 있는 기회가 되었다. 리더십의 개발은 지속적으로 이루어져야 하는 것이지만, 파이오니어 사의 최고경영자는 회사와 SBU 차원의 BSC 개발을 리더십 개발의 효과적인 첫 번째 단계로 활용했던 것이다.

전략적 개입

파이오니어 페트롤리엄 사와는 달리 이미 분권화되어 있었던 케년 상사는 서로 다른 세분시장을 대상으로 유행 의류를 판매했다. 시장 중심의 SBU들은 유행과 타깃 시장, 상품조달에 있어 서로 다른 전략을 추구했다. 그러나 케년 상사의 최고경영자는 지나친 분권화로 인해 성장과 수익성 향상의 기회를 잃고 있다고 확신했다. 분권화된 접근방법은 조직의 규모가 작고, 조직의 사명이 타깃 세분시장의 추세와 유행에 대한 니즈와 일치할 때 바람직한 법이다. 하지만 당시 개별 SBU의 규모는 5년 전 회사 전체 규모와 비슷한 수준이었다. 규모의 변화로 인해 전략적으로 생각해야 할 문제들도 극적으로 변화했다. SBU의 리더들은 이제 상인이 아닌 전략가의 자질을 갖추어야 했다. 케년 상사의 최고경영자는 SBU의 리더들과 협력하여 그들의 성장을 돕고, 그들이 미래를 예측하고 그에 따라 전략을 스스로 개발하도록 지원하는 도구로 BSC를 활용했다.

케넌 상사의 최고경영자는 회사의 전략 일정을 짜기 위해 BSC를 활용했다. 그는 SBU의 사장들과 함께 10가지 쟁점(8장 및 12장 참조)을 정의했고, 개별 SBU는 각 쟁점에 대한 구체적 목표와 메커니즘을 수립해야 했다.

이에 따라 회사와 SBU의 임원들은 10가지 쟁점을 어떻게 전달해야 하는지에 대해 토론하면서 연간 장기계획 프로세스에 착수했다. SBU의 리더들은 대화를 통해 BSC 틀을 중심으로 한 장기계획을 구축할 수 있었다. 10개의 쟁점은 SBU의 전략을 회사의 안건에 포함시킬 수 있는 메커니즘을 제공했으며, 최고경영자는 이러한 프로세스를 통해 결과를 점검하는 것에만 그치지 않고 SBU의 전략수립에 참여할 수도 있었다. 그러나 무엇보다도 중요한 것은, 이 프로세스를 통해 최고경영자가 자율적인 SBU의 리더들과 함께 일할 수 있었다는 점이다. 즉 최고경영자는 그들을 교육시키고 고무시키는 데 큰 역할을 했던 것이다.

앞에서 말한 내용을 정리해보면, 회사들이 초기에 BSC를 구축하려 한 목적은 다음과 같다.

- 비전과 전략을 명확히 하고 합의를 도출한다.
- 관리자 팀을 구축한다.
- 전략을 전달한다.
- 전략 목표의 달성과 보상을 연결한다.

- 확장된 세부 목표를 설정한다.
- 자원과 전략과제를 정렬시킨다.
- 지적 자산과 무형자산에 대한 투자를 계속한다.
- 전략 학습을 위한 기반을 제공한다.

초기에 한 가지 목적으로 BSC 프로젝트를 시작했다고 해서 그것이 이후의 BSC 활용에 제약이 되는 것이 아니다. 12장에서 설명한 것처럼, BSC의 역할은 이행 프로세스를 통해 더욱 확장되어왔다. 그러나 초기의 목적들은 조직이 이러한 프로그램을 실행하려는 이유를 전달하고 동기부여를 하며, 직원들의 관심과 헌신을 유도하는 데 도움을 줄 것이다.

배우들

조직이 일단 BSC의 목적과 미래의 역할에 대한 합의에 도달하면, BSC의 설계자나 프로젝트 리더 역할을 할 사람을 선정해야 한다. 설계자는 BSC의 설계와 개발에 대한 틀, 철학, 방법론을 보유하고 유지할 수 있어야 한다. 물론 아무리 훌륭한 설계자라도 고객이 없다면 무용지물이나 다름없다. 이 경우에는 고위임원들이 고객이 된다. BSC의 궁극적인 소유자인 고위임원들은 BSC 활용과 관련된 관리 프로세스를 이끌 것이기 때문에, 개발 프로세스에 전적으로 참여해야 한다.

설계자는 설계 과정을 안내하고, 회의와 면담일정을 감독하며, 프로젝트 팀이 특정 문서나 배경에 대해 적절하게 판단할 수 있도록 돕는다. 또한 시장정보와 경쟁에 관한 정보를 입수할 수 있도록 돕고, 설계 프로세스가 차질 없이 진행되도록 이끈다. 초기의 BSC 구축 프로세스에서 설계자는 전략과 의도에 대한 추상적이고 일반적인 진술을 분명하고 측정 가능한 목표로 전환시키는 프로세스를 관리해야 한다. 뿐만 아니라 팀 구축과 갈등해결 과정에서 원만한 대인관계를 유지할 수 있는 능력도 갖추어야 한다.

이제까지의 경험에 비추어볼 때, 보통 설계자는 조직의 고위 관리자들이 맡는 경우가 많았다. 즉 대체로 다음과 같은 배경을 가진 사람들이 BSC 개발 프로세스를 관리하고 촉진했다.

- 전략계획 및 사업개발부 부사장
- 품질관리 부사장[1)]
- 재무담당 부사장, 또는 사업단위의 감사[2)]

한편 어떤 조직은 BSC의 내부 설계자를 돕기 위해 외부 컨설턴트들을 활용하기도 했다.

BSC 구축 : 프로세스

모든 조직은 저마다 독특한 상황 속에 놓여 있기 있기 때문에, BSC를 구축하는 데 있어서도 자신들만의 프로세스를 따르려 할 것이다. 그러나 수십 개 조직들이 BSC를 창출하기 위해 사용했던 일반적이고 체계적인 개발계획이 있다. 다음과 같은 4단계 프로세스가 제대로 진행된다면, BSC에 대한 중 · 고위 관리자들의 헌신을 장려하고, 그들이 프로그램의 목표를 달성할 수 있도록 도와줄 '훌륭한' BSC가 구축 될 것이다.

측정 구조를 정의한다

첫째 : 적절한 사업단위를 선택한다

설계자는 고위임원들과 상의하여 회사 차원의 BSC 구축에 적절한 사업단위가 무엇인지 정의해야 한다. 대부분의 회사들은 매우 다각화되어 있기 때문에 회사 차원의 BSC를 구축하기란 상당히 어려운 일이다. BSC의 구축은 혁신과 운영, 마케팅, 판매, 서비스라는 사업의 전체 가치사슬을 포함하는 조직단위인 SBU부터 시작하는 것이 가장 좋다. SBU는 자체적인 제품과 고객, 마케팅과 유통경로, 생산설비를 보유하고 있다. 그렇기 때문에 다른 사업단위들과 원가할당이나 제품과 서비스의 가격 이전에 관련된 복잡한 계산(혹은 논쟁)을 할 필요 없이 비교적 쉽게 개괄적인 재무적 성과관리지표를 구성할 수 있다.

〈그림 A-1〉 사업단위를 정의하고 명확화한다

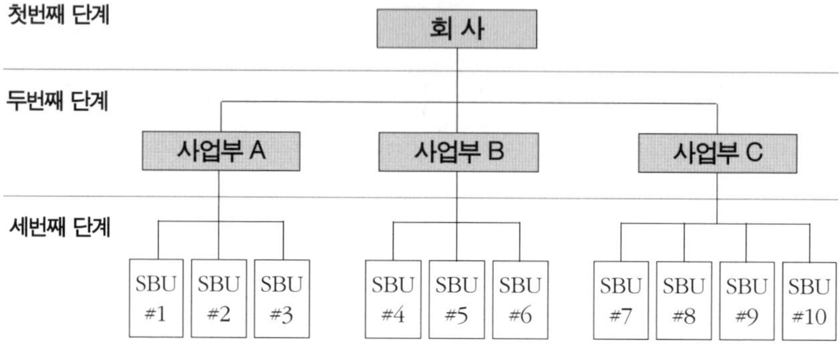

〈그림 A-1〉은 계층적으로 조직된 다국적 회사의 전형적인 구조를 보여준다. 이러한 회사의 경우 BSC는 세 번째 단계에서부터 시작된다.

만약 조직단위가 지나치게 협소하게 정의된다면(즉 〈그림 A-1〉의 SBU보다 더 작은 차원으로), 일관되고 완전한 전략을 규정하기가 어려울 수도 있다. 예를 들어 단일 기능부서 혹은 단일 추진과제를 위해 BSC를 구축하는 것은 범위가 지나치게 좁다. 이렇게 한정된 목적을 위해서라면 핵심적인 성과관리지표만으로도 충분할 것이다. 그러나 복잡한 지원기능과 합작회사, 비영리조직을 위한 경우라면 BSC 개발이 필요하다. BSC의 도입여부를 결정할 때 중요한 것은 '한정된 사업단위가 자신의 사명을 성취하기 위한 전략을 보유하고 있는가(또는 보유해야 하는지)'이다. 만일 이러한 물음에 긍정적으로 답할 수 있다면, 그 사업단위는 BSC 구축의 유효한 후보자가 된다.

예를 들어 가스와 화학약품을 취급하는 한 대규모 회사는 다음과 같은 운영단위를 BSC 구축의 후보로 삼았다.

- 지역 고객에게 천연가스를 제공하는 독점공급자
- 전국적으로 천연가스를 제공하는 자유 경쟁에 의한 공급자
- 기초 화학약품 회사
- 가스 서비스 컨설팅 회사

처음에 이 회사로부터 회사 BSC 개발을 도와달라는 요청을 받았을 때, 필자들은 회사 차원의 BSC를 먼저 구축하기보다는 개별 사업단위를 위한 독립적인 BSC를 먼저 구축하는 것이 더 바람직하다고 판단했다. 회사의 많은 자원과 서비스가 모든 운영단위에 골고루 공급된다 할지라도, 각 단위회사의 운영이 너무나 다양한 형태를 띠고 있었기 때문이다.

둘째 : SBU와 회사의 연결을 파악한다

일단 SBU가 정의되고 선택되면, 설계자는 SBU들과 회사가 서로 어떤 관계를 맺고 있는지를 밝혀내야 한다. 즉 설계자는 사업단위의 핵심 임원들 및 회사 임원들과의 면담을 통해 다음 사항들을 밝혀내야 한다.

- SBU의 재무적 목표(성장성, 수익성, 현금흐름, 수확)[3)]

- 회사의 최우선 과제(환경, 안전, 직원 정책, 지역사회와의 관계, 품질, 가격 경쟁력, 혁신)
- 다른 SBU와의 연결(공통 고객, 핵심 역량, 고객과 내부 공급자 및 고객관계에 대한 통합된 접근방법을 위한 기회)

이러한 정보는 SBU에게 BSC 개발 프로세스를 안내하는 데 매우 중요하며, 이 정보를 통해 다른 SBU나 회사를 희생시키면서 개별 SBU를 최적화시키는 목표와 측정지표가 개발되는 것을 방지할 수 있다. 그리고 SBU들과 회사의 연관관계를 파악함으로써, SBU를 완전히 독립적인 조직단위로 간주할 경우에는 잘 드러나지 않는 제약과 기회를 찾아낼 수 있다.

전략 목표에 대한 합의를 도출한다

셋째 : 첫 번째 면담을 수행한다

설계자는 BSC에 대한 배경 자료는 물론 회사 및 SBU의 비전과 사명, 그리고 전략에 대한 내부 문서를 준비한다. 이 자료는 사업단위의 고위관리자들(보통 6~12명의 임원들)에게 제출된다. 설계자는 또한 SBU의 시장규모와 성장성, 경쟁자와 경쟁자의 제품, 고객의 선호, 기술의 발전과 관련된 주요 추세를 포함한 산업환경과 경쟁환경에 대한 정보를 준비한다.

고위임원들이 이 자료를 점검한 후, 설계자는 고위 관리자들과

약 90분간의 면담을 수행한다. 이 면담을 통해 설계자는 회사의 전략 목표와 4가지 관점에 걸친 BSC 측정지표에 대한 잠정적인 계획을 도출해내야 한다. 단순하게 설명하기 위해 설계자를 한 사람으로 언급했지만, 면담과 면담 후의 정보를 종합하는 것은 두세 명 정도가 수행하는 것이 좋다. 이들은 팀의 리더로서 실제 면담을 수행할 것이며, 질문을 하고 답변을 받을 것이다. 아니면 이들 중 한 사람은 임원이 설정한 실제 목표와 측정지표에 전력을 다하고, 다른 사람은 목표와 측정지표에 대해 더욱 많은 의미와 현실감을 부여할 수 있는 참고자료를 찾기 위해 노력할 수도 있다. 면담은 비교적 자유롭게 이루어질 수 있지만, 설계자가 공통된 질문들에 대한 객관식 설문지를 활용한다면 면담과 정보 취합은 쉽게 진행될 수 있을 것이다.

이러한 면담과정에서 여러 가지 중요한 목표가 달성되는데, 일부는 명확하고 일부는 암시적인 것이다. 명확한 목표는 BSC 개념을 고위관리자에게 소개하고, 그들이 이 개념에 대해 갖게 된 의문이 무엇인지 알아내며, 조직의 전략을 BSC의 목표와 측정지표로 어떻게 전환할 것인지에 대한 초기의 투입물을 획득하는 것이다. 그런가 하면 암시적인 목표는 최고관리자들이 전략과 목표를 유형의 운영상의 측정지표로 전환하는 방법에 대해 생각하게 만드는 것이다. 또한 핵심 인물들이 BSC의 개발과 이행에 대해 어떠한 점을 우려하고 있는지 이해하는 것이다. 아울러 전략과 목표에 대한 견해나 개인적 또는 기능적 입장 차이로 생길 수 있는 핵심 참여자들 간의 잠재적 갈등을 파악하는 것이다.

넷째 : 종합회의

모든 면담이 끝난 후 설계자와 설계팀의 구성원들은 면담에서 나온 답변에 대해 토론하고 주요 쟁점에 초점을 맞추며, 고위관리자들의 첫 번째 회의에 기초가 될 목표와 측정지표의 잠정적 리스트를 개발하기 위해 회의를 한다. 팀원들은 또한 BSC에 대한 개인과 조직의 저항에 대한 그들의 생각을 논의할 수 있으며, BSC 도입 후 관리 프로세스의 변화에 따른 저항에 대해서도 논의할 수 있다.

종합회의에서 산출된 내용들은 4가지 관점의 목표들에 대한 중요한 지표가 될 것이다. 이 4가지 관점의 목표에는 각 목표를 설명하고 지지하는 관리자들의 보충 자료가 익명으로 포함될 것이며, 또 임원들이 해결해야 할 쟁점도 반영될 것이다. 이 회의에서 팀은 그들이 선정한 잠재적 목표가 사업단위의 전략을 의미하는지, 그리고 4가지 관점에 걸친 목표들이 인과관계로 연결될 수 있는지에 관해 토론해야 한다. 이러한 관찰은 앞으로 있을 임원 워크숍의 토론 주제가 될 수 있다.

다섯째 : 첫 번째 임원 워크숍

설계자는 BSC에 대한 합의를 얻어내는 프로세스를 시작하기에 앞서 고위임원들과의 회의를 계획하고 수행한다. 워크숍 기간 동안, 설계자는 합의에 도달할 때까지 사명선언문과 전략선언문에 대한 집단토론을 진행한다. 그 다음으로 고위임원들은 선언문으로부터 나온 다음 질문에 대답하게 된다. "만약 나의 비전과 전략이 성공한다면, 주주와 고객, 업무 프로세스, 그리고 학습과 성장 역량의 성과는 어떻게 달라질 것인가?" 한편 이 4가지 관점은 각각 차례로 다루어진다.

설계자는 제안된 목표와 그 목표들의 우선순위, 그리고 면담에서 오고갔던 내용을 인용한다. 이와 함께 외부의 관점을 객관적으로 제시하기 위해 주주나 고객 대표와 면담한 비디오테이프를 보여줄 수도 있다. 대개 고위임원들은 각 관점에 대해 4, 5가지가 훨씬 넘는 측정지표를 놓고 토론을 벌인다. 이때 각각의 목표들은 다른 목표와 비교되지 않고 그 자체에 대해서만 논의되어야 구체적인 관련성과 강점, 그리고 약점이 충분히 조사될 수 있다. 이밖에도 비공식조사를 통해 고위임원들이 어떤 측정지표를 중요하지 않다고 생각하는지 밝힐 수도 있지만, 이 시점에서 범위를 좁히는 것은 꼭 필요한 일은 아니다.

각각의 관점의 목표가 될 수 있는 후보들이 소개되고 토론된 후, 임원들은 표결을 통해 상위 3, 4개의 후보 목표를 선정한다. 표결방법으로는 무기명투표나 거수가 활용될 수 있으며, 또 각 개인에게 3개의 녹색 스티커를 주면서 가장 중요하다고 생각하는 3개의 목표 옆에 붙이라고 요청할 수도 있다. 설계자와 임원들은 가장 높은 점수를 받은 목표들에 대해 한 문장 또는 한 문단으로 서술하는 시간을 갖는다. 또 시간이 허락된다면, 설계자는 임원들에게 측정지표에 대해 브레인스토밍을 하도록 요구할 수도 있다.

4개의 하위그룹으로 나누어진 임원들은 각각의 관점에 책임을 진다. 그리고 다음 단계의 진행을 위해 각 하위그룹을 이끌어가는 임원이 선출된다. 토론과 합의의 기반을 넓히기 위해서는 고위임원 외에도 임원 밑에 있는 관리자들과 핵심적인 기능부서의 관리자 4~6명이 하위그룹에 포함되어야 한다.

워크숍이 끝날 무렵 임원들은 각 관점에 대한 3, 4가지 정도의 전략 목표와 각 목표에 대한 상세한 진술문, 그리고 잠재적 측정지표의 목록을 만들 수 있을 것이다. 회의가 끝난 후 설계자는 워크숍의 성과를 요약하고, 4개 하위그룹의 구성원과 리더들의 리스트를 작성하여 배포한다.

측정지표를 선택하고 설계한다

여섯째 : 하위그룹 회의

설계자는 하위그룹들과 협력한다. 하위그룹은 회의에서 다음과 같은 4가지 주요 목표를 달성하기 위해 노력한다.

1. 첫 번째 임원 워크숍에서 표현된 의도에 맞게 전략 목표를 다듬는다.
2. 각 목표를 위하여 목표의 의도를 가장 잘 포착하고 가장 잘 전달하는 측정지표 혹은 측정지표들을 밝혀낸다.
3. 제안된 각 측정지표를 위해 정보의 원천과 이 정보에 접근하는데 필요한 활동을 밝혀낸다.
4. 각 관점의 측정지표들 간의 핵심적 연결 및 각 관점들 간의 연결을 밝혀낸다. 그리고 각 측정지표가 다른 측정지표에 어떤 영향을 미치는지를 밝히기 위해 노력한다.

뛰어난 설계자는 이러한 회의를 진행하면서 제1부에서 논의된 4가지 관점의 기초가 되는 틀을 그릴 수 있을 뿐 아니라, 전략의 밑바탕이 되는 인과관계를 나타내는 관점들 내부와 각 관점의 측정지표들 간의 연결을 그릴 수 있다.

측정지표의 선택과 설계 기술

BSC의 구체적 측정지표를 선택하려면 전략의 의미를 가장 잘 전달하는 측정지표가 무엇인지를 밝혀내야 한다. 모든 전략은 독특하기 때문에 모든 BSC 역시 독특해야 하며, 여러 개의 독특한 측정지표들이 포함되어야 한다. 그러나 7장에서 논의한 것처럼 일부 핵심적 결과물 측정지표들은 다양한 BSC에 다음과 같이 반복적으로 나타난다.

핵심적인 재무 측정지표

- 투자수익률 · 경제적 부가가치
- 수익성
- 수입성장 · 믹스
- 원가절감 · 생산성

핵심적인 고객 측정지표

- 시장점유율
- 고객확보율
- 고객유지율

- 고객수익성
- 고객만족도

핵심적인 학습과 성장 측정지표

- 직원만족도
- 직원잔존율
- 직원생산성

대부분의 BSC에는 대체로 핵심적인 결과물 측정지표가 포함되지만, BSC 측정지표의 선택은 성과동인에 의해 결정된다. 성과동인은 목표를 실현시키고, 핵심적인 결과물 측정지표를 움직이는 측정지표이다. 3장에서 7장까지 다루었던 목표와 측정지표에 대한 논의는 설계자와 하위그룹들이 사업단위의 고유한 전략을 전달하고 이행하며 모니터할 4가지 관점의 성과동인 측정지표를 고안하는 데 도움을 줄 것이다.

각 관점에 대한 하위그룹의 최종 결과물은 다음과 같다.

- 각 관점의 목표에 대한 상세한 기술이 첨가된 리스트
- 각 목표에 대한 측정지표의 기술
- 각 측정지표가 어떻게 계량화되고 표시될 수 있는지에 대한 설명
- 측정지표들이 같은 관점 내의 다른 측정지표들, 그리고 다른 관점의 측정지표나 목표와 어떻게 연결되는지에 대한 도해식 모형

이와 같은 결과물을 얻고 나면 설계자는 두 번째 임원 워크숍을

계획할 수 있을 것이다.

일곱째 과업 : 두 번째 임원 워크숍

고위 관리자들과 그들의 직속 하급자, 그리고 다수의 중간관리자가 참여하는 두 번째 워크숍에서는 조직의 비전선언문 및 전략선언문, BSC의 잠정적인 목표와 측정지표 등에 관해 토론한다. 하위그룹에서 도출된 결과물은 설계자나 내외부의 컨설턴트가 아닌 하위그룹의 리더가 발표해야 한다. 이러한 발표는 목표와 측정지표, 그리고 전체 BSC 개발 프로세스의 책임소재를 밝히는 데 도움이 된다. 참여자들은 총회나 분과회의에서 제안된 측정지표에 대해 논평하고 이행계획을 개발하기 시작한다. 두 번째 워크숍은 사업단위의 전 직원에게 BSC의 의도와 내용을 전달하기 위한 소책자의 개요를 만드는 데 초점을 맞춘다. 그리고 이 워크숍의 부수적인 목표는 참여자들이 제안된 각각의 측정지표에 대해 확장된 세부 목표를 수립하는 일이 될 것이다. 현재 고려중인 측정지표의 유형과 세부 목표 설정에 대한 조직의 철학에 따라, 다음 3~5년 동안 달성할 세부 목표를 설정하는 데는 벤치마킹에서 변화율까지 다양한 접근법이 활용될 수 있다.

이행계획을 구축한다

여덟째 과업 : 이행계획을 개발한다

새로 구성된 팀(흔히 각 하위그룹의 리더들로 구성됨)은 확장된 세부 목표를 수립하고, BSC의 이행계획을 개발한다. 이 계획에는 BSC를 조직 전체에 전달하기 위해 측정지표들이 데이터베이스와 정보 시스템에 어떻게 연결되어야 하는지가 포함되어야 한다. 분권화된 조직단위와 하위의 측정지표를 개발하고 촉진하기 위해 어떻게 해야 하는지도 포함되어야 한다. 그 결과로 상위의 사업단위 측정지표에서부터 작업현장 고유의 운영측정지표를 연결하는 완전히 새로운 임원 정보 시스템이 개발될 수 있다.

아홉째 과업 : 세 번째 임원 워크숍

고위임원들은 처음 두 차례의 워크숍에서 개발된 비전과 목표, 측정지표에 대해 최종적으로 합의하고, 이행팀이 제안한 확장된 세부 목표을 검증하기 위해 세 번째 모임을 갖는다. 이 모임에서는 세부 목표를 달성하게 해줄 예비적인 활동 프로그램을 밝혀낸다. 이 프로세스는 주로 사업단위의 다양한 변화 추진과제를 BSC의 목표와 측정지표, 세부 목표에 정렬시킴으로써 끝나게 된다. 워크숍이 끝날 때 임원들은 BSC를 직원들에게 전달하고 관리 철학에 통합시키며, BSC를 지원하기 위한 정보 시스템을 개발하는 등의 이행 프로그램에 합의해야 한다.

열 번째 과업 : 이행계획을 완성한다

BSC를 통해 가치를 창출하기 위해서는 BSC를 조직의 관리 시스템에 통합시켜야만 한다. 필자들은 관리자들에게 60일 이내에 BSC를 도입하라고 권고한다. 단계적인 도입계획이 개발되어야 함은 분명하지만, BSC의 우선순위에 맞는 관리안건에 초점을 맞추기 위해서는 '이용 가능한 최상의' 정보가 활용되어야 한다. 그리고 최종적으로 관리정보 시스템이 이 프로세스를 뒤좇아야 할 것이다.

〈그림 A-2〉 전형적인 BSC 스케줄

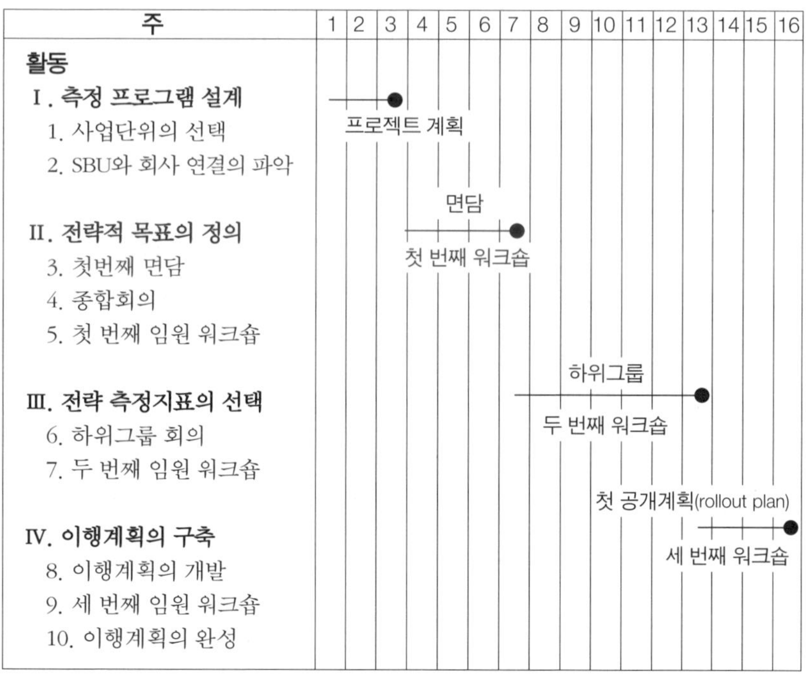

이행 시기

일반적으로 BSC 전개 프로젝트는 16주 동안 지속된다(〈그림 A-2〉의 스케줄 참조). 그러나 16주라는 기간이 정해진 것은 아니며, 스케줄은 면담과 워크숍, 하위그룹의 회의에 고위임원들이 전념할 수 있는 시간에 따라 결정된다. 만일 프로젝트의 요구에 따라 모든 관계자들이 참석할 수 있다면(현실적으로는 불가능한 경우가 많지만), 스케줄은 좀더 압축될 수 있다. 프로젝트가 16주에 걸쳐 수행되면 고위임원들은 면담과 임원 워크숍, 그리고 하위그룹 회의 등 계획된 일정이 진행되는 중간에 어느 정도 시간적 여유를 가질 수 있다. 그 사이에 그들은 BSC와 전략, 정보 시스템, 그리고 가장 중요한 신호를 내보낼 관리 프로세스의 발전 구조(evolving structure)에 대해 심사숙고할 수 있다.

시작에서부터 첫 번째 임원 워크숍이 열리는 6주까지는 설계자와 컨설턴트의 집중적인 참여가 요구된다. 그리고 스케줄의 후반부에서는 고위임원들이 BSC 개발에 더 큰 책임을 맡아야 한다. 이때 설계자는 지원과 촉진을 위한 역할을 하며 하위그룹의 회의계획과 진행을 돕는다. 고위임원들이 하위그룹 회의와 이후의 임원 워크숍에 대해 더 많이 책임지게 될수록 BSC 프로젝트가 사업을 관리하는 새로운 접근방법으로 활용될 가능성은 더욱 높아진다.

이 스케줄은 사업단위가 이미 전략을 수립하였고, 시장과 고객에 대한 의사결정을 내릴 수 있는 조사를 수행했다는 가정 하에서 짜인 것이다. 만약 사업단위가 해당 사업에 대한 전략을 분석해야만 시장과 제품, 그리고 기술전략에 대한 기본적인 선택을 할 수 있거나 혹은 보다 상세한 시장조사를 수행해야 한다면, 이러한 과업에 필요한 시간만큼 스케줄이 연장될 것이다.

프로젝트가 완성될 때, 사업단위의 고위관리자와 중간관리자는 전략을 4가지 관점의 구체적 목표와 측정지표로 전환하는 것을 명확히 하고 이에 대한 합의를 얻어야 한다. 아울러 새로운 시스템과 BSC에 대한 자료를 획득하고 보고하는 책임을 포함하여 BSC 이행을 위한 최초의 공개계획에 동의하여야 하며, BSC 측정지표가 조직관리 시스템의 핵심이 됨으로써 변화하게 될 관리 프로세스에 대해서도 폭넓게 이해하고 있어야 한다.

요 약

우리들의 경험에 비추어보면 조직의 초기 BSC는 16주간에 걸쳐 만들어질 수 있다. 바로 그때 조직은 이 책의 제2부에서 기술된 것처럼 BSC를 그들의 관리 시스템의 초석으로서 이행할 수 있을 것이다.

주)

1) 이런 사람의 직함은 매우 다양하다. 예를 들면 품질개선과 생산성 부사장, 지속적인 개선담당 부사장, 비즈니스 프로세스의 재설계(혹은 리엔지니어링) 담당 부사장, 프로세스 개선담당 부사장 등이다.

2) 약간 단순화하여 말하자면, 필자들은 2가지 유형의 재무관리자를 봐왔다. 첫 번째 유형은 조직의 변화관리인의 역할을 하려한다. 이들은 새로운 경쟁 환경 속에서 조직을 안내하기 위해 단지 과거 결과에 대한 재무적 측정지표만을 사용하는 것이 한계를 이해한다. 또한 자료 수집과 정보 시스템, 측정, 의사소통과 통제의 새로운 시스템을 개발하고 운영을 위한 감사의 역량을 재무부가 발휘해야 한다고 생각한다. 이러한 재무관리자는 충분히 설계자가 될 수 있으며, 사업단위 BSC의 프로세스 책임자가 될 수 있다. 그러나 두 번째 유형의 재무관리자는 현재 산출되는 재무적 수치의 객관성과 감사 역량, 완전무결성을 중시한다. 이들은 재무적 수치에 보다 무형의 주관적이며 감사하기 어려운 수치가 추가되면, 재무부의 근본적인 사명이 희석되고, 수십 년간의 관행을 통해 형성된 재무적 수치를 측정하고 통제하는 뛰어난 역량이 손상될 것이라고 생각한다. 회계 혹은 감사 경력을 지닌 이 두 번째 유형의 재무관리자는 BSC 설계자를 위한 좋은 후보자가 아니다. 또한 BSC를 관리 시스템의 핵심에 둘 수 있는 적당한 후보자도 아니다.

3) SBU를 위한 재무적 목표에 대해 학습하기 위해서는 재무담당 임원과 최고경영자 혹은 운영담당 임원의 면담이 이루어져야 한다.

찾아보기

옮긴이의 글

최근의 우리 상황은 '소 잃고 외양간 고친다'라든가 '중 제 머리 못 깎는다'라는 속담을 연상케 한다. 우리 정부, 기업, 개개인들 모두가 변화된 시대에 맞추어 스스로 혁신을 하지 못한 결과 이제는 남(IMF)이 우리를 혁신시키고자 나선 것이다.

우리는 지금이라도 참된 마음가짐으로 올바른 혁신을 단행해야만 한다. 그렇지 않으면 혁신의 기회는 영영 오지 않을 수도 있다. 그렇다면 이제 우리가 해야 할 일은, 참된 마음가짐으로 올바른 기업혁신을 하기 위해서는 어떻게 해야 할 것인가를 자문해 보는 것일 것이다.

첫번째 질문은 우리는 기업을 어떠한 시각에서 바라보아야 하는가이다. 즉 단순히 돈만을 벌어주는 한갓 경제적인 도구로 생각하는가, 아니면 살아 있는 하나의 유기체적인 생명체로 생각하고 있는가이다. 기업을 경제적인 도구로만 생각하는 사람들은 혁신의 최종 목표나 기준을 투하자본수익률(ROCE: Return on Capital Employed)이나 경제적 부가가치(EVA: Economic Value Added) 등과 같은 재무적인 평가지표에만 맞추게 된다. 반면에 기업을 유기체적인 생명체로 생각하는 사람들은 기업의 존재 의의로서 핵심이념(핵심가치와 목적)을 먼저 생각한다. 그렇다고 재무적 평가지표를 소홀히 한다는 뜻은 아니며, 다만 재무적 평가지표를 생존의 최종 목적으로 생각하지는 않는다는 것이다.

두 번째 질문은 혁신은 기업 스스로가 하는 것인가, 아니면 남의 힘을 빌어서 하는 것인가이다. 기업을 하나의 경제적인 도구로만 간주한다면, 도구란 스스로 혁신을 할 수는 없기 때문에 반드시 누군가에 의해 수동적으로 이루어져야 한다고 생각하게 된다. 반면에 기업을 하나의 생명체로 여긴다면, 생명체는 스스로 움직일 수 있기 때문에 능동적으로 변화나 혁신을 단행할 수 있다고 생각한다.

세 번째 질문은 스스로 혁신하는 기업들과 남의 힘을 빌어서 혁신하는 기업들간의 차이는 무엇인가 하는 것이다. 스스로 혁신하는 기업들은 일반적으로 뚜렷한 목적의식을 가지고 변화하는 외부 상황에 비추어 항상 자기 자신을 냉정하게 성찰(reflection)하는 긍정적인 자세(positive attitude)를 가지고 환경에 걸맞는 역량(competency)을 내부에 축적해 나가게 된다. 반면에 남의 힘을 빌어서 혁신하는 기업들은 외부의 환경 변화에 비추어 자신을 성찰하는 긍정적인 자세 대신 부정적인 자세(negative attitude)로 일관함으로써 외부 환경에 걸맞는 역량을 내부에 스스로 축적해 나가지 못하는 경향이 크다.

네 번째 질문은 최근에 많은 사람들에게 회자되고 있는 '지식경영'과 '기업혁신'과의 관계이다. 경제적인 도구로서의 기업은 스스로 지식을 축적하지 못하고 단지 누군가에 의해 주어진 지식을 수동적으로 활용할 수 있을 따름이다. 반면에 생명체로서의 기업은 지속적으로 지식을 습득하고 축적, 전파하고 활용하는 능동적인 주체가 된다. 그렇다면 지식경영을 할 수 있는 기업이 경제적인 도구로서의 기업인가, 아니면 한 생명체로서의 기업인가 하는 것은 자명한 일이다.

마지막 질문은 올바른 기업경영은 어떠한 것인가 하는 것이다. 사람들은 경영을 흔히 Plan-Do-See(Check-Act)의 역동적인 사이클로 설명한다. 우리 기업들의 경영 사이클 중에서 가장 문제가 되는 부분이

See(Check-Act)라는 데에는 많은 사람들이 동의한다. 어떤 사람은 그 이유가 우리의 유교적인 체면문화 때문이라고 말하기도 하고, 또 어떤 사람들은 우리들의 신분이 성취한 업적에 따라 주어지는 것(achieved status)이 아니라 우리가 어디에 귀속되어 있느냐에 따라 주어지는 것(ascribed status)이기 때문이라고도 한다.

그 이유야 어찌되었든 우리 나라 기업들은 자신을 주기적으로 냉정하게 평가하는 데 익숙하지 못하다. 평가한 결과가 좋지 못할 때 그 결과를 가져오게 만든 근본적인 원인을 규명하여 대책을 강구하고 처리하기보다는, 단순히 나타난 증상만을 처리하는 풍토가 지배적이다. 그로 인해 우리 기업들은 올바른 평가 시스템을 구비하고 있지 못하며, 구비하고 있다 하더라도 제대로 활용하지 못하고 있는 실정이다. 앞으로 이러한 점들이 획기적으로 변화되지 않는다면 올바른 기업경영을 기대하기는 힘들 것이다.

저자들은 기업경영의 핵심 성공요소들 가운데 하나로 올바른 평가 시스템의 구축과 활용을 주장한다. 요컨대 이 올바른 평가 시스템은 균형잡힌 관점들에서 본 인과관계에 의한 각종 지표들간의 통합이 전제가 되어야 한다. 그리고 기업경영을 하나의 관점이 아닌 재무, 고객, 업무 프로세스, 학습과 성장 등의 복합적인 관점으로 보아야 하며, 각 관점들을 따로 분리된 것으로 보는 게 아니라 상호 인과관계에 의한 균형잡힌 관점으로 보아야 한다. 또 각 관점별로 측정지표들을 선정하여 균형잡힌 시각에서 하나의 균형성과관리지표(BSC: Balanced Score Card)를 작성하여 전략이행을 위한 핵심적 기업경영 시스템으로 활용해야 한다. 그럼으로써 이미 창출된 가치(재무적인 단기 지표)만을 중시하는 경영이 아니라 미래에 가치를 창출할 기반(고객, 업무 프로세스, 학습 · 성장 등의 장기적인 지식경영지표)도 동시에 조성해 나가는 균형잡힌 경영을 할 수 있도록 통합된 경영 시스템을 구축해야만 한다.

지금은 그동안 우리 나라 기업들은 어떠한 시각에서 경영을 해왔는가, 그리고 어떠한 평가 시스템을 이용하여 경영을 해왔는가에 대해 스스로에게 냉정하게 질문을 던져 자신을 올바로 파악하고 난 후 새로운 마음가짐으로 거듭 태어나야 할 시기이다. 이 책은 그와 같이 거듭 태어나려는 기업들에 많은 도움을 줄 것으로 확신한다.

책을 번역할 때마다 능력이 부족함을 느끼지만, 이번에도 결코 예외는 아니었다. BSC(Balanced Score Card)만 하더라도 '균형잡힌 성과관리지표', '균형잡힌 성적표', '균형잡힌 지표', '균형잡힌 성과관리지표' 등을 놓고 많은 이야기들이 오갔으나, 기업경영 평가를 여러 가지 시각들 간의 인과관계에 따라 각종 성과들을 측정하여 하나의 표로 기록해 놓았다는 의미에서 '균형성과관리지표'로 번역하였다.

더 나은 번역을 위하여 많은 의견을 제시해 준 (주)갈렙 앤 컴퍼니의 정종섭 이사님께 감사드리고, 아울러 이 책이 나오기까지 너무나도 많은 애를 쓰신 한언의 강팀장님과 사장님, 그리고 박부장님께도 진심으로 감사를 드린다.

1998년 6월
옮긴이를 대표하여
송 경 근

감수자의 글

1998년 이 책이 처음 번역되어 나왔을 때 경영학자나 경영컨설턴트들에게 큰 반향을 불러일으켰고, 이후 머지않아 국내 굴지의 대기업들이 BSC를 도입하게 되었다. 2000년에 들어와서는 공공부문 혁신에 BSC가 핵심도구로 간주되었으나 아직도 BSC의 효과에 대해서는 사람들마다 생각이 다르다. 그런데, BSC는 특별한 경영기법이라기 보다는 관리의 기본 개념이고 성과달성의 실천 원리이다. 탁월한 성과향상을 위해서는 목표가 균형적이고도 구체적이어야 하고 이들 목표를 측정하는 지표가 개발되어야 하며 과업을 수행한 뒤에는 주기적으로 점검, 모니터링하고 피드백을 적기에 해야 한다. 이것이 이 책의 핵심내용이다. 이 책이 출간된 지 많은 세월이 흘렀지만 여전히 경영관리의 핵심지침서로 남아 있다.

피플퀘스트 대표 방유성

지은이

로버트 S. 캐플런 *Robert S. Kaplan*

하버드 비즈니스 스쿨(Harvard Business School)의 회계학 교수로, 이 분야의 세계 최고 권위자이다. 카네기-멜론(Carnegie-Mellon) 대학의 산업관리대학원의 교수 및 학장을 역임한 바 있으며, 미국과 유럽에서 많은 선도적 기업과 함께 성과와 원가관리 시스템의 설계를 자문해 왔다. 북미와 유럽, 이스라엘 등 전세계에서 정기적으로 세미나를 개최하고, 강의한다.

현재 마이애미에 있는 J. I. Kislak Organization, 르네상스 솔루션 사의 이사회, Technion(이스라엘 기술연구소)의 학술위원회(Academic Committee)의 이사로도 활동하고 있다. 그의 연구는 급격하게 변화하는 환경에서 제조기업과 서비스 기업을 위한 새로운 원가측정과 성과관리시스템에 초점을 맞춘다. 8권의 책과 100여 편 이상의 논문을 집필하였으며, 강의와 출판물에 대해 다수의 상을 받았다.

데이비드 P. 노튼 *David P. Norton*

성과측정과 조직혁신을 전문으로 하는 컨설팅 회사, 르네상스 솔루션 사의 대표이다. 놀런, 노튼 앤 컴퍼니 *Nolan, Norton & Company* 사의 공동설립자이기도 하고, 워세스터 폴리테크닉 인스티튜트 *Worcester Polytechnic Institute*의 이사이며, ACME(The Association of Consulting Management Engineers)의 이사이다. 그는 수많은 고객 조언위원회에서 일했으며, 기업의 정보관리 접근방법에 대한 지원 공로로 Award for Excellence를 수상했다.

옮긴이

송경근

하나컨설팅그룹 대표로, 한국 기업에 맞는 경영전략 수립과 경영혁신, 정보시스템 구축 등 기업 컨설팅 프로젝트를 전문적으로 수행하고 있다.

한국능률협회, (주)제일기획 경영자문위원, (주)금강기획 경영혁신자문위원을 역임하였으며, 현재 한국능률협회 경영자문위원, (주)화천기계의 고문으로 활동하고 있다. 역서로는《성공 벤치마킹》,《글로벌 학습조직》,《팀경영과 조직학습-탁월한 사례》,《예수의 오메가 리더십》,《팀경영 곡예술》,《실전 팀빌딩》,《새로운 전략가들》,《사명선언문, 새로운 인생으로 승부한다》,《초심리전략》 등 다수가 있다.

성시중

고려대학교 경영학과를 거쳐 동대학원에서 경영학 박사학위 (경영정보시스템 전공)를 취득하였다. 현재 용인공업전문대학 전자계산과 교수로 재직하고 있다. 역서로는《성공하려면 하고 싶은 대로 해라》 등이 있다.

감수자

피플퀘스트

피플퀘스트(peoplequest)는 전략, 성과관리(BSC), 인사관리, 조직관리 분야의 전문 경영컨설팅회사이다. '사람을 통한 가치창출과 변화를 통한 성과향상' 을 모토로 체계적이고 검증된 경영관리솔루션을 제공하고 있다. 그 동안 공공부문과 민간부문의 수많은 기관에 탁월한 경영컨설팅서비스를 제공해왔다. 피플퀘스트와 함께 한 많은 기관들이 실질적인 가치향상을 경험하고 가시적인 성과향상을 경험하고 있다.

비즈니스 리더들의 필독서!

한언 경영 연구 시리즈

1. 초강국으로 가는 중국
2. 글로벌 학습 조직
3. 신문광고에서 비즈니스를 읽는다
4. 팀경영 & 조직학습—탁월한 사례
5. 예수의 오메가 리더십
6. 스마트 학습조직
7. 히트상품, 소문이 만든다
8. 21세기 마케팅혁명 인게이지먼트
9. BIG 히트상품 24편의 성공이기
10. 카오스 경영
11. 신경영 패러다임 10
12. 경쟁사를 미치게 하는 히트경영 전략
13. CIM에서 CALS까지
14. 본격 팀 단계별 리더십, 팀경영 곡예술
15. 정보기술과 미래경영
16. 정보기술과 조직혁명
17. 국가의 종말
18. 브랜드 파워
19. 새로운 전략가들
20. 복잡성 경영
21. 이럴수도 저럴수도 없는 경영의 딜레마
22. 당신의 경쟁자를 미치게하는 초심리전략
23. 열린조직, 열린경영
24. 사원도 회사도 신나는 최대성과 끌어내기
25. 가치실현을 위한 균형성과관리지표, BSC
26. 리더십 불변의 법칙5
27. 월드 클래스
28. 위기관리, 5가지 함정과 7가지 해법
29. 이제는 '정보자원' 전쟁이다
30. 가격경쟁 전략
31. 전략광고 시대
32. 브랜드 워크아웃
33. 말콤 볼드리지
34. 프로젝트 관리
35. 글로벌 워크
36. 성과관리 시스템
37. 감량경영 & 고용조정
38. 미학적 마케팅
39. 심리유형을 알면 인간경영이 보인다
40. 맥킨지의 변혁 프로젝트, RCL
41. 글로벌 인적자원 개발
42. 컨커런트 마케팅
43. 전사적 전략경영(SEM)을 위한 SFO

균형성과관리지표 BSC

1998년 4월 1일 1판 1쇄 펴냄
2025년 3월 20일 4판 3쇄 펴냄

지은이 로버트 S. 캐플린·데이비드 P. 노튼
옮긴이 송경근·성시중
감수자 피플퀘스트
펴낸이 김철종

펴 낸 곳 (주)한언
출판등록 1983년 9월 30일 제1-128호
주 소 서울시 종로구 삼일대로 453(경운동) 2층
전화번호 02)701-6911
팩스번호 02)701-4449
전자우편 haneon@haneon.com

ISBN 978-89-5596-688-6 (03320)

한언의 사명선언문

Since 3rd day of January, 1998

Our Mission

- 우리는 새로운 지식을 창출, 전파하여 전 인류가 이를 공유케 함으로써 인류문화의 발전과 행복에 이바지한다.
- 우리는 끊임없이 학습하는 조직으로서 자신과 조직의 발전을 위해 쉼없이 노력하며, 궁극적으로는 세계적 컨텐츠 그룹을 지향한다.
- 우리는 정신적, 물질적으로 최고 수준의 복지를 실현하기 위해 노력하며, 명실공히 초일류 사원들의 집합체로서 부끄럼없이 행동한다.

Our Vision 한언은 컨텐츠 기업의 선도적 성공모델이 된다.

저희 한언인들은 위와 같은 사명을 항상 가슴 속에 간직하고
좋은 책을 만들기 위해 최선을 다하고 있습니다.
독자 여러분의 아낌없는 충고와 격려를 부탁드립니다.
• 한언 가족 •

HanEon's Mission statement

Our Mission

- We create and broadcast new knowledge for the advancement and happiness of the whole human race.
- We do our best to improve ourselves and the organization, with the ultimate goal of striving to be the best content group in the world.
- We try to realize the highest quality of welfare system in both mental and physical ways and we behave in a manner that reflects our mission as proud members of HanEon Community.

Our Vision HanEon will be the leading Success Model of the content group.